Thomas Bieger

Tourismuslehre –
Ein Grundriss

3., überarbeitete Auflage 2010

Haupt Verlag
Bern · Stuttgart · Wien

Thomas Bieger, 1961, Prof. Dr. rer. pol., ist Ordinarius für BWL mit besonderer Berücksichtigung der Tourismuswirtschaft und geschäftsführender Direktor des Instituts für öffentliche Dienstleistungen und Tourismus der Universität St. Gallen. Seit 1998 ist er Generalsekretär der International Association of Scientific Experts in Tourism (AIEST) und seit 2005 Prorektor der Universität St. Gallen.

Publikations-, Forschungs-, Beratungs- und Unterrichtstätigkeit u.a. an drei verschiedenen Hochschulen / Universitäten (z.B. Gastprofessuren Universität Innsbruck und Wirtschaftsuniversität Wien) mit Schwergewicht Dienstleistungsmanagement und Netzmanagement sowie Destinationsmanagement und Standortmanagement. Wichtige Veröffentlichungen: Management von Destinationen, siebte Auflage 2008; Dienstleistungsmanagement, vierte Auflage 2007; Customer Value zusammen mit Prof. Dr. Ch. Belz, zweite Auflage 2006; Zukünftige Geschäftsmodelle, 2002.

1. Auflage: 2004
2. Auflage: 2006
3. Auflage: 2010

Bibliografische Information der *Deutschen Nationalbibliothek*:
Die Deutsche Nationalbibliothek verzeichnet diese Publikation in der
Deutschen Nationalbibliografie; detaillierte bibliografische Daten sind im Internet über
http://dnb.d-nb.de abrufbar.

ISBN 978-3-8252-2536-0

www.haupt.ch

UTB-Bestellnummer 978-3-8252-**2536**-0

Vorwort zur ersten Auflage

Der Tourismus hat seine traditionellen Grenzen in Lehre und Forschung längst gesprengt. In der Pionierphase der wissenschaftlichen Analyse des Phänomens Tourismus waren entsprechende Lehrstühle und Lehrgänge meist den wirtschaftswissenschaftlichen Fakultäten angegliedert. Heute wird die Spezialisierung Tourismus immer mehr auch von anderen Disziplinen gepflegt, von der Geografie über die Soziologie bis hin zur Psychologie. Nicht nur an Universitäten und in der Berufsbildung, sondern in ganz unterschiedlichen höheren Ausbildungsgängen, von der Fachschule oder dem Kolleg bis zur Fachhochschule, wird Tourismus als Vertiefung oder Wahlfach gelehrt.

Das vorliegende Buch versucht der Breite dieser Ansprüche zu genügen. Auf systemischer Grundlage, und damit der St. Galler Tradition folgend, möchte es einen gut strukturierten, interdisziplinären Zugang zum Lehr- und Forschungsobjekt Tourismus bieten. Mit dem Systemansatz der dritten Generation soll ein gemeinsames Modellverständnis für alle im Tourismus Arbeitenden, Lernenden und Forschenden geschaffen werden. Das Buch versteht sich als Nachfolgewerk der „Tourismuslehre im Grundriss" von Prof. Dr. Dr. h.c. Claude Kaspar, die seit 1975 in fünf Auflagen erschienen ist.

Für das tiefere Verständnis und für den Unterricht bietet es Fallstudien. Repetitions- und Vertiefungsfragen zum Buch können über die Internetseite www.idt.unisg.ch abgerufen werden. Das Buch soll im Sinne eines Überblicks Strukturen und Wissen vermitteln, aber auch neue Perspektiven öffnen, die durch eigene Recherchen ergänzt werden können. Es lässt sich mit seiner systematischen Grundstruktur auch leicht durch einen Reader vertiefen.

In die Entstehung des Buches flossen neben mehreren Jahrzehnten Erfahrung im Tourismus-Unterricht die Resultate eines Forschungsprojektes zur Weiterentwicklung der Systemlehre im Tourismus ein. Dem Grundlagenforschungsfonds der Universität St. Gallen, den Projektbearbeitern Thomas von Rohr, Patrick Caspar und Silvio Jäger und allen Teilnehmern eines Workshops zum Thema „Tourismuslehre 3. Generation", Prof. Dr. Dr. h.c. Claude Kaspar, Prof. Dr. Hansruedi Müller, Prof. Dr. Johannes Rüegg-Stürm und Dr. Christian Laesser sei an dieser Stelle herzlich gedankt.

Für die sorgfältige Bereinigung der zweiten Auflage danke ich Frau Nicole Denk-Weder, Frau Martina Ziltener, Herrn Robert Weinert und meinem Vater.

Vorwort zur dritten Auflage

Bereits nach drei Jahren wurde eine neue Auflage dieser Einführung in die Tourismuslehre notwendig. Der grosse Erfolg verpflichtet zu einer neuen, überarbeiteten Auflage. Entsprechend wurden für die dritte Auflage nicht nur Literaturbezüge ergänzt, Daten aktualisiert und neue Trends aufgenommen, sondern auch neue Erkenntnisse und Konzepte eingebaut, unter anderem im Bereich

- der Netzwerkanalyse,
- der Erforschung des Konsumentenverhalten,
- neuer Destinationsstrukturen sowie
- des Monitorings der Nachhaltigkeit.

Neu wird verschiedenes Zusatzmaterial (u.a. Repetitionsfragen) auf der Seite *utb-mehr-wissen.de* publiziert.

Für die Mithilfe bei der Bearbeitung des Inhaltes und die Aufergänzung des Manuskriptes der dritten Auflage danke ich Nicole Denk-Weder und Robert Weinert.

Inhaltsverzeichnis

Abbildungsverzeichnis

Abkürzungsverzeichnis

Aufl.	Auflage	Nr.	Nummer
Bd.	Band	OECD	Organisation for Economic Cooperation and Development
BIP	Bruttoinlandprodukt		
bspw.	beispielsweise		
bzgl.	bezüglich	S.	Seite
bzw.	beziehungsweise	ST	Schweiz Tourismus
ca.	circa	STV	Schweizer Tourismusverband
Def.	Definition		
d.h.	das heißt	TEA	Tourism Economic Accounts
et al.	et alii		
etc.	et cetera	TO	Tourismusorganisation
EUR	Euro	TSA	Tourism Satellite Account
evtl.	eventuell		
f.	folgende	u.a.	unter anderem
ff.	fortfolgende	USD	Amerikanischer Dollar
GATT	General Agreement on Tariffs and Trade	usw.	und so weiter
		v.a.	vor allem
GDS	Global Distribution Systems	vgl.	vergleiche
		VGR	Volkswirtschaftliche Gesamtrechnung
Hrsg.	Herausgeber		
i.d.R.	in der Regel	WIFO	Österreichisches Institut für Wirtschaftsforschung
IT	Informationstechnologie		
ITG	Interessengemeinschaft	WTCC	World Travel and Tourism Council
Iuk	Information und Kommunikation	UNWTO	World Tourism Organization
Jg.	Jahrgang		
Mio.	Million(en)	www	World Wide Web
Mrd.	Milliarde(n)	z.B.	zum Beispiel

1. Einführung – eine handlungsorientierte Grundlage für Theorie und Praxis

1.1. Ziel und Inhalt des Buches

Tourismus ist heute anerkanntermaßen zusammen mit der Telekommunikation und der Informatik sowie dem Gesundheitswesen eine der am raschesten wachsenden internationalen Branchen. Ebenso wie die Telekommunikation und die Informatik prägt der Tourismus unser tägliches Wirtschaftsleben. Weltweit ist derzeit jeder dreizehnte Arbeitnehmer direkt oder indirekt in der Tourismusbranche tätig (d.h. im Tourismus und seinen vor- und nachgelagerten Stufen sind rund 225 Mio. Leute angestellt, vgl. WTTC 2009).
Allein in der Schweiz mit ihren 7,6 Mio. Einwohnern werden innerhalb eines Jahres rund 70.7 Mio Reisen ohne Übernachtung und 18.8 Mio Reisen mit Übernachtungen unternommen (vgl. CIA World Factbook 2009, BfS 2007). Dank der persönlichen Begegnung mit Geschäftspartnern kann Vertrauen aufgebaut werden, das erst eine arbeitsteilige Wirtschaft mit Unternehmenskooperationen oder virtuellen Unternehmen funktionieren lässt. Bezeichnenderweise ist deshalb trotz modernster Kommunikationstechnologien der Bedarf an Geschäftsreisen nicht gesunken. Aufgrund der Globalisierung mit dem Zwang, sich als Unternehmen auf Kernkompetenzen zu konzentrieren und damit zu kooperieren, nimmt die Bedeutung des Faktors Vertrauen zu. Dieses kann nur durch persönliche Begegnung entstehen, was Reisen bedingt. Umgekehr erfüllen **Freizeitreisen** wichtige psychische und physische „Wiederherstellungsfunktionen", die erst den heute notwendigen intensiven Arbeitseinsatz ermöglichen.
Tourismus ist als eigentlicher **Lebensbereich** auch ein wichtiger gesellschaftlicher und kultureller Faktor (vgl. Bieger/Laesser 2009, Bieger/von Rohr 2000, Steinecke 2000, Hinterhuber/Pechlaner/Matzler 2001 oder zur Kultur auch Keller 2000, Thiem 1994). Viele Regionen bleiben nur dank den Verdienstmöglichkeiten im Tourismus weiter besiedelt (vgl. auch Bieger et al. 2004). Erfahrungen in den Ferien werden gerne auch an den Wohnort übernommen, über Souvenirs, welche die Wohnstube gestalten, neue Freizeitkleider oder auch neue Ess- und Trinksitten. Begegnung mit anderen Kulturen schafft ein vertieftes Verständnis, das sich auch im täglichen Verhalten gegenüber Fremden auswirken kann. Auf Reisen kann Zugehörigkeit zu einer bestimmten gesellschaftlichen Wertegruppe erlebt werden. Tourismus hat deshalb eine wichtige Funktion in der Strukturierung unserer Gesellschaft. Ähnlich wie bei der Telekommunikations- oder der Informatikindustrie dringen die Wirkungen des

Tourismus so tiefer in unser tägliches Leben als die Wirkungen anderer Branchen.

Tourismus ist jedoch auch ein wirtschaftliches Phänomen, an dem sich paratypisch wichtige Erscheinungen und Entwicklungen leicht erkennbar aufzeigen lassen. So ist der Tourismus:

- eine **Netzwerkbranche**, in der sowohl Kunden- wie Produzentennetzwerke eine wichtige Funktion haben (vgl. Schräder 2000) und in der Erscheinungen wie die Durchsetzung von Standards, das Problem der steigenden Grenzerträge und die Problematik der Grenzkostenpreissetzung mit ruinösem Wettbewerb (vgl. auch Shapiro/Varian 1999), die heute besonders auch im Informatik-, Telekommunikations- oder auch im Airlinebereich aktuell sind, vorweggenommen wurden (vgl. auch zur Tourismusökonomie Freyer 2009);

- eine **Dienstleistungsbranche**, in der wesentliche Besonderheiten von Dienstleistungsprodukten wie die Bedeutung des persönlichen Kundenkontaktes („Moment of Truth", vgl. u.a. Lovelock und Wirtz 2007), die Intransparenz, der externe Faktor wie Mitkunden oder die Mitwirkung von Kunden (vgl. Bruhn 2008) an der Leistungserstellung, aber auch die Bedeutung der Gleichzeitigkeit von Konsum und Produktion (Uno Actu Prinzip) (vgl. Bieger 2000a, Lehmann 1993) stark ausgeprägt sind;

- ein **Informations- und Kommunikationsgeschäft**, bei dem Produkte oft erst durch Kommunikation und Information entstehen oder nutzbar gemacht werden können (vgl. Buhalis/Law 2008; Buhalis 2002).

TOURISMUS

Entsprechend hat der Tourismus heute in der wissenschaftlichen Ausbildung einen hohen Stellenwert, der zum Teil weit über seine wirtschaftliche Funktion hinausgeht. So bestehen im deutschsprachigen Raum an wirtschaftswissenschaftlich orientierten Fakultäten von rund 10 Universitäten Kurs-Angebote im Bereich Tourismus und entsprechende Lehrstühle. Die Zahl der entsprechenden Studiengänge oder Vertiefungsmöglichkeiten auf Fachhochschulstufe ist sogar stark steigend. Im Moment kann im deutschsprachigen Raum im Bereich der staatlichen Schulen von rund 25 Studiengängen ausgegangen werden. Ebenfalls eine große Dynamik besteht im Bereich der Höheren Fachschulen (vgl. Anhang 1).

Viele der Absolventen dieser Studienangebote arbeiten nach ihrer Ausbildung auf der Basis des im Tourismusstudium erworbenen konzeptionellen und theoretischen Wissens und der praktischen Erfahrung speziell in den Bereichen Dienstleistungsmanagement, Marketing und Kommunikation erfolgreich in anderen Wirtschaftsbereichen (vgl. Bieger/Laesser 2001, Bieger/Laesser/Boksberger 2005). Wichtige „Zielbranchen" für ehemalige Mitarbeitende aus dem Tourismus sind in der Schweiz die Finanzbranche, die Beratung und die öffentliche Verwaltung.

Eine zusätzliche Bedeutung als Forschungsobjekt gewinnt der Tourismus aufgrund seiner **Interdisziplinarität**. Er eignet sich auch in besonderem Maße für die Erfassung und Anwendung von Erkenntnissen von Basiswissenschaften in interdisziplinären Zusammenhängen, zum Beispiel in den Bereichen Regionalwirtschaft, Volkswirtschaftslehre, Dienstleistungsmanagement, Betriebswirtschaftslehre, Soziologie, Psychologie, Kulturwissenschaften, Geografie und Ökologie. Umgekehrt vermag die Tourismusforschung zur Entwicklung dieser Kerndisziplinen beizutragen, indem an einem motivierenden und für das heutige Leben außerordentlich relevanten Forschungsobjekt Konzepte und Modelle dieser „Basiswissenschaften" überprüft und weiter entwickelt werden. So ist beispielsweise das aufgrund des notwendigen Informationsbedarfes und der Kleinstrukturiertheit der Branche anspruchsvolle Informationsmanagement ein Grund, dass sich die Wirtschaftsinformatik gerne mit dem Phänomen Tourismus befasst: dies heute nicht zuletzt auf dem Hintergrund von mobilen Kommunikationsgeräten, die ein völlig neues, „emanzipiertes" Reiseverhalten ermöglichen (vgl. Beritelli/ Schuppiser 2006).

FORSCHUNGSPROZESS

In der chronologischen Abfolge der Erforschung eines Phänomens lassen sich idealtypisch drei wichtige Stufen unterscheiden: die **Deskription/Exploration** mit ihrer wichtigen Definitions- und Strukturierungsfunktion, die **Explanation** mit der Modellbildung und der Erklärung von Wirkungen und Zusammenhängen, der Überprüfung dieser Modelle und einzelner impliziter Wechselwirkungen durch empirische Forschung sowie anwendungsorientiert darauf aufbauend die **Präskription** mit der Entwicklung von Handlungsempfehlungen und Vorgehensweisen auf der Basis der getesteten Modelle (vgl. auch Kromrey 1998). Dabei ist die Abfolge dieser Schritte keineswegs als geschlossener sequentieller Ablauf zu sehen. Vielmehr sind gerade in einer anwendungsorientierten Wissenschaft Rekursionen zu erwarten. Neue Erkenntnisse der Empirie führen zu Anpassungen in der Modellbildung, die später auch zu einer Anpassung des definitorischen Rahmens führen können. Genau so können Anwendungen in der Praxis zu Erfahrungen führen, die eine Überprüfung der zu Grunde liegenden Theorie erfordern (vgl. Tomczak 1992 oder Ulrich 1984). Typischerweise war dies, wie später zu zeigen sein wird, gerade auch bei der Definition des Begriffes Tourismus der Fall: Die

Notwendigkeit, exakte Definitionen für die Erforschung beispielsweise der wirtschaftlichen Effekte des Tourismus zu haben, führte zur Notwendigkeit, die Definition von „Tourismus" laufend zu verfeinern.

Bei der **Modellbildung im Tourismus** stand immer der Systemansatz im Vordergrund (vgl. auch Kaspar 1996, 11ff.; zur Systemtheorie allgemein Ulrich 1968, 105ff., Goeldner/Ritchie 2008, Müller 2007, Kozak/Gnoth/Andreu 2009). Waren die ersten Arbeiten zur Tourismusforschung von einfachen Ursache/Wirkungsparadigmen geprägt, wurde aufgrund der Komplexität des Phänomens und seiner breiten Definition schon bald eine Darstellung als Netzwerk Standard. Wesentliche Erweiterung fand dieses Modell durch seine Dynamisierung mit der quantitativen Analyse dieser Wechselwirkungen inkl. Selbstverstärkungseffekten in Form von Papiercomputern (vgl. u.a. Müller 1986) oder Sofware zur Berechnung von systematischen Wechselwirkungen wie im Bereich der sozialen Netzwerkanalyse (vgl. u.a. Scott et al. 2008).

EVOLUTION DER TOURISMUSFORSCHUNG

Aufgrund der vielschichtigen Bedeutung des Tourismus und seiner wichtigen didaktischen Funktion als Studienobjekt sind schon früh Standardwerke für die „Tourismuslehre" entstanden. Mit der gleichzeitigen, 1942 erfolgten frühen Gründung von zwei Forschungsinstituten an den Universitäten Bern und St. Gallen nahm die Schweiz eine gewisse Pionierfunktion ein. Obwohl im englischsprachigen Raum (vgl. u.a. Goeldner/Ritchie/McIntosh 2000) und auch im deutschsprachigen Raum (vgl. Freyer 1993) Standardwerke zum Thema Tourismus erschienen sind, lassen sich aufgrund der lückenlosen Historie die Entwicklungsschritte der Tourismusforschung idealtypisch an den in der Schweiz erschienenen Standardwerke nachvollziehen:

- *Hunziker/Krapf 1942*: Grundriss der Allgemeinen Fremdenverkehrslehre: Wesentlicher Beitrag zur Definition und zur Strukturierung des Phänomens Tourismus, erste moderne Tourismusdefinition und Strukturierungsansätze zur Nachfrage und zum Produkt.

- *Kaspar 1975*: Die Fremdenverkehrslehre im Grundriss: Wesentlicher Beitrag zur Modellbildung im Tourismus auf der Basis der Systemtheorie, Entwicklung der Grundlagen für eine systemorientierte Betrachtung des Phänomens Tourismus.

- *Krippendorf 1986*: Alpsegen – Alptraum: für eine Tourismus-Entwicklung im Einklang mit Mensch und Natur: Wesentlicher Beitrag im Sinne eines explorativen bis präskriptiven Ansatzes, Aufzeigen der Entwicklung im Tourismus unter Nutzung systemorientierter Modelle mit Warncharakter und Ansätzen für eine neue Tourismusentwicklung. Zudem werden die Tourismussysteme dynamisiert.

- *Müller 1997*: Freizeit und Tourismus – Einführung in Theorie und Politik: Wesentlicher aktualisierter Beitrag unter Einbezug des Phänomens Freizeit.

Abbildung 1:   *Differenzierung des vorliegenden Buches – Entwicklung der Tourismusforschung*

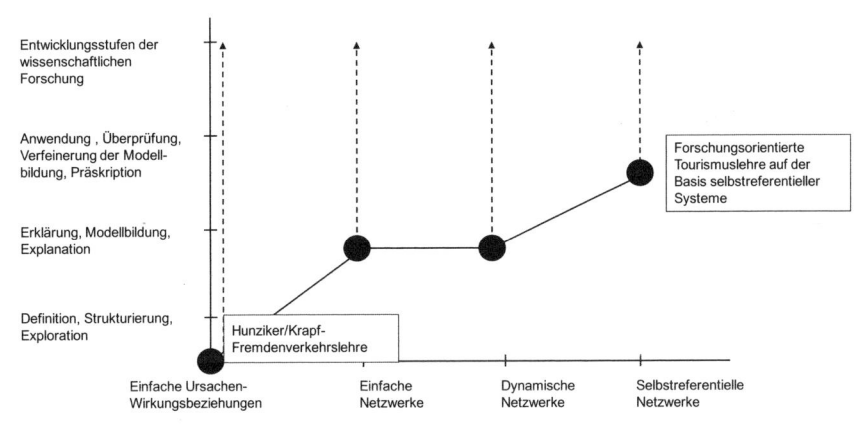

Das hier vorgelegte Buch folgt diesen Entwicklungslinien. Im Sinne der St. Galler Tradition soll auf systemischen Grundlagen ein Fach- und Lehrbuch für Praxis und Unterricht geboten werden. Mit einer überblickbaren Zahl von Konzepten, Modellen und Strukturen soll eine Grundlage für die wissenschaftliche Analyse und Interpretation der Erscheinungen der Praxis geschaffen werden. Gleichzeitig legt es jedoch Wert auf den Einbezug moderner theoretischer Grundlagen.

In diesem Sinne versucht es, an die *Tourismuslehre im Grundriss* von Prof. Dr. h.c. C. Kaspar, die im Zeitraum von 1975 und 1996 in fünf Auflagen erschienen ist, anzuknüpfen. Es unterscheidet sich von seinem „Vorgängerwerk" durch

- den Fokus auf die immer wichtigeren Veränderungs- und Transformationsprozesse,

- die in der Folge theoretische Orientierung an der Systemlehre der „dritten Generation" mit dem Konzept der selbstreferentiellen Systeme, die sich in ihrer Struktur ständig verändern,

- die Betonung des wissenschaftlichen Arbeitens im Tourismus.

Die entsprechende Positionierung des Buches ist auf dem Hintergrund der Entwicklung der Systemtheorie (vgl. Abschnitt 3.5) zu sehen. Es will in diesem Sinne die Grundlagen für ein neues konzeptionelles Verständnis für die Tourismusforschung und Tourismuspraxis legen und eine neue, aktualisierte modelltheoretische Grundlage für den Tourismus schaffen.

1.2. Aufbau des Buches

Dieses Buch legt großen Wert auf die Modellbildung und deren forschungsbasierte Überprüfung. In dieser Einführung wird deshalb bereits auch eine vereinfachte Übersicht zur Methodik in der anwendungsorientierten Forschungsarbeit gegeben. Danach soll in Kapitel 2 das Phänomen Tourismus sauber definiert und in seinem Wirkungsrahmen in Praxis und Theorie abgegrenzt werden. Kapitel 3 legt die Modellgrundlage in Form eines „selbstreferentiellen" Tourismussystems dar. Die nachfolgenden Kapitel behandeln die einzelnen Subsysteme mit ihren Wechselwirkungen.

Kapitel 8 aggregiert die Erkenntnisse der Analyse der einzelnen Subsysteme, indem die Wechselwirkungen des System Tourismus als ganzes zu seinen Umwelten beschrieben werden. In Kapitel 9 werden auf dieser Grundlage Erkenntnisse zur Entwicklung des Tourismus und zu deren Steuerung mit den Instrumenten der Tourismuspolitik aufgezeigt.

Im Sinne eines forschungsorientierten Buches werden in jedem Kapitel in Form eines Kurzfalles konkrete, anwendungsorientierte Forschungsprojekte dargestellt. Diese sollen die Praxis zu Anwendung wissenschaftlicher Methoden animieren und relevante Resultate aufzeigen. Für den Unterricht und die Theorie sollen sie Beispiele für den Aufbau eigener Projekte, beispielsweise auch für Seminar- und Diplomarbeiten sein.

Abbildung 2: *Aufbau des Buches*

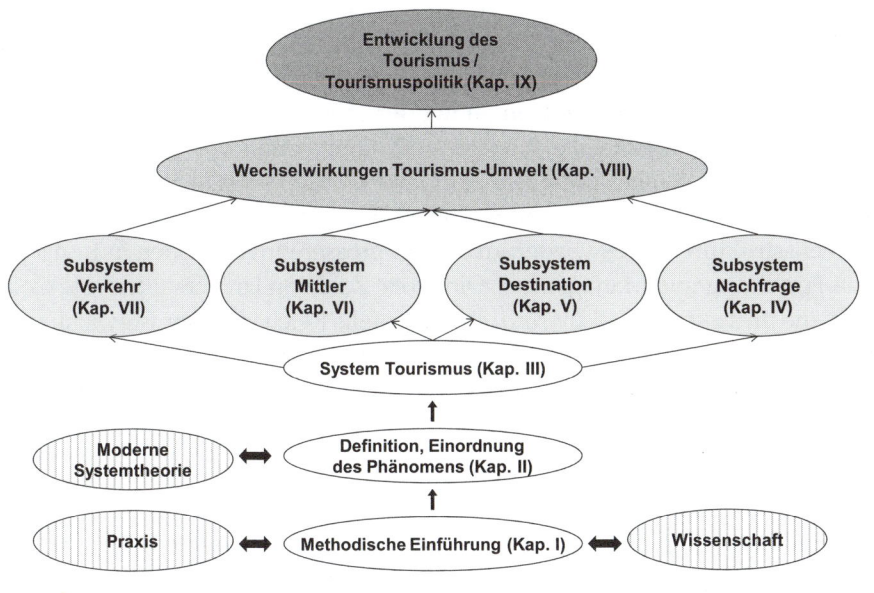

1.3. Wissenschaftliche Methoden der Tourismusforschung und des Tourismusmanagements

Die Tourismuspraxis ist in den traditionellen Tourismusländern Europas durch eine außerordentliche Kleinstrukturiertheit geprägt. Entsprechend fehlten die notwendigen konzentrierten Mittel für die Entwicklung von modernen Managementkonzepten, die Durchführung von professionellen Forschungsarbeiten beispielsweise zu Fragestellungen des Konsumentenverhaltens oder auch für die Anstellung wissenschaftlich ausgebildeter Manager (zu den typischen KMU-Spezifika vgl. u.a. Pleitner 1991 oder im Tourismus Weiermair/ Wöhler 1998, aktuell auch Fueglistaller 2008). Wie in vielen ähnlichen Branchen (vgl. Landwirtschaft oder vor ca. einer Generation der Finanzbereich) entwickelte sich deshalb eine gewisse Skepsis der Praxis gegenüber wissenschaftlicher Vorgehensweise und Arbeitsweise. Oft wurde sogar bewusst in der politischen Diskussion eine Kluft zwischen Theorie und Praxis postuliert (vgl. auch Bieger 2000b).

Eine ganz andere Entwicklung nahm die Zusammenarbeit zwischen Forschung und Praxis z.B. in Nordamerika. Die schwächere Bindung zum Standort und zum Wohnort und entsprechend die geringere Bereitschaft der Unternehmer, an wenig einträglichen Tourismusanlagen festzuhalten, erleichterte die Konsolidierung einer fragmentierten Branche. So wurden in den 90er Jahren beispielsweise eine große Zahl von Skigebieten von den Gründern aufgrund der lukrativen Angebote der damals auftauchenden Skigebietskonzerne, wie der American Skiing Company oder Intrawest, verkauft. Oft wurden auch die Tourismusanlagen erst später und damit bereits von großen Konzernen entwickelt. Weniger geeignete Standorte werden oft schlicht aufgegeben. Dies führt zu einer fortschreitenden Professionalisierung und größeren Unternehmensstrukturen. Dies wiederum erlaubt grössere Investitionen in Konzepte, in Forschung und Management. Die große Zahl von Universitäten und Colleges, die im Tourismus aktiv sind, sind ebenfalls Zeichen dieser Entwicklung. **Wissenschaftliches Arbeiten** ist nicht Selbstzweck. Wissenschaftliches Arbeiten ist eine Arbeitsweise, die sich auszeichnet durch (vgl. u.a. auch Booth/Colomb/Williams 1995; Theisen 1998, Yin 1999):

- *Objektivität* (oder mindestens den Versuch dazu resp. die Offenlegung der eigenen Perspektiven) und entsprechend das Bestreben, eine Frage aus verschiedenen Gesichtspunkten zu analysieren und zu würdigen.

- *Intersubjektive Nachvollziehbarkeit*, d.h. die Möglichkeit, dass gewonnene Resultate nachträglich in ihrer Herleitung und Gültigkeit überprüft werden können. Der Einsatz anerkannter Methoden erleichtert die Sicherstellung der Nachvollziehbarkeit.

- *Einsatz von anerkannten Methoden* – dabei handelt es sich um anerkannte und dokumentierte Vorgehensweisen für die Gewinnung wissenschaftlicher Resultate, die aufgrund ihrer Standardisierung und Verbreitung die Nachvollziehbarkeit und die Objektivität oder mindestens nachvollziehbare Perspektivität der Resultate sicherstellen.

Diese Anforderungen müssen auch an einen Managemententscheid gestellt werden können. Ohne die Erfüllung dieser Anforderungen ist das Risiko für einen Investor zu groß, dass ein Management seine Entscheide zu einseitig zu seinen eigenen Gunsten oder mangels besseren Wissens resp. Wollens suboptimal fällt (zur **Moral Hazard Problematik**, vgl. bspw. Milgrom/Roberts 1992). Die Gefahr, dass Managemententscheide unwissenschaftlich, quasi aus dem Bauch heraus gefällt werden, ist besonders im Falle der Einheit zwischen Manager und Eigentümer groß, da in diesem Falle eine externe Kontrolle entfällt. Dies ist bei einem 100%-Eigentum allenfalls volkswirtschaftlich problematisch, da damit produktives Kapital gefährdet wird. Im Falle einer hohen Kreditfinanzierung wird durch eine solche Konstellation auch fremdes Geld gefährdet. Die Bereitschaft, Kredite an KMUs im Tourismus zu erteilen, ist deshalb teilweise reduziert. Insgesamt entstehen große Kosten für das Aushandeln und Überwachen von Krediten (vgl. auch zum Transaktionskostenansatz Williamson 1979; Williamson/Masten 1995, zur Finanzierung im Tourismus generell Bernet/Bieger 1999). Ein wissenschaftlicheres Management ist deshalb auch im KMU-Tourismus der europäischen Kernländer angezeigt.

Der Unterschied zwischen wissenschaftlichen und emotionalen Managemententscheiden lässt sich am Beispiel einer Standortwahl für ein Hotel erläutern. Besitzt ein Einwohner eines Dorfes über eine Erbschaft Land und hat eine fundierte Hotelausbildung, so wäre ein emotionaler Entscheid, auf dem entsprechenden Land ein Hotel zu bauen. Ein wissenschaftlicher Entscheid würde klar eine andere Perspektive einnehmen. Es würden der generierte Kundenwert und die Kosten gegenübergestellt. Methoden wie „Nutzwertanalyse" und „Business Plan", aber auch empirische Erfassung des generierten Kundenwerts oder die Berechnung eines zukünftigen Unternehmenswertes, müssen zum Zug kommen.

Abbildung 3:   Methoden-Übersicht

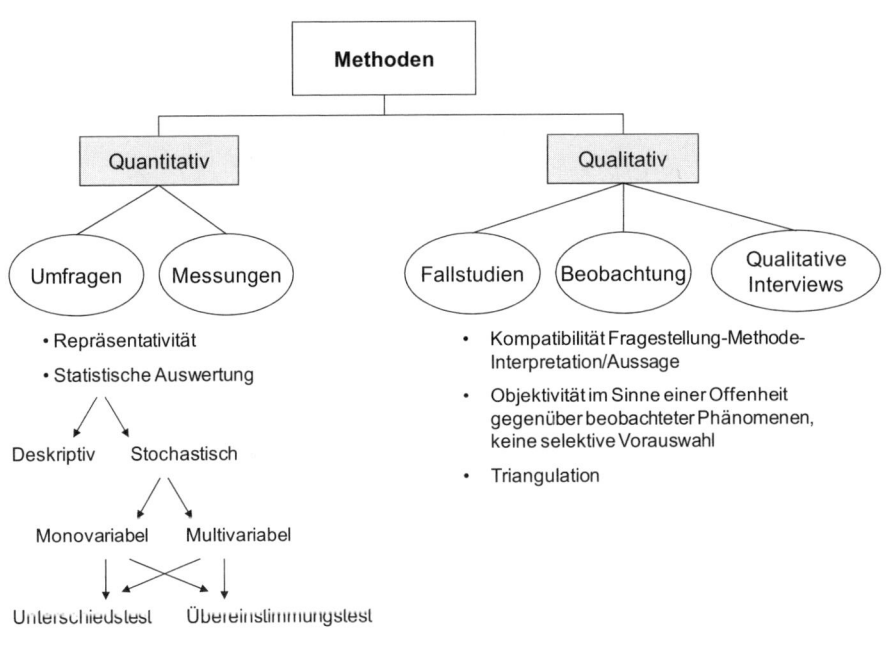

In diesem Buch werden die meisten Kapitel mit einer Fallstudie abgeschlossen, in der eine für den Tourismus wichtige Methode anwendungsorientiert

an einem praktischen Beispiel dargestellt wird. Im Folgenden soll eine kurze
Übersicht über die Methoden der Tourismusforschung als Einstieg in die entsprechenden Beispiele geboten werden.

Wissenschaftliches Arbeiten hat immer das Ziel, Erkenntnisse zu liefern.
Ausgangspunkt sind immer Fragestellungen. Eine gute Fragestellung für ein
Projekt, Gutachten, ein Report oder auch eine studentische Arbeit sollte immer
das zu untersuchende Phänomen (Untersuchungs- bzw. Forschungsobjekt),
die Zielsetzung bzw. das Forschungsziel (Gewinnung von Daten, Entwicklung eines Modells etc.) und die Perspektive oder die Disziplin, aus der dies
erfolgen soll, beinhalten (Erkenntnisobjekt; vgl. hierzu auch Theisen 1998;
Mayring 2002). Ein Beispiel dafür ist folgende Fragestellung:

„Wie *(d.h. das Forschungsziel ist folglich ein Wirkungsmodell)* wirkt die Familie
(Erkenntnisobjekt: Einfluss einer soziologischen Bezugsgruppe) auf den Ferienentscheid von Teenagern *(Forschungsobjekt: „Ferienentscheid von Teenagern")*"?

Für die Bearbeitung von wissenschaftlichen Fragestellungen gibt es eine Vielzahl von Strategien und Methoden. Grundsätzlich können zwei Strategien unterschieden werden (vgl. zu den nachfolgenden Ausführungen Mayring 2002;
Kromrey 1998; Theisen 1998; Lamnek 1995; Popper 1994):

- **Deduktion:** Ableitung vom Allgemeinen in das Besondere, beispielsweise
  indem von der allgemeinen Literatur und bestehenden Modellen zu „Beziehungen in Familien" Schlussfolgerungen auf die Einflüsse auf Ferien-
  entscheide gezogen werden. Folgt man dem kritischen Rationalismus (vgl.
  Popper 1972), dann beginnt die Deduktion mit der Konstruktion von
  Hypothesen, welche anhand empirischer Untersuchungen so lange falsifi-
  ziert werden, bis die „Wahrheit" übrig bleibt.

- **Induktion:** Ableitung von allgemeinen Regeln aus einzeln beobachteten
  Phänomenen, was eine empirische Arbeit mittels Erfassung von Zusammenhängen in der Realität bedingt. Beispielsweise können fallstudienartig
  einzelne Familien mit Teenagern beobachtet werden oder es kann eine repräsentative Stichprobe von Teenagern zu ihrem Entscheidungsverhalten
  mittels Tiefeninterview befragt werden.

Sowohl das deduktive als auch das induktive Forschungsvorgehen ist selten
in reiner Form anzutreffen. Für beide Vorgehensformen bieten sich eine Vielzahl von Methoden an, die grob in quantitative und qualitative Methoden unterschieden werden können.

Quantitative Methoden eignen sich vor allem für Fragestellungen, die das
Ausmaß von Wirkungen zu erfassen suchen (eigentliche „Wieviel"-Fragen)
und für die Überprüfung von Modellen auf der Basis der quantitativen Ana-

lyse und der durch sie implizierten Ursache-Wirkungszusammenhänge (z. B. mittels Strukturgleichungsmodellen). Sie sind in ihrem Analysefokus relativ eng. Aufgrund der strengen und klaren Vorgehens-Anforderungen die sie erfüllen müssen, weisen sie aber eine außerordentlich hohe intersubjektive Nachvollziehbarkeit auf. Zu den quantitativen Methoden können die diversen Befragungsmethoden mit statistisch repräsentativen Stichproben oder andere Methoden der Messung inklusive der Buchhaltung gezählt werden. Auch „pattern matching", das Auswerten ähnlicher Aussagen oder Zusammenhänge in Texten und Interviews und deren Auszählung, kann im weitesten Sinne unter die quantitativen Methoden gezählt werden (vgl. Yin 1999, Backhaus 2000).

Wichtigste Qualitätsanforderung an die quantitative Forschung ist die Repräsentativität. Sie stellt die externe Validität (Übertragbarkeit der Resultate) sicher. Die **Repräsentativität** wird durch die Auswahl der zu analysierenden Objekte (z.B. Interviewpartner) sichergestellt. Repräsentativität erhält man durch perfekten Zufall (jedes Element hat die genau gleiche Chance, in eine Stichprobe aufgenommen zu werden) oder durch Schichtung (durch willentliche, künstliche Zusammensetzung der Stichprobe wird sichergestellt, dass die relevanten Kriterien, z.B. in einer Umfrage die Altersverteilung, wie in der Grundgesamtheit vertreten sind).

Quantitative Methoden führen immer zu statistisch auswertbaren Daten. Diese können **deskriptiv statistisch** (Darstellung z.B. von Reiseintensitäten in verschiedenen Ländern) oder **stochastisch** (d.h. unter Einsatz statistischer Schätzmethoden wie bei einer Aussage „die Reiseintensität der Länder A und B ist mit 99% Wahrscheinlichkeit unabhängig") ausgewertet werden. Sobald mehrere Faktoren oder Datendimensionen gleichzeitig ausgewertet werden sollen, kommen multivariate Verfahren zur Anwendung. Dabei unterscheidet man zwischen Unabhängigkeitstest (Beantwortung der Frage, ob zwei Länder in ihrer Reisemotivstruktur unabhängig sind, beispielsweise mit einem Chi-Quadrat-Test) oder Zusammengehörigkeitstests (Beantwortung der Frage, welche Bevölkerungsgruppen bezüglich Nachfrageverhalten Ähnlichkeiten aufweisen) mit Verfahren wie der Cluster-Analyse.

Die **qualitativen Methoden** eignen sich für die Ergründung tieferer Zusammenhänge und die Beantwortung von „wie" und „warum" Fragen. Sie zeichnen sich durch eine außerordentliche Vielfalt auch in der Auswertung aus, weisen aber aufgrund ihrer schwächeren wissenschaftlichen Strenge eine geringere intersubjektive Nachvollziehbarkeit auf. Beispiele für qualitative Methoden sind die Beobachtung oder die Fallstudientechnik. Wie bei einer Delphi-Expertenbefragung (Mehrrunden Expertenbefragung mit einer Möglichkeit für die Experten, ihre Schätzungen auf dem Hintergrund der Kenntnis der Durchschnittsmeinungen der Vorrunde zu überarbeiten) sind bei qualitativen Verfahren oft auch quantitative statistische Elemente eingebaut.

Die Validität der Resultate qualitativer Forschung muss durch Triangulation (vgl. Fielding/Fielding 1986; Denzin 1978) sichergestellt werden. Der Begriff Triangulation stammt aus der Kartografie. Für die Bestimmung eines geografischen Ortes reichen eigentlich zwei Linien (Peilungen). Bestimmte Orte wurden jedoch als fixe Orte durch drei Linien sicher bestimmt. Ähnlich sollen auch Forschungsresultate durch eine zusätzliche Überprüfung, z.B. eine Beobachtung von Kunden in einem Shopping-Center, durch eine ergänzende Analyse, z.B. Interviews mit dem Management, gestärkt werden.

Wesentliche Gefahren bei der Arbeit mit qualitativen Methoden ist die Ausblendung (weiße Flecken), indem Phänomene, die nicht in die eigene Theorie passen, schlicht nicht wahrgenommen werden. Eine andere Gefahr ist auch, dass zu viele Erkenntnisse, die gar nicht aus der Forschung abgeleitet werden können, in die Resultate hineininterpretiert werden. Ein Beispiel ist die Attribution des Nachfrage-Trends „Multioptionalität" in die Beobachtung des Gepäckes von Feriengästen in einem Alpen-Resort. Vielleicht wird dabei übersehen, dass der größte Teil der mitgebrachten Sportartikel gar nie gebraucht werden und nur als Rettungsanker für Aktivitäten bei anhaltend schlechtem Wetter dienen.

METHODENEINSATZ IM TOURISMUS

Im Tourismus kommen häufig die in Abbildung 4 dargestellten Methoden zum Einsatz:

Wissenschaftliche Resultate müssen den Anforderungen der Validität und Reliabilität genügen. Reliabilität bedeutet, dass die Methoden und Verfahren sicherstellen, dass das Resultat in dem Sinne „nachvollzogen" werden kann, dass immer wieder das gleiche Resultat erreicht wird. So sollten aufgrund einer statistisch sauber gewählten Stichprobe gewonnene Resultate im Rahmen der statistischen Schwankungsbreiten durch andere Stichproben nachvollzogen werden können.

Validität bedeutet die Gültigkeit der Resultate, d.h sie haben eine Aussagekraft für den gewählten Kontext resp. die Forschungsfrage. So ist beispielsweise ein Prognosemodell für die Umsätze von Bergbahnunternehmen auf der Basis von Logiernächtedaten für Gebiete mit hohem Tagestourismusanteil nicht valide.

Abbildung 4:   *Methodeneinsatz im Tourismus*

Anwendungsgebiet	Methode	Beispiel
Entwicklung eines Tourismussystems	Modellbildung mit Deduktion aus Systemtheorie; Quantifizierung der Wirkungen mit Hilfe einer Delphi-Expertenrunde	Tourismussystem von Kaspar
Erhebung der Tourismusnachfrage und deren Struktur	Repräsentative schriftliche oder mündliche Befragungen	Reisemarkt Schweiz 1998 - 2007
Erhebung des Angebotes	Vollerhebung aufgrund einer schriftlichen Meldepflicht	Tourismusstatistik des Bundesamtes für Statistik Schweiz
Entwicklung von Nachfragesegmenten	Clusteranalyse von Daten zu den Reisemotiven	Bieger/Laesser 2002a
Erklärungsmodelle Nachfrageverhalten (z.b. wahrgenommeine Preisfairness von Revenue Management Systemen)	Modellbildung, Modelltest mit mehrstufigen Regressionsanalysen (z.b. LISREL)	Fasciati/Bieger 2007
Ableitung von Zukunftsprognosen zur Nachfrage	Deduktion aus Prognosen aus anderen Lebensbereichen (qualitative Resultate)	vgl. Abschnitt 4.5
Erhebung der wirtschaftlichen Effekte des Tourismus	Modellbildung und Hochrechnung auf der Basis von durch Umfragen erhobenen Teilresultaten	Vgl. Entwicklung des Tourismus Satellitenkontos; Abschnitt 2.4
Erhebung der kulturellen oder der ökologischen Effekte des Tourismus, Analyse der Wirkung auf die Nachhaltigkeit	Beobachtung, Analysen mit Indikatorensystemen	vgl. Kapitel 9 oder die Effekte von Sportgrossevents bei Rütter et al. 2004
Leitbildentwicklung	Partizipationsmethoden wie Zukunftswerkstatt	

In einem Forschungsprozess werden immer Hypothesen gebildet. Dabei können diese als gültig anerkannt werden, so lange keine andersartigen Resultate dagegen sprechen (Falsifikation, vgl. Popper 1972). Oft erfolgt in einem Forschungsprozess ein Wechselspiel zwischen Induktion und Deduktion (vgl. Abbildung 5).

Abbildung 5:   *Vorgehen bei einer wissenschaftlichen Analyse*

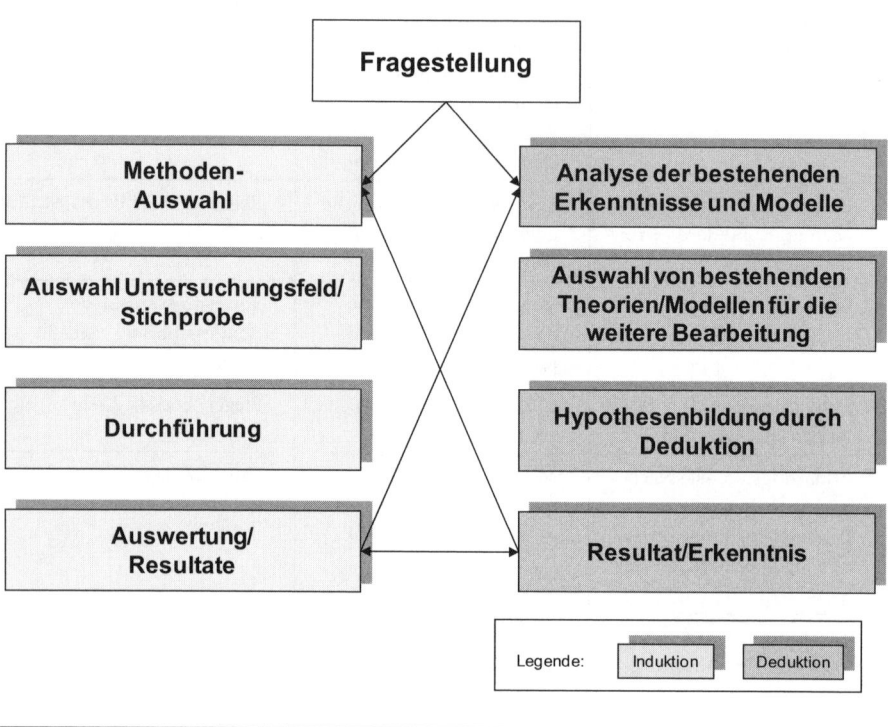

2. Das Phänomen Tourismus

2.1. Definition und Abgrenzung des Phänomens Tourismus

2.1.1. Angebotsseitige und nachfrageseitige Definitionen

Für die Definition des „Tourismus" bestehen heute auf konzeptionell abstrakter Ebene weitgehend gemeinsame Auffassungen. Sobald es in der Praxis und der wissenschaftlichen Gemeinschaft um die konkrete Abgrenzung in einem Forschungsprojekt geht, fehlen jedoch oft konkrete, operationalisierbare Kriterien. So bestehen heute beispielsweise auf internationaler Ebene zwischen den beiden wichtigen Organisationen **UNWTO** (World Tourism Organization, intergouvernementale Organisation mit einzelnen Ländern als Mitglieder) und **WTCC** (World Travel and Tourism Council, internationale Dachorganisation der Tourismusindustrie mit Unternehmen als Mitglieder) unterschiedliche Auffassungen, wie einzelne Komponenten , beispielsweise die Ausgaben für den Autoverkehr für Ferienreisen oder Ausgaben für den Bau von Zweitwohnungen, dem Tourismus zuzurechnen sind. Der WTCC rechnet diese Ausgabe beispielsweise in seinem Satellitenkonto (vgl. Abschnitt 2.4) ein.

Ebenfalls bestehen oft Unsicherheiten bei regionalen Projekten, wer als Tourist aufgefasst werden soll und wer nur ein Freizeitgast aus der Region ist. So stellen verschiedene Forscher (z.B. Leiper 1979; Heeley 1980) fest, dass trotz vielen gemeinsamen Ansätzen keine umfassend gültige und akzeptierte Definition für Tourismus besteht. Dies wird teilweise auch darauf zurückgeführt, dass es von Regierungsstellen, Verbänden etc. zu viele und teilweise zu sehr durch eigene Interessen und Perspektiven getriebene Definitionen gibt (vgl. Smith 1988).

Grundsätzlich ergeben sich zwei Hauptansätze für die Definition des Tourismus: einen angebotsorientierten und einen nachfrageorientierten.
Angebotsseitige Tourismusdefinitionen setzen wie die Abgrenzung anderer Wirtschaftssektoren bei den Eigenheiten von Anbietern an. Entsprechend kann Tourismus als Industrie definiert werden, die aus den Unternehmen besteht, welche Leistungen für die Bedürfnisse und Anliegen von Touristen erbringen (vgl. Leiper 1979). Viele Branchen erbringen jedoch Leistungen nicht ausschließlich für Touristen. Restaurants haben beispielsweise auch Einheimische als Kunden. Lokale Einkaufsgeschäfte bedienen aber oft auch Touristen. Entsprechend wird eine Strukturierung der Tourismusindustrie in 3 Teile (**Tiers**) empfohlen (vgl. Smith 1988, 183).

Abbildung 6:   Angebotsseitige Struktur des Tourismus

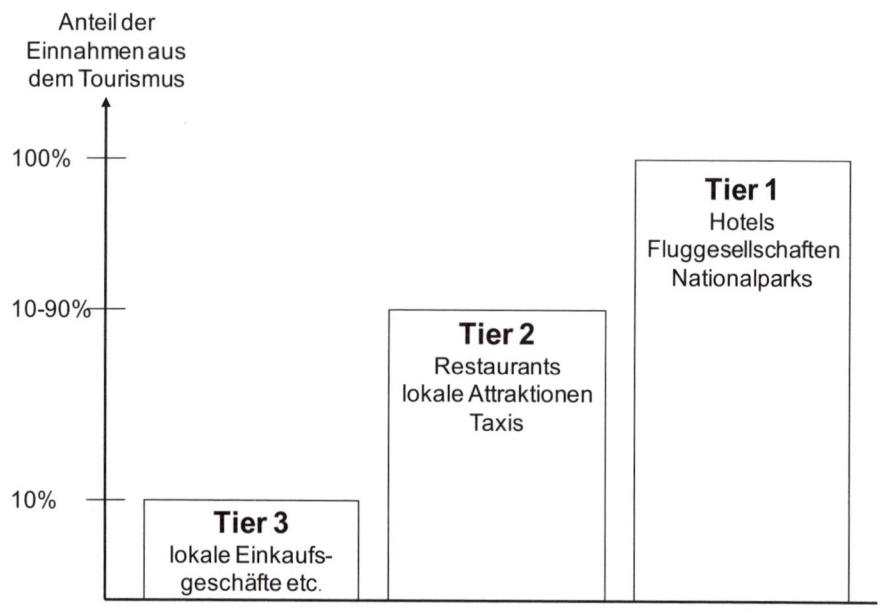

Quelle: Smith 1988, 183

Angebotsseitige Definitionen des Tourismus sind bei der Abgrenzung des
Sektors im Zusammenhang mit der Erfassung seiner wirtschaftlichen Effekte
sowie für die Diskussion wirtschaftspolitischer Maßnahmen von Bedeutung.
Die Schwäche des Ansatzes besteht darin, dass sich Tourismusanbieter nicht
durch spezifische Produktionsbedingungen wie beispielsweise die Landwirtschaft abgrenzen lassen. Im Endeffekt ist der gemeinsame Nenner der Konsum durch Touristen, womit angebotsseitige Tourismusdefinitionen indirekt
doch wieder bei der Nachfrageseite ansetzen.
Nachfrageseitige Definitionen setzen bei der Frage an, wer ein Tourist ist.
Der Tourist wird dabei als Person verstanden, welche eine Reise außerhalb ihres gewohnten Arbeits- und Lebensumfeldes unternimmt (vgl. u.a. Jafari 1977,
6: „Tourismus ist das Studium von Menschen außerhalb ihrer normalen Le-
bensumgebung ..." [frei übersetzt]). Schon 1963 wurde von einer Konferenz
der vereinten Nationen über internationale Reisen und Tourismus eine Definition empfohlen, die alle Personen umfasst, die ein Land besuchen, das nicht

ihr normales Herkunftsland ist (vgl. Gee/Makens/Choy 1997, 11). Alle diese Personen werden als **Besucher (visitors)** definiert.

Die U.N. (United Nations) definiert „Touristen" als Personen, die sich mindestens eine Nacht und maximal ein Jahr ausserhalb des gewohnten Lebensumfeldes aufhalten. Geschäfts- und Konferenzreisen werden in diese Definition miteinbezogen (Goeldner/Ritchie 2008). Damit wird eine statistisch klar erfassbare Unterscheidung geschaffen. Übernachtungen werden weltweit nach gleichen Standards der UNWTO erfasst.

Mit einem breiteren Begriff „Ausflügler" werden auch Tagestouristen erfasst. Tagestouristen sind in vielen Tourismusregionen im Einzugsgebiet großer Ballungszentren von herausragender Bedeutung.

Die Frage der Abgrenzung des „gewohnten" Lebensumfeldes stellt sich natürlich vor allem bei Tagesbesuchern und Inlandtouristen. Erwähnt werden u.a. folgende Kriterien (vgl. Freier 2009):

- *Ort:* Verlassen des gewöhnlichen Aufenthaltsortes und Rückkehr
  Ein Ort, der jede Woche aufgesucht wird, qualifiziert sich eher als „gewohntes" Umfeld.
- *Zeit:* Vorübergehend, d.h. mind. eine Nacht und maximal ein Jahr
  Je länger die Reise dauert, desto weniger qualifiziert sich der aufgesuchte Ort als vorübergehender Aufenthaltsort.
- *Motive:* Vergnügen und Geschäft
  Zum modernen Tourismus zählen neben der Freizeit- und Vergnügungsreise in einem erweiterten Verständnis auf die geschäftlich motivierte Reise sowie Kuraufenthalte und Verwandten- und Bekanntenbesuche (Freyer 2009), weniger dagegen das Erledigen der Besorgungen des täglichen Bedarfes.
- *Reisedauer:* Je länger die Reise, desto eher qualitfiziert sich der aufgesuchte Ort als vorübergehender Aufenthaltsort.

Nachfrageseitige Definitionen weisen, wie die Diskussion der Abgrenzungskriterien zeigt, Probleme der Operationalisierbarkeit auf. Heute dominiert trotzdem eine nachfrageseitige Definition, da sie ein breites Konzept von Tourismus umfasst.

Moderne Lebensformen lassen jedoch die Definition des „gewohnten Lebensumfeldes" im Sinne des normalen Wohn- und Arbeitsumfeldes immer schwieriger werden. „Double Career Couples", Ehepaare, in denen beide Partner einer anspruchsvollen Karriere nachgehen, haben häufig zwei Wohnsitze. Die „Global Class", d.h. international tätige und vernetzte Unternehmer, haben oft sogar im Jahresverlauf wechselnde Wohnsitze auf der ganzen Welt, beispielsweise in Asien eine Wohnung auf Sentosa Island in Singapore, eine Stadtwohnung in New York und ein Kreativort in Südfrankreich. Auch viele stark belastete Geschäftsleute verbringen ihre Wochenenden regelmässig in ihrem Zweitwohnsitz. Entsprechend werden heute Reisen zum Zweitwohnsitz in der Reise- Motivforschung häufig als eigene, separate Kategorie erfasst (vgl. Laesser/Bieger 2008). Auch viele wohlhabende Pensionäre weisen zwei oder mehr Wohnsitze auf (vgl. auch das Phänomen der Trophy Homes, Williams/ Peters, Stegemann 2008), zwischen denen sie je nach Jahreszeit wechseln. So vermischt sich auch der Begriff „Heimat" zunehmend (Hall/Muller 2004).

In der Marktforschungspraxis wird heute deshalb oft das als Tourismus erfasst, was vom Betroffenen selbst als Reisen ausserhalb des gewohnten Lebensumfeldes bezeichnet wird. Dies ist insbesondere deshalb auch sinnvoll, weil primär auch diese Reisen für die klassische Tourismuswirtschaft wie Tour Operator, Hotels, etc. relevant sind.

Entsprechend breit sind deshalb heute Tourismusdefinitionen:

- die Gesamtheit der Beziehungen und Erscheinungen, die sich aus dem Reisen und dem Aufenthalt von Personen ergeben, für die der Aufenthaltsort weder hauptsächlicher und dauernder Wohn- noch Arbeitsort ist (Kaspar 1996, 16).

- Nach der WTO-Definition (WTO 1993) umfasst Tourismus die Aktivitäten von Personen, die an Orte ausserhalb ihrer gewohnten Umgebung reisen und sich dort zu Freizeit-, Geschäfts- oder bestimmten anderen Zwecken nicht länger als ein Jahr ohne Unterbrechung aufhalten.

- Ähnlich wird auch im angelsächsischen Raum Tourismus modern abgegrenzt. So ist nach z.B. Goeldner und Ritchie (2008) Tourismus definiert als die Prozesse, Aktivitäten und Wirkungen, welche durch die Beziehungen und Interkationen zwischen Touristen, touristischen Anbietern, Eventveranstaltern, Destinationsorganisationen und den dazugehörigen Umwelten entstehen, um Besucher anzuziehen und zu beherbergen.

Aus diesen Definitionen lassen sich folgende Merkmale des Tourismus ableiten (vgl. auch Abbildung 7):

- Der Tourismus beinhaltet sowohl **Geschäfts- wie Freizeitreisen**. Allein ausschlaggebend ist das Kriterium der Bewegung außerhalb des normalen Arbeits- und Wohnumfeldes. Deshalb gehört beispielsweise ein Einkaufsbummel eines Einwohners einer Agglomerationsgemeinde in der Stadt nicht zum Tourismus, da er sich im normalen funktionalen Arbeits- und Wohnumfeld bewegt. Hingegen ist ein Shopping-Flug über das Wochenende nach London eindeutig ein touristisches Phänomen. Wichtig ist diese Unterscheidung heute vor allem, weil häufig in der öffentlichen Diskussion eine Vermengung der touristischen Nutzung mit der Freizeitnutzung von Infrastrukturen stattfindet. In vielen Regionen der Schweiz werden heute die touristischen Anlagen zu einem großen Anteil auch von Einheimischen im Rahmen ihrer Freizeitnutzung frequentiert.

Abbildung 7:   Abgrenzung des Begriffes Tourismus

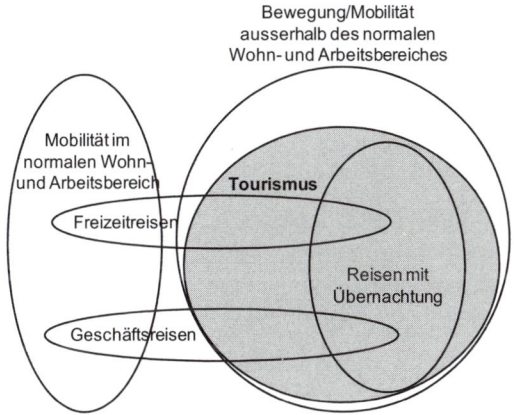

Quelle: In Anlehnung an Bieger 2002, 2

- Der Tourismus umfasst nicht nur Angebote wie Hotels, Bergbahnen und Strände, Nachfrager oder Märkte und Mittler wie Reiseveranstalter und Reisebüros. Zum Tourismus müssen als direktverbundenes Phänomen auch seine wirtschaftlichen, gesellschaftlichen, politischen und ökologischen Folgen gezählt werden. So sind die Einnahmen des Baumeisters für ein neues Hotel ebenso wie die Veränderung der Kultur der Einheimischen durch den Touristen in eine ganzheitliche Betrachtung des Tourismus miteinzuschließen.

- Der Tourismus ist nicht nur ein **Wirtschaftsbereich**, sondern er ist auch ein wichtiger **Lebensbereich** (vgl. Bieger 1993). Er umfasst den Menschen, sein Verhalten und seine Wirkungen ausserhalb des Wohnortes. Der moderne Mensch verbringt immer weniger Zeit in seinem normalen angestammten Lebensumfeld. Jemand, der seine gesetzlichen Ferien in einem westeuropäischen Industrieland voll ausschöpft und eine durchschnittliche Anzahl Tages- und Wochenendreisen unternimmt, verbringt 12-15% seines aktiven Lebens als Tourist. Darin sind Geschäftsreisen nicht eingerechnet. In der Schule werden wir weitgehend auf das Leben zu Hause, auf die Arbeit und die Familie etc. vorbereitet. Genauso müsste man auch auf das Verhalten als Tourist hingeführt werden.

Das ursprüngliche Verständnis für den Begriff Tourismus wurde in zwei Dimensionen erweitert. Erstens wird die Art der erfassten Reisen ausgewertet und zweitens werden die betrachteten Effekte erweitert (vgl. auch Abbildung 8).

Abbildung 8:   Erweiterung des ursprünglichen Tourismusbegriffes

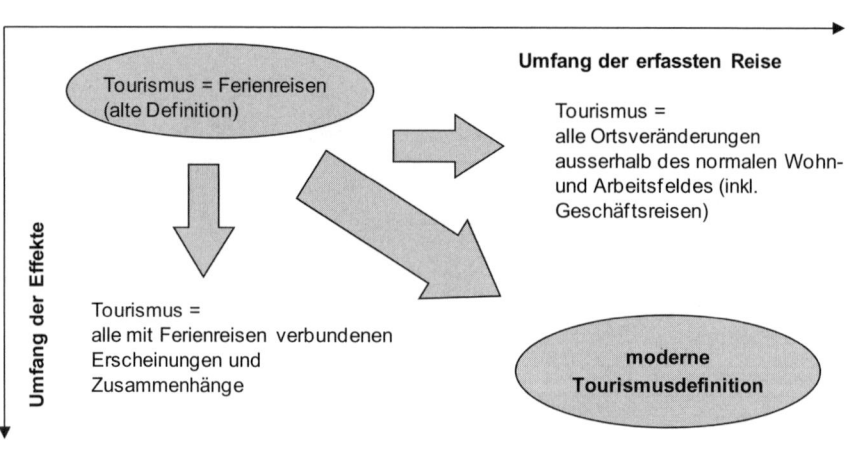

Der Tourismus wird damit als Erscheinungsform über das Verhalten der Menschen anhand der Tourismusnachfrage definiert. Aufgrund dieser eher breiten, systemorientierten Definition können nicht einfach Tourismusbranchen abgeleitet werden. Es können aber Branchen mit einer größeren oder kleineren Abhängigkeit vom Tourismus (d.h. von der Tourismusnachfrage) abgegrenzt werden.

2.1.2. Daten zum Phänomen Tourismus

Der Tourismus gehört sowohl in der Schweiz als auch in Österreich zu den drei wichtigsten Exportbranchen. Beispielsweise hat der „Travel&Tourism Competitiveness Report 2007" des Weltwirtschaftsforums WEF die touristische Bruttowertschöpfung der Schweiz auf CHF 28,3 Mia. und den Anteil am Bruttoinlandprodukt (BIP) auf 6,1 Prozent geschätzt. Der Tourismus ist auch **wichtigster Motor für die Entwicklung von verwandten Branchen** wie Verkehr (vor allem heute auch Luftverkehr) oder Sport. Insbesondere für viele Länder, die sich in wirtschaftlicher Transformation oder im Wiederaufbau befinden (z.b. Osteuropa oder einzelne Entwicklungsländer), ist Tourismus ein Wirtschaftszweig von strategischer Bedeutung.

Abbildung 9:   *Tourismusdaten der Schweiz, Österreichs und Deutschlands*

	Schweiz	Österreich	Deutschland
Ankünfte internationaler Touristen 2005 (in Mio.)	nach UNWTO: 7.229[1] nach BfS: 10.5[2]	19.952[1]	21.5[1]
Einnahmen internationaler Touristen 2005 (in Mrd. EUR)	nach UNWTO 8.874[1] nach BfS: 12.5[2]	12.432[1]	23.474[1]
Übernachtungen (in Mio.)	ca. 70[2] (2008)	121.4[3] (2007)	369.6[4] (2008)
Angebot: Hotels und ähnliche Betriebe 2008	5'582[5]	13'756[5]	35'891[5]
Einnahmen des internationalen Tourismus in % am BIP 2002	3.1%[5]	5.9%[5]	1.0%[5]

Quelle: [1] vgl. UNWTO 2009 (www.unwto.org); [2] vgl. Bundesamt für Statistik Schweiz (www.bfs.admin.ch), Die Daten für die Parahotellerie wurden aufgrund früherer Statistiken geschätzt, da für 2008 keine genauen Angaben vorhanden sind. [3] vgl. Statistik Austria (2008): Tourismus in Zahlen Österreich 2007/200; [4] vgl. DRV (2009): Fakten und Zahlen zum deutschen Reisemarkt 2008; [5] vgl. Bundesamt für Statistik Schweiz (www.bfs.admin.ch/bfs/portal/de/index/themen /10/22/lexi.html)

In Abbildung 9 sind verschiedene Tourismusindikatoren für die Länder Schweiz, Österreich und Deutschland ersichtlich. Insbesondere die Einnah-

men des internationalen Tourismus in Prozent am BIP gibt einen Hinweis auf
die Bedeutung des Tourismus für das Land.

Im Jahr 2008 wurden weltweit 924 Mio. internationale touristische Ankünfte
gezählt. Das entspricht einer Steigerung von 2% gegenüber 2007 (DRV 2009).
Die meisten internationalen Ankünfte werden in Frankreich gezählt (81.9
Mio.). Dagegen ist die USA das Land, dass die meisten internationalen Tourismuseinnahmen erzielt (US-$ 96.7 Mia.; vgl. Abbildung 10).

Abbildung 10:   Internationaler Tourismus: Ankünfte und Einnahmen 2007

Internationale Ankünfte in Mio.			Intern. Tourismuseinnahmen in Mrd. US-$		
1	Frankreich	81.9	1	USA	96.7
2	Spanien	59.2	2	Spanien	57.8
3	USA	56.0	3	Frankreich	54.2
4	China	54.7	4	Italien	42.7
5	Italien	43.7	5	China	41.9
6	Grossbritannien	30.7	6	Grossbritannien	37.6
7	Deutschland	24.4	7	Deutschland	36.0
8	Ukraine	23.1	8	Australien	22.2
9	Türkei	22.2	9	Österreich	18.9
10	Mexiko	21.4	10	Türkei	18.5

Quelle: UNWTO & Schweizer Tourismusverband 2009

Dass die Tourismusbranche in den vergangenen Jahrzehnten zusammen mit
der Telekommunikation und der Informatik zu den Branchen mit den größten
Zuwachsraten gehört, hängt vor allem mit den folgenden Faktoren zusammen:

- dem weltweiten Ausbau der Verkehrsnetze und der Kommunikations-
  netze (Technologie),
- der Globalisierung der Wirtschaft und
- dem steigenden Wohlstand zahlreicher Nationen und breiterer Bevölkerungsschichten (Wirtschaft),
- modernen Lebensofmren wie Double Career Couples, Partnerschaf-
  ten/Familien in verschiedenen Ländern, Patchwortk Familien (Gesellschaft) mit der verbundenen wachsenden Zahl Familienreisen (Visit
  Friends and Relatives).

Nicht nur die technologischen, wirtschaftlichen und gesellschaftlichen Veränderungen, sondern auch veränderte Lebensmotive sind für dieses Wachstum

verantwortlich. Zum Beispiel erweckt ein **höheres Bildungsniveau** und die Internationalisierung der Wirtschaftstätigkeit das Interesse für andere Kulturen oder der **Verstädterungsprozess** weckt das Bedürfnis nach Erholung in der Natur.

In der während den 90er Jahren entstandenen **Options- und Erlebnisgesellschaft** (vgl. auch Gross 2007; Schulze 2005) dominieren neue Formen des Erlebens und Genießens, womit neue Angebote entstanden. Freizeit- und Themenparks à la Disney World, All-Inclusive-Clubs oder schwimmende Ferienresorts, wie zum Beispiel das Clubschiff „AIDA", konkurrieren traditionelle Destinationen.

Im Zuge der Entwicklung der „Ich" Gesellschaft (vgl. Gross 1999, 2007) mit einer starken Orientierung am Individuum ist auch ein verstärktes Bedürfnis an „Transformations-"Leistungen entstanden. Reiseprodukte wie Gesundheitsreisen, Bildungsreisen oder Reisen mit spirituellen Inhalten erlauben, sich in Richtung des gewünschten Selbstkonzeptes weiterzuentwickeln respektive zu transformieren.

Abbildung 11:   *Reiseziele der Schweizer Bevölkerung*

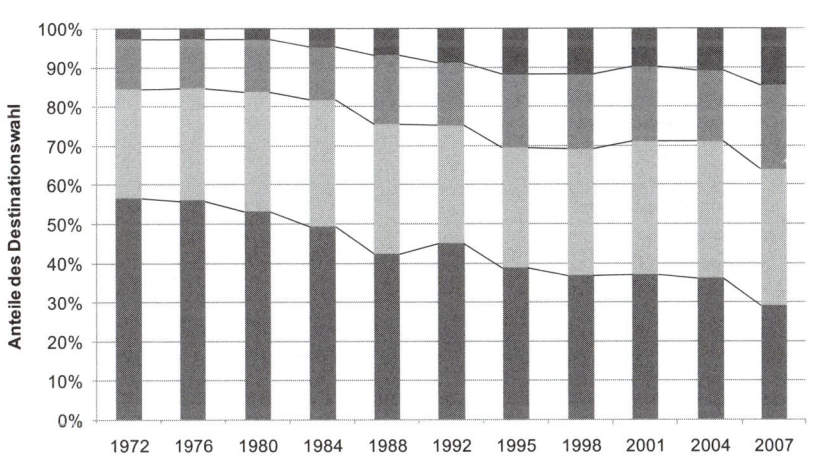

Quelle: Laesser/ Bieger 2008

Die Schweiz mit ihrer traditionell offenen Reisepolitik und ihrem Wohlstand kann als Fallbeispiel für ein reifes Reiseland bezeichnet werden. Bezüglich dem Reiseziel liegt bei der Schweizer Bevölkerung die Schweiz an der Spitze (vgl. Abbildung 11). Der Anteil der Reisen im eigenen Land, der Binnentourismus, verliert aber Marktanteile, während insbesondere der Interkontinentaltourismus an Bedeutung gewinnt.

Auch bei der Deutschen Bevölkerung belegt das Heimatland die erste Position. Die wichtigsten ausländischen Destinationen sind Italien und Spanien (vgl. Abbildung 12).

Abbildung 12:   Reiseziele der Deutschen Bevölkerung

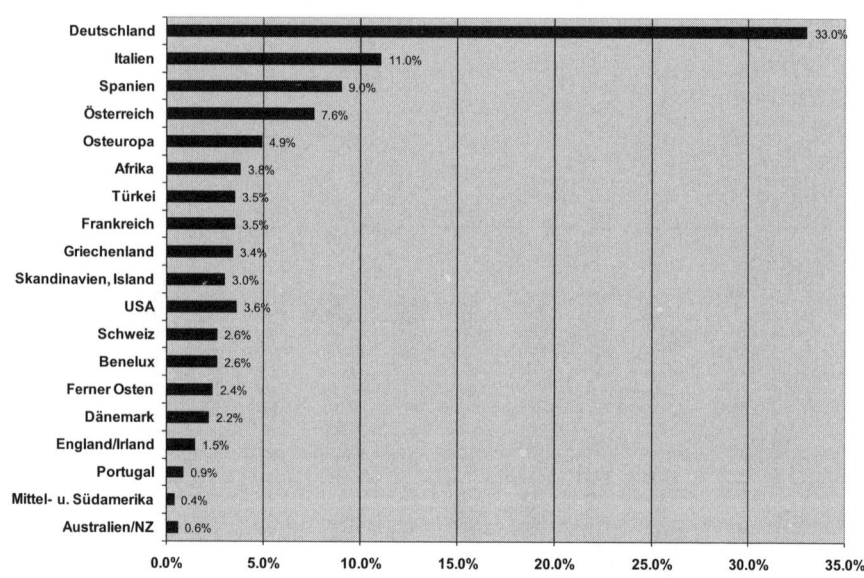

Quelle: ADAC Reisemonitor 2009

Unter den Reisemotiven stechen insbesondere der Wunsch nach dem Naturerlebnis sowie nach Zeit mit dem Partner und der Familie hervor. Optionalität scheint einer der zentralen Wünsche zu sein. Darauf weist etwa auch das wichtige Motiv hin, flexible und spontane Entscheidungen treffen zu können (vgl. Abbildung 13).

Abbildung 13:   Reisemotive der Schweizer Bevölkerung (Mittelwerte)

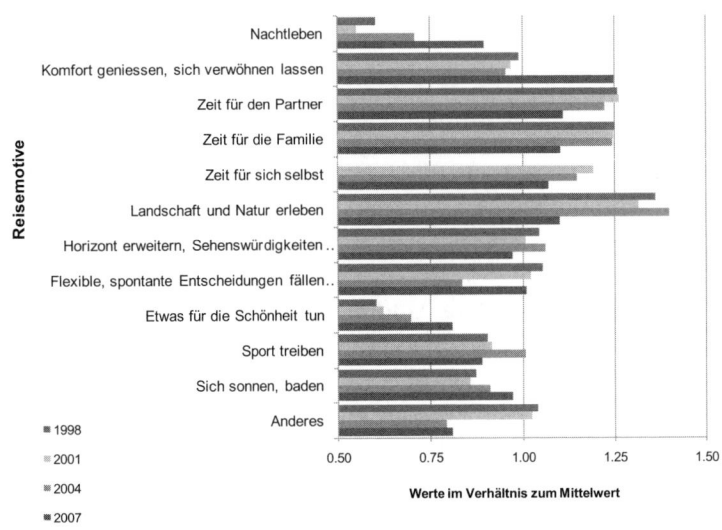

Quelle: Laesser/ Bieger 2008

Abbildung 14:   Urlaubsformen der Deutschen

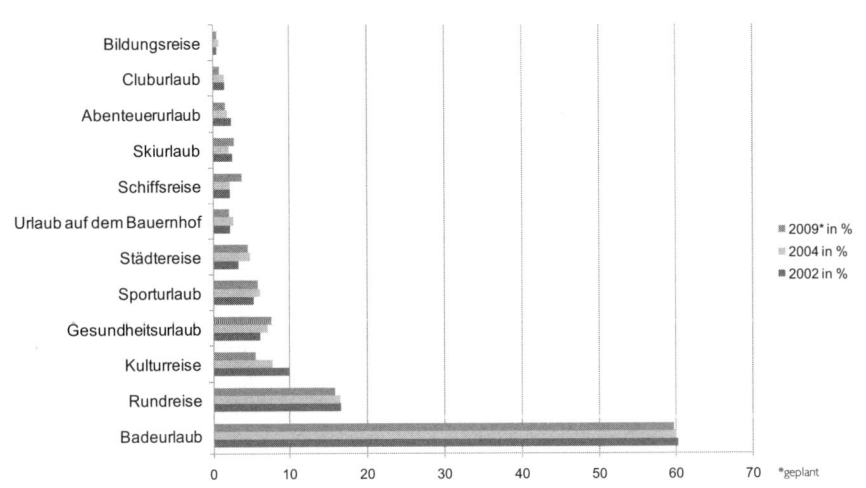

Quelle: ADAC Reisemonitor 2009

Mit zwar rückläufiger Tendenz dominiert bezüglich der Reiseformen in Deutschland immer noch der Badeurlaub mit rund 60% aller Reise gefolgt von Rundreisen und Kulturreisen (vgl. Abbildung 14).

2.2. Tourismus als Wissenschaft

Bei der Diskussion des Tourismus als Wissenschaft stellt sich natürlicherweise zuerst die Frage, ob und inwieweit Tourismus überhaupt eine eigenständige Wissenschaft darstellt. Einzelne Autoren (vgl. Sessa 1985 oder Freyer 1993) postulieren dies implizit.

Eine „Wissenschaft" stellt jedoch klare Anforderungen. So sollte eine gemeinsam akzeptierte Grundlage in Form von **Paradigmen** bestehen und es sollte ein spezifisches **Methodenset** (wie z.B. in der Geografie die Karthografie) zur Verfügung stehen. Dabei kann ein Paradigma als ein relativ breit akzeptiertes Erklärungsmuster mit beispielhaftem bzw. modellhaftem Charakter definiert werden.

Eine **präparadigmatische Wissenschaft** ist nach Kuhn (1977, 416) durch ständige Debatten über grundlegende Annahmen charakterisiert. Dies trifft typischerweise auch für den Tourismus zu. Alleine schon die oben dargestellt große Auswahl an Definitionen zeigt, dass im Tourismus keine Übereinstimmung auf definitorischer Ebene, geschweige denn auf der Ebene von Modellen und Theorien, gefunden werden konnte.

Eine **reife Wissenschaft** zeichnet sich dadurch aus, dass sich die Wissenschafter bei ihren Publikationen immer auf die Vorerkenntnisse und Arbeiten ihrer eigenen Disziplin berufen (vgl. Kuhn 1977, 319). Ein messbares Kriterium für eine reife Wissenschaft besteht in Form von Kreuzzitationsindices, bei welchen überprüft werden kann, wie oft ein Artikel zitiert wurde. Bei Publikationen im Bereich des Tourismus findet man, sofern es sich nicht um rein deskriptive sondern um explanatorische, modellbildende Arbeiten handelt, meist eine große Zahl der Quellenverweise auf Arbeiten der Disziplin, aus deren Fokus die Analyse vorgenommen wurde. So wird sich eine Arbeit zur Analyse der kulturellen Beeinflussung einer Gemeinde durch den Tourismus meist auf Arbeiten der Soziologie beziehen. Bei Arbeiten zum Kundenverhalten wird auf Publikationen aus dem Bereich „consumer insight" respektive Marketing bezogen. Mit dem Aufkommen von internationalen wissenschaftlichen Zeitschriften (sogenannten „Scientific Journals") auch im Tourismus und der Etablierung wissenschaftlicher Fachnetzwerke wie AIEST (Association Internationale d'Experts Scientifique) oder TTRA (Travel and Tourism Research Association), steigt jedoch der Anteil der Zitationen innerhalb der Tourismusforscher.

Für die Erforschung des Tourismus bestehen keine spezifischen Methoden. Es wird auf Methoden anderer Kerndisziplinen zurückgegriffen. In diesem Sinne ist Tourismus nicht eine Wissenschaft, sondern ein **Forschungsobjekt** oder Forschungsgebiet. Dieses kann aus verschiedenen Perspektiven und Disziplinen analysiert werden, wobei in der Tourismusforschung folgende **Hauptdisziplinen** identifiziert werden: Ökonomie, Soziologie, Psychologie, Geografie und Anthropologie, Management, Politikwissenschaften, Theologie, Geschichte und Umweltwissenschaften (vgl. u.a. Jafari/Ritchie 1981 und Jafari/Aaser 1988). Aufgrund seiner vielfältigen Wechselwirkungen mit allen Umwelten, ist Tourismus ein Paradebeispiel eines **interdisziplinären Forschungsgebietes** (vgl. auch Müller 1997).

Es finden sich weltweit **Forschungsinstitute** und Forschungsstellen zum Tourismus aus verschiedensten Disziplinen, beispielsweise im deutschsprachigen Raum,

- aus dem Fokus der Wirtschaftswissenschaften das Institut für Öffentliche Dienstleistungen und Tourismus der Universität St. Gallen oder, mit einer vielleicht eher noch breiteren sozialwissenschaftlicheren Perspektive, das Forschungsinstitut für Freizeit und Tourismus an der Universität Bern;
- aus dem Fokus der Betriebswirtschaftslehre mit Schwergewicht Dienstleistungsmanagement das Institut für Strategisches Management, Marketing und Tourismus (Bereich Tourismus und Dienstleistungswirtschaft) der Universität Innsbruck
- aus dem Fokus Betriebswirtschaftslehre an der Wirtschaftsuniversität Wien,
- aus dem Fokus der Geografie das wirtschaftsgeografische Institut an der Universität Zürich,
- aus der Perspektive der Tourismusökonomie die Hochschulgruppe Tourismus der Technischen Universität Dresden.

Entsprechend vielfältig wie der **disziplinäre Zugang** sind die in der Tourismusforschung verwendeten Methoden. Dabei ist oft auch eine Arbeit aus der Perspektive einer Disziplin mit Methoden (auch im Sinne einer Triangulation, d.h. zur Absicherung und Ergänzung der Erkenntnisse) aus einer anderen Disziplin anzutreffen. So werden beispielsweise hochentwickelte Systeme aus dem Gebiet der Karthographie respektive der geographischen Daten Systeme dazu genutzt, die Service-Abläufe in einem Skigebiet zu optimieren.

Wichtigster Hintergrund für die Erforschung des Tourismus aus unterschied-
lichsten disziplinären Perspektiven sind die verschiedenen Wechselwirkungen mit den entsprechenden disziplinären Umfeldern. Beispielsweise befasst
sich die Biologie mit den Auswirkungen des Tourismus auf die Flora und
Fauna einer Region. Einen Überblick über die Vielfalt der Tourismusforschung liefert folgende Auflistung der Forschungsarbeiten zu den verschiedenen Umfeldbereichen:

Abbildung 15:   *Liste der Forschungsarbeiten zu Umfeldbereichen*

Umfeldbereich	Forschungsarbeiten
Volkswirtschaftslehre	• *Ökonomische Auswirkungen:* vgl. Mason (2008); Tyrrell/ Johnston (2006); Wall/ Mathieson (2005); Oh (2005); Scherer/Strauf/Bieger (2002); Ross (1992); Perdue/Long/Allen (1990); Husbands (1989); Liu/Sheldon/Var (1987); Var/Kendall/Tarakcioglu (1985)
Ökomanagement	• *Ökologische Auswirkungen:* vgl. Moisey/McCool (2009); Hunter/Shaw (2007); Pickering/Hill (2007); Hiltunen (2007); Davenport/Davenport (2006); Caneday/Zeiger (1991); Adams (1993); Badger (1992); Warner (1991); Boo (1990); Greiner (1990); Smith (1990)
Soziologie	• *Soziale Auswirkungen:* vgl. Wilson (2008); Butler/Hinch (2007); Urtasun/Gutiérrez (2006); Higgins-Desbiolles (2006); Gossling/Hall (2005); Ross (1992); Bystrzanowski (1989); Milman/Pizam (1988); Liu/Sheldon/Var (1987);
Betriebswirtschafts-lehre	• *Lebenszyklusphase einer Destination:* vgl. Rodríguez et al. (2007); Butler (2006), Beritelli (1997) Goncalves/Aguas (1997) • *Konsumentenverhalten:* Castro et al. (2007); Woodside/Dubelaar (2002), Pizam/Mansfeld (1999); Sönmez/Graefe (1998); • *Segmentierung:* Bieger/Laesser (2002)

2.3. Historische Entwicklung des Tourismus

Viele der heute bekannten **Motivationsformen** des Tourismus wurden schon
im Altertum vorweggenommen. So setzte beispielsweise mit Beginn der
Olympiaden um 770 v. Ch. ein Sporttourismus zur aktiven oder passiven
Teilnahme an Sportveranstaltungen ein. Ebenfalls in der griechischen Epoche
entstanden Bildungsreisen, beispielsweise durch den griechischen Geografen
und Historiker Herodot (480–421 v. Chr.) der als einer der ersten Reisenden

und Touristen seines Landes angesehen wird (vgl. Kaspar 1996, 23). Ebenfalls noch in griechischer Zeit bekannt waren Fahrten zu Heilzwecken, bspw. nach Epidaurus mit dem Eskolaptempel, sowie Wallfahrten zu den Göttertempeln wie zum Beispiel zum Orakel von Delphi.

RÖMISCHES REICH

In der römischen Zeit erfuhr das Reisen einen weiteren Auftrieb. Zur Erleichterung des „militärischen Tourismus" wurde ein weiterer Teil eines kontinentalen Straßennetzes gebaut. Dank den zahlreichen Garnisonsstädten war auch eine relativ gute Sicherheit auf diesen Straßen gewährleistet. Der Handel blühte auf, es entstanden wieder Bildungsreisen quer durch Europa. Zusätzlich entstand ein Vorläufer des heutigen **Gesundheitstourismus**. Die Römer errichteten an einigen zentralen Orten Badezentren (beispielsweise Baden bei Zürich, St. Moritz, Baden-Baden), die aus näherer oder fernerer Umgebung Touristen anlockten. Es gab bereits auch eine Art Vorläuferform des modernen **Zweitwohnungstourismus**. Aufgrund der Verhältnisse in der überbevölkerten Stadt Rom und in anderen Städten nahmen breite Kreise der wohlhabenden Bevölkerung im Sommer einen Domizilwechsel an ihre „Sommerfrischen" in den Hügeln des Appenins oder an die Küsten vor.

MITTELALTER

Im Mittelalter verfiel aufgrund der partikularisierten Herrschaftsverhältnisse das römische Straßennetz. Mit dem Fehlen einer militärischen Präsenz wurde das Reisen zudem unsicherer. Neben Beamten und Studenten reisten deshalb im Mittelalter vor allem **Wallfahrer**, welche die großen physischen und finanziellen Opfer auf sich nahmen. Entsprechend dominierten bei den Unterkünften auch Hospize und Klöster neben einzelnen, vor allem kleineren Herbergen. Während im Mittelalter große Teile der damaligen Gesellschaft ihre direkte Umgebung zeitlebens nicht verließ, wagten sich erste Händler (vgl. auch die Reisen Vasco da Gamas um 1497) und Entdecker auf Reisen. Handwerker reisten zum Teil, um neue Märkte für ihre Fähigkeiten zu erschließen. Währenddem das Reisen zu den ältesten und allgemeinsten Verhaltensweisen des menschlichen Lebens gehörte und der Mensch eigentlich schon immer reiste, erfüllte es im Altertum und vor allem im Mittelalter selten einen Selbstzweck (vgl. auch Enzensberger 1958, 705ff). Es wurden vor allem „Muss-Reisen" gemacht.

AUFKLÄRUNG

Mit der **Aufklärung** und dem Aufbruch in der Gesellschaft lockerte sich auch die strenge Zweckhaftigkeit des Reisens. So begann ab dem 18. Jahrhundert ein intensiver Bildungstourismus, insbesondere junger Adeliger. Ihr Interesse richtete sich oft auf die Natur und das einfache Leben. Nachhaltig dürfte sich der Ruf Jean-Jacques Rousseaus nach Rückkehr zur Natur in seinem Werk „Nouvelle Héloïse" (1756) ausgewirkt haben. Auch andere Dichter und Schriftsteller wie Byron, Ruskin und Goethe warben und lobpreisten fremde Länder, deren Natur und Lebensformen. Die Zahl der Herbergen erhöhte und die Qualität der Straßen verbesserte sich. Mit den inzwischen stabilen Nationalstaaten war auch Ruhe, Ordnung und militärische Sicherheit wieder hergestellt worden.

INDUSTRIALISIERUNG

Mit der **Industrialisierung** wurde der Tourismus immer mehr zu einem Standardprodukt. Ab Beginn des 19. Jahrhunderts erleichterten Massentransportmittel wie moderne Passstrassen, ab den 20er Jahren des vorletzten Jahrhunderts die Dampfschifffahrt sowie ab Mitte des 19. Jahrhunderts das Aufkommen der Eisenbahnen das Reisen massiv. Auch in der Beherbergung wurde in Form von Grandhotels eine „industrialisierte" Form gefunden, welche die Unterbringung der inzwischen größeren Touristenzahlen erlaubte.
Triebkraft der Nachfrage war zum ersten Mal auch das durch die Industrialisierung zum Wohlstand gekommene Bürgertum. Die Industrialisierung wurde vor allem in Mitteleuropa durch einen Spezialeffekt überlagert. Die sogenannte **„Belle Epoque"** war geprägt durch Langzeit-Aufenthalter in Form des Adels. Dieser hatte die Mittel, wurde aber durch das erstarkte Bürgertum immer mehr in seinen Funktionen beschnitten. In dieser Zeit entstanden **Palast-Hotels** an den schönsten Lagen Europas, am Meer oder in der Schweiz an Seen und auf einigermaßen leicht erreichbaren Berggipfeln. Im Gegensatz zu den teilweise bescheidenen Hotels der Industrialisierung wie beispielsweise der 1812 eröffnete Gasthof Rigi Klösterle oder das 1832 als erstes Hotel im Berneroberland auf dem Faulhorn auf 2600 Meter erbaute Hotel, waren diese Palast-Hotels mit jeglichem Komfort ausgestattet. Architektur und Dekor wurden den Heimunterkünften der Hauptkundengruppe, des Adels, nachgebildet. Die Hotels selbst respektive ihre Gesellschaftsräume waren Bühnen für den Auftritt der Noblesse der Zeit. Da die Schweiz von den beiden Weltkriegen nicht versehrt wurde, bestehen noch viele Zeugnisse der Belle Epoque. Beispiele dafür sind das Hotel Schweizerhof in Luzern oder das Hotel Giesbach am Brienzersee. Diese Hotels wurden mit großem Aufwand renoviert

und werden heute als moderne Hotels im Vier- und Fünf-Stern-Bereich weitergeführt.

Zur Unterhaltung des Adels und auch des Wohlstands-Bürgertums wurde einiges unternommen, da die Aufenthaltszeit dieser Gäste oft auch mehrere Monate betrug. So sprechen Zeugnisse beispielsweise davon, dass im Hotel Maloja im Engadin regelmäßige venezianische Nächte durchgeführt wurden, für die jeweils der Hauptspeisesaal geflutet wurde (vgl. Bener/Schmid 1983). Natursehenswürdigkeiten wie Wasserfälle wurden bengalisch illuminiert. Die Gäste aßen auf Booten und wurden ebenfalls von auf Booten vorbeifahrenden Kellnern bedient. Je nach Jahreszeit hielt sich diese internationale Schicht aus „heimatlosem" Adel und neureichem Bürgertum jeweils für längere Zeit an der französischen oder italienischen Riviera (im Winter), in den Thermalbädern und Großhotels der Alpenrandseen (im Sommer) und auf ausgedehnten Bildungsreisen nach Nordafrika, Ägypten oder Griechenland auf.

Mit den Veränderungen in Gesellschaft und Umwelt in Form von sozialen Unterschieden, Armut, größeren Städten oder Umweltzerstörung durch Industriegebiete, verklärte sich das Freizeitbewusstsein. Die geistigen Wurzeln des **Tourismus- und Freizeitbildes** liegen in der englischen und deutschen Romantik. Idealbild im Sinne einer Imagination war das Bild einer zivilisationsfernen Natur, zeitliche Bilder der Geschichte, die zu Denkmälern oder Folklore erstarrt sind. Solche Leitbilder des Tourismus sind heute noch für verschiedene Tourismusformen wirksam (vgl. auch Enzenberger 1964).

Organisatorisch „industrialisiert" wurde der Tourismus mit der Erfindung der **Pauschalreisen**. So entstanden in Deutschland die ersten Reisebüros ab 1886, in England gründete Thomas Cook bereits 1841 sein erstes Reisebüro.

TOURISMUS WÄHREND UND NACH DEM 1. WELTKRIEG

Während dem ersten Weltkrieg kam der internationale Tourismus praktisch vollständig zum Erliegen. Zahlreiche Infrastrukturen, z. B. Luftseilbahnen oder Hotels, erlitten Konkurs und wurden definitiv aufgegeben. Einzig in der Schweiz erhielt sich eine Art Langzeitaufenthalts-Tourismus in Form heimatloser Adeliger und internierter Offiziere.

In der Zwischenkriegszeit verstärkte sich durch die Umverteilung des Einkommens die breite Mittelschicht. Diese Bevölkerungsschichten unternahmen jedoch oft nur kürzere Reisen. Damit ging es Jahre, bis die großen Zentren in den Alpen wieder auf die Logiernächtezahl der Vorkriegszeit kamen. So wurde beispielsweise die im Rekordjahr 1910 erreichte Zahl der Hotellogiernächte erst wieder 1957 überschritten. In den Zwischenkriegsjahren entstand gleichzeitig auch ein neues Tourismusphänomen, der aktive **Sporttourismus**. Im

Sommer stand Golf, Tennis und auch Wassersport im Vordergrund. Nachdem 1863 der alpine Wintersporttourismus durch eine Wette von einem Hotelier in St. Moritz lanciert wurde, entwickelte sich aus dem ursprünglichen Schlittel- und Eislauftourismus immer mehr der Skitourismus. Für diesen entstanden in den Zwischenkriegsjahren die ersten Infrastrukturen, beispielsweise die 1932/33 erbaute Parsenn-Bahn in Davos.

TOURISMUS WÄHREND UND NACH DEM 2. WELTKRIEG

In praktisch allen Ländern kam während dem zweiten Weltkrieg, mit Ausnahme des „Militärtourismus" und eines geringen Handelstourismus, das Reisen praktisch vollständig zum Erliegen. In der vom Krieg verschonten Schweiz entwickelten sich jedoch neue Formen des Tourismus in Form des **Ausflugstourismus**. Mit zum Teil verbilligten Tickets wurden der Bevölkerung, die nun im Vergleich zum ersten Weltkrieg über den Erwerbsersatz trotz Militärdienstpflicht der Männer durch ein bescheidenes Einkommen verfügte, Reiseangebote unterbreitet.

Nach dem Zweiten Weltkrieg entwickelte sich der in der Vorkriegszeit entstandene Sporttourismus weiter. Im alpinen Raum wurde der Wintersport zu einem eigentlichen Motor der Entwicklung neuer Regionen und Orte. Im internationalen Tourismus führte der Ausbau des Flugverkehrs, vor allem auch des **Charter-Luftverkehrs**, zur Entwicklung des Badetourismus und zu ersten Ansätzen eines internationalen Sightseeing-Tourismus. Die traditionellen Tourismusländer im Einzugsgebiet der westlichen Industriestaaten erlebten in dieser Zeit eine eigentliche Boomphase, die durch die Elemente Motorisierung, Verstädterung (und damit verbunden mit Flucht aus dem eigenen Wohnumfeld) und Zunahme des Wohlstandes (vgl. auch Beratende Kommission für Fremdenverkehr 1979 und Krippendorf 1984) geprägt war.

GLOBALISIERUNG UND TOURISMUS

Ab ca. 1980 entwickelte sich die vorderhand letzte Phase des internationalen Tourismus, die **Globalisierung**. Treiber der Entwicklung waren auf der Angebotsseite der Ausbau des internationalen Flugverkehrs. Nicht zuletzt dank dem Aufkommen zweistrahliger Großraum-Langstrecken-Jets seit Beginn der 80er Jahre des letzten Jahrhunderts verbilligte sich der Flugverkehr massiv. Während in den Nachkriegsjahren im Ferntourismus der Charter-Flugverkehr dominierte, können jetzt Touristen von immer günstigeren Apex- und Superapex-Tarifen (APEX als Abkürzung für Advanced Purchased Excursion Fare) der Linienfluggesellschaften als Individualtouristen profitieren. Internationale Hotelketten sorgen weltweit für berechenbare Qualitäten im Unterkunftsbereich. Flüge und Hotels können dank internationaler Reservationssysteme (GDS - Global Distribution Systems) maßgeschneidert und individuell gebucht werden. Neue Destinationsformen wie Themenparks, Kreuzfahrtschiffe oder einheitlich geführte Resorts, z.B. nordamerikanische Skiorte oder asiatische Badeferieninseln, sorgen für eine durchgehende Dienstleistungsqualität aus einer Hand. Der interkontinentale Sightseeing-Tourismus, der Kulturtourismus aber auch der Kurzerlebnistourismus mit seinen Risikosportarten nahmen zu.

Enzensberger charakterisiert den Fortschritt des Tourismus mit den drei Kategorien Normierung, Montage und Serienfertigung. Mit dem im Jahre 1836 von John Murray veröffentlichten ersten „red book" entstand das erste Reisebuch, das die Grundelemente jeder Reise, die „Site" normiert und ihrem Wert nach in eine, zwei oder drei Sterne unterteilt (vgl. Enzensberger 1964, 13). Die Bilder, die mit der Reise verkauft werden, sind „montierte" Bilder. Sehenswürdigkeiten werden eingepackt in Bilder der Ferne, der Romantik, Natur und Geschichte. Reiseplakate, Reiseprospekte werden entsprechend vielfach mit konstruierten oder gestellten Bildern geschmückt. Die normierte und mutierte Welt wird schließlich serienmäßig durch moderne Reisemittler an Gruppen oder modulartig an Individuen verkauft. Diese Charakterisierung der Entwicklung des Tourismus dürfte auch im Zeitalter der Globalisierung noch relevant sein.

Die laufende Veränderung der Bedürfnisse und Treiber der Nachfrage führte die einzelnen Tourismusorte zu einem Zwang, sich immer wieder zu restrukturieren und neu auszurichten. Das Beispiel von St. Moritz zeigt schön den Übergang von einem traditionellen Badeort über ein Hauptort der Belle Epoque zu einem Sommersportort bis zum modernen Wintersportort und internationalen Rundreiseziel.

2.4.   Forschungsfall: Tourismus-Satellitenkonto – Impact Messung am Beispiel Österreich (E. Smeral)[1]

2.4.1. TSA – Einführender Überblick

Die Bedeutung des Tourismussektors als wirtschaftliches und soziales Phänomen ist in den vergangenen Jahrzehnten beträchtlich gewachsen. In Bezug auf die Einschätzung der Grössenordnung lagen jedoch im Hinblick auf die **monetär-wirtschaftliche** Komponente nur unzureichende Informationen vor, da sich die Statistik zum überwiegenden Teil nur auf wenige quantitative Indikatoren wie Ankünfte, Übernachtungen, Anzahl der Reisen oder Daten aus der Leistungsbilanz (Tourismusexporte und -importe) konzentrierte. Weiter waren die tourismusrelevanten Informationen nur innerhalb bestimmter makroökonomischer Aggregate (z.B. privater und öffentlicher Konsum) aufzufinden. Dementsprechend erhielt die Öffentlichkeit nur ein unzulängliches Bild von der Bedeutung des Tourismus und dessen Einfluss auf die Gesamtwirtschaft.

2.4.2. Konzept

Die Schwierigkeiten bei der Bestimmung der Größe des Tourismussektors liegen primär darin, dass im System der Volkswirtschaftlichen Gesamtrechnung (VGR) die einzelnen Wirtschaftszweige auf Basis ihrer Erzeugung (ihres Outputs) und nicht auf Basis der Nachfrage erfasst werden, während gerade die Tourismuswirtschaft durch ihre Konsumenten – die **Touristen** – zum Zeitpunkt des Konsums definiert wird.

Gemäß des TSA-Konzeptes erfolgt eine grundlegende Aufgliederung in eine „tourismusspezifische", „tourismusverwandte" und „nicht tourismusspezifische" Produktion, die entsprechend „tourismusspezifische", „tourismusverwandte" und „nicht tourismusspezifische" Güter und Dienstleistungen herstellt. Folglich umfasst der Tourismuskonsum „tourismusspezifische" (d.h. Unterkünfte, Reisebüros, Seilbahnen) sowie „tourismusverwandte" (Gaststätten) und „nicht tourismusspezifische" (z.B. Einzelhandel) Güter und Dienst-

---

1   Der vorliegende Beitrag ist eine Kurzfassung eines Buchkapitels aus "*Smeral, E (2003): Die Zukunft des internationalen Tourismus: Entwicklungsperspektiven für das 21. Jahrhundert, Lindeverlag, Wien.*" Basierend auf "*Laimer, P./ Smeral, E. (2009): Ein Tourimus-Satellitenkonto für Österreich: Methodik, Ergebnisse und Prognosen für die Jahre 2000 bis 2009, Österreichisches Institut für Wirtschaftsforschung.*" wurde der Text aktualisiert.

leistungen. Letztere sind solche, welche vorwiegend an Nichttouristen geliefert werden.

Das TSA stellt den Versuch dar, den Tourismus als ökonomisches Phänomen in Verbindung mit der VGR und anderen Wirtschaftsstatistiken zu erfassen und zu analysieren. Dabei dient die VGR als Rahmen und Integrationsraster. Trotzdem ist das TSA mehr als nur ein VGR-Subsystem, vor allem, weil je nach Bedarf zusätzliche wichtige Informationen eingebaut werden können. Das System basiert auf dem Inlands-Konzept, dessen Abgrenzungen im Einzelnen zu definieren sind. Dazu eignet sich im Besonderen das Wohnsitzkonzept und dessen Anwendung auf die Teilnehmer am Tourismusmarkt, nämlich die Anbieter (Produzenten) und die Verbraucher (Nachfrager/Touristen).

2.4.3. Ökonomische Implikationen des Tourismus-Satellitenkontos

Grundsätzlich bezieht sich das TSA-Konzept in seinem **Kernbereich** auf die „Tourismusindustrien" (i.e.S.). Das sind vor allem die Bereiche des Beherbergungs-, Restaurant-, Reisebüro- sowie des Kultur-, Unterhaltungs- und Reiseversicherungswesens. Es soll versucht werden, Tourismus als ökonomisches Phänomen eingehender zu erfassen und in Verbindung mit der VGR und anderen Wirtschaftsstatistiken zu analysieren. Obwohl im Allgemeinen immer über die „**Tourismusindustrie**" gesprochen wird, ist dieser Ausdruck doch problematisch, denn Tourismus ist keine Industrie im herkömmlichen Sinn, wo die einzelnen Bereiche ein gemeinsames Produkt oder eine Dienstleistung herstellen bzw. die gleiche Produktionsfunktion haben.

Der Begriff „**Satellit**" beschreibt das TSA als eine Erweiterung des Input-Output-Grundgerüstes im System der VGR. Im Zusammenhang mit dem Tourismus-Satellitenkonto kann man sich die Input-Output-Struktur als eine Abfolge von Tabellen vorstellen, in denen in den Spalten bzw. in den Zeilen die einzelnen Wirtschaftszweige und die Waren aufgelistet sind. Jede Zelle dieser Tabellen gibt somit Auskunft über den Wert der in einer bestimmten Branche produzierten Ware für jeweils ein Jahr. Ein anderes Tabellenblatt zeigt den Wert jeder von den einzelnen Branchen konsumierten Ware und eine weitere Tabelle fasst die Endnachfrage der Konsumenten, der öffentlichen Hand und der ausländischen Gäste sowie die Investitionen durch die privaten und öffentlichen Haushalte zusammen. Das TSA lässt sich als eine Teilmenge dieser Tabellenblätter verstehen.

Das **Hauptproblem** bei den „tourismusspezifischen" Branchen liegt vor allem darin, dass der Konsum touristischer Waren nicht immer eindeutig gemessen werden kann. So werden z.B. Speisen im Restaurant auch von Nichttouristen konsumiert und andererseits nicht touristische Waren wie Bekleidung oder

Lebensmittel auch von Touristen gekauft. Das bedeutet, es können nicht einfach „tourismusspezifische" Branchen identifiziert und deren Output-Daten aggregiert werden. Um Aussagen über die Tourismusaktivitäten eines Landes zu machen, muss vielmehr der Output einer touristischen Ware mit jenem Anteil gewichtet werden, der dem Verhältnis der touristischen Ausgaben zu den Gesamtausgaben für das entsprechende Gut entspricht. Im Prinzip hat jedes Produkt ein touristisches Gewicht: Hotelzimmer erreichen z.B. knapp 100% ihres Ouputs, andere Produkte wiederum haben weniger oder fast gar keine touristische Bedeutung.

2.4.4. Definition der Tourismusnachfrage

Massgebend für die Bestimmung der Tourismusnachfrage sind:

* Besucher,
* hauptsächlicher Reisezweck,
* gewohnte bzw. ungewohnte Umgebung und
* touristischer Konsum.

2.4.4.1. Besucher

Ein Besucher wird **definiert** als „jede Person, die für die Dauer von nicht mehr als zwölf Monaten ihre gewohnte Umgebung verlässt, und deren hauptsächlicher Reisezweck ein anderer ist als die Ausübung einer Tätigkeit, die von dem besuchten Land aus entlohnt wird".

Dabei müssen zunächst **zwei** grundlegende **Kategorien** von Besuchern unterschieden werden:

* **Internationale** Besucher, die in dem Land der Reisedestination nicht ihren ordentlichen Wohnsitz haben; dazu zählen auch Staatsbürger, die ihren Wohnsitz ständig im Ausland haben;
* **Inländische** Besucher, deren ordentlicher Wohnsitz sich im Reisezielland befindet, wobei es sich um Staatsbürger oder Ausländer handeln kann.

Ein Besucher kann entweder ein **Tagesbesucher** oder ein **Tourist** sein, das ist ein Besucher mit mindestens einer Übernachtung. Ferner kann eine Reise zu Geschäftszwecken oder aus anderen (persönlichen) Gründen stattfinden (wie Besuch des Zweitwohnsitzes oder von Verwandten und Bekannten). Bestimmte Formen der Reise sind jedoch ausgenommen, nämlich jene von Grenzgängern (z.B. Pendler), vorübergehend Zugezogenen, Einwanderern (z.B. Gastarbeiter), Flüchtlingen, Diplomaten (z.B. Konsularvertreter) und Militärpersonen im Zuge ihrer beruflichen Tätigkeit.

Im Allgemeinen ist die im TSA verwendete **Definition** von Besuchern und Touristen sehr **breit** und beinhaltet damit alle Personen, die einen Ort besuchen oder bereisen, an dem sie keiner bezahlten Tätigkeit nachgehen. Folglich könnte ein Geschäftsreisender entweder Tourist oder Nichttourist sein, je nachdem, an welchem Ort sich seine bezugsauszahlende Stelle befindet und in welcher Art und Weise er seine Aktivitäten unternimmt. Im TSA-Konzept wird damit die gewohnte Umgebung als jener Raum angesehen, in dem jemand lebt bzw. arbeitet und den er damit relativ häufig frequentiert, und/oder der in der Nähe des ordentlichen Wohnsitzes liegt.

2.4.4.2. Hauptsächlicher Reisezweck

Beim Hauptreisezweck von Tagesbesuchern und Touristen kann nach folgenden Kategorien unterschieden werden:

- Freizeit-, Erholungs- und Urlaubsreisen,
- Verwandten- und Bekanntenbesuche,
- Dienst- und Geschäftsreisen,
- Kuraufenthalte,
- Religiös motivierte Reisen/Wallfahrten,
- Sonstige.

2.4.4.3. Gewohnte und ungewohnte Umgebung

Die gewohnte Umgebung bezieht sich auf die geografischen Grenzen, innerhalb derer sich jemand im täglichen Leben bewegt, und setzt sich aus der **direkten Umgebung** seines Zuhauses, des Arbeitsplatzes oder der Ausbildungsstätte sowie anderen **häufig frequentierten** Orten zusammen.

Der Begriff „gewohnte Umgebung" umfasst **zwei Dimensionen**:

Häufigkeit – Orte, die von einer Person häufig (regelmäßig) besucht werden, sind als ein Teil ihrer gewohnten Umgebung anzusehen, auch wenn sie in erheblicher Entfernung vom Wohnort liegen.

Entfernung – Orte in der Umgebung des Wohnortes einer Person sind Teil ihrer gewohnten Umgebung, auch wenn diese nur selten besucht werden.

Nationale Statistik-Organisationen grenzen den Begriff der gewohnten Umgebung pragmatisch durch Kriterien wie Reisedistanz und Besuchshäufigkeit oder formal nach Gegend oder Verwaltungsgebiet ab.

Der **TSA-Philosophie** zufolge ist es entscheidend, ob das Reiseziel einer Person („des Besuchers") außerhalb ihrer gewohnten Umgebung liegt; in diesem

Fall zählt diese nicht zu den „einheimischen Konsumenten". Aus ökonomischer Sicht werden durch den Aufenthalt eines Besuchers/Touristen zusätzliche Ausgaben und somit Wertschöpfung – über jene der einheimischen Konsumenten hinaus – generiert. Dieser von den Besuchern ausgelöste monetäre Effekt kann mit Hilfe des TSA gemessen werden. Die Begriffe „gewohnte" und „ungewohnte Umgebung" sind in einem räumlichen Kontext zu verstehen und finden im Rahmen des Tourismus-Satellitenkontos Berücksichtigung.

2.4.4.4. Touristischer Konsum

Für die wirtschaftliche Bedeutung des Tourismus spielen die Ausgaben eine zentrale Rolle. Von UNWTO und OECD wird folgende **Definition** verwendet: „Ausgaben, die von oder für einen Besucher vor, während und nach einer Reise außerhalb der gewohnten Umgebung getätigt werden und mit dieser in Zusammenhang stehen".

Außer den üblichen Ausgaben für Transport, Verpflegung oder Unterkunft während oder im Zuge der Vorbereitungen einer Reise beinhalten diese Aufwendungen gleichzeitig auch Kosten, die dem Reisezweck dienen und schon einige Zeit vor der Reise angefallen sein können (z.B. für Koffer oder Film). Andererseits sind Ausgaben von Geschäftsreisenden für Investitionen nicht den touristischen Aufwendungen zurechenbar, selbst wenn dies der Anlass für die Reise ist. Wird die Reise jedoch von einem Nichttouristen finanziert (Eltern bezahlen z.B. dem Freund den Besuch ihres im Ausland lebenden Kindes), gehört dies zu den touristischen Aufwendungen, da die Ausgaben für den Besucher erfolgten.

Entsprechend den Akteuren bzw. den Trägern des touristischen Konsums ergeben sich folgende Komponenten:

* Ausgaben inländischer Haushalte (oder an deren Stelle) für Erholungs- und Urlaubszwecke sowie im Zuge des Besuches von Zweitwohnsitzen und von Verwandten und Bekannten;

* Ausgaben von privaten oder öffentlichen Produzenten (via Geschäfts- und Dienstreisen im Zuge von Reisen im Auftrag ihrer privaten oder öffentlichen Arbeitgeber oder im Rahmen ihrer eigenen Tätigkeit) sowie

* Ausgaben von Ausländern im Inland.

Der im TSA aufscheinende Tourismuskonsum von Geschäftsreisenden beinhaltet nur die vom Unternehmen bezahlten Aufwendungen wie Transport, Unterkunft usw.; ein Theaterbesuch am Abend oder die Verlängerung des Aufenthaltes sind vom Geschäftsreisenden selbst zu finanzieren und daher Teil der privaten (touristischen) Endnachfrage.

Abbildung 16:   *Zahlungsströme am Tourismus- und Freizeitmarkt*

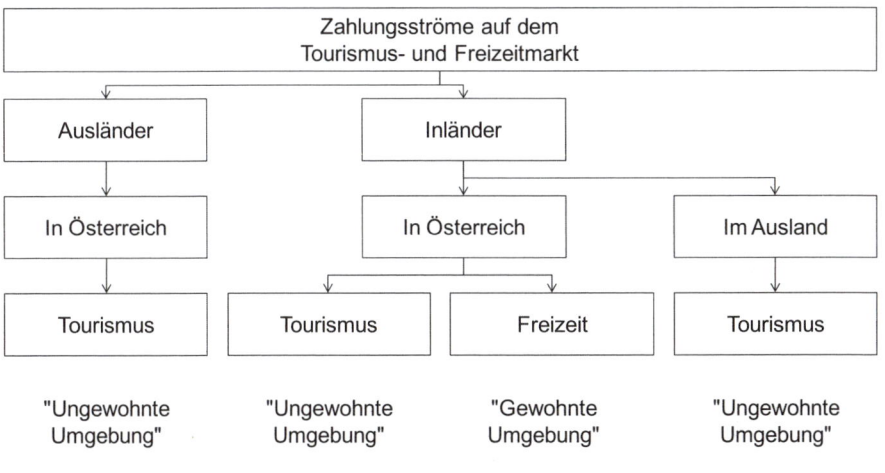

Quelle: WIFO 2009

Zusammenfassend kann also der Tourismuskonsum weit über die Reiseausgaben eines Besuchers hinausgehen: Er umfasst auch noch sämtliche für ihn getätigten Waren- und Dienstleistungsaufwendungen durch andere Institutionen. Werden Bargeld oder Vermögenswerte an den Besucher zur Finanzierung seiner Reise transferiert, scheinen die damit erfolgten Einkäufe ebenfalls im Konsum auf. Somit beinhaltet das TSA alle direkten, reisebezogenen Transaktionen zwischen Käufer und Produzent/Lieferant.

In Anbetracht der touristischen Erscheinungsformen lassen sich nun verschiedene Aggregate für den Tourismuskonsum ableiten. Da die Ausgaben von In- und Ausländern stammen können, ergibt sich für die Zahlungsströme zunächst folgende Unterscheidung (siehe auch Abbildung 16):

- Touristischer Ausländerkonsum im Inland (= Tourismusexporte);
- Touristischer Inländerkonsum im Inland (= Einnahmen im Binnenreiseverkehr; hierzu zählen nur die Ausgaben in ungewohnter Umgebung; Ausgaben innerhalb der gewohnten Umgebung sind nichttouristischer Freizeitkonsum, der eine erweiterte Sicht des TSA ermöglicht);
- Touristischer Inländerkonsum im Ausland (= Tourismusimporte)[2];

---

2   Bei Konzentration auf den inlandswirksamen Konsum ist diese Kennziffer irrelevant. Gilt die Fragestellung jedoch dem Marktanteil der Inlandsausgaben an

- Touristischer Inlandskonsum von In- und Ausländern (= Tourismusexporte + Einnahmen im Binnenreiseverkehr);
- Nationaler touristischer Konsum (= Einnahmen im Binnenreiseverkehr + Tourismusimporte).

Die **Tourismusnachfrage** von In- und von Ausländern kann unterteilt werden in Ausgaben von

- Tagesbesuchern und
- Touristen (d.h. Besucher mit mindestens einer Übernachtung).

Beide, **Tagesbesucher** und **Touristen**, können sein:

- Erholungs- und Urlaubsreisende, Reisende auf Grund von Verwandten- und Bekanntenbesuchen, Kuraufenthalten, Wallfahrten usw.,
- Geschäftsreisende,
- Zeitwohnungsbesucher.

Tagesbesucher und Touristen können Ausgaben tätigen für:

- spezifische Tourismusgüter,
- Tourismusverwandte Güter und
- nicht tourismusspezifische Güter.

2.4.5. Der Zusammenhang zwischen direkten, indirekten und induzierten Effekten

Das TSA berücksichtigt nur die **direkte** Tourismusnachfrage, die die Aufwendungen umfasst, welche vom Besucher (oder an dessen Stelle) für Waren und Dienstleistungen vor, während und nach einer Reise getätigt werden, wobei diese in Verbindung mit der Reise stehen müssen. Um die wirtschaftliche Rolle des Tourismus im TSA-Kontext zu messen, muss deshalb eine direkte Verbindung zwischen Käufer und Produzent/Lieferant vorhanden sein. Basierend auf der Definition der direkten Tourismusnachfrage zeigt das TSA diese Beziehungen und die daraus resultierende Wertschöpfung auf.

---

den Gesamtausgaben (nationaler touristischer Konsum), so ist die Kenntnis über die Größenordnung der Tourismusimporte von zentraler Bedeutung.

Die auf direkte physische und wirtschaftliche Beziehungen eingeschränkte Tourismus-Definition laut TSA lässt die verschiedenen indirekten, durch wirtschaftliche Lieferverflechtungen ausgelösten Effekte, außer Betracht. Somit kann die nationale Tourismuswertschöpfung auf Basis eines TSA nur mit den TSA-Ergebnissen anderer Länder oder mit analog errechneten Satelliten anderer Sektoren verglichen werden.

Diese direkten **und** indirekten Effekte oder die Auswirkungen des Tourismus auf die Gesamtwirtschaft eines Landes können durch die Input-Output-Analyse beschrieben werden. Sie ermöglicht damit neben der Berechnung der direkten zusätzlich auch die Berechnung der indirekten Wertschöpfungseffekte. Die entstandene Wertschöpfung erhöht das Einkommen der ersten Stufe und löst weitere Ausgaben aus – ein Multiplikatorprozess wird in Gang gesetzt.

Im Gegensatz zur Definition der Welttourismus-Organisation (**UNWTO**) werden die Begriffe „direkt" und „indirekt" hier im rein ökonomischen Kontext der Input-Output-Analyse verstanden. „Induzierte" Effekte werden im Kontext des Multiplikator-Modells nach Keynes aufgefasst.

Aufgrund der Tatsache, dass im TSA-Kontext nur die direkten touristischen Effekte auf Grund physischer und ökonomischer Beziehungen zwischen Käufer und Verkäufer erfasst werden, müssen beim Vergleich der ermittelten TSA-Wertschöpfungsdaten mit der gesamten Wertschöpfung einer Volkswirtschaft zusätzlich auch die indirekten Effekte berücksichtigt werden.

Weiters werden auf TSA-Ebene die Dienst- und Geschäftsreisen (richtigerweise) der touristischen Gesamtnachfrage zugerechnet und sind damit mesoökonomisch wertschöpfungswirksam. Bei einem Vergleich der TSA-Wertschöpfungsdaten mit der gesamtwirtschaftlichen Wertschöpfung entsteht damit (ebenso wie bei der Berücksichtigung der indirekten Effekte) ein Korrekturbedarf, da gesamtwirtschaftlich der Intermediärkonsum („Zwischennachfrage") – im Speziellen die Dienst- und Geschäftsreisen der Inländer – als Vorleistung behandelt wird und daher vom im TSA-Kontext ermittelten touristischen Inländer-Konsum in Abzug gebracht werden muss.

2.4.6. Ergebnisse

In diesem Kapitel werden die Ergebnisse eines TSA am Beispiel Österreichs dargestellt.

Die Einrichtung eines Tourismus-Satellitenkontos bedeutete die Einleitung einer nachhaltigen Veränderung in der monetären Berichterstattung. Die Veränderungen betreffen insbesondere die touristischen Zahlungsströme der Inländer, die Erfassung der Zahlungsströme von ausländischen Gästen bleibt in ihrem Umfang unverändert.

Bisher wurden unter den touristischen Aufwendungen der Inländer für Österreich-Aufenthalte die Ausgaben im Zuge von Übernachtungen nur zum Teil erfasst, da zwar die Aufwendungen im Zuge von Übernachtungen in entgeltlichen Unterkünften zur Gänze einbezogen wurden, die monetäre Bedeutung von Aktivitäten bei Übernachtungen in unentgeltlichen Unterkünften erfolgte jedoch nur teilweise.

Das TSA-Konzept hingegen verlangt

- die vollständige Berücksichtigung von Aufwendungen im Zuge von Aufenthalten in unentgeltlichen Unterkünften (Verwandten- und Bekanntenbesuche, ohne Zweitwohnungen und Wochenendhäuser), sowie zusätzlich die Berücksichtigung von

- Aufwendungen im Zuge von Aufenthalten in Zweitwohnungen bzw. Wochenendhäusern und

- jene im Zuge von Tagesausflügen.

Dadurch erhöht sich die bisher für den Binnenreiseverkehr ausgewiesene Summe deutlich.

Die dargestellten **Basisdaten** des TSA beziehen sich auf die Jahre 2005 bis 2007. Im **Jahr 2007** entfielen laut TSA-Ergebnissen von den Gesamtausgaben für Urlaubs- und Geschäftsreisen sowie Verwandten- und Bekanntenbesuche in der Größenordnung von 30,367 Mrd. EUR (2005: 28,052 Mrd. EUR) 50,3% auf ausländische Besucher, 46,5% auf inländische Reisende und 3,2% auf die Ausgaben der Inländer in Wochenendhäusern bzw. Zweitwohnungen entfallen (Abbildung 17).

Die Ausgaben der inländischen Reisenden für in Österreich gelegene Ziele sind zu 58,9% den übernachtenden Touristen und zu 41,1% den Tagesbesuchern zuzurechnen, wogegen bei den ausländischen Besuchern rund 87.8% der Aufwendungen auf den Übernachtungstourismus entfallen.

Von den **Ausgaben der Österreicher** für Inlandsreisen entfallen auf den Reisezweck „Urlaub" 77,4% und auf Geschäftsreisen 22,6%. Bei den Geschäftsreisenden sind die Aufwendungen für Tagesausflüge dominant, wogegen bei den Urlaubsreisenden die Aufwendungen für Übernachtungsreisen jene für Tagesreisen übersteigen.

Abbildung 17:   *Hauptergebnisse des Tourismussatellitenkontos (TSA) für Österreich*

Aggregate	2005	2006	2007
	Mio. EUR		
Touristische Nachfrage			
Ausgaben ausländischer Besucher	*14.360*	*14.769*	*15.272*
Übernachtende Touristen[1])	12.738	13.047	13.414
Tagesbesucher	1.621	1.722	1.858
Ausgaben inländischer Besucher	*12.723*	*13.263*	*14.111*
Urlaubsreisende	10.102	10.330	10.925
Übernachtende Touristen[2])	6.256	6.449	6.719
Tagesbesucher	3.846	3.880	4.207
Geschäftsreisende	2.621	2.933	3.1486
Übernachtende Touristen	1.178	1.476	1.594
Tagesbesucher	1.444	1.457	1.592
Ausgaben der Inländer in Wochenendhäusern und Zweitwohnungen	*969*	*977*	*984*
Gesamtausgaben[3])	*28.052*	*29.009*	*30.367*

Quelle: WIFO (Österreichisches Insitut für Wirtschaftsforschung) 2009
1) Urlaubs- und Geschäftsreisende; einschliesslich der Ausgaben für den Personentransport
2) Einschliesslich der Ausgaben für Kuraufenthalte
3) Ausgaben von Urlaubs- und Geschäftsreisenden; einschliesslich der Ausgaben im Zuge von Verwandten- und Bekanntenbesuchen

Die Ermittlung der **direkten Wertschöpfungseffekte** des Tourismus ergab laut TSA-Konzept für das Jahr 2007 ein Volumen in der Größenordnung von 14,553 Mrd. EUR (+5,2% gegenüber 2006). Wird diese Größenordnung zum BIP in Beziehung gesetzt, ergibt sich rein rechnerisch ein Anteil von 5,4% (2006: 5,4%).

In Bezug auf die **Verteilung** der Gesamtaufwendungen auf die verschiedenen Güter und Dienstleistungen im Jahr 2007 machten die Dienstleistungen des Beherbergungswesens mit über einem Drittel die größte Position aus, gefolgt von den Restaurant- und Gaststättendiensten mit einem Anteil von rund einem Viertel (Abbildung 18).

Für die Dienstleistungen des Transportwesens wurde im Jahr 2007 mit 11,8% der Gesamtausgaben ein höherer Betrag als für die Leistungen des Kultur-, Unterhaltungs- und sonstigen Dienstleistungssektors (insgesamt 7,1%) aufgewendet.

Insgesamt entfielen auf die tourismuscharakteristischen Aufwendungen rund 80% der Gesamtausgaben. Der Anteil der tourismusverwandten und nicht-tourismusspezifischen Produktionsbereiche machte ca. 20% des gesamten touristischen Konsums aus, wobei davon etwas mehr als die Hälfte (55%) für Dienstleistungen verausgabt wurde.

Abbildung 18:   Touristischer Konsum nach Produkten im Jahr 2007

Aggregate	Anteil
Tourismuscharakteristische Dienstleistungen	**79,9%**
Beherbergung [1]	35,5%
Restaurant- und Gaststättendienste	25,4%
Transport [2]	11,8%
Reisebüros [3]	0.1%
Kultur-, Unterhaltungs- und sonstige Dienstleistungen	7,1%
Tourismusverwandte bzw. nicht tourismusspezifische Waren und Dienstleistungen	**20,1%**
Waren	8,2%
Dienstleistungen	11,0%
Handelsspanne	0,8%
Insgesamt	**100,00**

Quelle: Statistik Austria, WIFO 2009. Daten. Rundungen können Rechendifferenzen ergeben. – 1) Urlaubs- und Geschäftsreisen; einschliesslich Verwandten- und Bekanntenbesuche; Aufwendungen bzw. „fiktive" Miete. – 2) einschliesslich Strassenbahn, Schnellbahn, Autobus, Taxi & Parkhäuser, Betrieb von Bahnhöfen bzw. Flughäfen. – 3) Nur Spannen;Package-Teile sind in den jeweiligen Dienstleistungen enthalten (z. B. bei Buchung einer Schiffskreuzfahrt in einem Reisebüro: Die Dienstleistung wird dem „Wasserverkehr" zugerechnet, die Position „Spanne" verbleibt unter „Reisebüros bzw. -veranstalter").

Die volkswirtschaftliche Bedeutung des Tourismus bzw. sein Beitrag zur gesamtwirtschaftlichen Wertschöpfung ist eine wichtige Kennziffer für die Wirtschaftspolitik. Zur Ermittlung dieser zentralen Kennziffer sind die TSA-Ergebnisse mit Berücksichtigung aller durch den Tourismus ausgelösten direkten und indirekten Effekte, aber unter Ausschluss der Dienst- und Geschäftsreisen darzustellen. Bei der Anwendung der Input-Output-Multiplikatoren auf die korrigierten TSA-Ergebnisse ergaben sich für das Jahr 2007 direkte und indirekte Wertschöpfungseffekte von 22,29 Mrd. EUR. Damit belief sich der Beitrag des Tourismus zur gesamtwirtschaftlichen Bruttowertschöpfung (BIP) auf 8,2% (Abbildung 19). Für die Jahre 2008 und 2009 werden 8,4% bzw. 8,2% prognostiziert.

Abbildung 19: *Die volkswirtschaftliche Bedeutung von Tourismus und Verkehr in Österreich*

	2005	2006	2007
Direkte und indirekte Wertschöpfung (Mio. Euro)			
Tourismus [1]	20.853	21.382	22.289
Freizeitkonsum der Inländer am Wohnort	18.520	19.928	21.039
Tourismus und Freizeitwirtschaft [1]	39.373	41.310	43.327
Veränderung gegenüber Vorjahr in %			
Tourismus [1]	+4.9	+2.5	+4.2
Freizeitkonsum der Inländer am Wohnort	+3.2	+7.6	+5.6
Tourismus und Freizeitwirtschaft [1]	+4.1	+4.9	+4.9
Beitrag zum BIP in %			
Tourismus [1]	8.5	8.3	8.2
Freizeitkonsum der Inländer am Wohnort	7.6	7.7	7.8
Tourismus und Freizeitwirtschaft [1]	16.1	16.1	16.0

Quelle: Statistik Austria, WIFO 2009; – 1) Ohne Dienst- und Geschäftsreisen

Obwohl die **Input-Output-Analyse** durch ihre restriktiven Annahmen (z.B. keine Substitutionsmöglichkeiten und Skalenerträge oder fehlende Auslastungsüberlegungen) Unschärfen für das Ergebnis bedeutet, ist sie dennoch die einzige Methode, die eine systematische Erfassung aller direkten und indirekten Wertschöpfungseffekte des Tourismus erlaubt.

Im Hinblick auf die Ermittlung der volkswirtschaftlichen Bedeutung von **Tourismus und Freizeit** muss der Freizeitkonsum der Österreicher am Wohnort noch zusätzlich berücksichtigt werden. Der Freizeitkonsum in der gewohnten Umgebung ist eine verborgene Komponente des Inlandskonsums der Österreicher. Dieser besteht aus:

- Ausgaben für Inlandsreisen mit und ohne Übernachtung.

- Ausgaben im Zuge des Besuchs von Zweitwohnungen (mit und ohne Übernachtung).
- Ausgaben in der gewohnten Umgebung.

Da der Inlandskonsum der Österreicher bekannt ist, können durch Isolierung der Ausgaben für Inlandsreisen sowie der Ausgaben im Zuge des Besuchs von Zweitwohnungen die Ausgaben in der gewohnten Umgebung berechnet werden. Nach der Berechnung des Residuums muss in einem nächsten Schritt die Aufteilung zwischen Freizeitkonsum und sonstigem privaten Konsum vorgenommen werden, wobei nicht nur Niveau-, sondern auch Struktur-Informationen notwendig sind. Um die Aufteilung zwischen Freizeitkonsum und sonstigem privaten Konsum vornehmen zu können, müssen Informationen bezüglich der spezifischen Freizeitanteile der verschiedenen restlichen Konsumpositionen herangezogen werden. Durch die Aufsummierung der einzelnen Positionen des im Detail ermittelten Freizeitkonsums ergibt sich der gesamte Freizeitkonsum der Österreicher in der gewohnten Umgebung bzw. am Wohnort.

Aufgrund fehlender Detailinformationen bezüglich Ausgabenstrukturen und der Freizeitanteile am restlichen privaten Konsum wurden öfters Schätzungen oder pragmatische Annahmen notwendig. Obwohl die meisten Freizeitanteile aus vorhandenen Erhebungen über die Verwendung des Zeitbudgets ableitbar waren, konnte öfters nicht klar ermittelt werden, ob die Freizeitaktivitäten in der gewohnten Umgebung oder woanders ausgeübt wurden. Aus diesen Gründen haben die für den Freizeitkonsum in der gewohnten Umgebung ermittelten Werte eher den Charakter von Größenordnungen als den Charakter von exakten statistischen Maßzahlen.

Laut neuesten Berechnungen wurden im Jahr 2007 für den Freizeitkonsum der Inländer am Wohnort 25,26 Mrd. EUR aufgewendet. Nach Anwendung der Input-Output-Multiplikatoren ergaben sich dadurch direkte und indirekte Wertschöpfungseffekte von 21,04 Mrd. EUR. Der Beitrag des Freizeitkonsums der Inländer am Wohnort zur gesamtwirtschaftlichen Wertschöpfung betrug damit 7,8%. Im Jahr 2008 dürfte dieser Wert unverändert geblieben sein, für 2009 liegen die Erwartungen bei 7,9%.

Bei einer **Gesamtbetrachtung der inlandswirksamen Aufwendungen** für den nicht touristischen Freizeitkonsum am Wohnort und den touristischen Konsum wird die beachtliche Dimension der gesamten Tourismus- und Freizeitwirtschaft deutlich:

- Die für das Jahr 2007 ermittelten direkten und indirekten Wertschöpfungseffekte ergaben ein Volumen von 43,33 Mrd. EUR.

- Der Beitrag der gesamten Tourismus- und Freizeitwirtschaft zum BIP erreichte damit 16%.
- Im Jahr 2008 dürfte das Gewicht des Sektors an der gesamtwirtschaftlichen Bruttowertschöpfung 16,1% betragen haben. Für 2009 wird mit demselben Wert gerechnet.

3. Tourismus als System

3.1. Grundkonfiguration eines Tourismussystems

Systeme sind eine „geordnete Gesamtheit von **Elementen**, zwischen denen irgendwelche **Beziehungen** bestehen oder hergestellt werden können" (Ulrich 1968, 105). Es gibt also verschiedene Charakteristika, die ein System konstituieren (vgl. für den Tourismus auch Müller 1997, 75ff.):

- Ein System besteht aus **zwei oder mehr Elementen**, welche unterschiedlicher Art sein können: Unternehmen, Personen, Umweltsphären, Organisationen, Länder usw. Diese Elemente können durchaus auf einem anderen Betrachtungsniveau wiederum ein System darstellen.

- Da Systeme gesamthaft auf Umfeldveränderungen reagieren, müssen alle Objekte eines Systems verbunden sein und es sind permanente oder zumindest häufige und regelmäßige **Ströme auf allen Verbindungen** erforderlich.

- Ein weiteres wesentliches Charakteristikum eines Systems ist die **Komplementarität ihrer Komponenten** (vgl. Economides 1996, 674). Komplementarität in einer Gruppe von Elementen bedeutet die Möglichkeit, zusammen eine Austauschbeziehung zu bilden, wobei es nicht darauf ankommt, ob tatsächlich Strömungen zustande kommen.[3] Eine Gruppe von Objekten erfüllt dieses Kriterium, wenn jedes Element Beziehungen zu anderen Elementen der Gruppe hat. Auch Verbindungen können komplementär sein, wenn sie mit geeigneten Elementen ein System bilden könnten.

Das ursprüngliche Ziel der Systemtheorie ist es, komplexe Zusammenhänge sinnvoll zu strukturieren (vgl. auch Ulrich 1968 für die Systemtheorie in Betriebswirtschaftslehre, Ansätze zur Darstellung des Tourismus als System, finden sich in Kaspar 1975, Leiper 1979, Mill/Morrison 1985, Sessa 1985, Krippendorf 1986 oder Müller 1997). Die Gründe für die Bedeutung des System-Ansatzes in der **Tourismusforschung** dürften sein (vgl. auch Kaspar 1996, 11 und Müller 1997, 75ff.):

---

3 Da das Vorliegen von Strömungen für Systeme zwingend erforderlich ist, ist Komplementarität offensichtlich ein notwendiges, nicht aber ein hinreichendes Kriterium für die Systemeigenschaft.

- Zwischen dem Tourismus und seinen Umwelten bestehen vielfältige Beziehungen.

- Innerhalb des Tourismussystems bestehen viele Vernetzungen und Subsysteme wie z.B. zwischen dem Verkehr und der Destination, beispielsweise in der Belebung des Tourismus durch die Entwicklung eines Luftverkehrs-Hub.

- Ein touristisches Produkt ist aus vielen Teilleistungen zusammengesetzt, es ist ein eigentliches Leistungsbündel (vgl. Kaspar 1996, 68; Kaspar/Kunz 1982, 34). Teilleistungen sind Attraktionen wie Erholungsanlagen, Museen, Landschaften, Anlässe und Infrastrukturen wie Verpflegung, Beherbergung, Transport, Gästebetreuung (vgl. WTO 1993, 22).

- Die Tourismusforschung ist interdisziplinär. Es werden also verschiedene Gesichtspunkte und Methoden berücksichtigt. Systemtheorie kann eine Art Kernwissenschaft sein, die hilft, die verschiedenen Disziplinen dank einer gemeinsamen Sprache und konzeptionellen Grundlage zu integrieren (vgl. Döring 1999, 50).

Abbildung 20:   Tourismussystem nach Kaspar

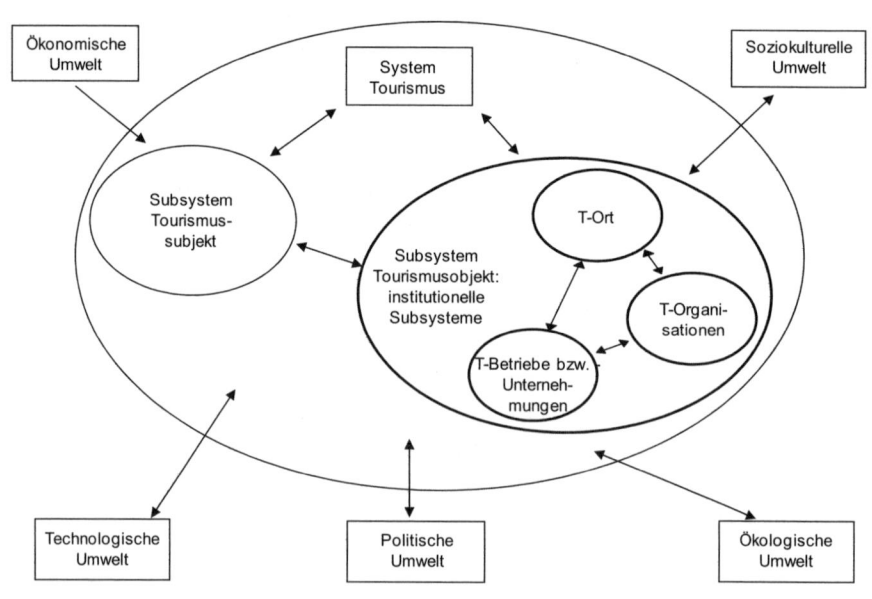

Quelle: Kaspar 1996, 12

Kaspar definiert ein Subsystem Tourismussubjekt. Damit sind der Tourist und die Bestimmungsfaktoren seiner Nachfrage angesprochen. Das Subsystem Tourismusobjekt umfasst die Institutionen der Tourismuswirtschaft, welche die Nachfrage befriedigen. Es sind dies der Tourismusort als „Kristallisationspunkt" der Nachfrage (vgl. Kaspar 1996, 70ff.), der Ort also, an dem der Tourist den Aufenthalt verbringt und die Mehrzahl der Dienstleistungen bezieht, die Tourismusorganisationen, welche die dezentrale Leistungserstellung der Tourismusunternehmen vor Ort koordinieren, und die Tourismusunternehmen, Hotels, Bergbahnen oder Unterhaltungsbetriebe. Dieses Tourismussystem in einem engeren Sinne steht mit den verschiedenen Umwelten – der Ökonomischen, der Soziokulturellen, der Technologischen, der Politischen und der Ökologischen – in einem Wechselwirkungs-Verhältnis.

Diese ersten Systemdarstellungen können als einfache Strukturmodelle charakterisiert werden. Es gibt dabei kein „richtiges" Modell, da es je nach Zweck und Fokus anders strukturiert wird. Leiper (1979) unterscheidet beispielsweise nach den Elementen Touristen, Herkunftsregion, Durchgangsregion, Destinationsregion und Tourismusindustrie und nimmt dabei eine eher geografische Perspektive ein. Sein Systemansatz ist geeignet für die Analyse der Struktur der Reiseströme und deren Wirkungen. Der Systemansatz von Kaspar (vgl. Abbildung 20) ist eher ein wirtschaftswissenschaftlicher, der die Analyse der Wechselwirkungen zwischen den wirtschaftlichen Elementen erlaubt.

3.2. Dynamik in einem Tourismussystem

Die Systemtheorie wurde insbesondere auf der Grundlage von Arbeiten u.a. Vester (1986) in einer Form operationalisiert, die es erlaubt, dynamische Entwicklungen zu erfassen und auch in ihrer Ausprägung zu berechnen (vgl. auch zur Überführung dieser Ansätze in die Managementlehre Gomez/Probst 1997).

Ausgangspunkt ist die Prämisse, dass Systeme, oder synonym Netzwerke, durch die Flüsse auf den Kanten/Verbindungen charakterisiert werden können. Diese Flüsse sind gerichtet und weisen spezifische Intensitäten auf. In visuellen Modellen werden Wechselwirkungen unter Berücksichtigung von Rückkoppelungen und Selbstverstärkungseffekten sichtbar. Mit Hilfe von Papiercomputern lassen sich die Netzwerke „berechnen". Die einzelnen Knoten/Elemente der Netzwerke können damit in ihre integrierten Wirkungen und Abhängigkeiten klassifiziert werden.

Abbildung 21:   Beispiel eines vereinfachten Tourismussystemes in seiner Dynamik

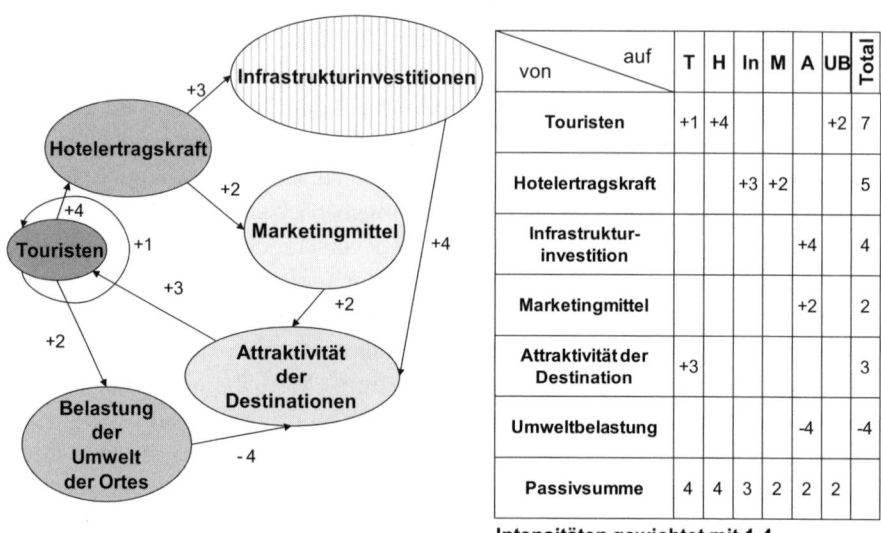

von auf	T	H	In	M	A	UB	Total
Touristen	+1	+4				+2	7
Hotelertragskraft			+3	+2			5
Infrastruktur-investition						+4	4
Marketingmittel						+2	2
Attraktivität der Destination	+3						3
Umweltbelastung					-4		-4
Passivsumme	4	4	3	2	2	2	

Intensitäten gewichtet mit 1-4

Elemente mit einer hohen Passivsumme (Summe der empfangenen Fremd-wirkungen) bei einer vergleichsweise kleinen Aktivsumme (Summe der vom Element ausgehenden Wirkungen) werden als Passivelement, bei einer umge-kehrten Konstellation als Aktivelement bezeichnet, in diesem Beispiel sind dies die Touristen selbst. Für die Entwicklung solcher Netzwerkmodelle be-stehen heute Softwareprogramme. Fragestellungen, wie die Wirkungen der Erschließung eines Gletschergebietes auf einen Ort, können damit integriert und unter Berücksichtigung von Rückkopplungen beurteilt werden (vgl. Ab-bildung 22).

Abbildung 22:   Wirkung einer Gletschererschließung im System

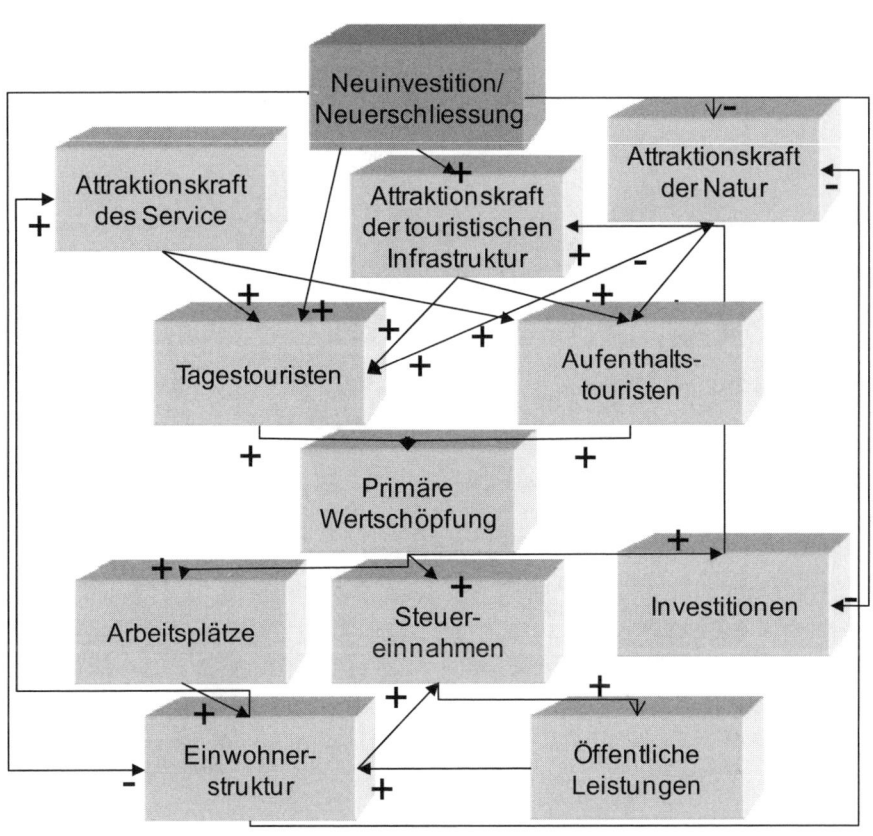

Im Tourismus wurden Bewegungsrichtungen und Intensitäten der Wechselwirkungen im Rahmen des UNESCO Projektes „Man and Biosphere" am Beispiel von Testregionen erfasst (vgl. Müller 1986). Auf der Basis dieser Resultate entwickelte Krippendorf (1986) die „Tourismuswachstumsmaschine", eine didaktisch eingängliche Darstellung der Wechselwirkungen des Tourismus.

Abbildung 23:   Die Tourismuswachstumsmaschine

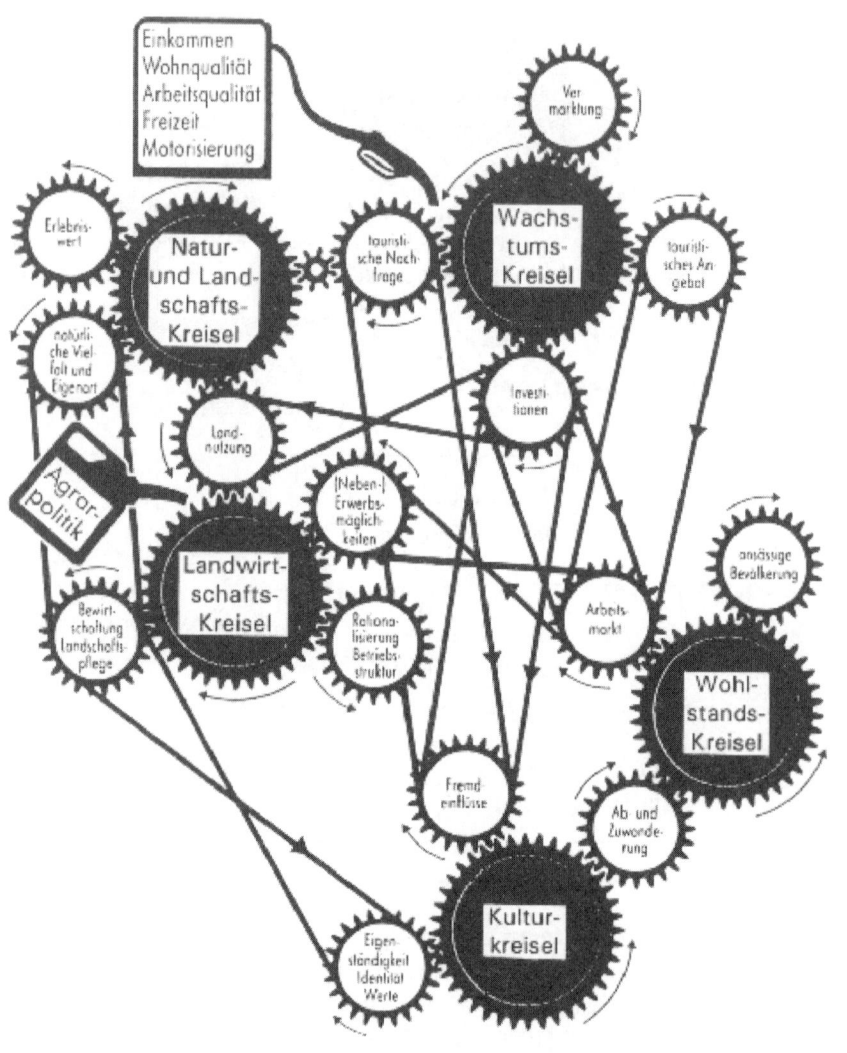

Quelle: Krippendorf 1986, 61

Aufgrund der Daten war es möglich, die Wechselwirkungen zu quantifizieren. Die einzelnen Elemente des Tourismussystems können je nach ihrer Position in einer Nutzen-Schadenmatrix in vier Gruppen kategorisiert werden (vgl. Müller 1986):

- **Parasiten:** Elemente wie Zweitwohnungen, die eine große Schadensumme auf andere Elemente bewirken, selbst aber eine große Nutzensumme von anderen Elementen empfangen.

- **Dogs:** Bei dieser Kategorie sind die verursachten Schäden größer als die produzierten Nutzen. Im Gegensatz zu den Parasiten ist aber die empfangene Schadenssumme größer als die Nutzensumme. Unter diese Kategorie fällt bspw. der Verkehr, jedoch nur eindeutig in Bezug auf die passive Schadeneinwirkung.

- **Cash-cow:** Bei den Elementen Wasser, Luft und Landschaft sind die produzierten Nutzen größer als die verursachten Schäden. Gleichzeitig sind diese Elemente sehr stark von den Schäden betroffen.

- **Stars:** Ortsansässige in einer Destination bewirken mehr Nutzen als Schäden, können aber gleichzeitig auch von mehr Nutzen profitieren, als dass sie von Schaden betroffen sind.

Mit der „Dynamisierung" der Tourismussysteme wurde ein Instrument geschaffen, das

- eine Modellierung im Sinne von einfachen Wirkungs- und Erklärungsmodellen;

- eine Beurteilung der Wirkungsweise von Eingriffen, wie Infrastrukturbauten oder Regulierungen, erlaubt.

Das Instrument des Papiercomputers ist jedoch immer noch in dem Sinne statisch, als dass es von einem fix konfigurierten System ausgeht. Veränderungen wie der Austritt eines Systemelementes können innerhalb des Modells nicht simuliert werden. Die quantitativen Berechnungen basieren auf Schätzwerten. Oft müssen Werte mit verschiedenen Dimensionen, z.B. monetäre Werte, mit Ausstoßvolumen von Abgasen, gleichnamig gemacht werden.

3.3. Grundlagen der neueren Systemtheorie

Wie oben erwähnt, basieren die traditionellen Ansätze für Tourismussysteme auf der Prämisse, dass die Systeme stabil bleiben. Die Veränderung der Struktur der Netzwerke wird nicht erklärt. Dies impliziert, dass diese Netzwerke einen Gleichgewichtszustand erreicht haben.

Die Systemtheorie hat sich in den letzten Jahren weiter entwickelt (vgl. zur Entwicklung der Systemtheorie und ihrer Relevanz für die Erklärung von Airline Netzwerken, Döring 1999, generell zur Weiterentwicklung der Systemtheorie und ihrer Implikationen für Tourismus und Verkehr Schräder 2000).

Der Fokus hat sich dabei auf die Analyse von Ungleichgewichtszuständen und Veränderungsprozessen von Netzwerken verlagert. Offene Systeme verändern sich durch:

- Hinzutreten neuer Elemente (bspw. erstmaliges Auftreten einer internationalen Hotelkette in einem Bergkurort);
- Veränderung der Flüsse auf den Kanten inkl. Entstehung neuer Kanten (z.B. Zugang von Bed and Breakfast zu internationalen Märkten durch IuK (Informations- und Kommunikationstechnologie), bspw. in Form des Internets) oder Verschwinden von Verbindungen, weil bspw. bessere Verbindungen mit höheren Kapazitäten entstehen (vgl. die Aufhebung von Eisenbahnstrecken in den 60er Jahren durch verbesserte Straßenverbindungen und der dadurch induzierten Verkehrsverlagerungen);
- und dadurch provoziertes Auseinanderbrechen in neue Teilnetzwerke oder neue Gesamtnetzwerke (vgl. Neukonfiguration von ganzen Branchen wie das Zusammenwachsen der Bergbahnen, Skischulen und Gastronomie zu integrierten Bergerlebnisunternehmen).

Abbildung 24:   *Ebenen von Netzwerken*

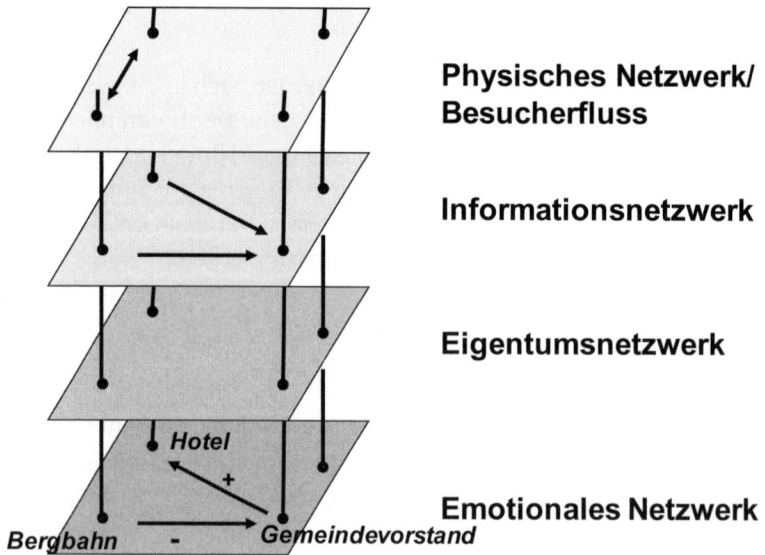

Physisches Netzwerk/ Besucherfluss

Informationsnetzwerk

Eigentumsnetzwerk

Hotel

Emotionales Netzwerk

Bergbahn - *Gemeindevorstand*

Veränderungen von Netzwerken können modellhaft nachvollzogen werden, indem Systeme in verschiedene System-/Netzebenen untergliedert werden (z.B. in die Ebenen emotionale Netzwerke, finanzielle Netzwerke, Eigentums-netzwerke, physische Netzwerke (Flüsse der Besucher), Informationsnetzwer-ke (vgl. auch zu Konzept der Netzwerke auf verschiedenen Ebenen Schräder [2000]). Veränderungen auf einer Netzwerkebene, z.B. eine Veränderung der Eigentumsverhältnisse (Kauf eines Hotels durch eine Bergbahn) führt zu einer Veränderung der emotionalen Beziehungen durch neue Abhängigkeiten. Die Informationsnetzwerke werden angepasst, indem neue Reporting-Bezie-hungen eingerichtet werden. Die physischen Netzwerke in Form der Besu-cherflüsse werden durch Infrastruktur- und Marketingmaßnahmen entspre-chend den neuen Eigentumsinteressen gelenkt.

Aufgrund dieses Beispiels und der Tatsache, dass sich Netzwerke verändern, wird klar, dass bei der Analyse von Systemen die Dimension „Zeit" berück-sichtig werden muss (vgl. auch Luhmann 1984, 28). Ereignisse werden damit zu einer wesentlichen Analyseeinheit (vgl. auch in der Anwendung für die Be-triebswirtschaftslehre, Rüegg-Stürm 1998). Die Fähigkeit von Systemen, sich verändern zu können, steht im Vordergrund des Forschungsinteresses. Das Konzept der selbstreferentiellen Systeme ist die Antwort der Systemtheorie auf diese Fragen.

Unter selbstreferentiellen Systemen versteht man Systeme, deren Zustände zyklisch gekoppelt sind, so dass frühere Zustände an der Hervorbringung der jeweils folgenden Zustände konstitutiv beteiligt sind (vgl. dazu und zum fol-genden Schwaninger 1994 und 1998). Waren in der Disposition der offenen „statischen" Systeme noch die äußeren Umwelteinflüsse primärer Erklä-rungsgrund für systeminterne Operationen, so werden mit dem Übergang auf die selbstreferentielle Konstruktion von Systemen die Systemelemente selbst und ihre systeminternen Relationen in den Mittelpunkt der Betrachtung ge-rückt.

- **Selbstreferentielle Systeme** werden demnach sowohl als geschlossene als auch als offene Systeme verstanden: Sie sind geschlossen, weil sie bei der Erzeugung ihrer Elemente und ihrer elementaren Operationen auf sich selbst Bezug nehmen. Andererseits sind sie offen, weil sie auf die Existenz der Umwelt „als notwendiges Korrelat" für den Austausch von Materie und Energie angewiesen sind (vgl. Luhmann 1992, 121).

- Offene Systeme stehen bezüglich ihrer Fähigkeit zur Selbstorganisation in Austauschprozessen mit Umwelten, die Relationen zwischen ihren Ele-menten herstellen können. Bei selbstreferentiellen Systemen bezieht sich die Fähigkeit zur Selbstorganisation auch auf die Reproduktion der Elemente, d.h. auf die Fähigkeit, die Elemente, aus denen sie bestehen, selbst zu konstituieren. Der Selbstbezug des Systems verlagert sich also von der Ebene der Strukturbildung und Strukturänderung auf die Ebenen der Konstitution von Elementen (vgl. Luhmann 1984, 60). Dieses neue Systemverständnis wird mit dem Begriff **„Autopoiesis"** bezeichnet (vgl. dazu Maturana 1991, 123).

- Auf diese Weise wäre dann ein **System** als strukturierter Strom von Ereignissen oder Kommunikationen zu begreifen (vgl. hierzu und zum folgenden Rüegg-Stürm 1998, 6ff.). Unternehmungen wären in diesem Sinne als abgrenzbare Ausschnitte aus dem gesellschaftlichen Ereignisstrom zu verstehen. Entscheidend für den Systemerhalt ist dabei die Anschlussfähigkeit der einzelnen Ereignisse, d.h. „Ereignisse müssen so gewählt werden, dass auch in der Zukunft noch Ereignisse gewählt werden können" (Buschor 1996, 41; Luhmann 1984, 169). Wenn diese Anschlussfähigkeit nicht mehr gegeben ist, bricht der Ereignisstrom ab und dies kann zum Zusammenbruch von Subsystemen oder gar des gesamten Systems führen. Beispiele für solche „anschlusslosen" Ereignisse bzw. Entscheidungen sind das Nichteinhalten von Zahlungsverpflichtungen, das unangemessene Verhalten gegenüber Mitarbeitern oder anderen Anspruchsgruppen oder die Nichtbeachtung der Marktinteressen. Solche Ereignisse können Beziehungen abbrechen und Netze zerfallen lassen.

Abbildung 25:   Dimensionen der Dualität von Struktur

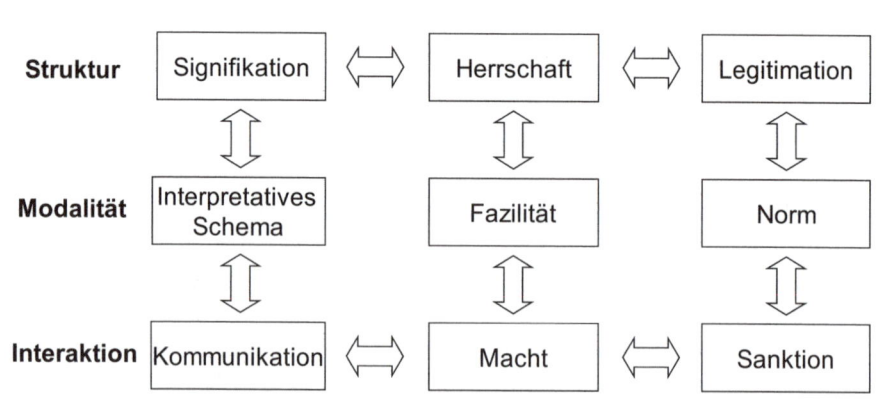

Quelle: Giddens 1992, 81

Bei Tourismussystemen handelt es sich immer um soziale Systeme. Die Selbstorganisation, die Strukturierung solcher Systeme hängt stark von der Wahrnehmung der betroffenen Elemente oder Aktoren ab. Nicht die objektive Realität, sondern die wahrgenommene, konstruierte Realität bestimmt das Handeln. Dies ist eine Hauptaussage des **Konstruktivismus** (vgl. von Foerster 1985; Watzlawick 1993). Im Gegensatz dazu versucht der **Positivismus** soziale Tatbestände auf der Annahme rationaler, weitsichtiger Entscheidungsträger mit objektiven Mechanismen zu klären.

Ein Beispiel eines theoretischen Konzeptes, das in den Bereich des Konstruktivismus eingeordnet werden kann, ist die **Strukturationstheorie** (vgl. Giddens 1992), welche Erklärungsansätze für die Strukturierung sozialer Systeme liefert (vgl. Abbildung 25).

Giddens geht davon aus, dass Akteure beim Handeln (Kommunikation) zum besseren Verständnis auf interpretative Schemata (bspw. gemeinsames Geschäftsverständnis) zurückgreifen, um dadurch Signifikationsstrukturen zu reproduzieren. Durch den Bezug auf autoritative und allokative Ressourcen, können die Akteure Macht ausüben und reproduzieren dadurch Herrschaftsstrukturen. Anhand von Normen werden die anderen Akteure bewertet und sanktioniert, wodurch Legitimationsstrukturen entstehen. Mit dem Begriff Dualität von Struktur sagt Giddens aus, dass Strukturen sowohl Ausgangspunkt, als auch Erzeugnis des Handelns sind. Ein Beispiel für den Tourismus sind Tourismusorganisationen, deren Strukturen und Funktionsweisen (erfüllte Aufgaben, Mitsprache etc.) durch die sozioökonomische Struktur des Ortes geprägt werden (Eigentumsstruktur der Tourismusbetriebe, politische Strukturen). Die Tourismusorganisation als Institution prägt jedoch die Entwicklung der Destination und die sozioökonomischen Strukturen richten sich nach ihr aus.

Eine positive Theorie zur Klärung der Funktionsweise von Systemen ist die **Transaktionskostentheorie** (vgl. Williamson 1979). Diese betrachtet die Verbindung zwischen Elementen als Kontrakte. Die Intensitäten und Arten der Verbindungen sind aufgrund der Kosten für die Entwicklung und die Handhabung von Kontrakten auf dieser Basis erklärbar. Ein Beispiel im Tourismus findet sich leicht bei den Distributionssystemen. Eine Distributionsverbindung resp. Distributionskanal wird um so eher genutzt, je niedriger die Administrationskosten und Kommissionen sind.

Offene, selbstreferentielle Systeme mit verschiedenen Ebenen generieren eine bedeutende Komplexität. Die Managementkybernetik befasst sich mit der Gestaltung von sozialen Systemen (vor allem Unternehmen). Für Entscheidungsträger ist bei der Gestaltung von Systemen die Komplexitätsbewältigung aus zwei Gründen von entscheidender Bedeutung:

* beschränkte Informationsverarbeitungskapazität,
* aufgrund der Systemdynamik für jedes Element beschränkt beherrschbare Bereiche.

3.3.1. Komplexitätsbewältigung in Systemen

Komplexität kann als Eigenschaft definiert werden, viele Zustände oder Verhaltensweisen annehmen zu können. Prinzipiell ist die Komplexität eines Systems proportional zur Menge der benötigten Informationen, um einerseits ein System zu beschreiben und anderseits die Ungewissheit, welche mit dem System assoziiert ist, aufzulösen (vgl. Schwaninger 1998, 5).

In der Kybernetik wird Komplexität durch die Maßgröße **Varietät** ausgedrückt. Diese bezeichnet die Anzahl möglicher Zustände eines Systems. Dadurch ist sie von der Anzahl Elemente, der Anzahl Beziehungen und der Anzahl möglicher Zustände je Element abhängig. In dieser mathematischen Definition werden zwei Aspekte vernachlässigt: Erstens ist die Komplexität von der jeweiligen Betrachtungsebene abhängig und zweitens spielt die dynamische Interaktion der Komponenten eine wichtige Rolle.

Aus Managementsicht ist von vorrangigem Interesse, ob sich ein System durch komplexes Verhalten auszeichnet. In diesem Sinne sind die Bestimmungsgrößen der Varietät die Verhaltensoptionen, Verhaltensrestriktionen und Bestimmbarkeit (hier als Berechenbarkeit oder Vorhersehbarkeit verstanden) des Verhaltens (vgl. Schwaninger 1998, 6). Im Management ist überwältigende Komplexität eine grundlegende Gegebenheit. Normalerweise stehen Führungskräfte und mit ihnen die durch sie geleiteten Organisationen Situationen gegenüber, welche sie prinzipiell überfordern. Daraus folgt, dass die Komplexitätsbewältigung eine zentrale Aufgabe des Managements ist.

Komplexität kann durch eine Reduktion der Varietät bewältigt werden, d.h. es muss erreicht werden, dass nur wünschenswerte und nicht alle möglichen Zustände und Verhaltensweisen auftreten können. Dafür bieten sich grundsätzlich zwei Möglichkeiten an (vgl. Abbildung 26):

* **Dämpfung:** der Versuch, die aktuelle Varietät auf den Bereich der gewünschten Varietät einzuschränken.

* **Verstärkung:** die Vergrößerung des eigenen Verhaltensrepertoires, um somit den Bereich der eigenen Varietät zu vergrößern.

Abbildung 26: *Ungleichgewicht der Varietäten im Management*

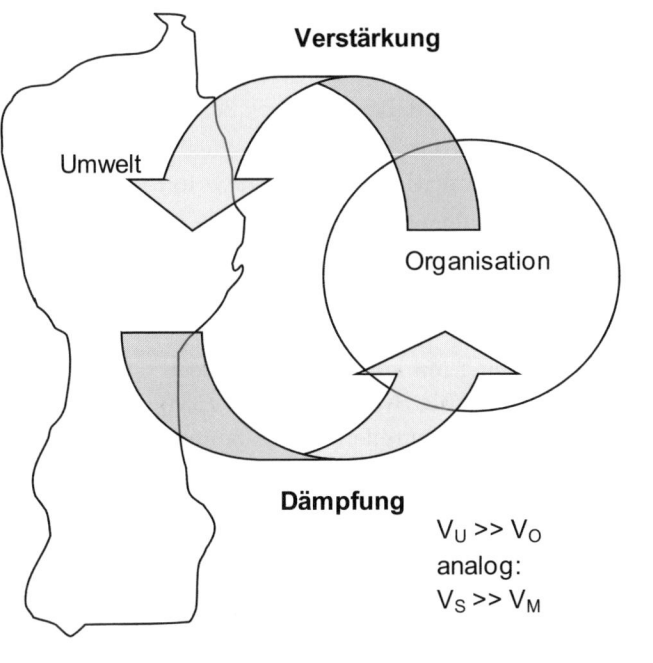

Verstärkung

Umwelt

Organisation

Dämpfung

$V_U \gg V_O$
analog:
$V_S \gg V_M$

V_U Varietät des Umfelds
V_S Varietät der Situtation

V_O Varietät der Organisation
V_M Varietät des Managers

Quelle: Espejo/Watt 1988 in Schwaninger 1998, 7

Konzeptionelle Grundlage dieses „**Varietäts-Engineering**" bildet **Ashbys Gesetz**: Nur Varietät kann Varietät absorbieren (vgl. Ashby 1964). Hieraus leitet sich ab, dass das Verhaltensrepertoire einer effektiven Lenkungseinheit potenziell der Komplexität der jeweiligen Situation angepasst werden muss.
Es bieten sich viele konkrete Möglichkeiten an, Varietät zu dämpfen oder zu verstärken. Im Folgenden sollen vier häufig angewandte Methoden erläutert werden:

• *Modellbildung:* Modelle werden als Abbilder von Wirklichkeiten verstanden. Abgeleitet aus Ashbys Gesetz können die Ergebnisse der Führungstätigkeiten nur so gut sein, wie das zugrundeliegende Entscheidungsmodell. Dies ist deshalb so wichtig, weil sich menschliches Handeln immer auf implizite oder explizite Modelle stützt, unabhängig davon, ob dies der jeweils handelnden Person bewusst ist.

- *Schwarzer Kasten ("Black Box"):* Bei dieser Möglichkeit wird von der Struktur des betrachteten Systems abstrahiert und lediglich Inputs und Outputs betrachtet. Aus diesen Erkenntnissen werden funktionale Zusammenhänge angeleitet. Das System wird dabei als „Black Box" betrachet.

- *Lernen:* Durch Lernen kann das Potenzial für effektives Handeln erhöht und dadurch eine Erweiterung des Verhaltensrepertoires erreicht werden.

- *Lenkung:* Lenkung umfasst Regelung und Steuerung.

3.3.2. Lebensfähigkeit von Systemen

Als Hilfsmittel für den Umgang mit komplexen Systemen wurde das **Modell lebensfähiger Systeme**, das **Viable System Model** (VSM) entwickelt. Es spezifiziert die funktionalen und strukturellen Mindestanforderungen an ein System, um langfristig lebensfähig zu sein. Darunter wird die Fähigkeit verstanden, in einer sich dynamisch ändernden Umwelt langfristig existieren zu können (vgl. Beer 1979 und Espejo et al. 1996).

Lebensfähigkeit lässt sich in diesem Zusammenhang wie folgt von Entwicklungsfähigkeit abgrenzen: Das Ziel der Lebensfähigkeit ist die langfristige Existenz eines Systems und die dafür notwendige Anpassungsfähigkeit. Bei der Entwicklungsfähigkeit geht es zusätzlich um die Anpassung an fremde Ansprüche und Anforderungen.

Das Modell lebensfähiger Systeme verwendet als Grundlage vor allem Erkenntnisse aus der bio- und neurokybernetischen Forschung, welche auf die Humanwissenschaften allgemein und auf die Managementlehre im Besonderen übertragen wurden. Beer (vgl. Beer 1981) geht davon aus, dass das menschliche Nervensystem die Regeln aufzeigt, unter denen eine Organisation lebensfähig ist.

Ein System ist nach Beer lebensfähig, wenn es über die folgenden fünf Subsysteme, bzw. Lenkeinheiten verfügt (vgl. Abbildung 27):

- **System 1:** Lenkungskapazität der sich weitgehend autonom anpassenden operativen Basiseinheiten (in der Abbildung A, B, C, D). Es geht dabei vorwiegend um die Optimierung des Tagesgeschäfts. Dieses Subsystem kann auf einer untergeordneten Betrachtungsebene selbst ein lebensfähiges System darstellen. Es besteht in dieser Hinsicht eine rekursive Struktur.
  Beispiel: Geschäftsbereiche einer Unternehmung

- **System 2:** Abstimmung und Ausgleich zwischen den operativen Einheiten zur Koordination von Aktivitäten. Dadurch sollen Dysfunktionalitäten vermieden werden.

  Beispiele: Informations- und Budgetierungssysteme, Koordinationsteams, Verhaltensstandards

Abbildung 27:   *Das Modell lebensfähiger Systeme (Viable System Model)*

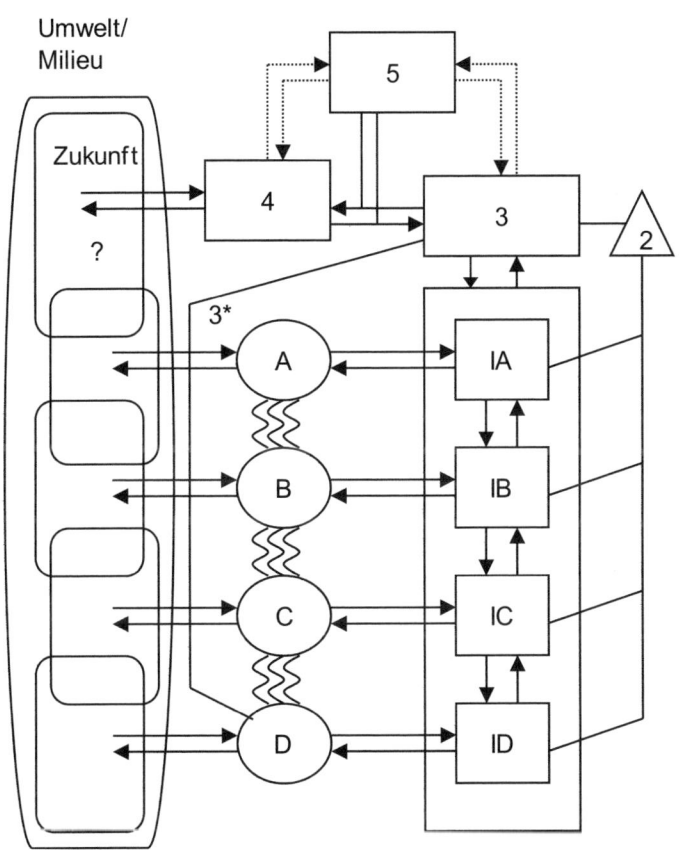

Quelle: Schwaninger 1999, 334 nach Beer 1985 (leicht abstruhierte Darstellung)

- **System 3:** Interne Steuerung mit dem Ziel der Gewährleistung eines Gesamtoptimums zwischen den Basiseinheiten. Dies kann vorwiegend durch die Wahrnehmung von Synergien und eine optimale Ressourcenallokation erreicht werden.

Beispiel: die operative Unternehmungsleitung

- **System 3*:** Untersuchung und Validierung der Informationen, die auf Kanälen zwischen den Systemen 1, 2, und 3 fließen, mittels Aktivitäten der Überwachung (Auditing, Monitoring). Dabei wird direkter Zugriff auf die Daten der Basiseinheiten genommen.

Beispiel: Revision und diverse informale Kontrollmechanismen

- **System 4:** Umfassende Außen- und langfristige Zukunftsorientierung. Dieses System erfasst, diagnostiziert und modelliert die Gesamtorganisation und ihre Umwelt.

Beispiele: Unternehmungsentwicklung bzw. Strategisches Management, Forschung und Entwicklung, bestimmte Aspekte des Knowledge-Management

- **System 5:** Dieses System koordiniert und betreut die Interaktionen zwischen System 3 und 4. Es soll einen Ausgleich zwischen interner und externer Perspektive finden. Außerdem bestimmt es die Identität der Organisation, ihre Funktion im größeren Zusammenhang und ist eine Verkörperung der obersten Normen und Regeln.

Beispiel: das oberste, normative Management

Zusammenfassend entsprechen die Systeme 1-2-3 dem **operativen** Management, System 4 in Zusammenarbeit mit System 3 dem **strategischen** und System 5 dem **normativen** Management einer Unternehmung (vgl. Schwaninger 1999, 333).

Diese Funktionen müssen über die verschiedenen Ebenen einer Organisation vorhanden sein. Sobald es Mängel in diesem Gefüge gibt, welche aus fehlenden Elementen, mangelnder Kooperation oder zu geringer Kapazität bestehen können, ist die Lebensfähigkeit des Systems gefährdet.

3.4. Tourismus als selbstreferentielles System

Der neue Systemansatz im Tourismus bezieht Ungleichgewichtszustände und Veränderungen der Struktur der Netzwerke in die Analyse ein. Das System Tourismus entwickelt sich beispielsweise oft über verschiedene Ereignisse weiter. Im Folgenden soll nun zuerst das relativ statische Grundsystem Tourismus aufgezeigt, und anschließend die Veränderungsprozesse einbeziehende dynamische Betrachtungsweise eingeführt werden.

3.4.1. Grundkonfiguration

Es kann aufgrund einer Analyse der bestehenden Arbeiten zu Grundkonfigurationen von Tourismussystemen (vgl. u.a. Krippendorf 1986; Freyer 1993; Kaspar 1996; Müller 1997; Mc Intosh et al. 2000) sowie einer auf Mehrrunden-Experteninterviews basierten Forschungsarbeit (Schräder 2000) davon ausgegangen werden, dass das Tourismussystem aus vier Teilsystemen besteht, dem

- Teilsystem Destination
- Teilsystem Verkehr
- Teilsystem Reisemittler und
- Teilsystem Nachfrage.

Abbildung 28:   Das System Tourismus (statisch)

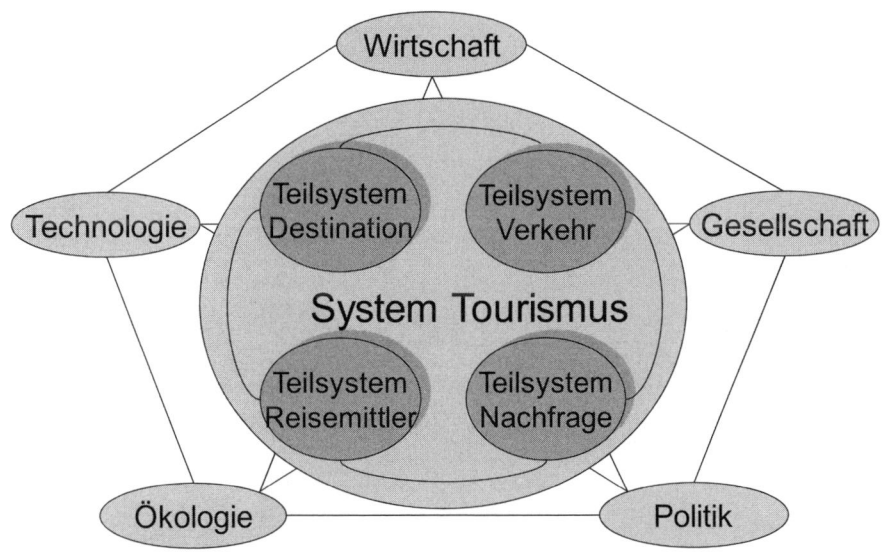

Das ganze System steht in Interaktion mit seiner Umwelt, welche durch

- Wirtschaft
- Technologie
- Gesellschaft
- Ökologie und
- Politik bestimmt wird.

Diese Umwelten können vereinfachend auf Wirtschaft, Gesellschaft und Natur reduziert werden. Politik ist Ausdruck des gesellschaftlichen Willens. Technologie ist ein Schnittstellenbereich innerhalb Gesellschaft, Wirtschaft und Natur. Abbildung 28 zeigt die Zusammenhänge der einzelnen Elemente aufzeigen: Auf die einzelnen genannten Teilsysteme und Umweltsphären wird in den folgenden Kapiteln näher eingegangen.

Die Teilsysteme stellen auf einer untergeordneten Betrachtungsebene wiederum eigene Systeme dar. Dies soll im Folgenden am Beispiel des Teilsystems Destination dargestellt werden (vgl. Abbildung 29):

Abbildung 29:   Das Teilsystem Destination

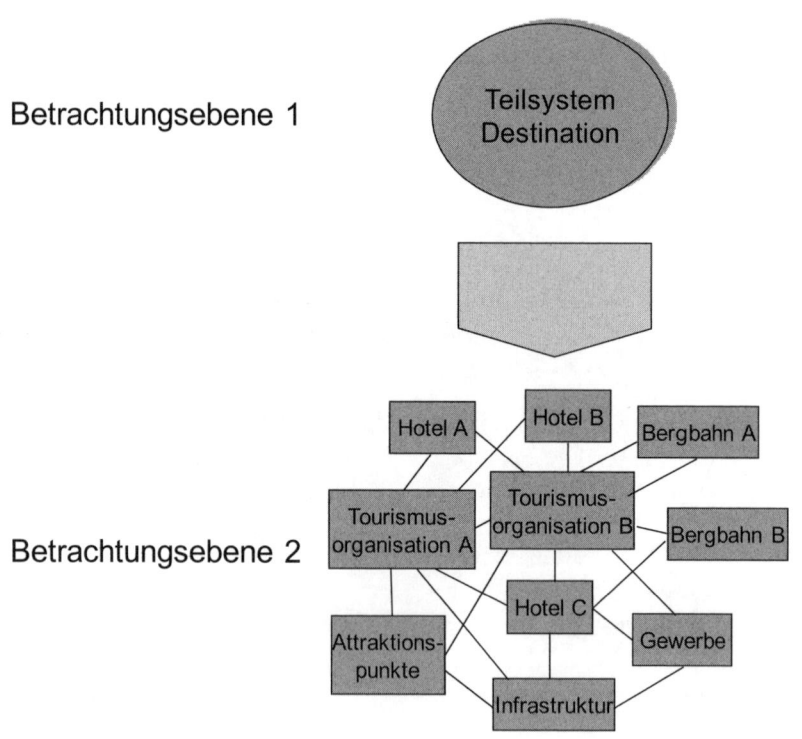

Auf der Ebene des Gesamtsystems Tourismus ist das Teilsystem Destination ein Objekt des Systems, das eine Art „Black-Box" darstellt. Wird nur das Teilsystem Destination untersucht, zeigt sich, dass es selbst ein eigenes System ist. Es ist vereinfacht ein Netzwerk aus Unternehmen, Organisationen und Infrastruktur.

Je nach Betrachtungsebene werden damit Subsysteme differenzierter betrachtet und deren Einzelelemente treten in Erscheinung.

3.4.2. Die Transformation von Systemstrukturen

Die „statische" Ausgangslage wird durch verschiedene Ereignisse beeinflusst und dadurch unter Umständen verändert. Diese Tatsache wird im Folgenden anhand eines konkreten Beispiels veranschaulicht und erläutert. Als Beispiel soll der technologische Fortschritt im Bereich der Absatzkanäle

Abbildung 30:   Die dynamische Komponente des Systems Tourismus

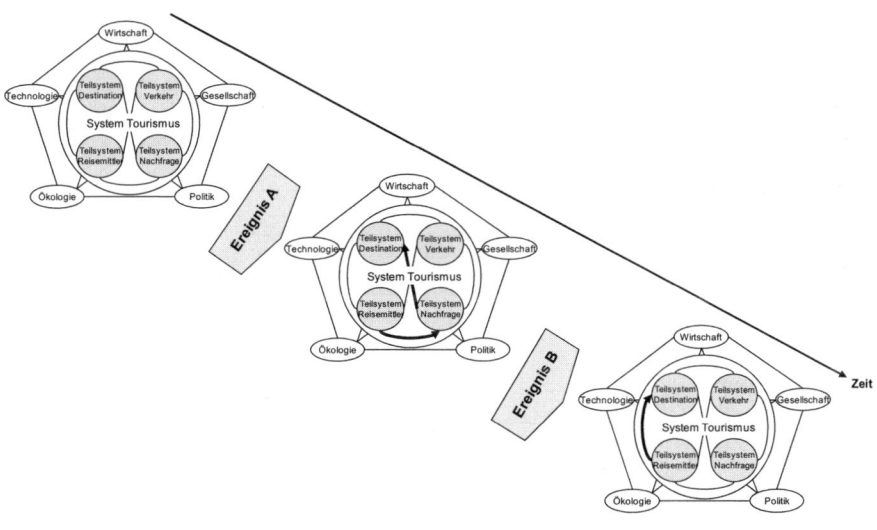

dienen. Er äußert sich direkt in der Einführung von Call-Centers und später im Aufkommen des Internets im Teilsystem Reisemittler. Die für IT-Entwicklungen notwendigen hohen Investitionen können sich nur große Tour Operators leisten. Es entsteht ein Konzentrationsprozess im Reisemittler-Bereich.

Auf einer übergeordneten Betrachtungsebene sind vor allem Veränderungen in den Beziehungen zwischen den vier Teilsystemen zu beobachten. Im gewählten Beispiel führt die durch technologische Veränderung ausgelöste Konzentration im Reisemittlermarkt zu einem vermehrten Druck auf das Teilsystem Destination (vgl. Abbildung 30 Mitte).

Die weitere Konzentration im Reisemittlermarkt wirkt sich auch auf das Teilsystem Nachfrage aus. Der Einfluss der Reisemittler auf das Nachfrageverhalten steigt. Die Nachfrager werden ihrerseits diesem Druck ausweichen und ihre Nachfragemacht gegenüber den Destinationen verstärken wollen.

Betrachtet man nun das System Tourismus auf der Ebene der vier Teilsysteme (vgl. Abbildung 31), lassen sich auch strukturelle Veränderungen erkennen. Im dargestellten Beispiel verändern sich drei der vier Teilsysteme. Lediglich das Teilsystem Verkehr bleibt durch die geschilderten Ereignisse (vorerst) unberührt. Im Folgenden sollen schematisch die Veränderungen, die durch das gewählte Beispiel entstehen können, dargelegt werden:

Abbildung 31:   Das dynamische System Tourismus

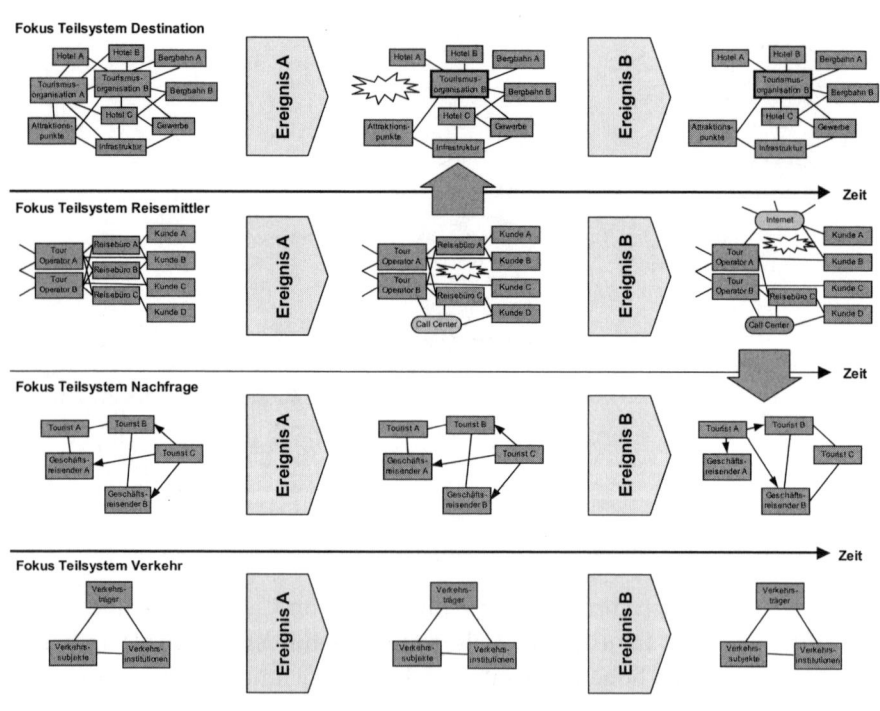

Das Aufkommen von Call-Centern führt im Reisemittlermarkt zu einer Konzentration der Reisebüros (Reisebüro B fällt aus dem Markt). Diese Konzentration und die mit ihr verbundene gestiegene Macht löst auch im Teilsystem Destination eine Konzentration der Tourismusorganisationen aus (Tourismusorganisation A verschwindet aus dem System). Dadurch gewinnt die verbleibende Organisation an Einfluss auf die verschiedenen Leistungsträger. Durch die weitere Entwicklung in der technologischen Umwelt wird das Internet im Reisemittlermarkt immer etablierter. Aufgrund dieser Entwicklung konsolidieren sich weitere Reisebüros (Reisebüro A fällt weg). Da diese Änderungen im Vertriebssektor des Tourismus das Nachfrageverhalten stark beeinflussen, wird auch das Teilsystem Nachfrage von den Veränderungen erfasst.

3.5. Die Entwicklung der Systemanalyse im Tourismus

In den vorangegangenen Abschnitten wurde die Entwicklung der Systemtheorie und die darauf aufbauenden Anwendungen im Tourismus dargestellt. Die einzelnen Stufen sind in Abbildung 32 dargestellt.

Abbildung 32:   *Entwicklung der Systemtheorie im Tourismus*

Stufe	Art der Beziehungen	Beispiel für Autoren	Beispiel für Tourismussysteme
Geschlossene Systeme	Einfache, lineare Wirkungsbeziehungen, geeignet für einfache Probleme		Implizit in Hunziker/Krapf 1942
Offene Systeme: Grundkonfiguration	Wirkungsmechanismen als Strukturmodell mit Öffnung zu anderen Systemen	Ulrich 1968	Kaspar 1975
Offene Systeme mit Wechselwirkungen	Berücksichtigung von Wechselwirkungen, Rückkopplungen, Intensitäten, etc. zur Bewältigung komplizierter Probleme (Papiercomputer)	• Allg. Vester 1986 • in BWL (Gomez/ Probst 1996)	Krippendorf 1986
Selbstreferentielle Systeme	Berücksichtigung der Transformation der Systeme	• Allg. u.a. Luhmann 1984 • In BWL Rüegg-Stürm 1999	Bieger/von Rohr 2000

Was bringt nun die neue Dimension der Systembetrachtung im Tourismus.

SENSIBILISIERUNGSFUNKTION

In der Zeit der Globalisierung mit intensiviertem Wettbewerb sowie der Technologisierung mit dem Aufbrechen der traditionellen Produktionssysteme und Branchenstrukturen, ist der ständige Wandel die einzige Konstante. Der neue Systemapproach mit der „Verzeitlichung" der Tourismussysteme, sensibilisiert Manager und Wissenschafter auf die laufende Rekonfiguration der Tourismussysteme und ihrer Subsysteme.

So verändert die Entwicklung der IuK-Technologien die Distributionskanäle. Damit werden einzelne Stufen wie Reisebüros im Sinne einer Disintermediaton (vgl. Tomczak/Schögel/Birkhofer 1999) für spezifische Produkte wie einfache Flugbuchungen ausgelassen – sie treten als Elemente aus dem System Reisemittler aus. Andere Elemente, z.B. verbleibende Reisebüros oder Tour Operators haben ihre Geschäftsmodelle (vgl. Bieger/Rüegg-Stürm/von Rohr 2002) neu zu strukturieren. So werden Komissionierungsmodelle, die die Vermittlung, den Weiterverkauf eines Geschäftes honorieren, durch Modelle ersetzt, die eine Abgeltung für die Vermittlung eines Kunden auf der Basis seines projizierten Kundenwertes beinhalten. Dies verändert die Zusammenarbeitsstruktur in der Branche. Die „Macht" verlagert sich vom Element, das eine Leistung verkauft zum Element, z.B. einem Internet-Portal, das den Endkunden „besitzt".

Mit dem internationalen Wettbewerb der Destinationen, der durch die größere Reichweite der Touristen aufgrund günstigerer Flugtarife und laufender Eintritte neuer Mitbewerber getrieben wird, entsteht ein Druck auf die Restrukturierung der Destinationen. So werden in vielen Destinationen neue Eigentumsstrukturen geschaffen, um Entscheide und Reaktionsfähigkeit zu beschleunigen und Transaktionskosten zu sparen.

ANALYTISCHE FUNKTION

Die neuen Systemansätze im Tourismus bieten Instrumente für die Darstellung und Analyse von Veränderungsprozessen von Systemen aufgrund interner Prozesse. So ist das Konzept der verschiedenen Systemebenen geeignet, Veränderungsprozesse (z.B. in Destinationen) zu verfolgen. Eine Veränderung der Eigentumsverhältnisse (z.B. Kauf von Hotels durch eine große Kette) führt auf der Ebene der emotionalen Netzwerke zu neuen Sympathien, Antipathien (z.B. für verbleibende kleine Anbieter) und damit auf der Ebene der logistischen Netzwerke (der Besucherströme) zu Verlagerungen (z.B. durch Empfehlungen).

Die Einführung von Ereignissen als analytische Einheit in der Systembetrachtung erleichtert die Beobachtung von Veränderungsprozessen über die Zeit.

So können durch den Bau einer Bergbahn (Infrastruktur-Ereignis), den Hinschied eines Dorfpioniers (personelles Ereignis) oder die Aufgabe eines Brauches wie einer Landsgemeinde (ritueller Brauch) als interne oder externe Ereignisse interne Veränderungsprozesse des Tourismussystems in Gang gesetzt werden. Die Kenntnis von Ereignissen und ihren Wirkungen ermöglicht die Prognose von Systementwicklungen und eine größere Fähigkeit zu deren Steuerung.

NORMATIVE FUNKTION

Die Kenntnis von Grundsätzen der modernen Systemtheorie ermöglicht auch die Ableitung von Grundsätzen im Umgang mit Systemen im **Wandel**. Einige Beispiele im Tourismus bspw. beim Management des Wandels in Destinationen (vgl. Bieger/Laesser 1998) oder bei Verkehrssystemen (vgl. neue Geschäftsmodelle im Airline Bereich Döring 1999 oder Bieger/Jäggi 2001) sind:

- Beeinflussung des Wandels durch bewusstes Setzen von Ereignissen. So können in der Entwicklung einer Destination durch einen rituellen Akt wie die Einführung eines Informations- und Diskussionsforums als Zukunftswerkstatt, wesentliche Teile der Bevölkerung in einem Prozess eingebunden werden (vgl. auch Bieger/Müller/Elsasser 2001). Das Ereignis der Einführung dieses Forums verändert gleichzeitig emotionale, informationelle und politische Netzwerke.

- Der Grundsatz der **Anschlussfähigkeit von Ereignissen,** gibt eine Leitlinie für die Wahl der Art der Eingriffe. Die Einführung des oben beschriebenen Diskussionsforums in einer Gemeinde, die vorher eine relativ unterentwickelte Kommunikationskultur aufwies, kann verhängnisvoll sein. Die Bevölkerung kann unter Umständen damit nicht umgehen. Sie kann die Veranstaltung verdrängen, die Veranstalter ausgrenzen und so quasi aus der Geschichte streichen. Die Organisatoren können jedoch den Anlass in einer Tradition einordnen. Bspw. kann ein Ortsverein, der immer schon eine öffentliche Generalversammlung durchgeführt hat, als Mitveranstalter gewonnen werden. Nach der gelungenen Veranstaltung kann ein neuer logischer Ereignispfad konstruiert werden, indem bspw. dezentrale Foren geschaffen werden.

- Ein weiterer kritischer Erfolgsfaktor ist auch das **Varianzmanagement**. So müssen in einem Veränderungsprozess Instrumente eingesetzt werden, die der Varietät des Systemes gerecht werden. Die Varietät der Maßnahmen, d.h. die Bandbreite ihrer einzelnen Zustände, muss mindestens so groß wie die entsprechende Streuweite des zu bearbeitenden Systems sein. So ist es bei einer grundsätzlichen Neuausrichtung einer Destination nicht sinnvoll, sofort einen Infrastruktur-Investitionsplan zu entwickeln. Vielmehr müssen übergeordnete Ziele im Rahmen eines Tourismusleitbildes evaluiert werden. Je nach Art der gewählten Ziele braucht es vielleicht gar keine Infrastrukturinvestitionen mehr. Die verbleibende Systemvarietät, die durch die eigene Managementstufe nicht bewältigt werden kann, kann und soll an nachgelagerte Managementstufen delegiert werden (vgl. auch Espejo et al. 1996, 62).

- Systeme müssen so konfiguriert werden, dass sie eine **Selbststeuerungsfähigkeit** erhalten. Dies bedingt Rekursionen in Form von kybernetischen Steuerungsschlaufen. Ein Beispiel dafür ergibt sich in einem Verkehrssystem durch automatische Information und Umleitung des Verkehrs bei Überlastung auf eine Ausweichachse. Zudem müssen Systeme im Sinne von lebensfähigen Systemen entwicklungsfähig sein, d.h. sie müssen sich an neue Anforderungen der Umwelt anpassen können (vgl. Schwaninger 1994, 13ff.; Espejo et al. 1996). Dies bedingt die Existenz von Intelligenz (für Interpretation der Umweltveränderung), Politik (als allgemeine Leitlinien) und ein Steuermodel (für konkrete Eingriffe). Diese Module müssen auf verschiedenen Komplexitätsstufen (normative, strategische und operative Ebene) bestehen. Auf strategischer Ebene für eine Destination könnte eine Intelligenz in Form einer Fachberatungsgruppe der Regierung, eine Politik in Form eines Leitbildes und ein Steuerungsmodul in Form eines Gemeinderates, ausgestattet mit Instrumenten für finanzielle Kontrolle für Investitionen, bestehen.

IT NETZWERKANALYSE UND SIMULATION

Aktuell wird die Analyse von touristischen Systemen wie Destinationen durch den Einsatz von IT gestützten Simulationssoftwares weiterentwickelt. Diese fokussieren meist auf die Interaktionen zwischen einzelnen Akteuren (**Soziale Netzwerkanalyse** durch Erfassung u.a. der Interaktionsintensität) oder auf den subjektiv bewerteten Einflüssen und Wirkungen zwischen Elementen wie Zweitwohnungsbau und Aufenthaltsqualität im Rahmen von Expertenworkshops oder Befragung von Betroffenen. Ziel ist es dabei, die Wirkung und Funktion einzelner Elemente, z. B. eines Akteurs wie der Gemeindepräsident oder eines Angebotselementes wie Zweitwohnungen, in der Dynamik zu erfassen. Verschiedene Applikationen wie bspw. die Software UCINET ermöglichen dabei die Analyse dieser Wirkungen und Funktionen.

4. Teilsystem Nachfrage

4.1. Definition und Strukturierung der touristischen Nachfrage

Die Tourismusnachfrage kann in Analogie zur Definition Tourismus (vgl. Kapitel 2.1) definiert werden als Nachfrage, ausgelöst von Personen, die sich ausserhalb ihres gewohnten Arbeits- und Wohnumfeldes bewegen oder begeben wollen. So gesehen sind

- die Beratung in einem Reisebüro und die entsprechend fällige Beratungsgebühr,
- die Reiseversicherung,
- die prophylaktischen Impfungen bei einem Tropenarzt,
- der Kauf einer Zweitwohnung,
- und der Anteil der Kosten für das Privatauto, der auf touristische Aktivitäten fällt,

Bestandteile der Tourismusnachfrage. Im Rahmen der Arbeiten zur Entwicklung und Standardisierung von Tourismus-Satelliten-Konten wurden Listen der Bestandteile touristischer Nachfrage erstellt (**Satelliten-Konten** sind Instrumente der nationalen Buchhaltung, mit denen sich Aktivitäten und Umfang von Sektoren, die nicht in den Produktionskonten ablesbar sind, wie der alleine durch die Nachfrage definierte Tourismus, darstellen lassen [vgl. Abschnitt 2.4].). Bei diesen Listen handelt es sich um über Jahre international ausgehandelte Kompromisse, die auch von Kriterien wie Praktikabilität geleitet werden. Deshalb ist auch der private Motorfahrzeugverkehr nicht vollständig darin erfasst.

Die Tourismusnachfrage kann grundsätzlich nach den zu Grunde liegenden Motiven gegliedert werden. Ein immer noch gültiges Raster entwickelte Kaspar (1996, 16f.):

- Erholungstourismus
  - Nah- und Ferienerholung zur physischen und psychischen Regeneration
  - Kurerholung zur Herstellung psychischer und körperlicher Heilung
- Kulturorientierter Tourismus
  - Bildungstourismus (Kennenlernen anderer Kulturen und Sitten)
  - Alternativtourismus (Kennenlernen des Lebens anderer Menschen in ihrem Wohnumfeld)

- Wallfahrtstourismus
- Gesellschaftsorientierter Tourismus
  - Verwandtentourismus
  - Klubtourismus (Integration des Feriengastes in der Gruppe)
- Sporttourismus (aktiver und passiver Sport)
- Wirtschaftsorientierter Tourismus
  - Geschäftstourismus
  - Kongresstourismus
  - Ausstellungs- und Messetourismus
  - Incentivetourismus
- Politikorientierter Tourismus
  - Diplomaten- und Konferenztourismus
  - Tourismus im Zusammenhang mit politischen Veranstaltungen

Einen neueren, aktivitätsorientierten Strukturierungsansatz identifizieren Hyde und Laesser (vgl. Hyde/Laesser 2009). Sie schlagen drei Makrostrukturen vor:

- Ferien an Ort und Stelle
- Ferien mit arrangierten Touren
- Ferien mit freien Touren

Der Zeitpunkt, an dem die Touristen die Elemente ihre Reise auswählen, d.h. bspw. Reiserouten, Unterkunft buchen, ist innerhalb der drei Strukturen grundlegend unterschiedlich.

Die früher häufig anzutreffende Differenzierung zwischen Freizeitreisen („Leisure") und Geschäftsreisen („Business") vermischt sich zunehmend. Geschäftshotels müssen immer umfassendere Freizeitinfrastrukturen wie Wellness-Bereiche anbieten. Auf Geschäftsreisen werden in Vielfliegerprogrammen Meilen gesammelt, die auf Privatebene eingelöst werden können. Geschäftsreisen werden verlängert, um Freizeitbedürfnisse zu befriedigen. Ganz deutlich wird die Symbiose zwischen Geschäfts- und Freizeitreisen im Bereich des Kongress- und Messetourismus. Veranstaltungsorte werden bewusst nach geschäftlichen Kriterien (Infrastrukturen, Erreichbarkeit) und Freizeitmöglichkeiten ausgesucht (Vielfalt des Angebots für Vor-, Während- und Nachkongresstouren, Shoppingmöglichkeiten, sportliche oder kulturelle Ausstrahlung). Freizeitreisen machen den weitaus größten Teil der weltweiten Reisen aus. Rund zwei Drittel der Reisen fallen auf diese Tourismusart (vgl. WTO 2000).

Freizeit kann residual oder normativ definiert werden (vgl. auch Müller 2002, 36f. oder Parker 1976):

- Eine **Residual-Definition** bezeichnet Freizeit als die Zeit, welche übrig bleibt, wenn von der Totalzeit alles abgezogen wird, was nicht Freizeit ist, bspw. Arbeit, Schlafen, Essen etc.
- Eine eher **normative Definition** schließt an philosophische und religiöse Wunschziele an. Freizeit ist eine mentale oder spirituelle Haltung (vgl. Pieper 1965). Entsprechend wird Freizeit nach einem Idealbild definiert. Bspw. sollte Freizeit frei von Arbeit sein. Elemente die „Freizeit" auszeichnen sind u.a. (vgl. Kaplan 1960):
  - eine Antithese zur Arbeit als ökonomische Funktion;
  - eine psychologische Wahrnehmung von Freiheit.

Bei beiden Definitionen spielen Zeit und Freiheit im Sinne von Autonomie eine wichtige Rolle. Freizeit ist jedoch nie objektiv bestimmbar, sondern muss aus der Wahrnehmung des Einzelnen definiert werden, wobei die Übergänge fließend sind. So kann eine Geschäftsreise mit attraktiven gesellschaftlichen Anlässen ohne Zeit- und Erfolgsdruck oft mehr eine „Freizeit"-Reise sein als der Besuch wenig sympathischer Verwandter in der Freizeit.

Abbildung 33:   Abgrenzung von Freizeit

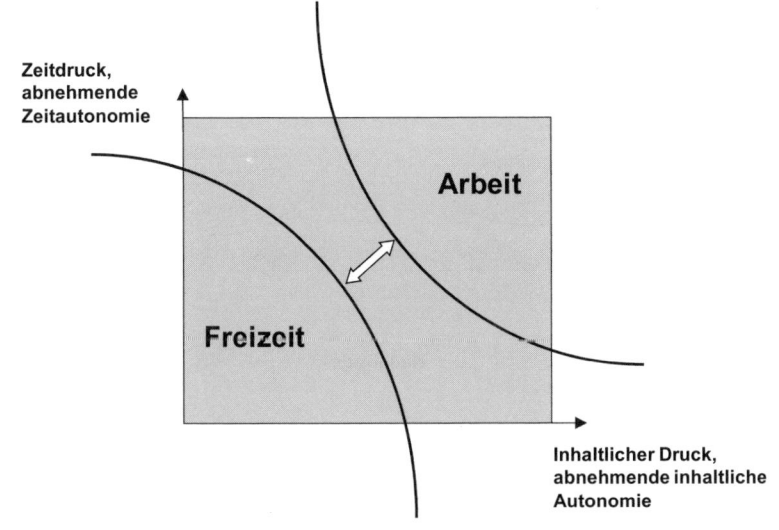

4.2.   Nachfragesystem

Je nach Reisezweck wirken in der konkreten Reisesituation verschiedene Beeinflusser, wie bspw. die Familie oder Geschäftsfreunde, in unterschiedlicher Stärke auf Konsumentscheide. Die subjektive Wahrnehmung sowie die persönlichen Motive spielen bei allen Reiseentscheiden eine große Rolle. Bei einer Geschäftsreise ist beispielsweise die Moral Hazard Problematik (Risiko, dass der beauftragte Arbeitnehmer eigene Ziele maximiert und nicht sein Bestes für die Unternehmung/den Auftraggeber gibt bspw. durch Buchung teurerer Flüge weil diese mehr Meilen geben) relativ groß. Geschäftsreisende verfügen oft über einen hohen Grad an Zeit- und Finanzautonomie bei Spesen. Das externe Umfeld wie gesellschaftliche Trends oder wirschaftliche Möglichkeiten wirken ebenfalls auf die Reiseentscheide und das Reiseverhalten ein. Es erscheint deshalb sinnvoll, die Tourismusnachfrage als System mit den Hauptelementen Motivationssystem, Beeinflussersystem und Nachfrage sowie den Umfeldern wirtschaftliche Umwelt, gesellschaftliche Umwelt, eigene Wertvorstellungen zu betrachten.

Abbildung 34:   Tourismus-Nachfragesystem

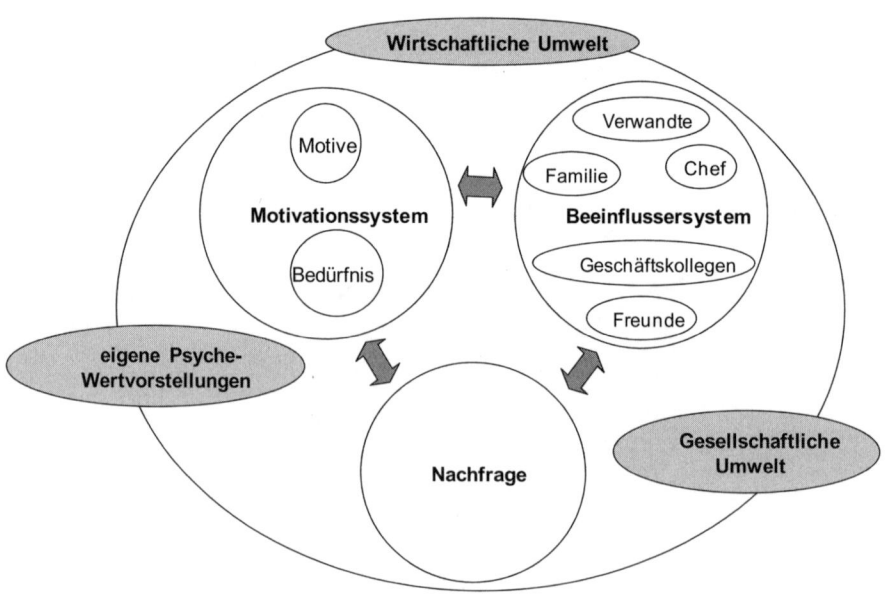

MOTIVATIONSSYSTEM

Im „Motivationssystem" spielen **Motive** und **Bedürfnisse** eine wichtige Rolle. In der Literatur wird zwischen diesen beiden Begriffen kaum unterschieden. Einige Autoren (vgl. z.b. Kroeber-Riel/Weinberg 1999, 141ff.; Trommsdorff 1998, 107ff.) heben jedoch hervor, dass Bedürfnisse als „Motivauslöser" dienen. Kommt zu den Bedürfnissen eine bestimmte Handlungsorientierung hinzu, dann handelt es sich um Motive.

Wesentliche Erklärungsansätze zu der Entstehung von Motiven liefern u.a. Herzberg und Maslow. Maslow definierte 5 Bedürfnisebenen (also Ebenen als Auslöser entsprechender Motivation), die nacheinander bei Erfüllung der unteren Ebene aktiviert werden (vgl. Maslow 1970). Viele der in der Literatur erwähnten Bedürfnisgruppen (vgl. McIntosh/Goeldner/Ritchie 2000, 135ff.; Kaspar 1996, 42f.) sind teilweise redundant bzw. überschneiden sich. Sie lassen sich jedoch gut in die **Maslow Pyramide** überführen (vgl. auch Freyer 1993).

Abbildung 35:   Bedürfnisgruppen nach Maslow

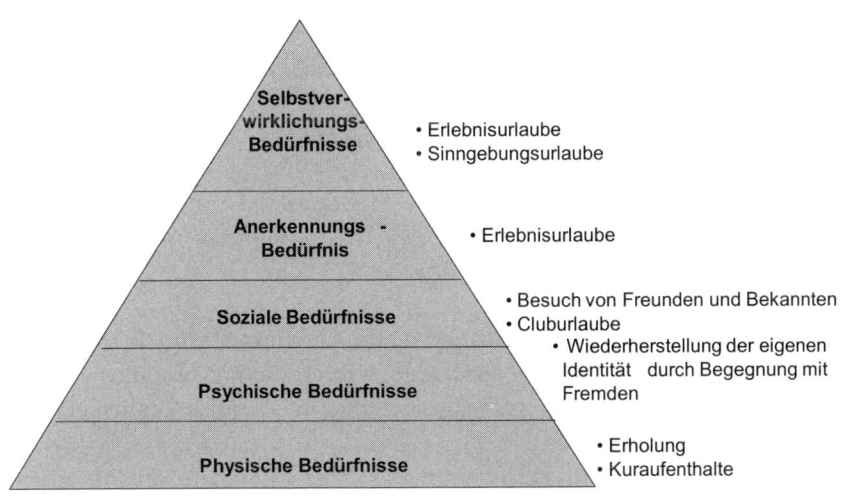

Quelle: Eigene Darstellung nach Maslow 1970 und Freyer 1993, 66

Herzberg unterteilt Motive in Motivatoren und Hygienefaktoren (vgl. Herzberg 1972). Motivatoren sind geeignet, Zufriedenheit zu schaffen. Hygienefaktoren erreichen nur die Verhinderung von Unzufriedenheit. Diese Struktur wird in der Marktforschung mit der Unterteilung in „**Begeisterungsfaktoren**" (haben mit zunehmender Erfüllung eine überdurchschnittliche Bedeutung) und „**Zufriedenheitsfaktoren**" (haben mit zunehmender Erfüllung eine unterdurchschnittliche Bedeutung) (vgl. auch Kano-Methode u.a. in Bieger/ Schallhart 1997) aufgenommen.

Interessant und bezüglich Erklärungskraft für moderne Tourismusformen ergiebig, scheint die nach Lebensgesellschafts-Typ (vgl. Pine/ Gilmore 1999) gegliederte Bedürfnishierarchie zu sein.

Abbildung 36:   Gesellschaftsdimensionen nach Pine und Gilmore

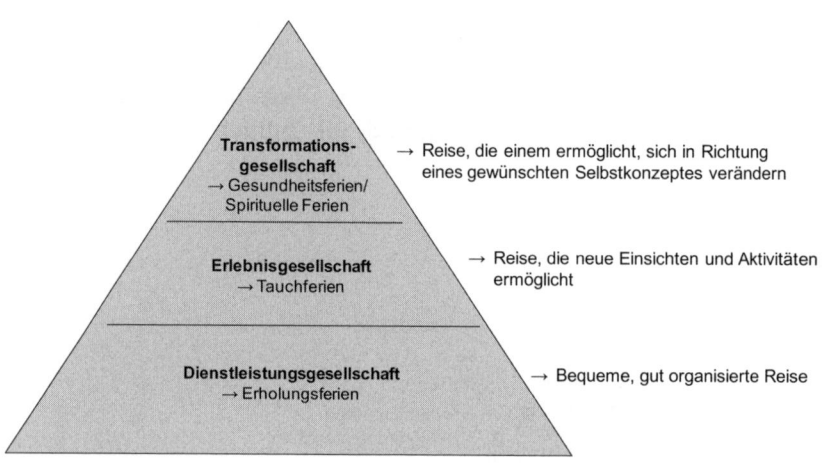

Quelle: In Anlehnung an Pine/Gilmore 1999

Mit zunehmendem Entwicklungsstand einer Gesellschaft (z. B. bezüglich Wohlstand, Bildung) werden abstraktere Bedürfnisse konsumrelevant. Am Schluss steht, ähnlich der „Selbstverwirklichung" die Realisation des eigenen gewünschten Selbstkonzeptes.

Immer wichtiger wird die Unterscheidung zwischen **Pull- und Pushmotiven**. Dabei bezeichnen „Pushmotive" Bedürfnisse, die in Verbindung zur eigenen Person stehen, wie etwa „Verpflichtungen entfliehen" oder „sich erholen". „Pullmotive" sind dagegen mit der Destination verbunden. Sie können bspw. „Neues sehen" und „kennenlernen" oder bestimmte Aktivitäten betreiben, etc.

Abbildung 37: *Portfolio der Zufriedenheits- und Unzufriedenheitskriterien für eine Bergbahn*

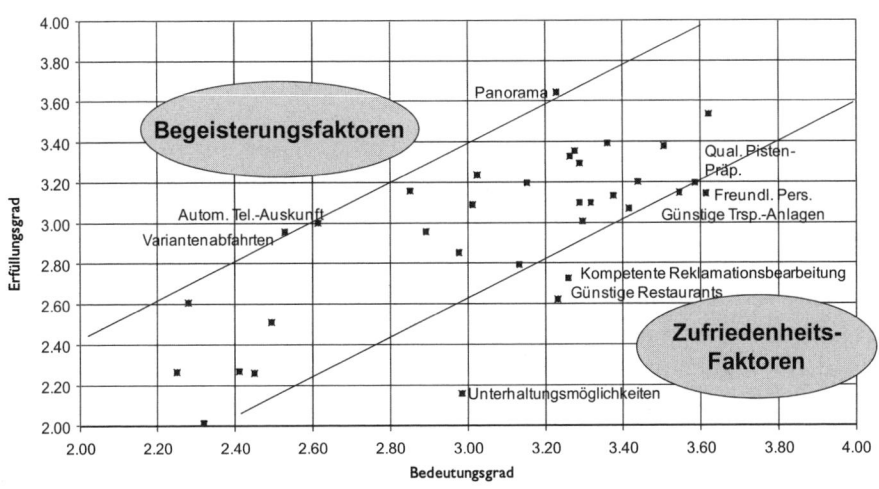

Quelle: Bieger/Schallhart 1997, 68

BEEINFLUSSER-SYSTEM

Bei jedem Individuum entstehen verschiedene Bedürfnisse. Aufgrund der Finanz- und Zeitrestriktionen müssen Prioritäten gebildet werden. Die Grenzen der Bedürfnisbefriedigung verschieben sich mit den ökonomischen Möglichkeiten. Mit hohem Einkommen oder Vermögen können mehr Bedürfnisse zeiteffizienter befriedigt werden. Die Prioritäten der Bedürfnisse werden wesentlich durch **Beeinflusser** wie Familie, Freunde, Chef, Geschäftskollegen etc. mitgeprägt. Dabei scheint die Beeinflussung durch sogenannte „Communities" besonders ausgeprägt.

Als Communities (vgl. u.a. Schmid 2000, 191ff.) können Gruppen von Kunden mit ähnlicher Werthaltung oder Motivstruktur und gleichen Interessen verstanden werden, die untereinander einen starken Austausch pflegen. Durch die Zugehörigkeit zu Communities können Nutzen wie Stärkung der Identität sozialer Austausch oder Versicherung und Vertrauensaufbau (von Barterwerffer 2006) erlebt werden. Dank neuer technologischer Möglichkeiten wie durch internetgestützte „Chat-Boxes" hat sich die geografische Reichweite von Communities extrem ausgeweitet. Im Tourismus mit seiner enorm hohen emotionalen Ausstrahlung spielen Communities schon seit jeher ein große

Rolle. Fan Clubs von Hotels, Vereinigungen von Stammgästen etc. sind einige
Beispiele. Der Stellenwert und die Konstellation des Beeinflusser-Systemes
resp. seiner Elemente hängen von gesellschaftlichen Entwicklungen wie dem
veränderten Stellenwert der Familie etc. ab.

4.3. Der Reiseentscheidungsprozess

Entscheidungsprozesse von Touristen werden in der internationalen Forschung (vgl. für eine Übersicht u.a. Mazanec et al. 2001 oder Weiermair 1994)
in verschiedenen Dimensionen analysiert. Vereinfacht kann die Forschung
zum Entscheidungsverhalten von Touristen gegliedert werden in

- eine **verhaltensorientierte Entscheidungsprozess-Forschung,** die sich vor
  allem auf die Entstehung von Entscheiden und die dabei funktionierenden Wahrnehmungs- und Beurteilungsprozesse konzentriert.
- eine **klassische Entscheidungsprozess-Forschung,** die den Reiseentscheid
  in verschiedene Teilentscheide aufgliedert und untersucht, wie die einzelnen Teilentscheide oder Zwischenentscheide miteinander verbunden
  sind.

Verhaltenswissenschaftliche Entscheidungsmodelle bestehen aus einem zykli-
schen Grundprozess. Meist bauen sie als SOR-Modell auf einem Grundmodell
mit folgenden Elementen auf: Stimuli (S) (z.B. Werbung) lösen über Objektva-
riablen (O) (z.B. Bewertungsprozesse) Reaktionen (R) (z.B. Kauf) aus. Jede Reise führt zu Erfahrungen, prägt die Erwartungen und ergänzt Informationen.
Es bestehen somit eigentliche Lernprozesse (vgl. auch Assael 1984 oder Correia 2002). Input-Variablen führen zu Informationsbedürfnissen und zu einem
bestimmten Informationsverhalten. Die Informationen werden geordnet, bewertet und abgespeichert, allenfalls werden sie auch, um innere Spannungen
durch Widersprüche zwischen Überzeugungen und erhaltenen Informationen
(sog. **kognitive Dissonanzen**) abzubauen, verdrängt. Über Lernprozesse entstehen damit Images und, im Reisebereich immer wichtiger, Risikoeinschät-
zungen. Diese Lernprozesse führen zu Präferenzen in Form von Überzeugungen, welche die Kaufentscheidung prägen. In einem Prozess nach dem Kauf
wird die Reiseerfahrung bewertet. Erwartungen werden bestätigt oder nicht
erfüllt. Dies führt zu einer Anpassung der Erwartungen oder des Images und
determiniert die Wiederkaufswahrscheinlichkeit.
Dabei spielen **Attributionsmechanismen** eine besondere Rolle. Um, wie oben
dargestellt, kognitive Dissonanzen zu vermeiden, werden Ursachen selektiv
zugeordnet. Hat ein Tourist beispielsweise ein positives Bild von einem Reise-

organisator oder einem Hotel, so werden bei einer Panne die Ursachen eher im Umfeld, beispielsweise beim Wetter oder bei der lokalen Bevölkerung, gesucht. Dabei spricht man von Fremdattribution. Erlebt der gleiche Reisende etwas Positives, so wird er aufgrund seiner inneren Überzeugung der Qualität, beispielsweise des Hotels, die Ursache dafür beim Hotel sehen.

Abbildung 38:   *Allgemeine verhaltenswissenschaftliche Entscheidungsprozesse*

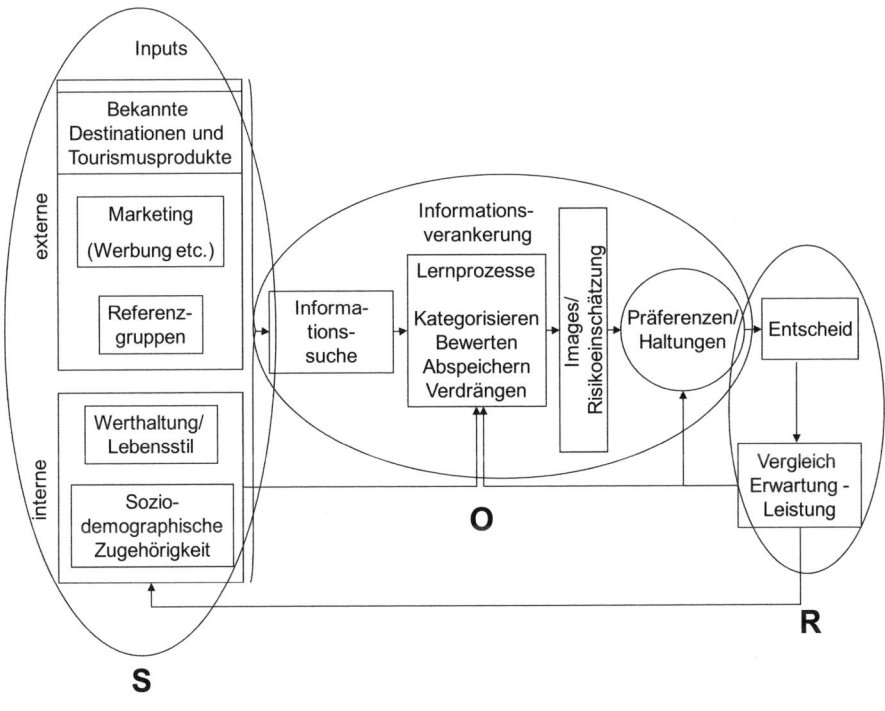

Quelle: Eigene Darstellung u.a. auf der Basis von Correia 2002

Bedürfnisse sind nicht einfach programmiert. Bedürfnisse entstehen aufgrund von Inputs wie Informationen oder emotionalen Einflüssen von Referenzgruppen. Der eigentliche Entscheid fällt zwischen Destinationen, die der Tourist aktiv im Bewusstsein hat („**evoked set**" vgl. Howard 1977 oder Bellman/Park 1980). Daneben gibt es Destinationen im Unterbewusstsein, die für eine Reise nicht automatisch in Betracht gezogen werden („**inert set**"). Man kann davon ausgehen, dass der durchschnittliche Reisende nicht mehr als zwischen zwei bis sieben Destinationen im Bewusstsein hat. Zu Destinationen werden Touristen entweder durch Attraktivitäten hingezogen oder durch Bedürfnisse wie Ruhe oder Prestige gestoßen (vgl. entsprechend „Push" und „Pull" Motivationen).

Touristische Kaufentscheide beinhalten eine Vielzahl von Teilentscheiden wie die Auswahl des Ziellandes, der Destination, der Unterkunftsform, der Reiseart etc. Diese Entscheide können in einem mehr oder weniger klar strukturierten Prozess gefällt werden. Dabei ist dieser Prozess nicht nur von Person zu Person, sondern auch je nach Reisesituation unterschiedlich. So kann jemand, der die Reiseziele seiner Haupterlebnisreise klar nach kulturellem Wert der einzelnen Länder auswählt und diesem Entscheid alle anderen Entscheide (Reiseart etc.) unterordnet, bei seiner Zweitreise primär vom Entscheid nach Verkehrsmitteln (Einlösen von Airline-Meilen) oder nach Unterkunftsform (Wellness Hotels) ausgehen.

Als Systematisierungsansatz für die Forschung und die praktische Marketingarbeit kann es trotzdem sinnvoll sein, idealtypische **Reise-Entscheidungsprozesse** zu strukturieren und zu beschreiben. Abbildung 39 stellt einen idealtypischen Prozess dar, in dem zuerst der Typ des Urlaubs (Fernurlaub Ja/Nein) und dann die Unterkunftsform bestimmt wird. Durch Reise-Entscheid „Tracking" können Reise-Entscheidungs-Prozesse nachvollzogen werden. Solche Erkenntnisse sind insbesondere für die Gestaltung des Einsatzes der Marketing-Instrumente wichtig, bspw. für die Gestaltung von Web-Pages.

Auf jeder Stufe des Entscheidungsprozesses spielen Informationen eine große Bedeutung. Tourismus kann als eigentliches Informationsgeschäft verstanden werden (vgl. Schertler 1994).

Unterstellt man ein rationales Verhalten im Sinne eines „homo oeconomicus", kann von einer **„Informationsökonomie"** gesprochen werden. Information verursacht Kosten in Form von Zeit und Beschaffungskosten z.B. für Medien. Es kann in diesem Sinne davon ausgegangen werden, dass so lange Informationen beschafft werden, bis die Kosten für zusätzliche Informationen („Informations-Grenzkosten") höher sind als der Gewinn durch zusätzliche Informationen („Informations-Grenznutzen") in Form von eingesparter Zeit, besseren Erlebnissen oder reduziertem Risiko. Je höher beispielsweise das Risiko einer Reise und damit die Risiko-Kosten, desto mehr Informationen werden berücksichtigt (vgl. auch Roehl/Fesenmaier 1992).

Abbildung 39:   Kaufentscheidungsprozesse bei Urlaubsreisen

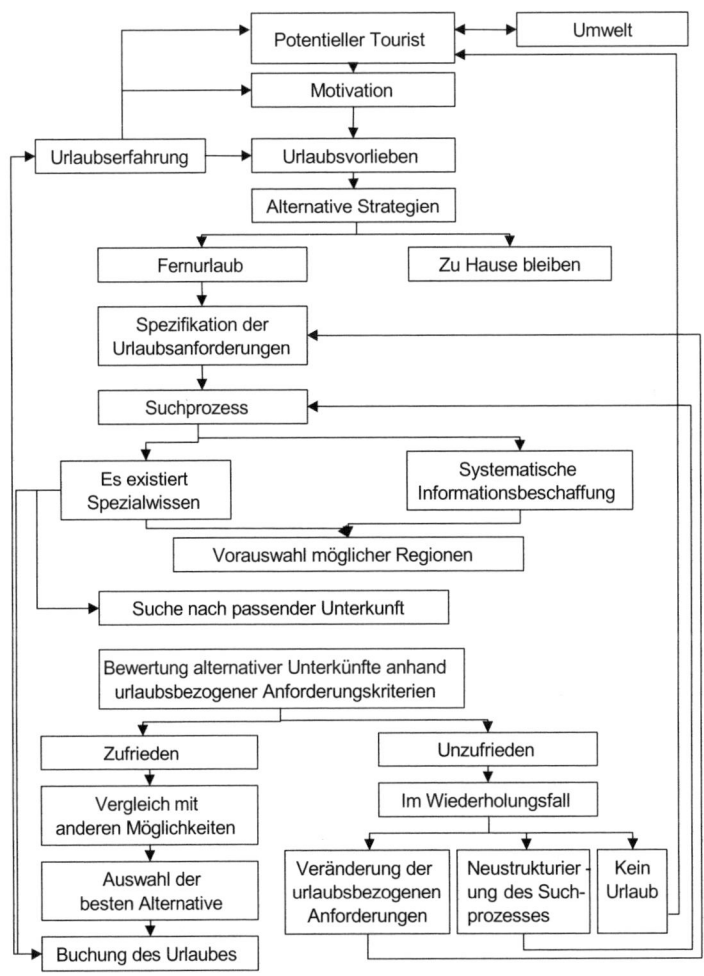

Quelle: Goodall 1988

Touristisches Informationsverhalten ist jedoch nicht immer rational. Touristische Informationen werden häufig auch nicht zielorientiert für Reisen, sondern auch aus anderen bspw. Unterhaltungs-Motiven konsumiert (vgl. Vogt/ Fesenmaier 1998).

Wichtige Kriterien für touristische Informationen sind (vgl. u.a. auch Vogt/Fesenmaier 1998):

- Exaktheit (damit auch Frustrationsvermeidung);
- Convenience, Zugänglichkeit;
- Raschheit, Just in time, Aktualität;
- Vertrauen;
- Bildliche Nachvollziehbarkeit;
- Möglichkeit zum Austausch mit Reisepartnern.

Aufgrund des Vertrauensfaktors und der Interaktivität haben persönliche Auskünfte und immer mehr auch Internet-Auskünfte, bei anhaltend hoher Bedeutung von Katalogen und Prospekten, eine wichtige Funktion. Wichtig sind dabei Mehrkanalinformationen. Die erste **Information** kann beispielsweise von Mund zu Mund, die Detailinformationen dann über Internet und die Diskussion im Familienkreise auf der Basis eines Pros pektes erfolgen.

Abbildung 40:   *Bedeutung der Informationsquellen in Deutschland*

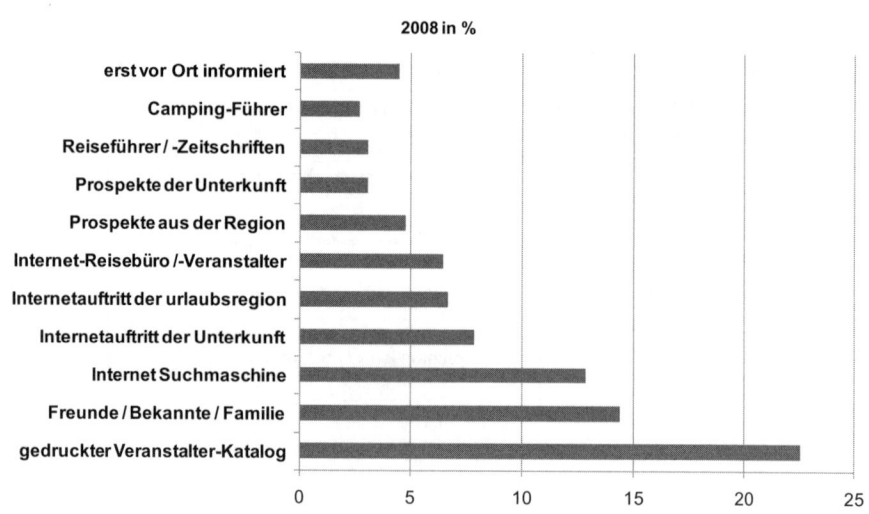

Quelle: ADAC Reisemonitor 2009

Für Reisende aus Deutschland gehört das Internet zu wichtigsten Informationesquelle (34%). Innerhalb des Internets sind Suchmaschinen (12.9%) und der Internetauftritt der Unterkunft am bedeutensten (7.9%). Neben dem Internet sind gedruckte Veranstalter-Kataloge (22.6%) sowie Freunde/ Bekannte und Familie (14.4%) relevant als Informationsquelle für deutsche Touristen. Die Bedeutung der Informatiosquellen sind bei Schweizer Touristen ähnlich (vgl. Abbildung 41). Dabei haben hier die Auskünfte von Freunden und Bekannten sogar eine grössere relative Bedeutung als das Internet.

Abbildung 41: *Bedeutung der Informationsquellen in der Schweiz*

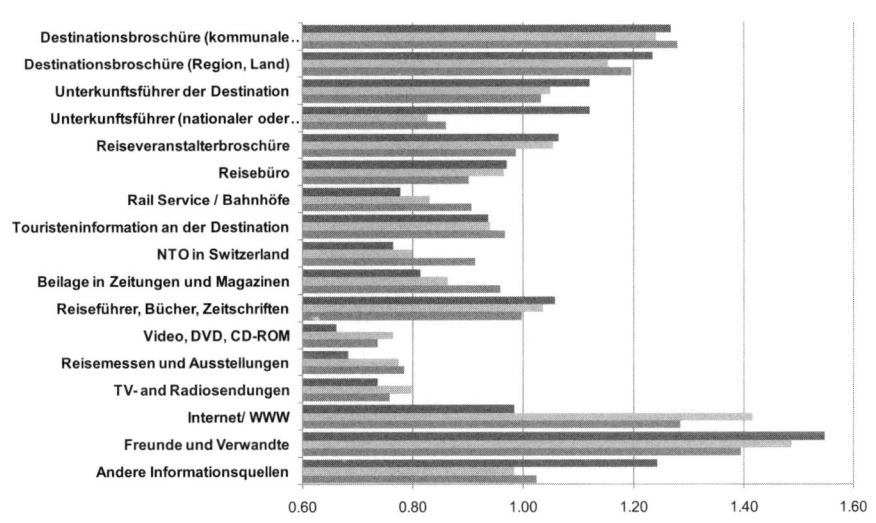

Quelle: Bieger/ Laesser 2008

Bezüglich der Informationsquellen hat das Internet stark an Bedeutung gewonnen. Traditionelle Drucksachen der Hotels oder der Destination werden aber noch immer als wichtig eingeschätzt (vgl. dazu Abbildung 41). Häufig werden Informationsquellen gemischt. Dies ist insbesondere auch bei der Kombination von Informationen aus dem Internet mit Auskünften von Freunden und Bekannten der Fall. Exaktheit der Information wird hier gezielt mit Vertrauen gemischt.

Diese für alle Gästegruppen und Reisesituationen durchschnittliche Nutzung von Informationsquellen lässt in dieser Form keine Rückschlüsse auf mögliche

Verhaltensmuster einzelner Segmente zu. Die Vielfalt der seitens der Gäste genutzten Informationsquellen erschwert deren effektive und effiziente Marktbearbeitung zusehends.

Aus diesem Grund werden die Reisenden aus der Schweiz nachfolgend nach ihrem Informationsverhalten segmentiert (vgl. zum nachfolgenden Text Bieger/Laesser 2000).

SICHT INFORMATIONSQUELLEN

Die einzelnen Informationsquellen übernehmen im gesamten Informationsmix unterschiedliche Funktionen:

- **Prospekte**, d.h. Orts- und Regionsprospekte, Hotelprospekte/Hotelführer, Kataloge von Reiseveranstalter und Auskünfte durch Reisebüros wie Tourist-Informationen und touristische Vertretungen in den Quellländern bleiben die verbreitetsten Informationsquellen.

- **Printmedien** in Form von Reiseführern, Büchern und Zeitschriften, Zeitschriftenartikel dienen v.a. bei Fernreisen als wertvolle Informationsbasis, unabhängig davon, ob es sich um eine Pauschalreise oder eine selbst organisierte Reise handelt.

- Die **elektronischen Medien** (TV-Sendungen, Videos, CD-Rom, aber auch Internet) werden schwergewichtig bei Fernreisen mit einem vergleichsweise hohen Selbstorganisationsgrad eingesetzt (die eigene Organisation erfordert eine breiter abgestützte Information). Jedoch ist der Anteil solcher Reisen verhältnismäßig gering.

Eine besondere Rolle spielt hierbei die **Quelle „Auskünfte durch Bekannte"**:

- Aus **Sicht der Reisenden** gewinnen mit wachsender Zahl der Informationsquellen die Auskünfte durch Verwandte und Bekannte an Bedeutung. Der Zusammenhang ist statistisch signifikant und insbesondere mit der Rolle von Bezugspersonen als „Informationsfilter" begründbar.

- Aus **Sicht der Anbieter** ist festzuhalten, dass in über 50% der Fälle, in denen Auskünfte durch Verwandte und Bekannte wichtig oder sehr wichtig sind, auf insgesamt nur drei oder weniger Informationsquellen zurückgegriffen wird.

Je nach Organisationsgrad und Vertrautheit mit der Zielregion, wird eine unterschiedliche **Zahl von Informationsquellen** genutzt (vgl. Abbildung 42):

- Während in **Cluster 1** 50% aller Reisenden auf weniger als fünf Informationsquellen zurückgreifen, benutzen in **Cluster 2** 50% über sieben Quellen. Dieser Tatbestand ist insbesondere auf den bei ähnlichen Zielen unterschiedlichen Grad der professionellen Fremdorganisation (Pauschalreise) zurückzuführen.

- Die bereits früher in **Cluster 3** beobachtete geringe Notwendigkeit, sich zu informieren, zeigt sich auch im geringen Mittelwert und Median der als wichtig oder sehr wichtig beurteilten Informationsquellen. Die zentrale Rolle in diesem Cluster nimmt die Auskunft durch Verwandte und Bekannte ein.

- Die Zahl der genutzten Informationsquellen ist auch in **Cluster 4** eher gering. Die vergleichsweise geringe Notwendigkeit, sich zu informieren, kann v.a. durch die Vertrautheit mit den Reisezielen und in den anderen Fällen mit der Minimierung des Risikos durch das Buchen einer Pauschalreise begründet werden.

Abbildung 42:   *Zahl der wichtigen oder sehr wichtigen Informationsquellen*

Strat.Parameter	Cluster 1	Cluster 2	Cluster 3	Cluster 4
Mittelwert	4.8	7.7	0.9	3.2
Median	5	7	1	3

Quelle: Bieger/Laesser 2000, 94

SCHLUSSFOLGERUNGEN

Die Informationsgewinnung erfolgt in den meisten Fällen personenbezogen (entweder durch Mitarbeiter in Reisebüros, Touristinformationen in Zielgebieten oder Freunde/Bekannte). Diese Personen sind eigentliche „Informationsfilter" und übernehmen damit eine wichtige Supportfunktion; insbesondere vermindern sie Selektionsprobleme, wie sie bei einer allzu breiten und unklaren Wahl der Informationsquellen entstehen können. Diese Absatzhelfer und bisweilen auch -mittler müssen deshalb vermehrt proaktiv in Marketingmaßnahmen der Leistungsträger eingebunden werden. So etwa mittels spezieller Kundenbindungsprogramme oder der Schaffung von entsprechenden Incentives. Aus Sicht der Schweizer Leistungsträger (Incoming) übernehmen v.a. Stammgäste entsprechende Funktionen.

Die Ausrichtung auf das je nach Entscheidungssituationen unterschiedliche Informationsbedürfnis des Gastes verbessert nicht nur die **Convenience** für denselben, sondern trägt darüber hinaus auch wesentlich zu einem **Vertrauensverhältnis zwischen Gast und Anbieter** bei.

4.4. Erfassung der Nachfrage

4.4.1. Tourismusstatistiken

Ex-Post-Analysen der touristischen Nachfrage werden heute aufgrund weltweiter Standards mittels der offiziellen **Tourismusstatistik** (vgl. z.B. WTO 2002b) durchgeführt. Schlüsselgrößen sind:

- die Ankünfte unterteilt nach Internationalen oder Domestic-Ankünften;
- die Logiernächte.

Diese Größen werden entweder an der Grenze (**Grenzmethode**) oder am Aufenthaltsstandort (**Standortmethode**) erfasst. Die Grenzmethode weist große Vorteile in Bezug auf Erhebungseffizienz und Genauigkeit auf, wenn die Anreiseströme relativ einfach strukturiert sind und damit leicht erfasst werden können, beispielsweise bei einer Insel wie Malta. Folgende Länder wenden u.a. (vgl. Kaspar 1996, 58)

- die Grenzmethode an: Kanada, USA, Großbritannien, Japan;
- die Standortmethode an: BRD, Österreich, Belgien, Luxemburg, die skandinavischen Länder, Niederlande, Schweiz;
- sowohl Grenzmethode als auch Standortmethode an: Frankreich, Spanien, Griechenland, Italien, Türkei.

Abbildung 43:   *Kennzahlensysteme*

Nachfrage: $\dfrac{\text{Logiernächte}}{\text{Ankünfte}}$ → **Aufenhaltsdauer**

Angebot:: $\dfrac{\text{Logiernächte}}{\text{Betten-Kapazitäten}^* \text{ Öffnungstage}}$ → **Bettenauslastung verfügbarer Betten**

$\dfrac{\text{Logiernächte}}{\text{Betten-Kapazitäten}^* 365}$ → **Bettenauslastung vorhandene Betten**

Die Tourismusstatistik wurde in der Schweiz 1934, in Österreich bereits 1889, durch Erlass des Innenministeriums eingerichtet.

Abbildung 44: *Einnahmen und Ausgaben im internationalen Tourismus*

Quelle: IWF, Balance of Payments Statistics, 2006

Heute werden in den meisten Ländern die Beherbergungsstätten nur noch ab einer bestimmten Minimalgröße (in der Schweiz ab neun Betten, Campingplätze mit mehr als sechs Stellplätzen) erfasst. Je nach Land werden auch Logiernächte in der Parahotellerie z.b. in Ferienwohnungen erfasst.

In vielen Ländern, z.b. in Deutschland aufgrund des Beherbergungsstatistikgesetz vom 14. Juli 1980, in Österreich und in der Schweiz werden auch die Kapazitäten des gesamten Beherbergungsbereiches erfasst. Daraus lassen sich internationale Kennzahlensysteme ableiten.

Die Bettenauslastung muss auf das gesamte Jahr gerechnet und mit der Kennzahl „Bettenauslastung vorhandener Betten" verglichen werden, da der größte Teil der Kosten in der Hotellerie Fixkosten darstellen, die unabhängig von der Öffnungszeit anfallen. Insbesondere im Geschäftstourismus werden praktisch ausschließlich Einzelzimmer gebucht. Deshalb ist die Zimmerauslastung eine relevantere Größe als die Bettenauslastung.

Die Tourismusstatistiken werden nach Herkunftsinformationen (Ankünfte und Logiernächte) sowie nach Orten/Regionen und Hotelkategorien (Logiernächte, Ankünfte und Kapazitäten) gegliedert. Damit ergibt sich eine Vielzahl von Auswertungsmöglichkeiten.

Mit der **Nettoreiseintensität** wird der Anteil der Einwohner bezeichnet, der in einem bestimmten Beobachtungszeitraum eine Reise unternommen hat, mit der **Bruttoreiseintensität** die Zahl der Reisen im Verhältnis zu den Einwohnern.

International werden nach Standards der World Tourism Organization (UNWTO) die internationalen Ankünfte erfasst und auf Basis von Daten der nationalen Buchhaltung sowie teilweise stichprobenartiger Erhebungen die internationalen Tourismuseinnahmen und -ausgaben hochgerechnet (vgl. Abb. 45). Vor allem verkehrsgünstig gelegene Länder und solche mit einer überdurchschnittlichen Attraktivität stehen in den Ranglisten der Zielländer vorne. Wirtschaftsstarke, politisch offene Länder stehen auf den Spitzenpositionen bezüglich Ausgaben.

Insgesamt wächst der weltweite Tourismus durch die besseren Verkehrsmöglichkeiten und die höheren verfügbaren Einkommen mit, im Vergleich zu anderen Wirtschaftsbereichen, überdurchschnittlichen Wachstumsraten.

Abbildung 45:   *Wachstumsraten der internationalen Touristen-Ankünfte*

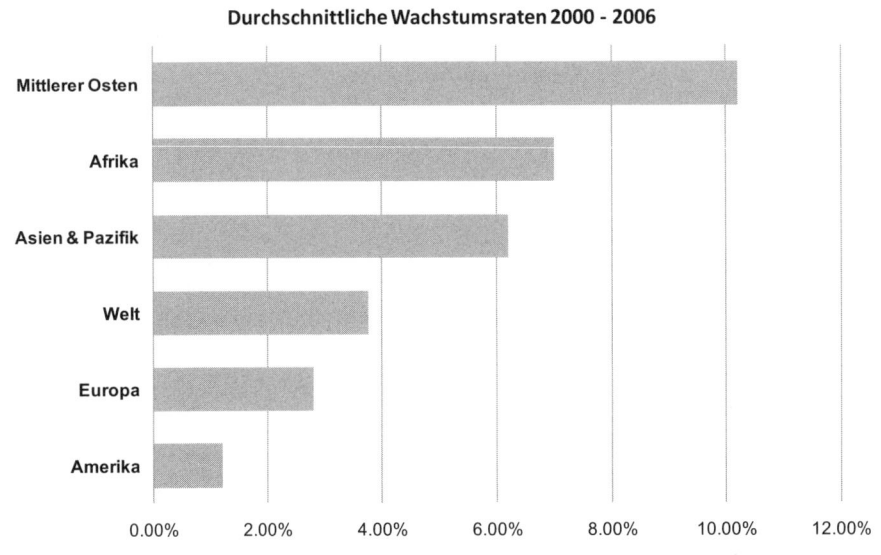

Quelle: UNWTO 2008

4.4.2. Wettbewerbsanalyse als Erklärung für die Entwicklung von Tourismusströmen

Die Entwicklung der Wettbewerbsfähigkeit von Tourismusländern kann mit Hilfe einer strategischen Wettbewerbsanalyse (vgl. u.a. Porter 1996) geklärt werden. Dabei werden folgende **Determinanten der Wettbewerbsfähigkeit** identifiziert: Kunden/Nachfrage, Qualität des Managements, Qualität und Struktur der Lieferanten und die Struktur der Branche.

Der alpine Tourismus war erfolgreich, weil er von einer einmaligen Kombination von Fähigkeiten der Einwohner und Umweltbedingungen profitieren konnte (vgl. auch Tschurtschenthaler 1999). Der Tourismus konnte noch bis in die 70er Jahre von günstigen, relativ **gut ausgebildeten**, willigen einheimischen **Arbeitskräften** profitieren. Dank der finanzpolitischen Situation mit wenig, aber einer trotzdem spürbaren Inflation, war für den anspruchsvollen infrastrukturellen Aufbau der Branche genügend **günstiges Kapital** verfügbar, wobei sich die Bankkredite durch die Inflation über Jahre weitgehend selbst amortisiert haben. Eine einmalige, schöne und intakte Natur war ebenfalls eine wichtige Faktorbedingung in der Pionierzeit des Tourismus.

Abbildung 46:   *Determinanten der Wettbewerbsfähigkeit*

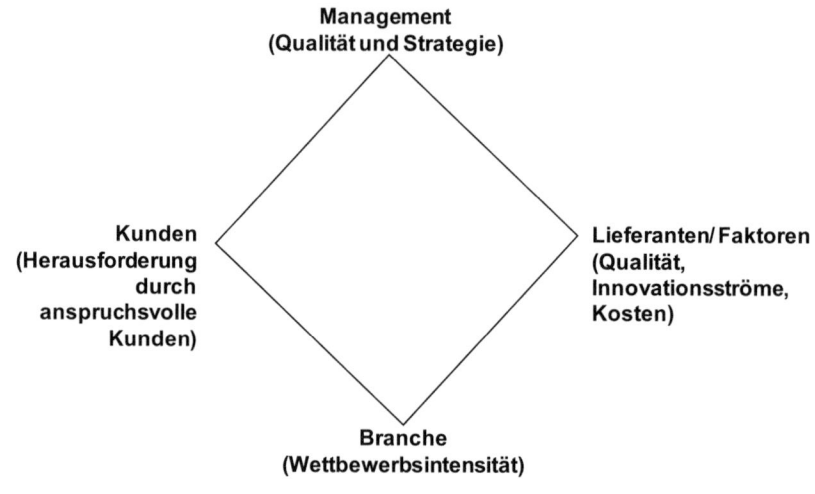

Quelle: Eigene Darstellung nach Porter 1996, 23

Die damalige Nachfrage war durch Konsumenten gekennzeichnet, die sehr treu waren und ein **Stammkundenverhalten** aufwiesen, nicht zuletzt, weil sie wenig Vergleichsmöglichkeiten hatten. Hohe Transportkosten sicherten dem Alpenraum praktisch eine Monopolstellung in den bevölkerungsreichen Zentren Mitteleuropas. An Ferien außerhalb der Alpen war schon aus finanziellen Gründen für breite Teile der Bevölkerung bis in die 70er Jahre nicht zu denken. Zusätzlich war die Nachfrage durch relativ einfache Bedürfnisse geprägt. Skiferien, Wanderferien, allenfalls ein Erholungsurlaub, dominierten die damalige Tourismusstruktur, die darauf ausgerichtet war, diese relativ einfachen Bedürfnisse zu befriedigen.

Dass die Branche, wie auch heute noch, stark kleingewerblich geprägt war, war in diesem Umfeld kein Nachteil. Im Gegenteil, das Konkurrenzverhältnis am Ort sorgte für einen gewissen Wettbewerb und für eine minimale Auswahl in den Orten. Komplexe Dienstleistungsketten und multioptionale Angebote, die nur durch Kooperation erbracht werden können, waren kaum gefragt.

Ebenfalls erwies es sich in der einsetzenden boomartigen Wachstumsphase des Tourismus als vorteilhaft, dass das **Management** sehr stark mit der Bevölkerung verbunden war, und man hielt es auch bis in die späten 80er Jahren für sinnvoll, dass das Management im Tourismus stark politisch geprägt war. Hauptaufgabe dieses Managements war es auch, mit dem Widerstand und der Kritik gegenüber dem überbordenden Wachstum des Tourismus innerhalb der Bevölkerung umzugehen. Die Berücksichtigung der Anliegen der „Bereisten", sowie die breite Diskussion über die touristische Zukunft waren höchste Tugenden, die in Universitäten und Hochschulen vermittelt und in der Praxis gepflegt wurden.

Das Umfeld hat sich in der Zwischenzeit weitgehend verändert. Die **Faktorbedingungen** für den Tourismus sind härter geworden. Durch die Industrialisierung und die Tertiärisierung, auch in alpinen Regionen, sind die Löhne der einheimischen Arbeitskräfte gestiegen. Billiges Kapital ließ die Immobilienpreise derart in die Höhe steigen, dass ein kostendeckender Betrieb von Hotels immer schwieriger wurde. Nachdem sich viele touristische Betriebe mit zu günstigem Kapital überschuldet haben, besteht heute das Problem, dass die Immobilienpreise sinken und Betriebe damit in Unterbilanzen und in Liquiditätsengpässe geraten. Die einmalig schöne Natur wurde zum Teil stark belastet und zum Teil ist sie schlicht auswechselbar geworden; auswechselbar durch noch schönere, noch intaktere, noch unberührtere Landschaften, die äußerst günstig mit modernsten Transportmitteln weltweit erreicht werden können.

Der **heutige Gast** möchte auch nicht mehr nur einfache, simple Produkte (vgl. auch Weiermair et al. 1996). Er möchte komplexe Dienstleistungsbündel, die ihm multioptionale Erlebnisse versprechen. Skifahren genügt nicht mehr. Nach dem Skifahren muss es ein Erlebnisbad sein, dann will man rechtzeitig am Kulturanlass teilnehmen, nachdem man vor dem Nachtessen noch kurz etwas Squash spielt. Für viele sind die Alpen out. Sie können nicht mit den Reizen und dem Prestigewert exotischer Destinationen mithalten, die heute dank massiv gesunkenen Transportkosten zu unwesentlich höheren oder sogar mit Low Cost Carriern günstigeren Preisen erreicht werden können. Der erfahrene Konsument ist auch nicht mehr ein treuer Stammgast, sondern er sucht immer wieder noch optimalere und noch exotischere Ferienziele auf.

Der hohe Anteil an Klein- und Mittelbetrieben wird im Zusammenhang mit den immer größeren Einheiten im Ausland ein zunehmendes Problem. Bei einer durchschnittlichen Bettenzahl von etwa 95 Betten pro Hotel können nicht die gleichen Einsparungen durch Größeneffekte wie bei Einheiten mit 2'000 und mehr Betten erzielt werden. Bei der immer noch branchengeprägten Denkweise und Konzentration auf das traditionelle Geschäft können nicht die zur Sicherstellung von integrierten Erlebnisangeboten notwendigen Kooperationen über ganze Dienstleistungsketten hinweg erreicht werden.

In diesem Umfeld ist das **verpolitisierte Management** ein Hemmfaktor geworden. Verkehrsvereinsvorstände, die sich weitgehend am Wählerverhalten und nicht am Kundenverhalten orientieren, Bergbahndirektoren, Hoteldirektoren oder Tourismusdirektoren, die sich primär fragen: „Was darf ich nicht, was erwartet die Branche von mir" bevor sie fragen: „Was sind die Erwartungen des Gastes? Welche Produkte kann ich liefern?", dürften kaum in der Lage sein, die Herausforderungen im globalisierten touristischen Wettbewerb zu meistern. Ebenfalls ist eine kleingewerblich strukturierte, auf unternehmerischen Eigennutz orientierte Branche nicht in der Lage, die komplizierten Dienstleistungsnetzwerke, die der moderne Gast verlangt, günstig und qualitativ hochstehend zu liefern.

4.4.3. Marktforschung im Tourismus

Daten zur Nachfrage werden oft auf der Basis von Interviews in Stichprobenverfahren erhoben. Dabei kann **zwischen Destinationsbefragungen** (Gästebefragungen in den Ferienorten) und **Domizilbefragungen** (Befragung der Bevölkerung an Wohnort nach dem Reiseverhalten) unterschieden werden.

Abbildung 47:   Stated vs. Revealed Preferences

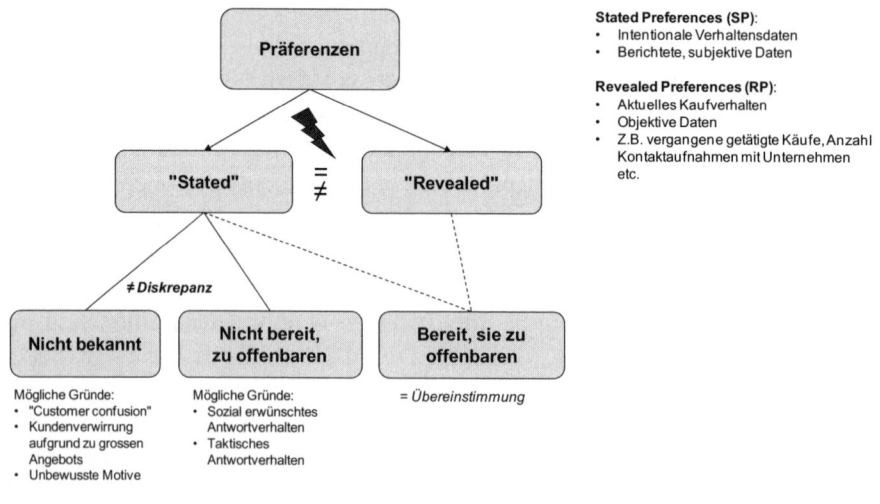

Quelle: In Anlehnung an Verhoef/Franses 2003

Traditionelle Befragungstechniken mit Fragen wie „Welches sind die wichtigsten Reisemotive für Sie?" oder „Wieviel wären Sie bereit, für einen Flug in Ihre Feriendestination zu bezahlen?" erfassen nur „stated preferences", das heisst was der Befragte weiss und was er bereit ist, auszusagen. Verdeckte Motive (z. B. unbewusste Vorlieben und Neigungen) ebenso wie sozial unerwünschte (sozial erwünschtes Antworteverhalten) Motive werden nicht erfasst (vgl. auch Abbildung 47).

Die Moderne Marktforschungstechnik hat dabei Methoden und Verfahren entwickelt, mit denen verdeckte Motive („revealed preferences") identifiziert werden können. Solche Verfahren sind (vgl. auch Fuchs/Weiermair 2003):

- Kano-Modell.

- Regressionsanalyse mit Dummy Variablen, bei denen der Zusammenhang zwischen der Erfüllung einzelner Anforderungen und der Gesamtzufriedenheit gemessen wird.

- Conjoint-Analyse, bei denen die Befragten zwischen Varianten mit unterschiedlichen Merkmalsausprägung Entscheide treffen müssen.

- Means-End Analyse, auf der Basis mehrstufigen Interviews, in denen einzelne Anforderungen auf Grundmotive zurückgeführt werden.

Abbildung 48: *Verkehrsmittelwahl in der Schweiz*

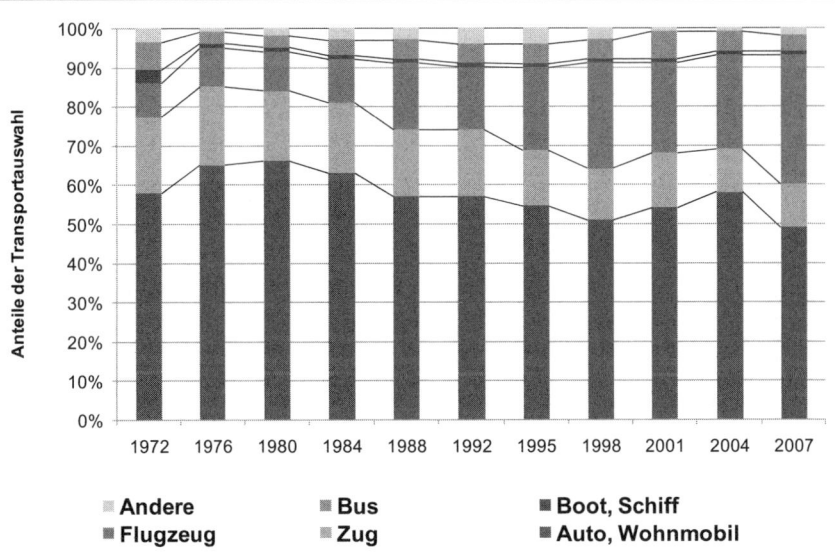

Quelle: Laesser/Bieger 2008

Im Zusammenhang mit Reisen zeigt sich, dass vor allem Fluchtmotive (Push Motive) eher verdeckten Charakter haben. Viele Befragte sind sich derselben gar nicht bewusst (z. B. Bedürfnis nach der Freiheit in einem fremden Umfeld) oder sich nicht äussern, weil sie sozial nicht akzeptiert sind (z. B. Flucht vor Betreuungsaufgaben von Angehörigen).

Der **Reisemarkt Schweiz** ist ein typisches Beispiel für eine Domizilbefragung nach stated preferences. In einem repräsentativen Verfahren werden alle zwei Jahre 2000 Haushalte nach ihrem Reiseverhalten befragt. Die Resultate bezüglich Verkehrsmittelwahl dürften für entwickelte, reiche Länder typisch sein (vgl. Abbildung 48).

Als Beispiel aus Deutschland kann der vom ADAC durchgeführte Reisemonitor angefügt werden. Die Ergebnisse der Analyse zur Verkehrsmittelwahl kann mit dem Schweizer Reisemarkt verglichen werden (und Abbildung 49). Die Anzahl der PKW-Reisen liegt im Jahr 2009 wieder auf dem Niveau von 2006. Dementsprechend sind die Anzahl Flugreisen seit 2007 wieder gestiegen. Die anderen Reiseformen haben, ähnlich wie in der Schweiz, eine untergeordnete Bedeutung: Bus (5.2%), Zug (3.8%) und Schiff (2.6%).

Abbildung 49:   Verkehrsmittelwahl in Deutschland

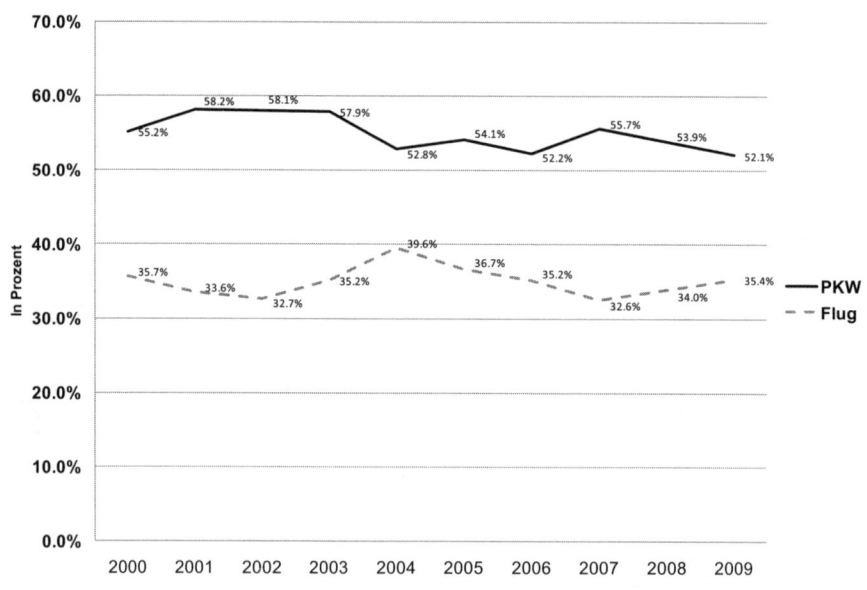

Quelle: ADAC Reisemonitor 2009

Das Auto (aufgrund seiner Möglichkeiten zum Gepäcktransport, seiner Flexibilität und seinem Gebrauchswert vor Ort) sowie das Flugzeug (aufgrund der Zeitersparnis und den oft günstigen Preisen sowie oft aufgrund des Erlebnischarakters) sind die wichtigsten Verkehrsmittel.

4.5. Transformation der Nachfrage – quantitative und qualitative Trends

Quantitative Trends können aufgrund einfacher statistischer „Extrapolation" (z.B. mit Regressionsmodellen) oder mit quantitativen Modellen erarbeitet werden. Die UNWTO entwickelt jährlich weltweite Prognosen zur Entwicklung der Ankünfte und der Tourismuseinnahmen, die auch in Relation auf einzelne Länder und Regionen übertragen werden können.

Abbildung 50:   Wachstumsprognosen der internationalen Ankünfte in Mio.

Region	1995	2010	2020	Durchschnittliche jährliche Wachstumsrate (%) 1995–2020
Total	565.4	1006.4	1561.1	4.1
Afrika	20.2	47	77.3	5.5
Amerika	108.9	190.4	282.3	3.9
Ostasien/Pazifik	81.4	195.2	397.2	6.5
Europa	338.4	527.3	717	3.0
Mittlerer Osten	12.4	35.9	68.5	7.1
Südasien	4.2	10.6	18.8	6.2

Quelle: UNWTO 2009

Quantitative Tourismus-Prognosen beruhen entweder auf Projektionen von Zeitreihen in die Zukunft (z.B. lineare Regression), Hochrechnungen von Kennzahlen (z.B. relative Tourismusausgaben) oder ökonomischen Modellen (Nachbildung der ökonomischen Zusammenhange mit mathematischen Modellen, z.B. multivariate Regressionsanalysen) (vgl. auch WTO 1997a). Das World Travel and Tourism Council (WTTC) entwickelte ein Prognosemodell auf der Basis von **Input-Output Modellen**, angelehnt an die volkswirtschaftliche Gesamtrechnung (Input-Output Tabellen sind Matrizen, die zeigen, wie die einzelnen Branchen über Vorleistungen verknüpft sind, d.h. welche Branche wieviel Vorleistungen von welcher Branche bezieht.). Gleichgewichtsmodelle, in denen das Spiel der Märkte mit Rückkopplungen mathematisch nachgebildet wird, scheinen bezüglich Qualität der Resultate am validesten. Umgekehrt ist deren Entwicklung sehr aufwendig und setzt eine hohe Datenqualität voraus.

Abbildung 51:   *Industriegesellschaftliches Lebensmodell*

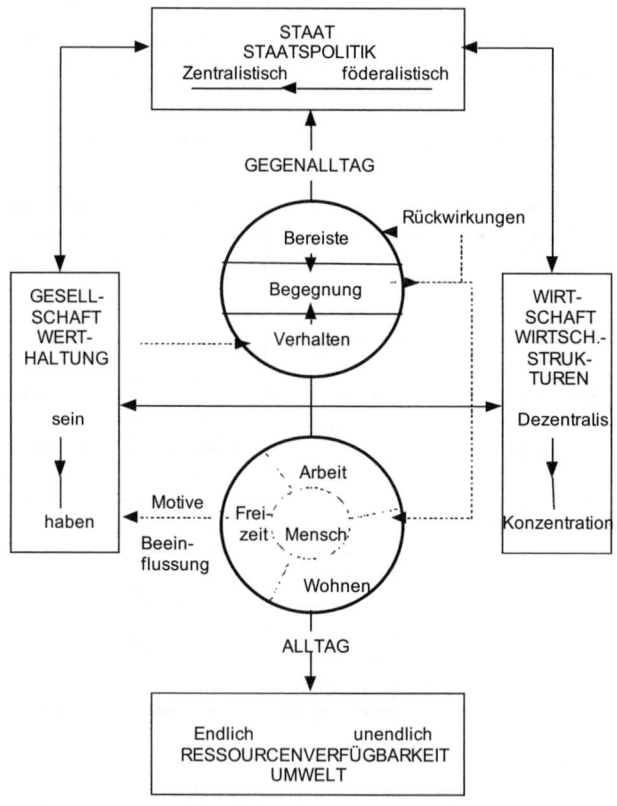

Quelle: Krippendorf 1984, 29

Qualitative Trendsanalyse: Für die Entscheidungsträger in Unternehmen und Politik sind oft qualitative Aussagen über die Struktur, beispielsweise der zu erwartenden Nachfrage, wichtiger. Diese beruhen auf einer Analyse der Triebkräfte des Tourismus auf systemischer Basis. Nach dem industriegesellschaftlichen Lebensmodell von Jost Krippendorf (1984, 29) ist das Verhalten des Touristen als Verhalten in einem Gegenalltag zu beschreiben (vgl. Abbildung 51).

Das Modell von Krippendorf zeigt, dass das Verhalten des Gastes auch Auswirkungen auf das Verhalten des Gastgebers und des Bereisten hat. Der Zuzug von Kaderkräften von außerhalb, die Begegnung mit Touristen in der Ferienkultur, die Veränderung der traditionellen Arbeitskultur in eine Servicekultur, beeinflussen die Identität der Einheimischen. Dies kann zu einer Abwehrhaltung und zu Resentiments der betroffen Einheimischen führen, was wiederum die erlebte Urlaubsqualität der Touristen vermindert. Tourismustrends aus qualitativer Sicht können damit aus der Entwicklung der Arbeits- und Lebenswelt erklärt werden. Wesentliche Nachfragetrends, die u.a. auf dieser Basis abgeleitet wurden, werden in Abschnitt 4.7 vertieft dargestellt.

4.6. Marktsegmentierung

Wie oben erwähnt bilden sich bei unterschiedlichen Individuen und Entscheidungsgremien, aufgrund externer und interner Einflussfaktoren, unterschiedliche Bedürfnisse heraus. Im Wettbewerb wird der Anbieter gewählt werden, der für die eigenen Bedürfnisse die geeignetsten Angebote bereit hält. Durch Anpassung an individuelle Bedürfnisse kann damit ein Unternehmen seine Absatzchancen beim entsprechenden Kunden verbessern und die Zahlungsbereitschaft erhöhen. Auf der anderen Seite entstehen den Unternehmen bei der Ausrichtung auf individuelle Kunden sogenannte Differenzierungskosten. Der optimale **Segmentierungsgrad**, d.h. die Größe der optimalen Segmente (zehn, hundert oder tausend Kunden), hängt von den **Segmentierungskosten** (Kosten für spezielle Produktvarianten und getrennte Marktbearbeitung), sowie dem **Segmentierungsnutzen** (Zahlungsbereitschaft für geeignetere, spezifische Produkte) ab. Durch die Möglichkeiten der modernen Prozess-, Informatik- und Automationstechnologie ergeben sich geringere Kosten für Produktanpassungen und Variationen. Damit steigt die optimale **Segmentierungsintensität**, die Marktsegmente werden kleiner und individueller (Trend zum **Customizing**). Insbesondere in Dienstleistungsunternehmen wirken diese Mechanismen im Moment zu Gunsten kleinerer Marktsegmente.+

Unter einem **Marktsegment** kann eine Gruppe von Abnehmern mit gleichen oder ähnlichen Bedürfnissen und/oder ähnlichen Reaktionen auf den Einsatz von Marketinginstrumenten verstanden werden (vgl. Hill/Rieser 1993, 24). Marktsegmente können nach verschiedenen Kriterien abgegrenzt werden. So zum Beispiel nach Motiven (bspw. Golfspieler versus Tennisspieler) oder soziodemografischen Merkmalen (bspw. Alter, Religionszugehörigkeit), geografischen Merkmalen (ländlicher oder städtischer Wohnort) oder psychografischen Merkmalen (Werthaltungen).

Abbildung 52:   *Optimale Segmentierung*

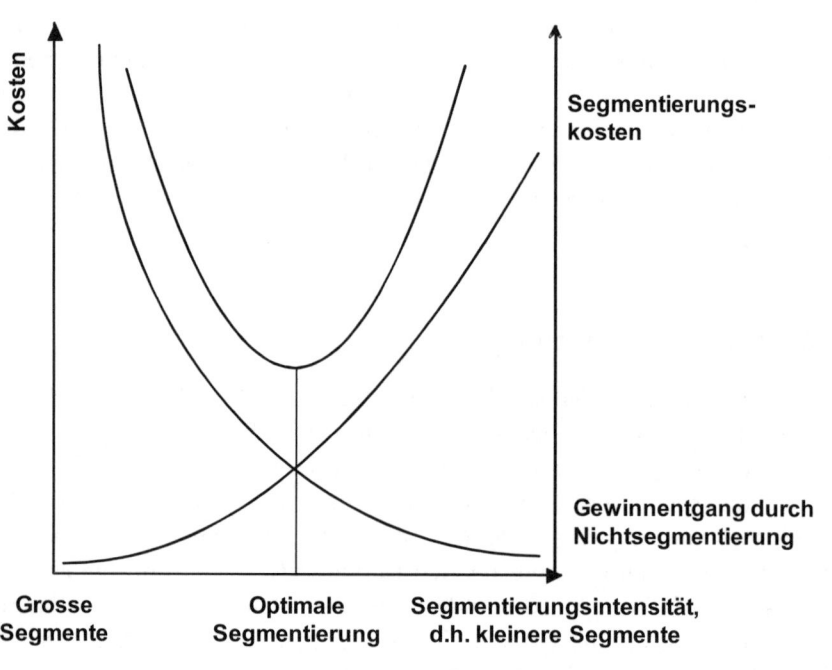

Quelle: Bieger et al. 2002

4.7. Forschungsfall: Tourismustrends ab 2010 - Zwischen Nachfragesog und Angebotsdruck (Th. Bieger & Ch. Laesser)

4.7.1. Identifikation von Entwicklungstreibern

Entwicklungstreiber werden heute auf der Basis der zuvor dargestellten Entwicklungen identifiziert werden (vgl. Abschnitte 4.5 bis 4.6). Aufgrund der dargestellten Nachfrageentwicklungen ergeben sich als wesentliche Treiber der Tourismusentwicklung[4]:

- die **ökonomische Entwicklung** in Form von starken Wachstumsraten (in der unmittelbaren Vergangenheit) und Globalisierung;
- die gesellschaftliche Entwicklung, im Speziellen die **demographische Entwicklung,** ausgedrückt in der Zunahme von Senioren-Reisen, der Entwicklung der Familien und Mehrpersonenhaushalte sowie der Veränderung der Motivkonstellation (Bedeutung der Motive wie Zeithaben für Partner etc.) und
- die **technologische Entwicklung** besonders auch im Bereich der Informations- und Flugzeugtechnologie, was sich bei der Wahl der Verkehrsmittel und der Reiseziele ausdrückt.

Diese Treiber wirken **wechselweise** auf der **Nachfrage- und Angebotsseite.** Dabei beeinflussen sich Angebots- und Nachfrageseite gegenseitig wie kaum in einem anderen Bereich. Beispielsweise hat das Angebot von günstigen Langstreckenflügen die Nachfrage nach Fernreisen ermöglicht und getrieben. Gleichzeitig wäre ohne das gesteigerte Bedürfnis nach Event-Tourismus, Städtereisen und der Besuch von Freunden und Bekannten der Boom von Low Cost Flieger wahrscheinlich kaum möglich gewesen. Dementsprechend zeigen verschiedene Untersuchen auf, dass Low Cost Carrier neuen Flugverkehr generiert haben und damit eine Verkehrsnachfrage aufbauen, die zuvor nicht bestanden hat.

In den letzten 20 Jahren können zudem **folgende bedeutende Entwicklungen auf der Anbieterseite** festgestellt werden:

- Die **steigende Verfügbarkeit des Luftverkehrs** auch mit neuen Angebotsformen wie etwa Low Cost Carrier.
- Die Entstehung **neuer destinationsähnlicher Produkte** (vgl. Bieger und Keller, 2005) wie z. B. **Themenparks** und **Kreuzfahrtschiffe**, die in der Lage sind, Bedürfnisse nach Komfort, Gesundheit, Zeiteffizienz etc. zu befriedigen.
- Besonders nach dem Fall des Eisernen Vorhangs sind durch die **Deregulierung neue Angebotstypen und Geschäftsmodelle** entstanden. Ende der achtziger Jahre eröffneten sich zudem auch **neue Tourismusziele** wie Vietnam und Städteziele in Osteuropa. Es entstanden neue

---

[4] Dieser Abschnitt basiert auf dem folgenden Artikel: Bieger, Th./Laesser, Ch. (2009): Tourismustrends – zwischen Nachfragesog und Angebotsdruck. In: Jahrbuch der Schweizerischen Tourismuswirtschaft, Th. Bieger, Ch. Laesser, P. Beritelli (Hrsg.), St. Gallen.

Angebote in neuen Tourismusregionen, die teilweise mit öffentlichen Mittel (über die Weltbank oder regionale Strukturhilfen wie der EU) gefördert wurden.

- Die **Vermarktungsform des Angebotes** veränderte sich, da das Internet den Direktvertrieb und daher die Einsparung von Kommissionen ermöglichte. Zudem wurden auch neue Vermarkungsstrategien möglich, dies z. B. durch die Einführung eines **nachfrageabhängigen Pricing,** das eine Steuerung der Kapazitätsauslastung zuliess. In den achtziger Jahren sind die ersten Versuche mit Spätbuchungsrabatten entstanden, das zu einem klassischen Yield-Management mit buchungsstandabhängigen dynamischen Pricing (Preisdifferenzierung nach Kundengruppen und Reisezeiten) und schliesslich bis heute zu einem Just-in-time-Auktionssystem weiterentwickelt wurde (vgl. Delfmann et al., 2005).

Die **Flexibilisierung der Preise** führte auf der **Nachfrageseite** zu einer **Veränderung der Wahrnehmung von touristischen Leistungen**. Konsumenten haben gelernt, diese Preissysteme opportunistisch auszunutzen, womit sich die Durchschnittserträge der Anbieter im Wettbewerb nicht erhöht haben dürften. Yield-Management Systeme wurden früher überwiegend bei Fluggesellschaften eingesetzt. Anschliessend wurden sie sukzessive von Reiseveranstalter im Pauschalreisebereich übernommen und dann von Hotelketten adaptiert. Gegenwärtig ist eine fortwährende Diffusion solcher Systeme in immer neuen Branchen festzustellen und stehen nun auch bei öffentliche Verkehrsunternehmen zur Diskussion.

4.7.2. Tourismustrends vor dem Hintergrund der Entwicklung der wichtigsten Treiber

Für die wichtigsten **Treiber der Entwicklung im Tourismus** bestehen derzeit mehr oder weniger breit akzeptierte Annahmen bezüglich der weiteren Entwicklung:

- Gemäss dem **Konzept der langen Wellen** (vgl. Kondratjew, 1926) kann davon ausgegangen werden, dass nach dem **IT-Boom getriebenen Wachstum in den neunziger Jahren** und dem **Finanzmarkt getriebenen Wachstum in den frühen zweitausender Jahren** nun ein längerer Abschnitt der Stagnation ansteht, der möglicherweise erst langfristig in ein neues Wachstum (oder gar Bubble), getrieben durch **Cleantech,** münden könnte. Gesamthaft dürfte deshalb kurz- und mittelfristig die Kaufkraft stagnieren, wobei gleichzeitig eine zunehmende Ausdifferenzierung zwischen Personen mit speziellen Begabungen respektive Marktpositionen und Personen mit ubiquitären, d. h. auswechselbaren Qualifikationen, stattfindet. Dank neuer Technologien erzielen einmalige Begabungen und Qualifikationen eine immer grössere Reichweite und profitieren entsprechend von der Globalisierung. Gegensätzlich dazu stehen auswechselbare Tätigkeiten unter zunehmendem Lohndruck wegen neuer Produktionsstandorte und Einwanderer aus Niedriglohnländern (vgl. Frank und Cook, 1995). Die **ökonomische Ausdifferenzierung dürfte daher weiter zunehmen**.

- Die **gesellschaftliche Entwicklung** wird sich durch **zunehmende globale Migration, zunehmende Überalterung** und die **Auflösung von traditionellen Lebensmustern** kennzeichnen. Diese Auflösung traditioneller Rollenstrukturen und Normen führt zu einer zunehmenden Individualisierung der Lebensmuster.

- Die **Solidarität zwischen Generationen und innerhalb von Familien wird sich reduzieren**. Auf Grund der Immigration werden nicht nur Normen in Frage gestellt, sondern zusammen mit dem Trend zur Individualisierung eine Neuorientierung in Communities stattfinden (vgl. dazu Trend zur Neo-Tribalization).

- Die **technologische Entwicklung** wird vorerst weiterhin von der Informations- und Kommunikationstechnologie geprägt werden. Zudem werden Information, Kommunikation sowie Medien in immer mehr Anwendungsbereichen kleiner und mobiler werden. Heute zählen beispielsweise Handhelds mit GPS und mit direkter Verknüpfung zu Informationsdatenbanken der Tourismusorganisationen und Reiseführern, um z. B. auf der Reise neue Teilprodukte zu buchen, schon fast zu Standard.

Auf der **Angebotsseite** wird die Technologie vorerst nicht mehr so stark wie bis anhin die Verkehrsmittel betreffen, da die technische Optimierung im Flugbereich langsam an Grenzen stossen dürfte. Dies zeigt sich u. a. darin, dass es schwierig sein wird, kleinste Effizienzsteigerungen im Hinblick auf Treibstoffverbrauch mit der neuen Generation Langstreckenflugzeuge zu erreichen. Im Bahnbereich können jedoch neue Angebotskonzepte und insbesondere Schnellverbindungen das Angebot prägen. Darüber hinaus könnte die Verbreitung oben erwähnter Cleantech Folgen für den Tourismus bleiben, welche vor allem auf die grössere Verbreitung alternativer Energien und Steigerung der Energieeffizienz zielt (und damit neue Kostenersparnispotentiale erschliessen könnte).

Die **weitere Entwicklung der Informationstechnologie** ermöglicht den Aufbau virtueller Erlebnismöglichkeiten, die sowohl an touristischen Attraktionen für neue Erlebnisse sorgen, aber auch als Substitutionsprodukte von touristischen Leistungen im normalen Wohnumfeld eingesetzt werden können. Somit lässt sich z. B. ein virtueller Städterundgang mit einer Gaunerjagd verbinden.

Abbildung 53:   *Treiber der Entwicklung*

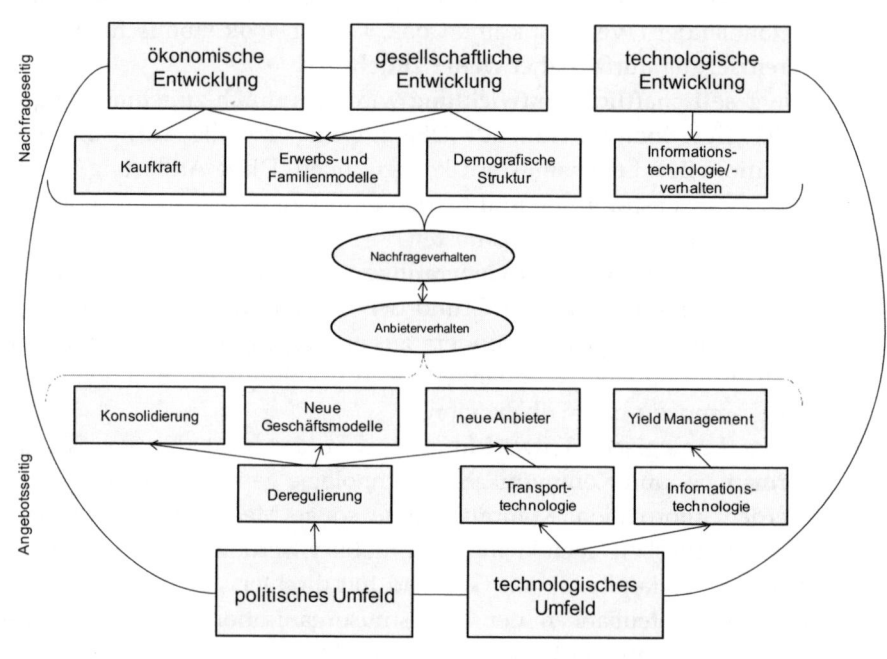

Das **politische Umfeld** wird einerseits von weiteren Deregulierungen für einzelne Märkte und soziale Lebensbereiche wie etwa das Namensrecht geprägt sein. Gleichzeitig werden weitere Regulierungen, wie z. B. beim Ausländerrecht oder bezüglich einzelner Marktregulierungen, insbesondere derzeitig auch auf dem Finanzmarkt, das politische Umfeld charakterisieren. Dieses parallele Deregulieren und Regulieren führt dazu, dass die Unterschiede zwischen den Regulationsräumen wie zwischen homogenen internationalen Gemeinschaften, z. B. EU und Nordamerika, sich tendenziell vergrössern, was sich schliesslich auf das Reiserecht und die Reisefreiheit auswirken könnte (vgl. Abbildung 11).

4.7.3. Reisetrends

Wie oben dargestellt, ist davon auszugehen, dass es kein Trend ohne Gegentrend gibt. Nachfolgend werden daher die bereits diskutierten Entwicklungen und Tourismustrends als Spannungsfelder zwischen Trend und Gegentrend präsentiert.

- **Komfort und Pampering:** Im Rahmen individualisierter Top-Produkte u. a. für die Global Class und vermögende Rentner sind Zeiteffizienz (schnell erreichbar ab Flughafen, komfortable und rasche Ausrüstung z. B. beim Skiurlaub) und Hide-Aways (Möglichkeit sich vom Alltagsleben, vom Verkehrslärm, von der Masse, etc. abzugrenzen) wichtige Stichworte. Als Gegentrend steht die zunehmende Nachfrage nach günstigen, unterhaltsamen Standardprodukten. Hierbei sind Berechenbarkeit, Sauberkeit, Unterhaltungswert und Inszenierung besonders wichtig.
  → Zwischen Class und Mass: Dieses Spannungsfeld entspricht der Ausdifferenzierung der Gesellschaft: Denn es gibt einerseits immer mehr Personen, die viel Zeit und wenig Geld und andererseits Personen, die immer weniger Zeit und immer mehr Geld haben.

- **Orientierung:** Auf der einen Seite findet eine zunehmende Orientierung an Wahlgemeinschaften und an wertmässigen Communities im Sinne einer Neo-Tribalization und auf der anderen Seite eine Orientierung an Familien, traditionellen Wertegemeinschaften und auch einem neuen Nationalismus statt. Beiden Trends ist gemeinsam, dass sie zu einer zunehmenden Nachfrage nach Reisen führen, welche die soziale Interaktion fördern (z. B. Sport, Eventreisen, Besuch von Freunden und Bekannten aber auch Städtereisen und ähnlichen gesellschaftsorientierten Reiseformen).
  → Zwischen Neo- und Old- Tribalization: Dieser Trend entspricht der zunehmenden Neustrukturierung mit Elementen der Entsolidarisierung der Gesellschaft.

- **Enabling vs. Relieving:** Dank mobiler Informations- und Kommunikationstechnologien stehen einerseits immer flexiblere Reiseformen zur Verfügung. Im Sinne des Freewheeling können auf Reisen flexibel neue Reisebestandteile gebucht werden (vgl. Hyde und Laesser, 2009). IT ermöglichen dabei neue Information-, Nachfrage- und Reisemuster und befähigt die Konsumenten, die Planung in eigene Hände zu nehmen (Enabling). Als Gegentrend dürfte hierbei wieder ein Relieving im Sinne der Entlastung von Informations- und Entscheidungsaufgaben stehen. Sowohl die gute alte klassische Pauschalreise, die dank den Reisegarantien auch eine hohe materielle Sicherheit bietet, aber auch die individuellen Tours stehen dabei im Fokus.

→ Zwischen Enabling von 'Freewheeling' und Relieving durch Pauschalreisen: Damit wird neue individuelle Flexibilität oder auch eine Erhöhung der Sicherheit und Komplexitätsreduktion ermöglicht.

- **Motivation:** Zeit haben und Ausbrechen wird in der globalisierten Online-Gesellschaft ein immer wichtigeres Reisemotiv. Parallel dazu entwickelt sich zudem ein Trend, exotisches in der sich rasch verändernden, sich öffnenden Welt kennenzulernen. Den Bedürfnissen nach Ausbruch und nach aktivitätsorientierten Ferien entsprechen Ferien und Aufenthalte in 'Hyde-Aways' wie z. B. eine Hochseejachtfahrt oder eine anspruchsvolle Bergtour. Auch Kulturreisen mit Begegnungen mit anderen Menschen sind auf die kulturellen Bedürfnisse des Gastes ausgerichtet und sind ideale Produkte, um dem heutigen Bedürfnis nach „Neuem Kennenzulernen" Rechnung zu tragen.

  → Zwischen Push (Ausbrechen) und Pull (Attraktion durch Sehenswürdigkeiten) Motivation

- **Authentizität vs. originale Kopie:** Einerseits werden authentische Angebote, vor allem wenn ihnen mehr Qualität, Natürlichkeit und damit Gesundheit sowie kulturelle Einzigartigkeit zugeordnet wird, an Bedeutung gewinnen. Auf der anderen Seite werden als Gegentrend auch gute Kopien, insbesondere in Form künstlicher Erlebniswelten, die Erfolgsgarantie und Sicherheit bieten, auf verstärkten Zuspruch stossen. Zwischen Themenfaden an Originalschauplätzen und Themenparks lassen sich Angebote jedoch nur schwer positionieren. Dies weil Angebote mit einer geringen Tourismusintensität, z. B. mit mittlerer touristischer Eignung, nicht mehr die geforderte Atmosphäre, das Wohlgefühl und auch die persönliche Sicherheit sowie die Zeiteffizienz bieten.

  → Zwischen Authentizität und originaler Kopie

Die Diskussion der Trends und Gegentrends zeigt auf, dass in Zukunft mittel positionierte Angebote auf eine immer kleiner werdende Nachfrage stossen dürften. Insgesamt wird die Konsistenz des Angebotes und damit dessen klare Positionierung immer bedeutender. Im Hinblick auf die Erarbeitung von Stärken-Schwächen-Analysen ist die Praxis auf das Auflisten von relevanten Trends angewiesen. Diese Trends können massgeschneidert aus den eben dargestellten Polaritäten abgeleitet werden.

5. Teilsystem Destination

5.1. Destination als Wettbewerbseinheit im Tourismus

Die touristische Nachfrage richtet sich immer nach einem Zielgebiet. Je nach Tourismusform können dies heute jedoch bereits ein integrierter Hotelkomplex mit Freizeitanlagen, Kongressanlagen, etc. als Resort (z.b. im Kongresstourismus) oder aber ein ganzer Kontinent (z.b. im interkontinentalen Rundreisetourismus) sein. Mit dem Begriff Destination wird das jeweilige, für eine bestimmte Zielgruppe relevante Zielgebiet umschrieben.

Im Folgenden stellt sich die Frage nach den Definitionen für diese von einem Gast als Reiseziel und Produkt wahrgenommenen Räume. Im weiteren ist zu klären, welche Raumdimension von welchem Marktsegment als Reiseziel und Produkt wahrgenommen wird (vgl. Bieger 2002, 55):

Freyer (1993, 197) erwähnt **Fremdenverkehrsorte**, **Reiseziele** und **Resorts** als übergreifenden Begriff für die verschiedenen Anbieter, ob Gemeinde, Land, Gebiet, Region, Resort, Stadt oder Landschaft. Er bringt damit zum Ausdruck, dass der Gast verschiedene Größen von Räumen als sein Reiseziel bestimmen kann.

Kaspar (1996, 70) bezeichnet den **Fremdenverkehrsort als „Kristallisationspunkt der Nachfrage".** Er betont damit, dass die touristische Nachfrage auf einen Ort und nicht auf Unternehmen ausgerichtet ist. Dieser Ort muss aus der Sicht des Konsumenten, des Touristen bestimmt werden.

Inskeep (1991, 199) und die WTO (1993, 52) definieren Resort als Tourismusdestination, die relativ abgeschlossen ist und die eine große Spanne von Einrichtungen und Dienstleistungen, speziell diejenigen für Erholung und Entspannung, Lernen und Gesundheit, bietet. Aus dieser Definition geht hervor, dass ein Resort eine Destination ist, die alle notwendigen Einrichtungen für einen Aufenthalt besitzt, um als selbständiges Reiseziel zu gelten.

Die WTO (1993, 22) definiert **Destination** als Ort mit **einem Muster von Attraktionen** und damit verbundenen **Tourismuseinrichtungen und Dienstleistungen**, den ein Tourist oder eine Gruppe für einen Besuch auswählt und den die Leistungsersteller vermarkten. Aus dieser Definition geht hervor, dass die Destination als Reiseziel und Tourismusprodukt zu verstehen ist.

Destinationen

Abbildung 54: Definition einer Destination

Im Folgenden soll eine **Destination** nachfrageorientiert definiert werden als: Geografischer Raum (Ort, Region, Weiler), den der jeweilige Gast (oder ein Gästesegment) als Reiseziel auswählt. Sie enthält sämtliche für einen Aufenthalt notwendigen Einrichtungen für Beherbergung, Verpflegung, Unterhaltung, Beschäftigung. Sie ist damit die Wettbewerbseinheit im Incoming-Tourismus, die als strategische Geschäftseinheit geführt werden muss.

Quelle: Bieger 2002, 56

Mit dem Begriff Destination (vgl. Bieger 2002, 55f.) scheint ein Überbegriff gefunden zu sein, der sämtliche Arten und Größen von Reisezielen/Reiseprodukten abdeckt. Dabei sind zwei Punkte hervorzuheben:

- Mit dem Hinweis in der oben erwähnten Definition, dass eine Destination das ist, was „ein Tourist für den Besuch auswählt und die Leistungsersteller vermarkten" wird festgehalten, dass eine **Destination aus der Sicht des Abnehmers** zu definieren ist. Dabei ist entscheidend, dass dieser vom Gast ausgewählte geografische Raum einen ganzheitlichen Gästenutzen erbringt. Solche Räume sprengen meist die historisch gewachsenen politischen Grenzen (vgl. Müller 1995).

- Die Destination als Ort mit einem Muster von Attraktionen und damit verbundenen Tourismuseinrichtungen und Dienstleistungen stellt als Leistungsbündel für einen bestimmten Gast ein Produkt dar. Die Destination kann verschiedene für verschiedene Gästegruppen unterschiedliche Kernprodukte und Nutzen generieren.

Eine Destination muss entsprechend ihrem Konzept und der Definition aus der Perspektive einer Kundengruppe abgegrenzt werden. Die Destination kann dabei als Raum charakterisiert werden, der

- für den spezifischen Aufenthaltszweck alle relevanten Angebotsegmente (z.B. für einen Golfurlaub die entsprechende Anzahl Golfplätze) enthält (vgl. auch WTO 1997a, 327);
- den eigentlichen Bewegungsraum des Touristen darstellt.

Entsprechend ist die Destination auch abhängig vom Reisezweck. Je fokussierter dieser ist, desto kleiner ist der Bewegungsraum. So ist dies z.B. für einen

Kunstreisenden nur gerade das spezifisch für ihn relevante Museum. Auch dürfte der Raum umso größer sein, je weiter der jeweilige Kunde anreist. Fernreisende werden sich tendenziell auf Top-Attraktionen konzentrieren, was einen größeren Bewegungsraum zur Folge hat. Beispielsweise werden die Hauptsehenswürdigkeiten eines ganzen Kontinents in wenigen Tagen frequentiert.

Es kann auch verschiedene, sich **überlagernde Ebenen der Vermarktung von Destinationen** geben. Das Golfzentrum wird möglicherweise vom Unternehmer direkt als Destination vermarktet. Der Ort, in dem es liegt, wird gleichzeitig durch den lokalen Verkehrsverein vermarktet, das Land durch eine nationale Tourismusorganisation. Auf den ersten Blick scheint es, diese Situation führe zu Doppelspurigkeiten und sei ineffizient. Bei tieferer Betrachtung, basierend auf der eben präsentierten Definition wird klar, dass auf jeder Ebene die betreffende Tourismusorganisation ein anderes Produkt für eine andere Zielgruppe vermarktet. Dies wird notwendig, weil jedes Gästesegment einen anderen Raum als Produkt betrachtet. Die verschiedenen Tourismusorganisationen sind damit für die Vermarktung unterschiedlicher „Leistungs-Markt-Bereiche" verantwortlich (vgl. Müller/Stettler 1993, 57).

Destinationen bestehen mit Ausnahme von reinen Erholungsdestinationen aus mindestens einem, oft mehreren Attraktionspunkten.

ATTRAKTIONSPUNKTE

Die Nachfrage nach **Freizeitmöglichkeiten außer Haus** konzentriert sich immer auf einzelne Attraktivitätspunkte (vgl. Bieger/Laesser 2003). Während der Transport zu diesen, oft mit öffentlichen und privaten Verkehrsmitteln (zum Verkehrsverhalten in der sportmotivierten Freizeit vgl. Stettler 1997) relativ isoliert erfolgt, bewegen sich Menschen an diesen weitgehend zu Fuß und haben mehr oder weniger intensive persönliche Interaktionen. Diese Punkte zeichnen sich oft aus durch

- ein Netzwerk von Erlebnismöglichkeiten wie Sport, Kultur, persönliche Erfahrungen, Shopping;
- ein Netzwerk von ergänzenden Dienstleistungen wie Gastronomie, Gerätevermietung etc.;
- eine bestimmte Stimmung, die sich aus den Angeboten und den übrigen Besuchern als Mitproduzenten (vgl. Lehmann 1993, 21f.) ergibt.

In der Literatur bestehen folgende Ansatzpunkte für die Definition des „Attraktionspunktes":

- Unter Attraktionspunkten sind auf einen engen Raum definierte multioptionale Erlebnismöglichkeiten verbunden mit Dienstleistungen wie Shopping und Gastronomie zu verstehen (Bieger 2002, 22).

- Eine andere, mehr kundenorientierte Definition stammt von Middleton (Middleton 1989, 229): „Attraction = A designated permanent resource which is controlled and managed for the enjoyment, amusement, entertainment and education of the visiting public".

- Mehr potenzialorientiert scheint die Definition von McCannell (MacCannell 1976, 41): „Attraction is an empirical relationship between a tourist, a sight and a marker".

- Auf die Bedeutung von Attraktionspunkten als Nuklei von Reiseströmen geht Leiper (Leiper 1990, 380f.) ein: „The motivation [of the tourist] depends on information, received from at least one detached marker, matching the individual's perception of needs, the individual's felt wants. Travelling towards the nucleus, additional [transit] markers might be noticed and at the nucleus, contiguous markers might also play a part in the experience".

Aus diesen Überlegungen kann zusammenfassend abgeleitet werden, dass es sich bei **Attraktionspunkten** um einzelne geografische Einheiten, Punkte und/oder geografisch klar begrenzte Räume handelt, welche Menschen (aus der Region in der Freizeit oder als Touristen) motivieren, eine freiwillig bestimmte Zeitspanne für ihren Besuch zu verwenden. Sie bestehen aus einer Kombination von Betätigungsmöglichkeiten und Services, die in diesen Räume konzentriert angeboten werden. Zudem sind sie gesteuert und verfügen über entsprechende Strukturen (öffentliche/private; implizite/explizite). Attraktionspunkte schaffen Kundenwert über die gebotenen multioptionalen Aktivitäts- und Erlebnismöglichkeiten, die spezifische Stimmung und die Kontaktmöglichkeiten mit Mitkunden.

Die Formen von Attraktionspunkten können in Anlehnung an die Gliederung touristischer Angebote (vgl. Kaspar 1996, 69) differenziert werden. Sehr viele Attraktionspunkte bauen auf einem ursprünglichen Angebot, wie einer natürlichen Sehenswürdigkeit oder einem kulturellen Sight, auf. Andere Attraktionspunkte wiederum sind quasi Koppelprodukte von abgeleiteten Angeboten. Dazu gehören bspw. Attraktionspunkte um Sportzentren, um Shoppingzentren oder auch Verkehrsknotenpunkte. Diesen beiden ersten Kategorien von Attraktionspunkten ist gemeinsam, dass zu „Produkten" wie ein natürlicher Sight oder ein Verkehrsknotenpunkt ein Mehrwert geschaffen wird, indem sie zu Attraktionspunkten ausgestaltet werden. Dazu besteht im Wettbewerb zwischen verschiedenen Standorten und Sights eine starke Abhängigkeit. Die Ausgestaltung von solchen Angeboten zu Attraktionspunkten erlaubt es, zusätzlichen Kundenwert zu schaffen, zusätzliche Personen anzuziehen, um die **Wertschöpfungskette** zu verlängern und so die Ertragsbasis zu stärken.

Immer häufiger werden eigenständige Attraktionspunkte bewusst quasi auf der grünen Wiese gestaltet. Beispiel dafür sind Attraktionspunkte in bisher wenig entwickelten Stadtteilen wie beispielsweise Piers in alten Hafenarealen, die Shoppingmöglichkeiten anbieten und Gaukler auftreten lassen etc. und so zu einem Hauptanziehungspunkt für Touristen werden. In diese Kategorie fallen auch Freizeit- und Themenparks, bei denen bei der Standortwahl weniger die ursprünglichen Voraussetzungen als vielmehr die Verfügbarkeit von Land, die Verkehrslage und zonenrechtliche bzw. arbeitsrechtliche Regulierungen den Ausschlag geben.

Abbildung 55:   Arten von Attraktionspunkten

Art	Ansatzpunkt	Beispiel
1. Attraktionspunkte auf der Basis ursprünglicher Angebote		
Natur	Aussichtspunkte Wasserfälle Gletscher	Rhonegletscher
Kultur / Architektur	Bauwerke ständige Performance	Toronto Tower
2. Attraktionspunkte auf der Basis von abgeleiteten Angeboten		
Sport	Sportzentrum	Wellenbäder Bergstationen von Bergbahnen etc.
Shopping	allg. Shopping Mall Special Interest Shopping Malls	
Verkehrsknoten	Flughafen	
3. Eigenständige Attraktionspunkte		
„Sui generis"	künstlich geschaffene Attraktivität durch Vernetzung Themenparks	Stadtplätze Piers Euro Disney
4. Zeitlich begrenzte Attraktionspunkte		
Events	Musik Theater Sport Volksfeste	Montreux-Festival

Quelle: Bieger/Laesser 2003, 22.

Eine spezielle Kategorie bilden zeitlich begrenzte **Attraktionspunkte auf der Basis von Events**. Dazu gehören Events wie Volksfeste, Sportveranstaltungen oder auch zeitlich begrenzte Theaterveranstaltungen, Festspielwochen und Open Air-Veranstaltungen.

Die **Attraktionskraft von Attraktionspunkten** ist ein wichtiger Beurteilungsfaktor für Investitionen. Attraktionspunkte verursachen aber immer auch negative externe Effekte (d.h. Einwirkungen auf Dritte, die weder an der Produktion noch am Konsum beteiligt sind), beispielsweise in Form von Lärm- und Luftbelastung durch zusätzlichen Verkehr oder kulturelle Wirkungen durch Beeinflussung des Images und damit der Identität einer Region. Ganz ausgeprägt ist dies bspw. beim Bau eines Themenparks der Fall. Solche Projekte werden deshalb in der Planungsphase von den politischen Behörden einer intensiven Kosten-Nutzen-Analyse unterworfen. Die ökonomischen Nutzen werden dabei den ökonomisch bewerteten, zu erwartenden Kosten und Belastungen gegenübergestellt.

Abbildung 56:   *Schätzungsmodell für die Attraktionskraft*

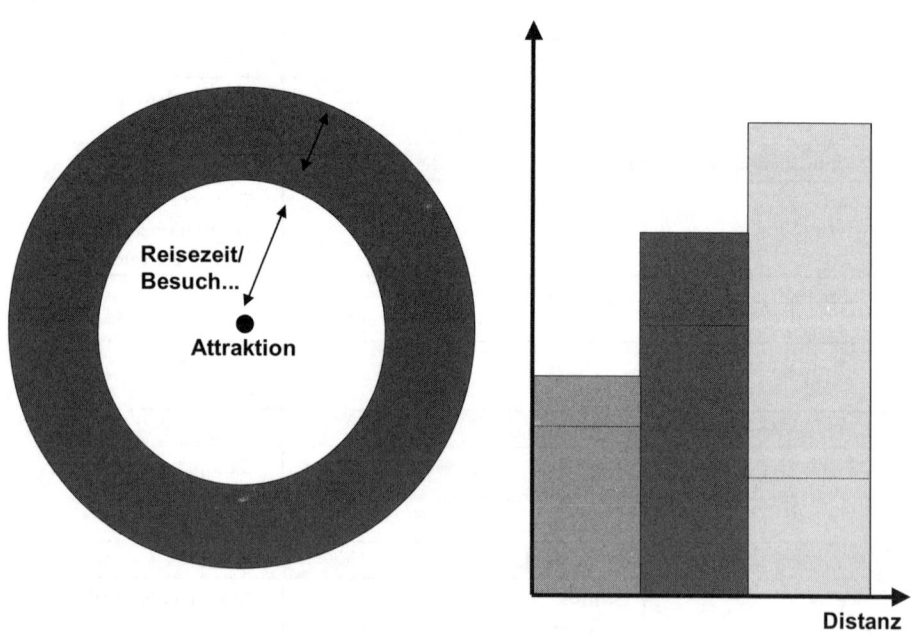

Die Attraktionskraft in Form der zu erwartenden Besucherströme und Erträge kann nach verschiedenen Methoden geschätzt werden (Smeral 1994, 123ff.; Witt/Witt 1992, 7ff.). Ein Ansatzpunkt ist beispielsweise die Schätzung der Zahlungsbereitschaft oder Beitragsbereitschaft. In Gravitations- bzw. Potenzialmodellen wird eine potenzielle Besucherzahl als Resultat eines Gleichgewichtszustandes zwischen anziehenden (Attraktivität) und abstoßenden (Erreichbarkeit bzw. Raumwiderstand einer Zone) Eigenschaften des jeweiligen Attraktionspunktes errechnet. Am Beispiel der Expo 2002 in der Schweiz wurde pro Zone mit einer latenten Reisedistanz eine Wahrscheinlichkeit für einen Besuch resp. die durchschnittliche Zahl Besucher geschätzt. Interessant sind solche Schätzmodelle auch für die Evaluation von Marktpotentialen bei der Verbesserung einer Verkehrsverbindung und damit der Reduktion des Raumwiderstandes. So konnte für den Fall der neuen Alpentransversale (NEAT), die mit einem Eisenbahntunnel die Reisedauer von den Hauptmärkten Süddeutschlands und der Deutschweiz in die Walliser Ferienorte um bis zu einer Stunde verkürzt, ein Marktpotential von 10 bis 20% zusätzlichen Reisenden errechnet werden (vgl. Beritelli et al. 2004).

DESTINATIONSABGRENZUNG

Rein theoretisch wären in einem Land **zielgruppenspezifische, sich überschneidende Destinationsräume** denkbar, bspw. ein Destinationsraum für den Kulturtourismus, welcher das ganze Land umfasst und ein Destinationsraum für den Wandertourismus, welcher ein Tal umfasst. Aus Managementperspektive müssen jedoch Destinationsräume klar abgegrenzt werden. So muss bspw. die Reichweite des Destinationsmarketings so abgegrenzt werden, dass die erforderlichen Mittel von den betroffenen Unternehmen oder den Gebietskörperschaften der öffentlichen Hand akzeptiert werden können. In der praktischen Arbeit des Destinationsmanagements hat es sich deshalb bewährt, einen für den größten Teil der Kunden sinnvollen Destinationsraum zu bestimmen, für diesen die erforderlichen Managementstrukturen (Tourismusorganisation oder Verkehrsverein) bereitzustellen und durch diese verschiedene Produkte für unterschiedliche Zielgruppen vermarkten zu lassen. Die Größe dieser Destinationsräume bemisst sich dabei nach den Kriterien

- Produktemäßiger Zusammenhang: allzu große Destinationsräume weisen ein zu heterogenes Angebot auf.
- Verfügbarkeit von Marketingmittel: zu kleine Destinationsräume sind nicht in der Lage, ausreichende Marketingmittel zu generieren (z.B. über Logiernächteabgaben).

In der Schweiz wurde in einer Arbeitsgruppe des Verbandes Schweizer Tourismusdirektoren ein Kriterienraster für die Abgrenzung von Destinationen entwickelt. Dieser unterscheidet je nach Größe und damit verfügbarer Marketingmittel nach Destinationen unterschiedlicher Reichweite.

Abbildung 57:   *Destinationsmarken mit unterschiedlichen Reichweiten*

Kategorie	Reichweite	Mittel	Logiernächte (resp. Äquivalente Wertschöpfung aus anderen Tourismusformen wie Tagestourismus)
Nationale	Schweiz resp. Ausgewählte Segmente in der Schweiz	Gemeinsam koordinierte Marketingmittel, mindestens Fr. 500'000, Total Budget Fr. 1 Mio.	300'000 LN
Internationale	Schweiz und ausgewählte Zielmärkte im näheren Ausland	Gemeinsam koordinierte Marketingmittel, mindestens Fr. 1 Mio., Total Budget Fr. 2 Mio.	600'000 LN
Globale	Einzelne Märkte auf anderen Kontinenten	Gemeinsam koordinierte Marketingmittel, mindestens Fr. 2 Mio., Total Budget Fr. 4 Mio.	1 Mio. LN

Quelle: Bieger/Laesser (Hrsg.) 1998

Aufgrund von Überlegungen zu einer notwendigen strategischen Stoßrichtung, sowie zu strategischen Geschäftsfeldern und aufgrund von Praxiserfahrungen (z.B. über die Schaffung von Marken), ergeben sich folgende Abgrenzungskriterien für funktionsfähige Destinationen (vgl. Bieger/Laesser (Hrsg.) 1998):

* Unabhängigkeit von politischen Grenzen und primäre Ausrichtung auf eine Destination (**Angebotsraum aus der Sicht des Gastes**, z.B. Region oder Stadt).

* Das Angebot für den Gast umfasst innerhalb der Destination alle notwendigen Einrichtungen, wie Unterhaltung, Beherbergung, Transport, etc.

* Die Destination führt mindestens eine selbständige Marke mit qualifiziertem Personal. Je nach Reichweite der Marke ist bezüglich Budget von Größenordnungen, wie sie in Abbildung 57 dargestellt sind, auszugehen.

- Es bestehen Verknüpfungspunkte, einen Attraktionspunkt bilden oder schaffen zu können (überregional bekannte Sehenswürdigkeiten, spezielle landwirtschaftliche und kulturelle Sehenswürdigkeiten etc.).

Diese Kriterien gelten als Zielwerte, die je nach Voraussetzungen, evt. in einem mehrstufigen Prozess durch Kooperationen zu erreichen sind.

Im Vorarlberg wurde diese Destinationsstruktur dank der Vorgaben der Landesbehörde, die auch die Budgetmittel für die Tourismusorganisationen zuweist, weitgehend umgesetzt (vgl. Abbildung 58). Die Destinationsräume umfassen verschiedene Tourismusorte und verfügen jeweils über ca. eine Mio. Logiernächte.

Abbildung 58:   Vorarlberg mit Destinationen

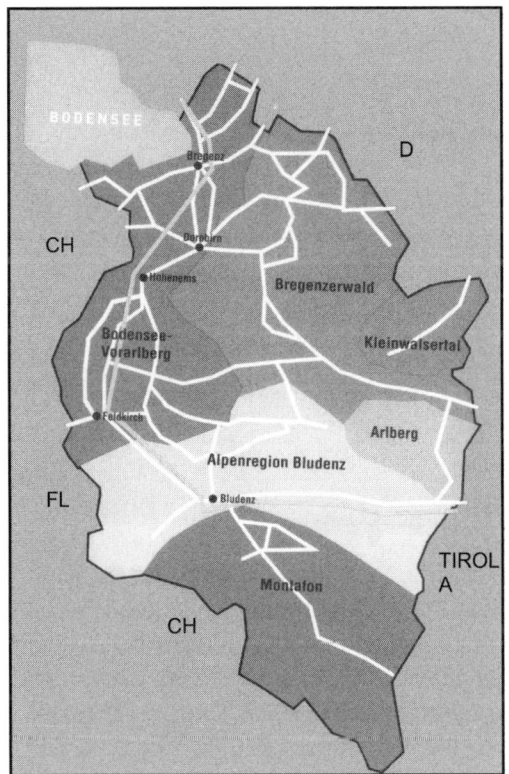

Quelle: www.nethotels.com

5.2. Grundkonfiguration des Systems Destination

Das Idealmodell einer Destination aus Produktionssicht kann wie in Abbildung 59 skizziert werden (vgl. Bieger/Weibel 1998).
Mit der **Optimierung der Qualität und der Kosten** über die gesamte Dienstleistungskette hinweg, können Erträge gesteigert und Kosten gesenkt werden. Die strategische Ausrichtung auf Kompetenzfelder, Umweltkonstellationen und Bedürfnisse der Kunden optimiert Investitionen. Diese wiederum können dank der Internalisierung der Wertschöpfung über die ganze Dienstleistungskette leichter finanziert werden.

Abbildung 59:   *Modell einer optimierten Musterdestination*

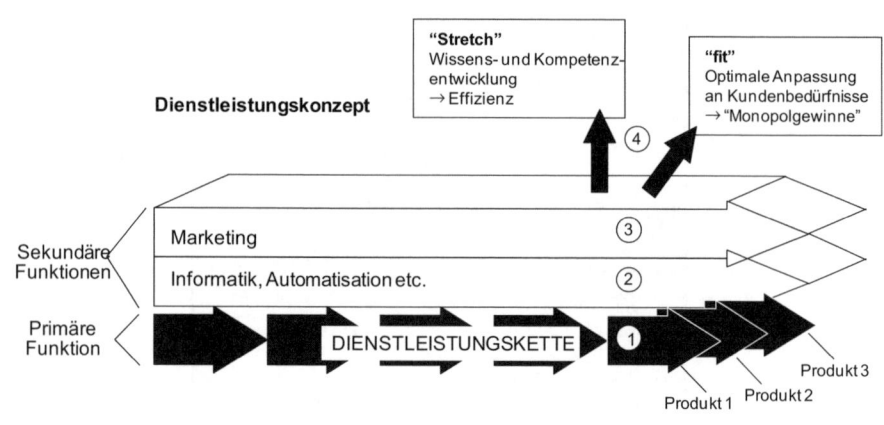

Quelle: Bieger/Weibel 1998

Diesem Optimalmodell am nächsten kommt die im Moment weltweit boomende Kreuzschiffahrt (vgl. Abbildung 60). Laufend werden neue Großschiffe mit bis zu 3'000 Betten, eigentlich mittlere Ferienorte, dem Markt übergeben. Treibende Faktoren auf der Nachfrageseite sind Bedürfnisse nach Multioptionalität, Soft-Culture und Atmosphäre, die auf diesen großen Trauminseln mit ihren vielfältigen Angeboten optimal erfüllt werden können.

Abbildung 60:   *Erbaute Kreuzfahrtschiffe 2005-2007*

Reederei	Schiff (Projekt)	Einsatz	Kapazitäten (in PAX)	Ursprungsland der Werft
P&O Crusies	Arcadia	2005	1952	Italien
NCL	Pride of America	2005	2100	Deutschland
Carnival	Carnival Liberty	2005	2974	Italien
NCL	Norwegian Jewel	2005	2400	Deutschland
HAL	Noordam	2006	1800	Italien
NCL	Pride of Hawaii	2006	2400	Italien
MSC	MSC Musica	2006	2598	Frankreich
Princess	Crown Princess	2006	3110	Italien
RCI	Freedom o.t. Seas	2006	3600	Kvaerner Masa
Costa	Costa Concordia	2006	3000	Italien
Carnival	Carnival Freedom	2007	2974	Italien
RCI	Ultra Voyager II	2007	3600	Kvaerner Masa
Princess	Tba	2007	3110	Italien
Cunard	Queen Victoria	2007	1968	Italien
MSC	MSC Orchestra	2007	2568	Frankreich
Costa	Tba	2007	3000	Italien
Aida	Tba	2007	2030	Deutschland
NCL	Tba	2/2007	2430/2400	Italien

Quelle: Travel Inside 2005

Auf der Angebotsseite sprechen verschiedene Effekte für Investitionen in die schwimmenden Resorts:

- Reduktion des Investitionsrisikos, da Schiffe, entsprechend der sich ändernden Vorlieben und Präferenzen, in andere geografische Regionen verlegt oder sogar neuen Verwendungen zugeführt werden können.

- Alle Ausgaben der Kunden kommen einer einzigen Unternehmung zugute, die Wertschöpfung wird über die ganze Dienstleistungskette internalisiert.

- Betrieblich können alle Operationen über die gesamte Dienstleistungskette qualitativ und kostenmäßig auf der Ebene einer großen Leistungseinheit optimiert werden.

- In internationalen Gewässern und je nach Flagge können beträchtliche Steuereinsparungen erzielt werden.

- Investitionen und Produkteanpassungen sind möglich durch Renovationen und Investitionen in neue Schiffe.

• Die Umfeldveränderungen können weitgehend kontrolliert werden resp. es kann ihnen durch Verlegung des Schiffs in andere Regionen ausgewichen werden.

LEISTUNGSELEMENTE EINER DESTINATION

Die einzelnen **„Leistungselemente"** von **Destinationen** können als unterschiedliche Schichten einer Wertekette dargestellt werden. Dabei ist zu unterscheiden zwischen (vgl. Kaspar 1996, 66):

a) dem **ursprünglichen Angebot;** dieses besteht aus:
- den natürlichen Gegebenheiten geografische Lage, Klima, Topografie (Relief), Landschaftsbild, Vegetation und Tierwelt;
- den soziokulturellen Verhältnissen Kultur, Tradition, religiöse und profane Bauten, Sprache, Mentalität, Gastfreundschaft sowie Brauchtum;
- der allgemeinen Infrastruktur als Grundausrüstung an gemeinschaftlich benutzbaren Einrichtungen, welche die Entfaltung umfassender wirtschaftlicher und gesellschaftlicher Aktivitäten ermöglicht.
b) dem **abgeleiteten Angebot:**
- Einrichtungen zur Ortsveränderung;
- Einrichtungen des Aufenthalts d.h. der Beherbergung, der erholungsmäßigen sportlichen Betätigung, der wirtschaftlichen Betätigung (Kongress- und Kursmöglichkeiten, Einkaufsmöglichkeiten) sowie zur Unterhaltung und Attraktionen;
- Einrichtungen der Vermittlung (Reiseagenturen, Verkehrsverein).

Die Einrichtungen für den Aufenthalt können unterteilt werden in (vgl. Kaspar 1996, 67):

a) **Touristische Infrastrukturen:**
- touristisch bedingte engere Infrastruktur (die wegen des Fremdenverkehrs benötigte zusätzliche, über das Richtmaß für Einheimische hinausgehende engere Infrastruktur der Versorgung und Entsorgung);
- eigentliche touristische Infrastruktur oder touristische Infrastruktur im engeren Sinn (touristische Transportanlagen, tourismusörtliche Einrichtungen, kurörtliche Einrichtungen, Unterhaltungslokale, Attraktionen sowie Kongress und Tagungszentren).

Als touristische Infrastruktur bezeichnen wir demzufolge alle gemeinschaftlich, d.h. öffentlich benutzbaren Einrichtungen, welche touristische Aktivitäten ermöglichen und nicht zur touristischen Suprastruktur gezählt werden.

b) **Touristische Suprastrukturen**:
- Beherbergung (Hotellerie und Parahotellerie);
- Verpflegung (Gastronomie etc.).

Die **touristische Suprastruktur** unterscheidet sich von der **touristischen Infrastruktur** durch die besondere Rolle, die das Beherbergungs- und Verpflegungsangebot für Touristen spielt.

Abbildung 61: Dienstleistungskette am Beispiel Alpintourismus

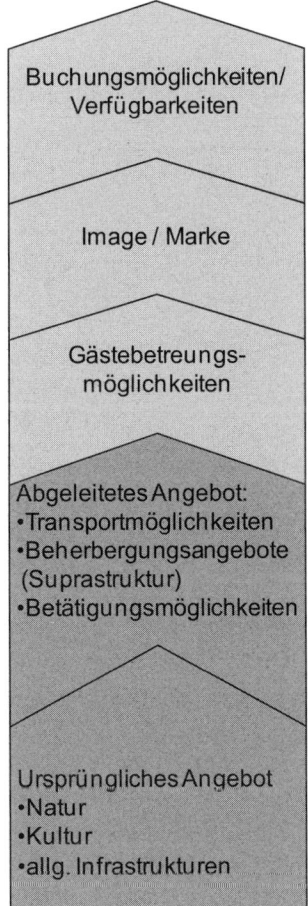

Buchungsmöglichkeiten/
Verfügbarkeiten

Image / Marke

Gästebetreuungs-
möglichkeiten

Abgeleitetes Angebot:
•Transportmöglichkeiten
•Beherbergungsangebote
(Suprastruktur)
•Betätigungsmöglichkeiten

Ursprüngliches Angebot
•Natur
•Kultur
•allg. Infrastrukturen

Quelle: In Anlehnung an Bieger 2002, 20

5.3. Destinationen als virtuelle Unternehmen – Geschäftsmodelle für Destinationen

Destinationen erbringen eine **integrierte Leistung,** die beim Kunden einen Nutzen stiftet und damit ein **einheitliches Produkt** darstellt (vgl. Bieger 2002, 55f.). Diese Leistungen erbringen sie in einem arbeitsteiligen System, in dem meist eine Vielzahl von unabhängigen Unternehmen beteiligt sind. Destinationen können in diesem Sinne als virtuelle Unternehmen bezeichnet werden (vgl. Abbildung 62).

Abbildung 62:   Destination als virtuelles Unternehmen

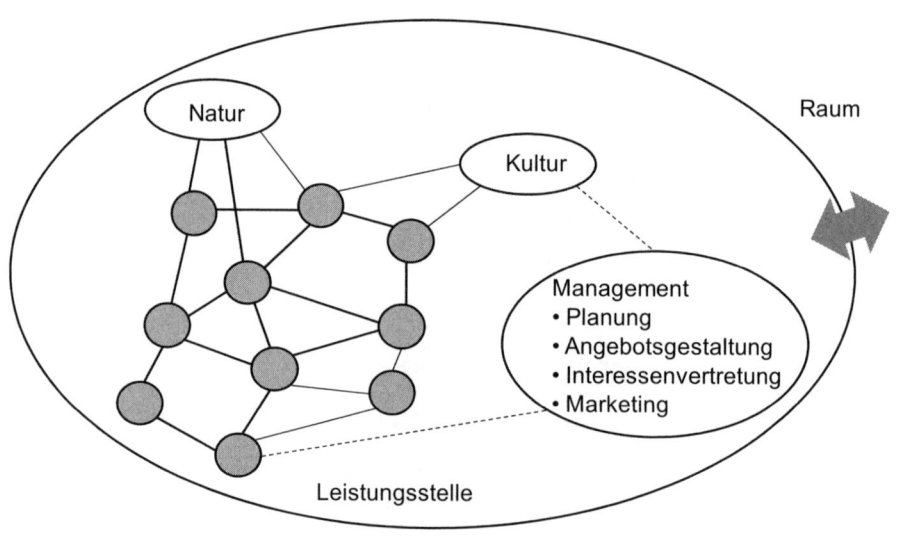

Quelle: Bernet/Bieger 1999, 37

Virtuelle Unternehmen sind Unternehmensnetzwerke, die gemeinsam Leistungen für Dritte erstellen, auf beschränkte Zeit ausgerichtet sind (z.B. für eine Saison oder bestimmte Segmente) und dabei auf gemeinsame Ressourcen zurückgreifen (vgl. auch Schräder 2000, 97ff.). Solche gemeinsamen Ressourcen sind im Falle von Destinationen das Image, lokale Kompetenzen, Natur und Kultur. Im Gegensatz zu virtuellen Fabriken als virtuelle Produktionsunternehmen (vgl. Schuh et al. 1998), weisen virtuelle Dienstleistungsunternehmen verschiedene Besonderheiten auf (vgl. Bieger/Beritelli 2006):

- Es gibt kein klares „**Lead**"-**Unternehmen** (oder auch fokales Unternehmen). Im Falle virtueller Produktionsunternehmen hat ein fokales Unternehmen den Endkundenkontakt. Dieses verteilt die Verkaufserlöse vom Kunden an die Netzwerkpartner, verfügt über die Kundendaten und erfüllt eine Garantiefunktion. Dies führt zu einer besonderen Führungsfunktion im Netz. Bei virtuellen Dienstleistungsunternehmen erbringen verschiedene Unternehmen Leistungen für den Kunden. Alle diese Unternehmen verfügen damit über Kundenkontakt, empfangen Zahlungen oder generieren Kundendaten.

- Bei einem virtuellen Produktionsunternehmen werden Vorleistungen zwischen den Netzwerkpartnern verschoben. Im virtuellen Dienstleistungsunternehmen verschiebt sich der Kunde, mehr (z.B. in einem Gesundheitsnetzwerk oder Flughafen) oder weniger (z.B. in einer Destination) geleitet von Leistungselement zu Leistungselement. Es ergeben sich damit besondere Probleme des **Schnittstellenmanagements**, bspw. in der Sicherstellung der homogenen Qualität, der Übergänge zwischen den Leistungspartnern (Information, Wegweisung, Kapazitätsmanagement) und des einheitlichen Erlebnisses (Management der Ambiance).

Im Destinationsmanagement kann beispielhaft das Management virtueller Dienstleistungsunternehmen studiert werden. Destinationen dürften die ältesten arbeitsteiligen Dienstleistungssysteme sein, für die auch Managementstrukturen in Form von Verkehrsvereinen oder Tourismusorganisationen (vgl. erster Verkehrsverein in St. Moritz 1864) entwickelt wurden. Ähnliche Problemstellungen wie beim Management von Destinationen ergeben sich bei Shopping Centern, Verkehrsterminals oder integrierten Gesundheitszentren. Die Systeme „Destinationen" brauchen im Sinne des „Viable System Models" (vgl. Kapitel 3.3.2 und Beer 1979) eine Intelligenz und eine Steuerungseinheit. Diese besteht in der Praxis (sofern sie eben überhaupt besteht) in Form einer Managementgesellschaft (bei Destinationen, in denen sich die einzelnen Leistungseinheiten im Besitz bspw. einer Holding befinden, wie bspw. einer amerikanischen Skidestination) oder in Form einer kooperativen Tourismusorganisation in Verbindung mit der Gemeindeverwaltung (wie bspw. in den durch unabhängige KMU-Unternehmen geprägten alpinen Destinationen).

Kooperative Tourismusorganisationen übernehmen aufgrund der Besonderheit touristischer Produkte verschiedene Steuerungs- und Kooperationsfunktionen (vgl. auch Bieger 2002, 136ff.). Zu diesen Funktionen gehören

- eine Leitbild- und Planungsfunktion;
- eine Angebotsfunktion (Erbringung fehlender Leistungselemente und Einflussnahme auf das Leistungssystem Destination u.a. durch Erzwin-

gung/Förderung von Kooperationen, beispielsweise auch durch bewusstes Setzen eines Konkurrenzbetriebes);

- eine Marketingfunktion (insbesondere auch durch Sicherung des Marktzutritts);

- und eine Interessenvertretungsfunktion (im Sinne einer Tourismuspartei Wahrnehmung der Brancheninteressen).

Aufgrund dieser dargestellten Konstellationen ergeben sich verschiedene betriebswirtschaftliche Besonderheiten touristischer Produkte (vgl. Bernet/Bieger 1999, 38):

- Es handelt sich einerseits um persönliche Dienstleistungsprodukte (vgl. auch Bieger 2002, 18) mit den damit verbundenen Besonderheiten wie Intangibilität der Leistung und damit Risiko für den Kunden, fehlende Lagerbarkeit, Zusammenfall von Produktion und Konsum (uno Actu Prinzip) und damit Bedeutung der Vorausbuchung;

- andererseits sind sie jedoch in einem besonderen Maße mit Umfeld und Raum verbunden. Auch der „externe Faktor" (vgl. Bruhn 2008) eine grosse Rolle.

- Für ihre Qualität und Attraktivität sind sie zu einem großen Teil auf Umfeldfaktoren angewiesen.

Sie sind damit im Vergleich zu Bankdienstleistungen oder Beratungsleistungen immobil. Zudem ergeben sich in traditionellen Tourismusorten Besonderheiten aufgrund der KMU-Struktur, bei gleichzeitiger Komplementarität touristischer Produkte. Touristische Produkte setzen sich aus einer Vielzahl von unabhängigen, in verschiedenen Unternehmen erbrachten Teilleistungen zusammen. Aufgrund dieser Besonderheiten ergibt sich eine Vielzahl von Anforderungen an die strategischen Erfolgsfaktoren von Tourismusprodukten (vgl. Abbildung 63).

Für das Management von virtuellen Dienstleistungsunternehmen existieren, wie für die Organisation aller wirtschaftlichen Aktivitäten, zwei Extreme: eine **dezentrale Marktlösung** mit meist einer starken (politischen) Gemeinde (Community Type of Destination) oder eine **hierarchische Lösung** (vgl. Williamson 1986)) mit einem dominanten Unternehmen (vgl. Company Type of Destination) (vgl. auch Beritelli/Bieger/Laesser 2007). Zentral gemanagte, hierarchisch organisierte Destinationen bestehen bspw. in Form von Resorts (in der Hand einer Hotelgesellschaft), Themenparks (z.B. Europapark Rust oder Disneyland in Paris) oder Kreuzfahrtschiffen. Dezentrale Strukturen ergeben sich oft dort, wo ein historisch gewachsener Tourismus eine starke KMU-Struktur mit einer Vielzahl kleiner Hotels und Unterhaltungsbetrieben hinter-

lassen hat. Im alpinen Raum sind bspw. oft sogar zusammenhängende Skigebiete von mehreren unabhängigen Bergbahnunternehmen erschlossen.

Abbildung 63:   Besonderheiten der touristischen Produktion

Charakter des Produkts	Besonderheiten	Strategische Erfolgsfaktoren
Dienstleistungs-charakter	- Intransparenz/Vertrauensgut - Bedeutung des Faktors Mensch - Uno actu-Prinzip	→ Vertrauenselement (z.B. Marke) → Stammkunden → regelmäßige Auslastung → Unternehmenskultur → Human Resources → Kompetenzentwicklung
Verankerung im Umfeld/Raum	- Kultur/Stimmung/Natur als wesentliche Differenzierungs-elemente - hoher Anteil Immobilien - Mitreisende als Qualitätsele-ment - Abhängigkeit von lokaler Infra-struktur/Wirtschaft	→ Networking/Polit-Management → günstige, flexible Bauweise → strategische Positionierung (und damit Kundenselektion) → Unternehmenscluster resp. Vernetzung mit anderen lokalen Unternehmen
KMU-Struktur virtuelle Unter-nehmung	- ungenügende Investition in Konzepte und Innovationen - mangelhafte bzw. keine Koor-dination der Dienstleistungs-kette, fehlende Economies of Scale - Tourismusorganisationen als Koordinatoren	→ Wissens- und Kompetenz-entwicklung → Vereinfachung der Kooperati-ons-beziehungen → Politmanagement

Quelle: Bernet/Bieger 1999, 39

5.3.1. Fallbeispiel zentral geführter Ort: Intrawest-Whistler

Typisch für Whistler und wichtig für seine Positionierung sind die **Abenteu-
er-Erlebnismöglichkeiten** sowie die professionelle Animation verbunden mit
den verschiedenen Bars und Discotheken im Dorfkern. So werden im Ort alle
Formen möglicher Aktivitäten geboten, die in Europa zum Teil aus Umwelt-
schutzgründen verboten sind, wie bspw. Wasserflugzeugtouren, Fahrten mit
Geländefahrzeugen („ATV's – All Terrain Vehicles" in der Art eines 4-
rädrigen Motorrades) oder auch Motorschlitten. Die Resort Association orga-

nisiert das ganze Jahr über auf den verschiedenen Plätzen im autofreien Ortskern Musik oder Vorführungen von Artisten.

Das Skigebiet besteht aus zwei Bergen, den Blackcomb Mountains und dem Whistler Mountain. Beide Berge weisen eine Höhendifferenz von rund 1'500 m auf. Sie sind weitgehend mit **modernsten kuppelbaren Transportanlagen** erschlossen. Der Zugang ist über vier verschiedene Talstationen möglich. Jede dieser Talstationen weist ein komplettes Serviceangebot inklusive Vermietung von Sportgeräten, Sportshop, Restaurants etc., auf. In den Skigebieten werden verschiedenste Verpflegungsmöglichkeiten geboten, von der alpinen Horstman Hut mit deftigen Eintopfspeisen bis zum eleganten Gourmetlokal. Jedes Restaurant im Skigebiet ist individuell positioniert und weist ein eigenständiges Gastronomiekonzept auf.

Im Skigebiet besteht eine außerordentlich gute, durchdachte Pistenmarkierung. Ebenfalls wird schwächeren Skifahrern Rechnung getragen, indem, wie in allen amerikanischen Skigebieten, Langsamfahrzonen geboten werden. Die Zahl der Zusatzaktivitäten auf den Bergen ist außerordentlich groß. So werden von den Bergbahnen Schneeschuhtouren, Fondueabende, Sightseeingtouren etc. geboten. Die Preise können im Vergleich zu Europa als eher überdurchschnittlich bezeichnet werden. So bezahlt man für eine Tageskarte rund 60 CAD.

Nach dem Kauf von Whistler Mountain ist die bisherige Eigentümerin der Blackcomb Mountains, die international tätige Resort- und Immobilienfirma Intrawest, heute alleinige Besitzerin des Skigebietes.

Whistler besteht heute als Ort aus verschiedenen kleinen Ortschaften. Im Zentrum steht der „Village Center"-Bereich. Dieser wurde nach 1980 auf der Basis eines Masterplanes konzipiert und gezielt aufgebaut. Dem Gast bietet dieser Ortsteil heute verschiedene autofreie Flanierstraßen. Dieses Straßensystem ist so konzipiert, dass die Straßen Richtung Südwest verlaufen, so dass vor allem am Nachmittag zum Après-Ski genügend Sonne zum Verweilen einlädt. Die Straßen führen immer wieder zu kleinen Plätzen, auf denen Animationen stattfinden. An diesen Plätzen biegt die nächste Straße in einem gewissen Winkel ab, so dass der Eindruck eines geschlossenen, größeren Ortskernes entsteht.

Die einzelnen Häuser wurden von privaten Investoren aufgebaut. Auf der Basis des Masterplanes schrieb die im Besitz der Gemeinde befindliche W.L.C. Developments Ltd. einzelne Parzellen aus, Private und Firmen konnten sich mit einem Plan für die Parzelle bewerben. Aufgrund des gebotenen Preises sowie des Planungskonzeptes wurde dann ausgewählt, wer das Gebäude realisieren konnte. Für die Realisation bestehen, wie übrigens im gesamten Gemeindegebiet, gesetzliche Gestaltungsrichtlinien.

Das Grundprinzip aller Häuser besteht darin, im Untergeschoss allenfalls eine Bar oder eine Disco, im Erdgeschoss ein Restaurant oder einen Retail-Store zu platzieren und die Obergeschosse für Appartements zu nutzen. Diese Appartements müssen, aufgrund eines besonderen „Whistler"-Gesetzes der Provinz British Columbia, vermietet werden, wenn sie nicht durch den Besitzer selbst benutzt werden.

Heute verfügt Whistler über ein **komplettes Beherbergungsangebot** mit **Angeboten in allen Preislagen**. Das Beherbergungsangebot wird bewirtschaftet durch das Call-Center der Resort Association, aber auch durch die Call-Center der verschiedenen Hotel- und Vermietungsketten, denen die einzelnen Betriebe angeschlossen sind. Ebenfalls bieten immer mehr Immobilienunternehmen zusätzliche Buchungs- und Reservationsdienstleistungen an.

Finanziert wird die Resort Association durch Steuern, die auf dem bebauten Land im Ortszentrum erhoben werden, sowie durch Übernachtungstaxen. Die Hauptausgaben bestehen im Marketing sowie in der Sicherstellung der Animation im Ort. Im Vergleich zu europäischen Verkehrsvereinen besitzt die Resort Association ein umfangreiches Research Department. Mit modernsten Methoden wird gezielt Marktforschung betrieben.

Treiber der Entwicklung ist Intrawest, die nicht nur die Skigebiete besitzt und betreibt, sondern auch Bauprojekte unternimmt. Die „Resort Municipality of Whistler", die politische Gemeinde Whistler, wurde erst 1975 nach dem Aufbau der Destination per Dekret den Provinz gegründet.

5.3.2. Fallstudie Disentis: Dezentral geführter Ort

Disentis ist ein historischer Passort mit einem Tourismus, der bis ins vorletzte Jahrhundert zurückgeht. Stand ursprünglich der Badetourismus und später der Sommer-Wandertourismus im Vordergrund, so ist es heute der Windertourismus. Die zahlreichen Hotels sind unabhängige KMU's. Wichtige Leistungselemente wie die Skischule oder die Tennishalle wurden durch Vereine in Eigeninititative entwickelt.

Der Ort Disentis verfügt über ein weitgehend komplettes touristisches Angebot mit rund 12 Hotels, davon drei 4-Stern Hotels, einem öffentlich zugänglichen Hallenbad, einem Sportzentrum mit u.a. Indoor Tennisplätzen und Kunsteisbahn, Discos, Kino (nur sonntags), Langlaufloipen von rund 30 km Länge, einem mit modernen Anlagen ausgebauten Skiübungsgelände und einem weiten Angebot an geräumten Spazierwegen.

Das Marketing für die Region erfolgt über einen kooperativen Ansatz, bei dem neben den Bergbahnen Disentis die Gemeinde Disentis, die Gemeinde Sedrun (Nachbargemeinde), die Bergbahnen Sedrun und der Verkehrsverein

Sedrun-Disentis beteiligt sind. Die öffentlichen Güter wie Interessenvertre-
tung, Gästebetreuung und Information (Angebotsfunktion) sowie Planung
und Koordination werden durch den Verkehrsverein Sedrun-Disentis erbracht. Die Gemeinde hat als Trägerin der Infrastrukturen wie Sportzentren
und Wanderwege, aber auch als Planungs- und Bewilligungsinstanz eine
grosse Bedeutung.

Abbildung 64:   Unterschiedliche Geschäftsmodelle von Destinationen

	Amerikanische Ski- destinationen am Beispiel Intrawest	Traditionelle Alpine Destinationen
Kundengruppe	Einkommensstarke, vermögende Babyboomer	Breite Zielgruppe
Nutzen	Sportort mit Fokus Ski, Golf und Naturerlebnisse	Breite Definition des Nutzens von Naturerlebnissen: Erholung, Sport, Kultur
Kommunikation	Klare Verankerung der einzelnen Ortsmarken wie bspw. Whistler, unter der Ortsdachmarke; Marken einzelner Berge wie z.B: Blackcomb für anspruchsvolle Snowboarder und Skifahrer	Dezentralisiertes, fragmentiertes Marketing
Ertragsmodell	Konsequente Internalisierung al- ler Umwegrenditen; bis zu 50% der Konzerneinnahmen aus dem Verkauf von Immobilien	Klassische, partikuläre Verrech- nung von Teilleistungen (Hotel- preise, Bergbahnpreise)
Wachstumsmodell	Aufbau von CRM – Program- men, Kauf von neuen Orten und Destinationen	Allenfalls dezentrale Stammkun- denprogramme
Kernkompetenzen	Resortdesign, Vermarktung von innovativen Immobilienformen (timeshare)	Teilweise lokale Kultur
Notwendige Netz- werkpartner	Reisemittler, Fluggesellschaften als Zubringer	Starke Abhängigkeit von internen und externen Netzwerkpartnern
Koordinations- modell	Internes Netzwerk durch Hierar- chie/Besitz (alle wesentlichen Leistungserbringer von Hotel, Bergbahnen und Skischulen sind im Besitz einer Gesellschaft), ex- ternes Netzwerk auf der Basis klar ausgehandelter Verträge	Internes Netzwerk durch Markt oder teilweise implizite Verträge, externes Netzwerk durch Markt oder teilweise explizite Verträge

Quelle: Bieger 2002

5.3.3. Koordinationsmodelle von Destinationen

Ein wesentliches Grundproblem der traditionellen Destinationsmodelle, insbesondere in den alpinen Tourismusländern, gegenüber den Erfolgsmodellen auf dem Weltmarkt besteht damit in einem ungenügenden Integrationsgrad der touristischen Leistung (sowohl in Form von Convenience für den Nachfrager als auch in Form von Bündelung von Cashflows resp. der strategischen Ausrichtung auf der Angebotsseite) und der fehlenden Steuerungsfähigkeit. Für die Koordination von virtuellen Unternehmen bestehen verschiedene Ansatzpunkte (vgl. auch u.a. Willke 1995, 137 und Powell 1990, 300/324ff.).

- **Ein Marktmodell** ist grundsätzlich dort möglich, wo genügend Marktteilnehmer bestehen, **standardisierte Austauschplattformen** existieren und die gegenseitige Abhängigkeit fehlt, so dass ein echter Wettbewerb entstehen kann. Diese Voraussetzung dürfte in KMU strukturierten Tourismusorten in stationären Märkten mit Standardprodukten beispielsweise in Form von klassischen Badeferien allenfalls gegeben sein. Hier können die einzelnen Anbieter, beispielsweise Privatpensionen, untereinander in Konkurrenz, im Zusammenhang mit dem lokalen Gewerbe, der Gastronomie und ergänzenden Dienstleistungsanbietern wie beispielsweise Velo- oder Motorradvermietungen, ein sinnvolles Destinationsprodukt bieten.

- **Explizite Verträge** sind aufgrund der entstehenden Transaktionskosten (vgl. zur Transaktionskostentheorie u.a. Williamson 1975, 1979, 1985; Williamson/Masten 1995) nur dort möglich, wo eine begrenzte Dynamik nicht das laufende neue Aushandeln der Verträge notwendig macht, eine begrenzte Zahl Teilnehmer einen minimalen inneren Zusammenhalt des Verbundes sicherstellt und wo standardisierte Austauschplattformen eine allzu starke Abhängigkeit zwischen Vorleister und Abnehmer verhindern. Sobald ein Partner stark von einem anderen in der Form abhängig ist, dass seine Existenz durch einen Abbruch der Austauschbeziehungen gefährdet ist, müssen komplexe Verträge formuliert werden. Deren Konzeption, Handhabung und Kontrolle erfordert so hohe Transaktionskosten, dass sie entweder nicht zu Stande kommen oder die Handlungsfreiheit des Gesamtsystems beeinträchtigen. Ein Beispiel dafür ist ein Bergrestaurant, das ausschließlich durch eine Bergbahn erreichbar ist. Dieses Bergrestaurant muss sich durch verschiedenste Bedingungen wie minimale Betriebszeiten der Bergbahnen oder Festlegung der Witterungsbedingungen, unter denen die Bergbahn ihren Betrieb einstellen kann, absichern.

Grundsätzlich kann man für die explizite, vertragliche Kooperation von zwei idealtypischen Ausprägungen bzw. Grundtypen ausgehen (vgl. Wildemann 1997, 423ff.; Bieger/Liebrich 2002, 173):

- Hierarchisch-pyramidale Netzwerke: Ein strategisch führendes, sogenanntes fokales Unternehmen, nimmt durch die Einbringung der wichtigsten Teilleistungen die dominierende Rolle in dieser Art der Verflechtung ein und bildet damit das Kernelement des Netzwerkes. Mit Vorgaben oder Kontrollen kommen bei dieser Netzwerkform eher hierarchische Koordinationsinstrumente zum Einsatz.

- Polyzentrische Netzwerke: Bei diesem eher dezentralen System bestehen zwischen den beteiligten Unternehmen relativ starke, gegenseitige Abhängigkeiten. Die für die Leistungserstellung relevanten Entscheidungs- und Koordinationsaufgaben werden den Partnern aufgrund ihrer Kernkompetenzen zugeteilt. Normalerweise nehmen Gremien die Aufgabe der Abstimmung von auftretenden Interdependenzen oder Konflikten, wie bspw. die Zuordnung von Ressourcen der Netzwerkunternehmen, wahr.

Abbildung 65:   *Koordinationsmodelle virtueller Unternehmen am Beispiel Tourismus*

	Markt	**Kooperation/Netzwerke**		**Hierarchie**
		Implizite Verträge	**Explizite Verträge**	
Anforder-ungen	• genügend Marktteilnehmer, d.h. keine gegenseitige Abhängigkeit • wenig Dynamik • standardisierte Austauschplattformen	• Mehrrundenspiele (vgl. Nalebuff/ Brandenburger 1996) • begrenzte Zahl der Teilnehmer (vgl. Olson 1965)	• Begrenzte Transaktionskosten, d.h. - begrenzte Dynamik - begrenzte Zahl Teilnehmer - standardisierte Austauschplattformen	• Eigentum
			Dezentrales System / **Fokales Unternehmen**	
Erfolg-reiche Beispiele	• KMU-strukturierte Tourismusorte in stationären Märkten mit Standardprodukten (bspw. Badeferien)	• Wirtschaftlich gesunde Destinationen mit einer begrenzten Zahl von dominierenden Playern (z.B. österreichische Top-Skiorte)	• Destinationen mit grosser Zahl von Unternehmen mit unterschiedlichen Perspektiven • Bspw. Ort mit starker Bergbahn und einzelnen Unternehmen	• Amerikanische Skidestinationen im Besitz einer Gesellschaft

Quelle: Bieger 2000a, 116 (dort in Anlehnung/erweitert nach Willke 1995, 137; Powell 1990, 300/324ff.) bzw. Bieger/Liebrich 2002, 172

- **Implizite Verträge**, d.h. kohärentes Verhalten ohne ausdrücklichen Abschluss eines expliziten Vertrages, sind dort möglich, wo
  - eine begrenzte Zahl Teilnehmer in der Form besteht, dass der einzelne Teilnehmer aufgrund der großen Bedeutung der Zusammenarbeit auf

der Basis des Bewusstseins, dass mit seinem Ausscheiden die gesamte Kooperation gefährdet ist (vgl. Olson 1965), operiert;

- Fehlverhalten im Sinne von Mehrrundenspielen sanktioniert werden kann (vgl. Nalebuff/Brandenburger 1996).

Solche impliziten Kooperationen finden sich in vielen alpinen Destinationen, wo aufgrund gemeinsamer langfristiger Ziele und einer begrenzten Zahl Partner wie Hotels, über Jahre eine Destinationsentwicklung verfolgt wird.

- **Hierarchische Koordinationsmodelle** ergeben sich in einer liberalen Marktwirtschaft ausschließlich aufgrund von Eigentum. Dank der Eigentumsrechte ist eine direkte Einflussnahme auf die Strategie und die einzelnen Leistungsprozesse möglich. Beispiele sind durch Unternehmen gesteuerte Destinationen.

Es scheinen sich folgende Tendenzen bezüglich der Eignung der verschiedenen Koordinationsmodelle herauszubilden:

Zentrale Strukturen weisen in relativ klar strukturierten Märkten Vorteile aufgrund von produktionsseitigen Netzeffekten (vgl. Shapiro/Varian 1999) wie „Economies of Scale" (Einkaufsmacht, bessere Möglichkeiten zur Investition in Informatik, Produktkonzepte, Management- und Controllingsysteme, etc.) und „Economies of Scope" (vereinfachte Koordination der gesamten Dienstleistungskette) sowie nachfrageseitigen Netzeffekten im Sinne von „Economies of Density" (starkes Label, Mund-zu-Mund Bekanntheit, Setzung von Standards, Entwicklung von **Communities** und Szenen und damit erhöhte Zahlungsbereitschaft sowie Marktmacht gegenüber Key Accounts) auf.

Zentrale Lösungen haben klare Vorteile bei Tourismusformen mit großer Abhängigkeit einzelner Leistungselemente (z.B. im Skitourismus Abhängigkeit der Hotels von Bergbahnen). Aufgrund der großen Abhängigkeit und des fehlenden Marktes für Teilleistungen müssten **wirksame Absicherungsmaßnahmen** entwickelt werden. Diese verursachen in der Aushandlung, Abwicklung und laufenden Überwachung große Transaktionskosten. Je komplexer das Produkt, respektive die spezifische Tourismusform in Bezug auf Interdependenz der verschiedenen Teilleistungen ist, umso größer ist die gegenseitige Abhängigkeit und umso wichtiger ist eine zentrale Koordination durch Hierarchie.

Bspw. rentieren größere Bergbahnen (als Destinationsunternehmen) deutlich besser als kleinere (vgl. Abbildung 66).

Abbildung 66:   *Cash-flow in Abhängigkeit des Gesamtumsatzes bei Schweizer Berg-*
                   bahnen

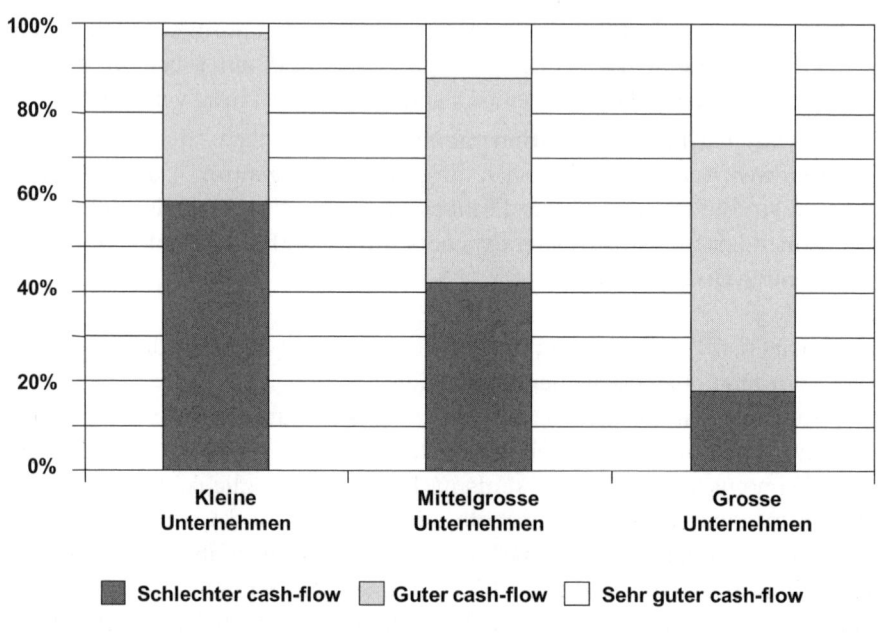

Quelle: Bieger et al. 1999

Auch am Beispiel von Hotelketten konnten **„Economies of Scope"** und **„Eco-nomies of Scale"** in beträchtlichem Umfang nachgewiesen werden (vgl. Keller/Bieger 2008).

Entsprechend sind Destinationen mit hoher Interdependenz einzelner Leistungselemente und klar strukturierten Märkten wie im Skibereich oder zentrale, hierarchische Destinationsformen im Themenparkbereich, besonders erfolgreich.

Dezentrale Strukturen scheinen in wenig konsolidierten Märkten mit wenig Interdependenz der einzelnen Leistungselemente erfolgreich. So behaupten sich im weltweiten Wettbewerb viele Destinationen im Bereich der Strandferien mit dezentralen Hotelstrukturen sehr erfolgreich. Es besteht praktisch kein Bedarf an Abstimmung der Leistungselemente, da die **Austauschplattformen** (d.h. für was ist der Hotelier, für was der Strandbesitzer verantwortlich) klar definiert sind und kaum öffentliche Leistungen im Zwischenbereich zwischen den einzelnen Leistungselementen erforderlich sind. Aufgrund der großen Zahl von Anbietern besteht für Zwischenleistungen ein Markt. Durch den Wettbewerb entstehen Produkte und Prozessinnovationen. Die teilweise heterogene Nachfrage einzelner Touristen kann durch individuelle Leistungssysteme befriedigt werden. Neue Tourismusformen wie der **Ökotourismus** (Reisen zum Besuch von Naturattraktionen) oder Fischereitourismus sind in der Folge oft auf dezentrales Unternehmertum angewiesen.

Abbildung 67:   Koordinationsmechanismen von Destinationen

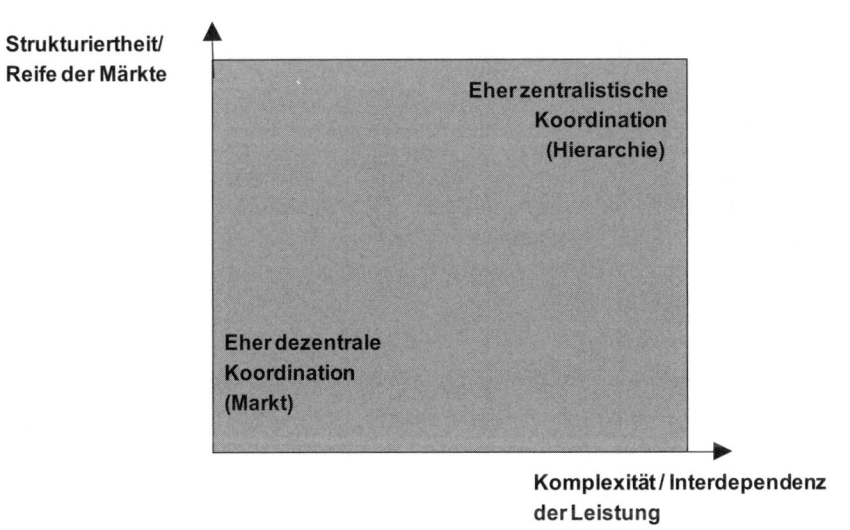

5.3.4. Kooperative Tourismusorganisationen

Stehen dezentrale KMU-dominierte Destinationen mit komplexen Produkten in strukturierten Märkten mit zentral koordinierten Destinationen, so müssen **Kooperationslösungen** zur Sicherung mindestens eines Teils von Größenvorteilen und zur Koordination der Leistung entwickelt werden. Im Destinationsbereich geschieht dies durch Tourismusorganisationen. **Tourismusorganisationen** können definiert werden als der hauptsächliche Träger der übergreifenden und kooperativ zu erbringenden Funktionen im Tourismus einer Destination. Diese Tourismusorganisation kann öffentlich-rechtlich (z.B. als Abteilung der Gemeindeverwaltung) oder privatrechtlich (z.B. als Verein oder als Aktiengesellschaft) organisiert werden (Bieger 2002, 69ff.).

Die **Aufgaben von Tourismusorganisationen** ergeben sich aus den Besonderheiten des Tourismusproduktes (vgl. Kaspar 1996, 91ff.; Freyer 1993, 129; Ferrante 1994, 144ff.; Bieger 2002, 16ff.):

Abbildung 68:   *Eine mögliche Aufgabenteilung zwischen Tourismusorganisationen unterschiedlicher Ebenen*

	TO lokal	Destination	TO regional	ST	STV	ITG's
Planung	Leitbild	Leitbild und Strategie	Leitbild	Strategie	Mithilfe Leitbild	Mithilfe Leitbild
	O	●	O	●	O	O
Angebots-gestaltung	Information	Produktentwicklung, Qualitätssysteme etc.	regionale Koordination marktrelevant	nationale Koordination	Beratung	
		●	O	O	---	
Marketing			Service Center		Beratung	
	---	●	●	●	---	
Interessen-vertretung	●	X	evtl. O	X	●	●
Mittel-beschaffung	X	X	X	X	●	●

Quelle: Bieger/Laesser 1998, 122

X	projektspezifisch	TO	Tourismusorganisation
●	starkes Gewicht	ST	Schweiz Tourismus
O	kleines Gewicht	STV	Schweizer Tourismus-Verband
---	keine Bedeutung	ITG	Interessengemeinschaf

Am Beispiel von dezentralen alpinen Destinationen können konkrete Aufgaben für Tourismusorganisation unterschiedlicher Ebenen definiert werden (vgl. Bieger/Laesser 1998 und Abbildung 68). Einzelne Aufgaben wie bspw. die Entwicklung von Managementsystemen (z.B. Qualitätssysteme) oder die

Bearbeitung entfernterer Märkte erfordern spezifische **Organisations-Mindestgrößen**. Einzelne Aufgaben erfordern auch eine spezifische Unabhängigkeit (z.b. die Lobbying-Funktion) oder umgekehrt Branchennähe. Dabei spielen die Besonderheiten der jeweiligen Tourismusform, insbesondere der für das spezifische Produkt erforderliche Koordinationsbedarf, eine große Rolle. Dieser ist für Badeferien geringer als für alpine Skiferien. Es gibt deshalb nicht eine einheitlich richtige Tourismusorganisation. Sie muss den länderspezifischen Bedingungen entsprechend gewählt werden. Die Aufgaben werden dabei meist auf unterschiedlichen Ebenen (Lokal, Region, Land) und Organisationstypen (kooperative Tourismusorganisation d.h. Public-Private-Partnership, private Organisation und staatliche Organisation) verteilt.

Abbildung 69: *Beispiele von Tourismusorganisationen in der Schweiz*

	Public-Private-Partnership	Private	Staat
Land	Schweiz Tourismus ⇒ Marketing	Branchenverbände (z.B. Hotellerieverband, Seilbahnverband, Gastroverband) ⇒ Lobbyfunktion	Dienst für Tourismus in Staatssekretariat für Wirtschaft ⇒ Tourismusplanung, Tourismuspolitik
Region	Regionale Verkehrsvereine	Kantonale Sektionen der Branchenverbände	Kantonale Ämter für Wirtschaft und Tourismus
Destination	Destinationsorganisationen	Lokale Sektion der Branchenverbände	Lokale (Gemeinde) Departemente für Wirtschaft und Tourismus
Ort	Lokaler Verkehrsverein		

5.3.5. Transformation von Destinationen

Destinationen sind eigentlichen Destinations-Lebenszyklen unterworfen (vgl. Bieger 2002, Beritelli 1997, Butler 2006). Diese ergeben sich quasi aus der Summe der relevanten Produkte-Lebenszyklen.

Abbildung 70: *Lebenszyklus einer touristischen Destination*

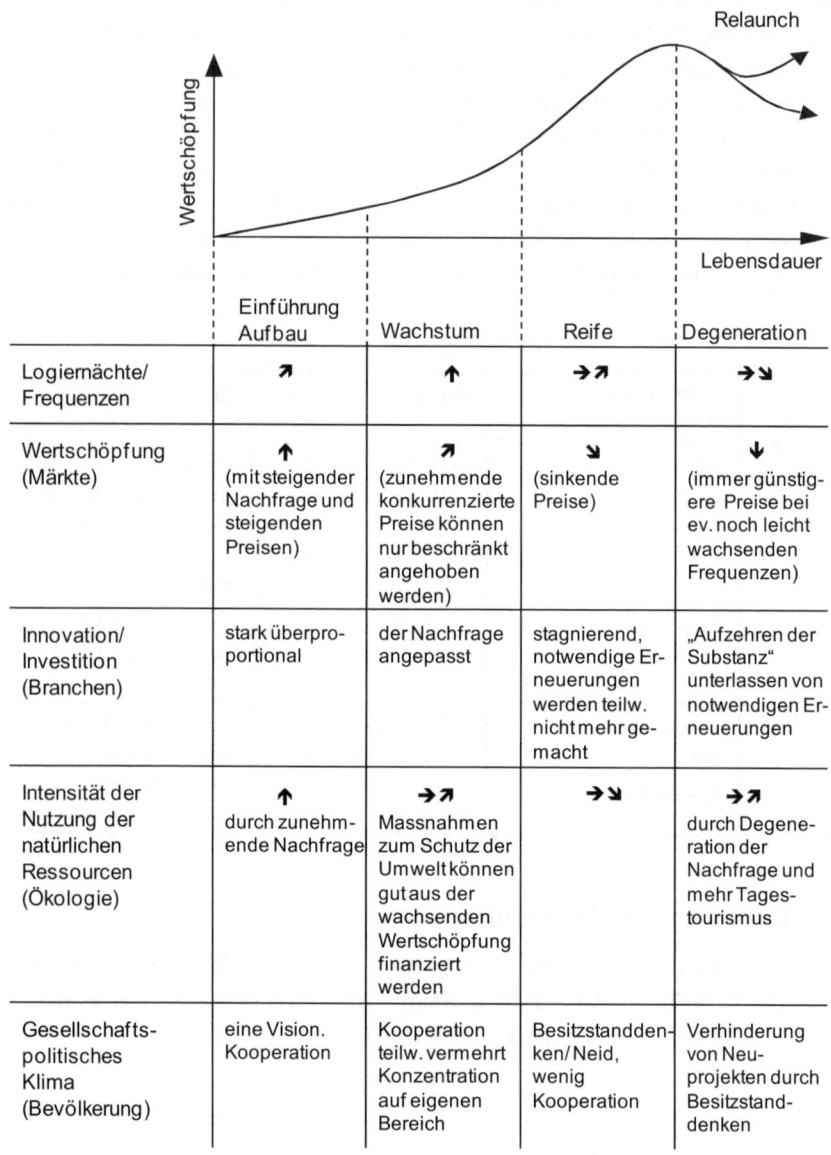

	Einführung Aufbau	Wachstum	Reife	Degeneration
Logiernächte/ Frequenzen	↗	↑	→↗	→↘
Wertschöpfung (Märkte)	↑ (mit steigender Nachfrage und steigenden Preisen)	↗ (zunehmende konkurrenzierte Preise können nur beschränkt angehoben werden)	↘ (sinkende Preise)	↓ (immer günstigere Preise bei ev. noch leicht wachsenden Frequenzen)
Innovation/ Investition (Branchen)	stark überproportional	der Nachfrage angepasst	stagnierend, notwendige Erneuerungen werden teilw. nicht mehr gemacht	„Aufzehren der Substanz" unterlassen von notwendigen Erneuerungen
Intensität der Nutzung der natürlichen Ressourcen (Ökologie)	↑ durch zunehmende Nachfrage	→↗ Massnahmen zum Schutz der Umwelt können gut aus der wachsenden Wertschöpfung finanziert werden	→↘	→↗ durch Degeneration der Nachfrage und mehr Tagestourismus
Gesellschaftspolitisches Klima (Bevölkerung)	eine Vision. Kooperation	Kooperation teilw. vermehrt Konzentration auf eigenen Bereich	Besitzstanddenken/ Neid, wenig Kooperation	Verhinderung von Neuprojekten durch Besitzstanddenken

Quelle: Bieger 2002, 105

Der Destinationslebenszyklus verstärkt sich über soziale Rückkopplungen zusätzlich. So führt Misserfolg und Angst vor dem Niedergang zu Besitzstanddenken (vgl. Kindleberger 1978), das jegliche Innovationskraft lähmt (vgl. Abbildung 70).

Abbildung 71:   *Konvergenz der Systeme*

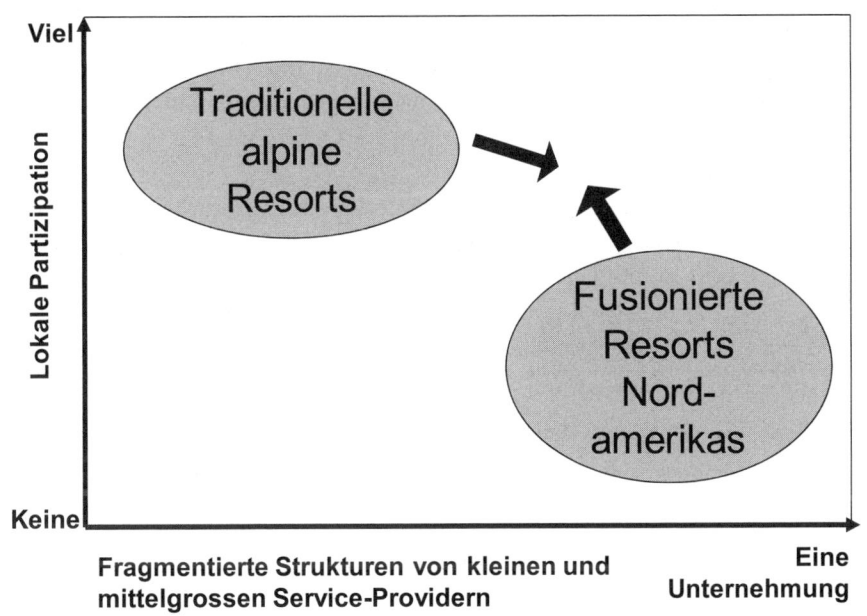

Quelle: Bieger et al. 1999

Im alpinen Tourismus ist vor allem in Destinationen in der Reife- oder Degenerationsphase eine große Anzahl der Hotel- und Bergbahnunternehmen überschuldet und können ihre notwendigen Reinvestitionen nicht finanzieren (vgl. Bieger 1999c). Es fragt sich also, weshalb trotz der hohen Transaktionskosten und des wirtschaftlichen Misserfolgs der dezentralen Koordinationssysteme, kein ausgeprägter Strukturwandel einsetzt. Die Antworten dafür dürften auf zwei Ebenen zu suchen sein:

- Die **dezentralen Koordinationssysteme** generieren gesellschaftliche Werte in Form von Partizipation, Beitrag zur lokalen Identität etc. (vgl. auch Bieger 1999a). Oft müssen auch zentral gemanagte Destinationen große Investitionen in eine nachträgliche Sicherung der Partizipation der Ortsansässigen tätigen. Es kann damit sogar eine gewisse Konvergenz der Systeme postuliert werden. Partizipation jedoch erschwert rasche Veränderungsprozesse, da große Investitionen in die Überzeugung der Beteiligten erforderlich sind.

- Es bestehen starke Beharrungskräfte, die mit dem Modell der verschiedenen Systemebenen erklärt werden können. Ein Tourismusunternehmer hat seinen Beruf, seinen Wohnort, sein Eigentum und seine soziale Stellung durch seine Eigenschaft als Unternehmer definiert. Die Verflechtung zwischen diesen drei Systemebenen (Abbildung 72) ist in keinem anderen Fall so ausgeprägt, wie im Tourismus. Ein KMU-Unternehmer in einer Stadt ist bspw. viel weniger in seiner sozialen Stellung und seinen Möglichkeiten, vor Ort wohnen zu bleiben, auf sein Unternehmen angewiesen.

Eine Redimensionierung der Kapazitäten oder ein Eigentümerwechsel ist damit nur bei Überwindung erheblicher Widerstände und Schaffung neuer Arbeitsplätze vor Ort möglich.

Abbildung 72:   Beharrungskräfte im Strukturwandel

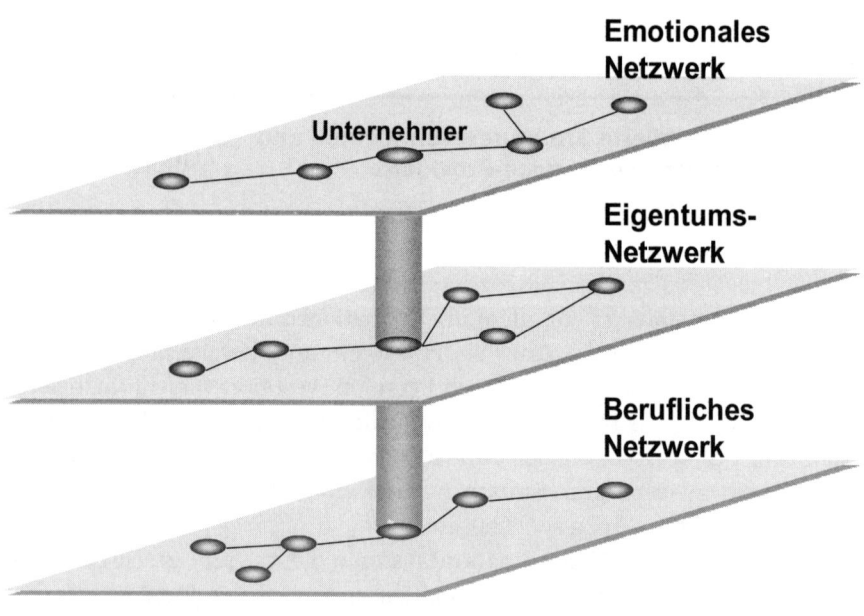

5.4. Planungskonzepte auf Destinationsebene

Planung kann definiert werden als gedankliche „Vorwegnahme" von zukünftigen Entwicklungen (vgl. auch Heinen 1978, 205). Planung ist besonders wichtig für Destinationen, da eine Vielzahl von einzelnen Leistungselementen mit einer Vielzahl von Wirkungen abzustimmen sind (vgl. Bieger 2002). Insbesondere geht es darum,

- für alle Beteiligten und dezentralen Akteure eine gemeinsame Vision und Entwicklungsrichtung zu formulieren;
- die Ressourcen mit den Zielen abzustimmen;
- Wachstumspfade festzulegen, die eine Entwicklung im Einklang mit Natur und Gesellschaft erlauben.

In angelsächsischen Fachbüchern finden sich oft **Vorschläge für Planungsstrukturen** (vgl. bspw. McIntosh/Goeldner/Ritchie 2000 oder auch Bieger 2002). Der Anspruch ist oft der eines Marketingplanes, bei dem alle Elemente einer Destination (Beherbergung, Aktivitäten, etc.) unter Einbezug aller relevanten Gesichtspunkte (Analyse der ökologischen, gesellschaftlichen und finanziellen Wirkungen inklusive Investitionsplan) abgestimmt werden. Wesentliche Elemente sind dabei (vgl. WTO 1997a, 330ff.):

- **Nachfrageanalyse**: Mit Hilfe von Nachfrageprognosen (vgl. auch Kapitel 4.5) soll das Potenzial für verschiedene Varianten der Destinationsentwicklung resp. deren Positionierung abgeschätzt werden.

- **Angebotsanalyse**: Entsprechend den Chancen für verschiedene Produktekategorien werden geeignete Standorte für den Aufbau einer Destination evaluiert und es wird ein Inventar der bestehenden Attraktionen, der Infrastruktur sowie der Geschäfts- und Gesetzesentwicklung vorgenommen.

- **Wirkungsanalyse**: Für verschiedene Szenarien der Entwicklung sowie der Destinationspositionierung werden die Effekte auf die verschiedenen Umweltsphären (ökonomische, ökologische und gesellschaftliche Effekte) abgeschätzt.

- **Wirtschaftliche und finanzielle Analyse**: Auf dem Hintergrund der verschiedenen Szenarien für die Destinationsentwicklung sowie der zu erwartenden Nachfrage und der notwendigen Investitionen in Infrastrukturen und Attraktionen wie auch in die Eindämmung unerwünschter externer Effekte (bspw. Umweltschutzinvestitionen, Investitionen in lokale Schulen zwecks Sicherstellung der lokalen Identität) werden Investitions- und Geschäftspläne erstellt. Der Planungshorizont sollte dabei 20 Jahre betragen, was dem Amortisations- und Investitionszyklus von touristischen Anlagen entspricht.

- **Maßnahmen, Planung und Empfehlungen**: Aufgrund der Evaluation verschiedener Planungsszenarien wird eine Empfehlung für die zukünftige Entwicklung abgegeben und die notwendigen Maßnahmenpläne für dessen Realisierung (Architektur und Baukonzepte, Marketingkonzepte, Finanzierungskonzepte etc.) werden erstellt. In solche Planungen werden idealerweise folgende Gruppen involviert:
  - Einwohner des Destinationsgebietes;
  - Non-Governemental Groups, bspw. Umweltschutzverbände;
  - Potenzielle Investoren;
  - Politiker der betroffenen Gebiete;
  - Tourismus- und Planungsverwaltung der entsprechenden Regionen.

Destinationsplanungsprozesse sind dabei immer politische Prozesse des Aushandelns zwischen verschiedenen Interessengruppen. Gerade weil Planungen immer auf einem Aushandeln verschiedener Interessensgruppen beruhen und deshalb die Verbindungen und Abhängigkeiten zwischen verschiedenen Handlungsträgern eine grosse Bedeutung haben, kommt einer sozialen Netzwerkanalyse eine grosse Bedeutung zu. Heute gibt es dafür IT gestützte Analysetools.

Ein wichtiges Planungsinstrument ist die Land- und Zonenplanung. Dabei geht es um die Festlegung von

- **touristischen Intensivnutzungszonen** (Zonen, in denen Attraktionen und Beschäftigungsmöglichkeiten, bspw. Museen, Themenparks oder Skigebiete erstellt werden können) ;
- **extensiven touristischen Zonen** (Zonen, in denen einzelne kleinere tourismusbezogene Dienstleistungsbetriebe errichtet werden können);
- **extensiven Naturzonen** (Zonen mit natürlichen und kulturellen Sehenswürdigkeiten, in denen gewisse Limitierungen in touristische Nutzungsmöglichkeiten bestehen, prinzipiell aber freier Zugang herrscht, in denen aber keine touristischen Infrastrukturen errichtet werden können) ;
- **intensiven Naturzonen** (Zonen, die weitgehend von touristischen Aktivitäten, Besuchern und natürlich auch Infrastrukturen frei gehalten werden).

Der geschilderte idealtypische Planungsablauf kann leicht visualisiert und in Prozessmodellen dargestellt werden.

Abbildung 73:   Beispiel für Destinationsplanung und Tourismusplanung

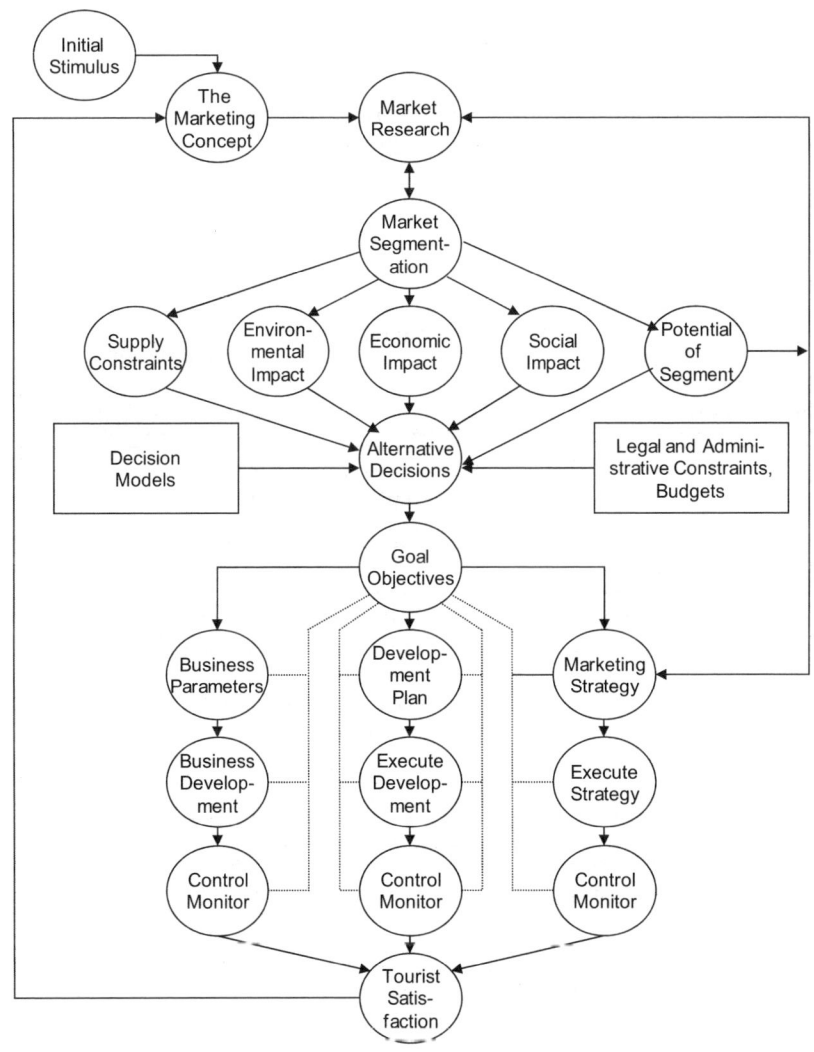

Quelle: McIntosh/Goeldner/Ritchie 2000

Diese idealtypischen Planungsabläufe bedingen, dass

- erhebliche Freiheitsgrade der Entwicklung
- die Interessen der lokalen Bevölkerung nicht berücksichtigt werden müssen
- auf der „grünen" Wiese eine neue Destination geplant werden kann.

Sie sind damit eher für zentral geführte Destinationen (z.B. amerikanische Resorts) geeignet.

Die Struktur eines politisch geprägten **Leitbildprozesses** für eine dezentral geführte Destination kann wie folgt dargestellt werden:

Abbildung 74:   Aufbau eines touristischen Leitbilds

Analyse der Ausgangslage	
Angebot	**Nachfrage**
(Strukturkompetenzen, Eignung, Ausbaufähigkeit,Wertvorstellung der Bereisten)	(Trends, Bedürfnisstrukturen, Nutzen/Kosten je Segment)

Wirkungen des Tourismus auf Ökologie/Wirtschaft/Gesellschaft
Belastungsgrenzen/touristische Wachstumsgrenzen

Stärken/Schwächen   Chancen/Gefahren

Steuerungsmöglichkeiten des Tourismus

Extremszenarien
Status Quo/Qualitatives & Quantitatives Wachstum/Wachstumsmaximierung

Entwicklungsziele

Bereichsziele/Strategien				
Kompetenzauftrag	Umgang mit Umfeld	Kooperationen	Markt-Leistungsauftrag	Finanzierung/Wertschöpfung

Massnahmen nach Trägern

Quelle: Bieger 2002

Belastungsgrenzen und **Steuerungsmöglichkeiten der touristischen Entwicklung** setzen den Rahmen für die Bestimmung der Entwicklungsziele. Die

Entwicklungsziele werden nicht einfach abgeleitet, sondern aus der Gegenüberstellung von zwei Extremvarianten der Entwicklung erarbeitet. Die Entwicklungsziele werden in einem weiteren Schritt für einzelne Teilbereiche konkretisiert, wodurch Unterziele entstehen. Diese können, weil sie die Wege und Zwischenstufen zur Erreichung des Oberziels angeben, auch als Strategien bezeichnet werden. Am Schluss werden dann die einzelnen Maßnahmenvorschläge direkt abgeleitet.

Die einzelnen Schritte innerhalb dieses **Leitbildplanungsablaufs** werden durch einen externen Berater als neutrale Fachinstanz inhaltlich vorbereitet und der Begleitgruppe vorgelegt. Die Begleitgruppe begutachtet jeden Schritt hinsichtlich inhaltlicher Richtigkeit und politischer Akzeptanz. Sobald ein Schritt in der Begleitgruppe genehmigt wurde, kann der nächste in Angriff genommen werden. Normalerweise müssen etwa vier Sitzungen mit der Begleitgruppe vorgesehen werden:

*   Ausgangsanalyse inkl. Analyse der Belastungsgrenzen,
*   Szenarien und Entwicklungszielen,
*   Entwicklungsstrategien und
*   Maßnahmenvorschläge.

Die Partizipation der lokalen Bevölkerung kann in verschiedenen Intensitäten erfolgen (Abbildung 75).

In der Art des Erarbeitungsprozesses lässt sich eine Entwicklung erkennen (vgl. Bieger 2002). Die ersten **touristischen Leitbilder** waren reine Expertenarbeiten, die streng sequentiell, analytisch und deduktiv erarbeitet wurden (vgl. Typ 1). Neuere Leitbilder wurden als Mischung zwischen analytischen Elementen in **Expertenarbeit** (z.B. Ausgangsanalyse, Vorschläge für Positionierung/Zielsetzung etc.) und Arbeit in Gruppen entwickelt (Typ 2). Vereinzelt werden heute Leitbilder in öffentlichen Sitzungen mit der ganzen Bevölkerung in einem offenen Prozess im Diskurs als Zukunftswerkstatt erarbeitet (Typ 3) (vgl. Ferrante, 1994). Mischformen, die in der Praxis keine große Bedeutung haben, sind denkbar. Beispielsweise entspricht Typ 4 einer kreativen Arbeit, z.B. einer Werbeagentur, die ein neues **Positionierungskonzept** entwirft.

Ein Leitbild sollte legitimiert sein, wobei unter **Legitimation** das Recht zu verstehen ist, für einen unbeteiligten Dritten spürbar externe Effekte zu generieren (vgl. Ulrich 1996). Grundsätzlich ergeben sich zwei Ansätze für eine Legitimation (vgl. Bieger/Müller/Elsasser 2001, 65):

*   Ein **teleologischer Ansatz**: Dabei wird ein Eingriff durch ein übergeordnetes Ziel quasi deduktiv legitimiert.

- Ein **deontologischer Ansatz**: Dabei wird ein Eingriff, ein Phänomen oder eben ein Event durch Diskurs mit allen berechtigten Anspruchsgruppen auf seine Zumutbarkeit hin überprüft (vgl. Staffelbach 1994, 151ff. oder auch für den Tourismus Ferrante 1994). Da Entwicklungsziele im Tourismus, erst recht ein Ziel der Förderung des Tourismus oder Sports (bspw. durch eine Ski-WM) kaum unbestritten sein dürfte, ist eine teleologische Legitimationsweise kaum angezeigt. Es muss folglich unter Partizipation aller wichtigen Interessengruppen ein öffentlicher Diskurs geführt werden.

Abbildung 75:   Typisierung von Erarbeitungsprozessen

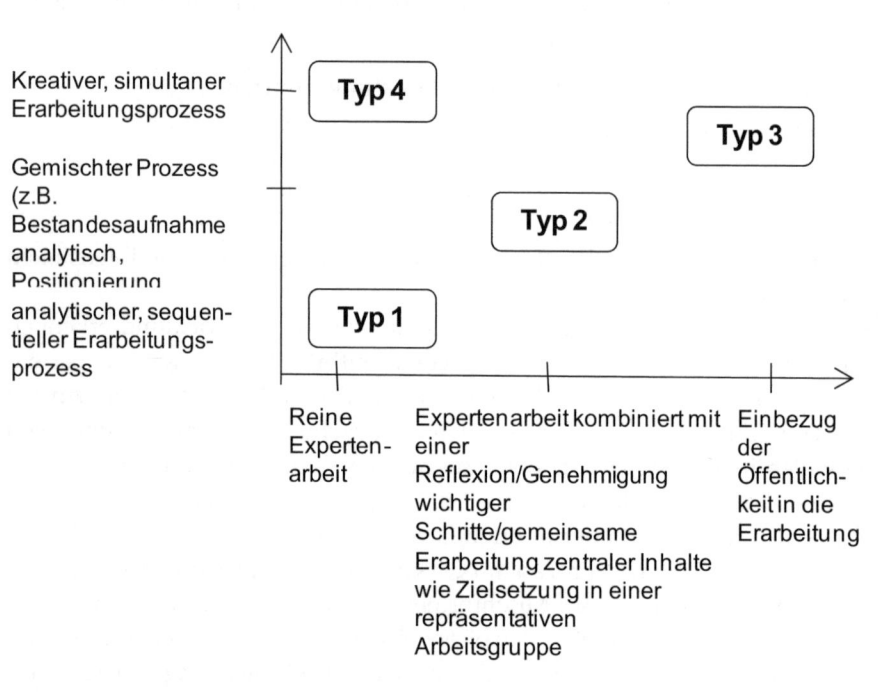

Quelle: Bieger 2002

Innerhalb eines Destinationslebenszyklus verändern sich die Akzente eines Leitbildes. Meist geht es in der **Pionierphase** um eine Vision eines wirtschaftlichen Aufbruches. Die zukünftige Eignung, die zukünftigen Infrastrukturen und die erforderlichen Maßnahmenpläne werden im Sinne des oben dargestellten Planungsansatzes auf der grünen Wiese erarbeitet. In der **Wachs-**

tumsphase steht die Begrenzung der negativen externen Effekte im Vordergrund. Die legitimen Interessen der beteiligten Anspruchsgruppen sollen berücksichtigt werden. In einer **Reifephase** geht es häufig um einen Relaunch, der einen weiteren Abschwung verhindern soll. Im Vordergrund stehen entsprechend häufig das Image sowie Entscheide für eine Repositionierung. In einer **Rückgangsphase**, oft ein eigentlicher Krisenzustand, stehen dagegen eine Neuorientierung anhand der eigenen Ressourcen sowie **eine Neudefinition der eigentlichen Kompetenzen** im Vordergrund.

Abbildung 76: *Destinationsstrategien im Wandel*

	Boom	**Reife**	**Krise**
Rahmenbedingungen	- Rasches Wachstum - Wachstum der Kapazitäten - Spürbare Zunahmen der externen Effekte	- Stagnation der Nachfrage - Wachstum der Kapazitäten - Angleich der Hardware-Qualitäten	- Rückgang der Nachfrage - Stagnation bei Konzentrationsprozessen der Kapazitäten - Angleich der „Soft ware" - Vergleichbare Qualitäten (Image, Servicestanard etc.)
Art der Destinationsstrategie	Tourismuskonzept ⇒ Interessenausgleich	Tourismusplattform ⇒ Marktpositionierung (environ-ment/market based view)	Destinationsstrategie ⇒ Entwickeln und Umsetzung von Kernkompetenzen (resource based view)
Hauptinhalte	- Analyse der Wechselwirkungen zu den Umwelten - Steuerung der externen Effekte - Entwicklungsziele quantitativ und qualitativ	- Angebots-/Konkurrenz-/Nachfrage- - Analyse - Geschäftsfeldstrategie - Profilierung - Positionierung	- Identifizierung von Kernkompetenzen und Ressourcen - Entwicklung derselben - Umsetzung in neue Marktleistungen

Quelle: Bieger 1996

5.5. Angebotselemente im Destinationsnetzwerk

Wichtige **Angebotselemente im Destinationsnetzwerk** sind die Beherbergungsbetriebe, die Beschäftigungs- und Unterhaltungsbetriebe, sowie die lokale Natur, Kultur und Wirtschaft als Co-Produzenten.

5.5.1. Beherbergungsbetriebe

Die Beherbergungsbetriebe können in verschiedene Kategorien unterteilt werden (vgl. Kaspar 1996):

- gewerbliche oder traditionelle Beherbergungsbetriebe wie Hotels, Gasthöfe, Pensionen etc.;
- ergänzende, sekundäre Beherbergungsmöglichkeiten der **Parahotellerie** (Ferienwohnungen, Appartements, Privatzimmer, Camping, Jugendherbergen etc.) .

Ein Hotel kann wie folgt definiert werden (vgl. SHV 2000, 28): „Ein Hotel ist ein Betrieb, der über eine vollständige Einrichtung für den Aufenthalt, die Unterkunft und die Verpflegung der Gäste verfügt". Heute ist ein Trend in Richtung **hybrider Beherbergungsformen** festzustellen. Die Elemente der Hotellerie (z.B. Rezeption, Essenservice etc.) vereinen sich mit Elementen der Parahotellerie wie bspw. grossem individuellen Wohnbereich (vgl. Bieger/Laesser 2009). Im Rahmen dieser Entwicklung werden **Hotels** heute als eine Betriebsstätte zur Beherbergung übernachtender Personen mit mindestens 5 Keys (privatisierbaren Sphären) und einem minimalen Dienstleistungsangebot, bestehend aus einem Schliess- und Informationsdienst sowie Reinigung der Keys definiert. Mindestens 5 und >50% aller Keys stehen ausschliesslich transienten Gästen zur Verfügung, wobei transient gleichbedeutend ist mit einer tage- oder wochenweise Buchbarkeit des Angebotes und einer zusammenhängenden Aufenthaltsdauer von maximal 3 Monaten (Bieger/ Laesser 2008).

Die einzelnen Beherbergungsarten werden weiter nach ihrem **Service- und Infrastrukturniveau** in Klassen, in den meisten Ländern nach Fünf-Sterne-Kategorien, eingeteilt. Heute versucht man darüber hinaus, die Unternehmen verstärkt auch nach Ihrer Eignung und Ausrichtung für den Gast erkennbar zu markieren, bspw. durch Einteilung in Kongresshotels, Wellnesshotels, Familienhotels, Sporthotels, etc. Der schweizerische Hotelierverein berücksichtigt für die Klassierung in die einzelnen Sternekategorien folgende Kriterien:

- Nachtdienst
- Zimmergröße
- Front-Office mit Empfangsbereich
- Frühstücks-, Getränke- und Speiseservice
- Tischwäschewechsel
- Verpflegungsmöglichkeiten im Hause
- Telefon im Gästezimmer/Telefon-/Faxbedienung

- Zimmerausstattung
- Sanitätskomfort
- Gästeartikel in der Nasszelle
- Häufigkeit des Wäschewechsels
- Waschen und Bügeln der Gästewäsche
- Safe und Sicherheit

Die verschiedenen Hoteltypen können folgendermaßen gegliedert werden (vgl. auch Kaspar 1996):

- **Resort-Hotels** (Hotels mit einer ausgebauten Beschäftigungs- und Unterhaltungsinfrastruktur, die als eigenständige Ferienziele dienen können)
- **Vollhotel** (Hotel mit einem vollen Service für Beherbergung und Verpflegung, d.h. insbesondere ausgebaute Gastronomie)
- **Garni-Hotels** (Hotels mit einem reinen Frühstücksservice)
- **Gasthöfe** (Hotels, die primär auf die Gastronomie ausgerichtet sind und einige Zimmer vor allem für Passanten bieten)
- **Pensionen** (Hotels mit einem reduzierten Gastronomieangebot und meist kleinerer Größe)
- **Motels** (Hotels in der Nähe von Automobilhauptachsen mit ausgebauten Möglichkeiten für die Parkierung des eigenen Fahrzeuges)
- **Budget Hotels** (Hotels mit minimalen Komfort aber Sauberkeit und verlässlichen Prozessen)

Logiernächtemäßig haben gerade in den traditionellen Tourismusländern die **Parahotellerie-Betriebe** eine große Bedeutung. In diese Kategorie fallen eine Fülle von Beherbergungsmöglichkeiten (Private Anbieter, Camping usw.), die sich durch eine Konzentration auf die reine Beherbergung und einen eingeschränkten Service auszeichnen.

Immer wichtiger werden Mischformen. Eine klassische Mischform stellt das **Apart-Hotel** dar. Dieses Hotel besteht aus Ferienwohnungen, es wird jedoch ein zentraler Hotelservice mit Verpflegungs- und Beschäftigungsmöglichkeiten wie ein Hallenbad oder Wellnessbereich geboten. Im Bereich der Mischformen in der Parahotellerie bilden sich auch immer neue Eigentumsformen heraus. Klassischerweise waren auch Parahotellerie-Betriebe im Eigentum der ortsansässigen Bevölkerung. Beispielsweise vermieten Einwohner in der Saison eine Einliegerwohnung in ihrem Haus oder einzelne nicht benötigte Zimmer (Eine Einliegerwohnung befindet sich vorzugsweise im Erd- oder

Dachgeschoss eines Einfamilienhauses, ist wesentlich kleiner als die Hauptwohnung und verfügt über einen eigenen Zugang (vgl. o.V. 2003)).

Mitte der 60er Jahre tauchte im Umfeld der traditionellen Tourismusorte auf breiter Front das Phänomen der **Zweitwohnungen** auf. Wohnungen und Häuser wurden von nichtortsansässigen für Ferienzwecke und oft auch als Kapitalanlage gekauft. Während in den 70er und teilweise auch 80er Jahren die Bereitschaft, diese Objekte zu vermieten, in den meisten Destinationen relativ hoch war, sank sie in den 90er Jahren meist massiv. Gründe dafür waren:

- Neue Käufer kaufen Ferienwohnungen nicht mehr aus Anlagemotiven, sondern aus emotionalen Gründen, wie beispielsweise Aufbau eines Refugiums oder Familientreffpunktes und sind infolge dessen nicht bereit, diese zu vermieten (vgl. auch Müller/Ferrante/Saxenhofer 1990)

- Langjährige Besitzer von Ferienwohnungen waren, da die Wohnungen weitgehend abgezahlt werden konnten, immer weniger gezwungen, diese zu vermieten. Gleichzeitig dürfte in vielen Fällen mit dem zunehmenden Alter der Besitzer die Toleranz gegenüber fremden Leuten und dem Potenzial für Beschädigungen abgenommen haben.

Obwohl nicht vermietete Zweitwohnungen in vielen Fällen nur wenige Wochen im Jahr belegt sind, weisen diese trotzdem große wirtschaftliche Effekte für die Destinationen auf. Neben den laufenden Ausgaben der Besitzer und anderer Benutzer während ihres Aufenthaltes generieren Zweitwohnungen vor allem während der Bauphase aber auch bei Renovationen und auch für die laufende Instandhaltung und Verschönerungen Aufträge für das lokale Gewerbe. Viele Zweitwohnungsbesitzer entwickeln zu ihrem Ort, in den sie oft einen beträchtlichen Teil ihres Vermögens investiert haben, eine enge emotionale Beziehung. Entsprechend werden teilweise teure dauerhafte Konsumgüter bis zu Autos im Ferienort eingekauft (vgl. Bieger 1995). Die Besitzer wirken auch als wichtige Mund-zu-Mund-Promotoren in der Destination. Es entstehen verschiedene indirekte wirtschaftliche Effekte (vgl. auch Bieger 2002). Je nach Art der Bewirtschaftung wird heute unterschieden in:

- Kalte Betten (nur von Besitzer bzw. dessen Freunde genutzt und nicht vermietet)

- Warme Betten (vermietet und professionell bewirtschaftet)

Wenn eine Wohneinheit nicht einmal mehr vom Besitzer genutzt wird und in der Folge auch nicht mehr unterhalten wird, kann man von „tiefgekühlten Betten" sprechen.

Abbildung 77:   Flexible Besitzformen von Zweitwohnungen

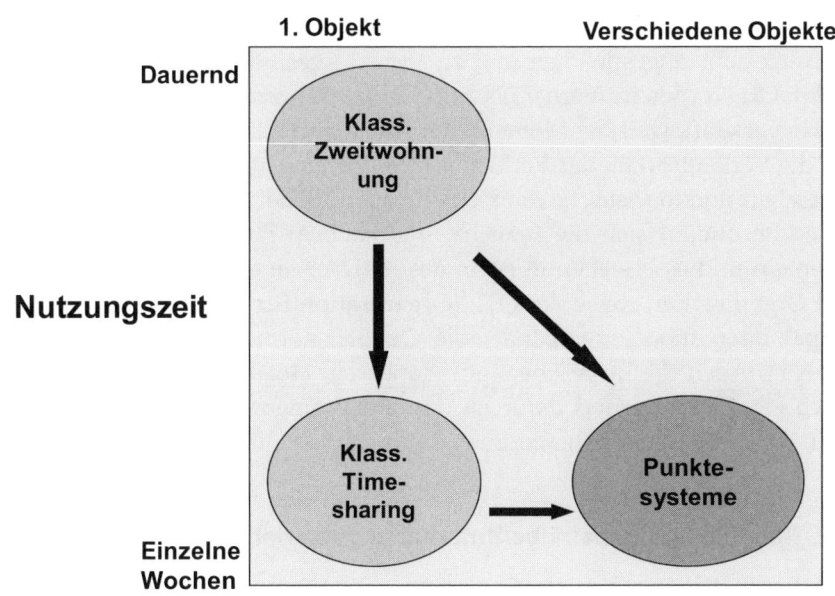

Inzwischen gibt es neben dem direkten Besitz einer Wohnung verschiedene Zwischenformen:

* **Timesharing-Modelle** beruhen auf dem gemeinsamen Besitz einer Wohnung oder eines anderen Ferienobjektes durch eine Gruppe von Nutzern, deren Nutzungsrecht sich auf einzelne Wochen im Jahr beschränkt.
* **Ferienpunktesysteme** bestehen aus dem Besitz eines Anteiles an einem ganzen System. Ein Musterbeispiel dafür stellt die in Baar domizilierte Unternehmung Hapimag AG dar. Der Käufer erwirbt einen Anteil eines Systems in Form einer Aktie. Er erhält jährlich anstelle einer Dividende Punkte, die er für die wochenweise Nutzung verschiedenster Objekte auf der ganzen Welt einsetzen kann.
* **Gebrauchskauf:** d.h. der Kauf zur Nutzung ohne grundbuchrechtlichem Übergang.
* **Kauf mit Vermietungsauflage:** z.B. „The Rocks" in Laax (CH), wo Besitzer die Wohnung im Sommer nur eine beschränkte Zeit nutzen können.

Vor allem in den 80er und 90er Jahren des letzten Jahrtausends geriet **die Timeshare-Branche** durch ihre aggressiven Verkaufspraktiken teilweise in Misskredit. Mit Werbeveranstaltungen wurden in schönen Urlaubsorten das primäre Zielpublikum, junge verliebte Ehepaare oder Ehepaare im Bereich der Empty Nesters, angesprochen und zu Verkaufsgesprächen in Appartements geführt. Oft wurden im Verhältnis zum Gebrauchswert zu sehr hohen Preisen Objekte verkauft, weil der Moment, der romantische Eindruck des Ortes und auch die Verkaufstaktik der Verkäufer ihre Wirkung zeigten (vgl. zu Immobiliengeschäft und touristische Entwicklung auch AIEST 1995).

Heute konsolidiert sich die Branche. International tätige Großunternehmen steigen ein und es bestehen in Form des ARDA (**American Resort Development Organisation**) sowie der OTE (**Organisation für Teilzeitwohnrechte in Europa**) internationale Verbände, die Qualitätsnormen für ihre Mitglieder aufstellen. Auch die klassischen, gut etablierten Hotelkonzerne treten in die Branche ein. Hintergrund dafür ist das große Finanzierungspotenzial, dass sich in dieser Form der Beherbergung ergibt.

5.5.2. Beschäftigungsbetriebe/Unterhaltungsbetriebe

Unter **Beschäftigungsbetriebe** kann eine weite Gruppe verschiedener Unternehmen subsumiert werden, die alle dazu beitragen, dem Gast während des Aufenthaltes die Befriedigung seiner Motive zu ermöglichen. Entsprechend den Motiven der Touristen können diese Unternehmen gegliedert werden in:

- Sportunternehmen (Skigebiete, Golfplätze, Tenniscenter etc.);
- Kulturunternehmen (Theater, Museen etc.) ;
- Kongresszentren sowie Messeplätze;
- Shoppingcenter;
- Erlebnis- und Themenparks.

Alle diese Unternehmen müssen den Anforderungen eines Attraktionspunktes genügen. Sie müssen eine ausreichende Vielfalt der Beschäftigungsmöglichkeiten (Reaktion auf die Anforderungen an Multioptionalität), eine attraktive Atmosphäre, eine homogene Besuchergruppe im Sinne einer Community sowie eine laufende Weiterentwicklungs- und Erneuerungsfähigkeit bieten. Sie sind deshalb auf eine kritische Größe angewiesen.

Weitere wichtige Erfolgsfaktoren sind:

- **Optimales Kapazitätsmanagement**: So bestehen heute für die meisten Beschäftigungsunternehmen klare Kennzahlensysteme, z.B. für den Flächenbedarf eines Skifahrers bzw. die benötigte Transportleistung im Tag oder für Golfplätze die optimale Anzahl Golfspieler im Tag. Durch geeignete Maßnahmen des Visitormanagements, d.h. der Steuerung der Nachfrage durch Preismechanismen, Informations- und Reservierungssysteme, müssen allzu große Schlangen und Wartezeiten, aber auch Leerzeiten vermieden werden.

- Eine **optimale Dienstleitungsqualität** im Sinne einer integrierten Servicekette muss geboten werden können. Ziel muss auch eine möglichst weitgehende Zeiteffizienz des Erlebnisses sein (vgl. Trend zur Zeitoptimierung).

- Eine gewisse Mystik und Spannung durch eine Inszenierung beispielsweise die **Ausrichtung an einer „Geschichte"** in einer historischen Vergangenheit. Optimales Beispiel dafür ist ein Themenpark, der dem Besucher während dessen Aufenthalt quasi eine Lebensgeschichte erzählt.

5.5.3. Natur, Kultur und lokale Wirtschaft als Co-Produzenten

Die natürliche Umgebung bietet Sehenswürdigkeiten und Arenen für sportliche Betätigung, bspw. spektakuläre Seenlandschaften wie der Wolfgangsee oder schöne Skiberge. Die lokale Kultur bietet Anknüpfungspunkte für die Gestaltung von Attraktionspunkten in Form von Kulturdenkmälern aber auch lokalen Brauchtümern. Auch die lokale Wirtschaft bietet für den Tourismus teilweise Attraktionen; so sind bspw. die Boeing-Werke in Everett ein wichtiges touristisches Angebot für diese Region, das von Incoming-Operatorn auch von Seattle aus bearbeitet wird.

Die lokale Produktionswirtschaft, vor allem die Landwirtschaft und das Kunsthandwerk, bieten Produkte, die den Tourismusunternehmen vor Ort die Gestaltung einer Tourismusatmosphäre erleichtern. So ist in vielen Regionen das Frühstücksbuffet mit einer großen Zahl lokaler Produkte ein wichtiges Differenzierungsinstrument. Die lokalen Produkte sind jedoch auch wichtige Souvenirs. Vor allem aber gestalten die lokalen Produktionsbedingungen die natürliche Umgebung und das Ortsbild massiv mit.

Ein Küstenort ohne malerischen Fischerhafen oder ein Bergort ohne Landwirtschaftsbetriebe wirken steril. Das lokale Gewerbe liefert daneben Infrastruktur in Form von Serviceunternehmen und Shoppingmöglichkeiten.

Der Zusammenhang zwischen der Entwicklung einer Destination und der Natur, Kultur sowie lokalen Wirtschaft als Co-Produzenten beinhaltet eine heikle Gratwanderung: So ist der Tourismus oft auf diese **Co-Produzenten** angewiesen. Ein alpiner Skitourismus ist ohne die über Jahrhunderte von Menschenhand gestaltete alpine Kulturlandwirtschaft mit ihren schönen

Alpweiden schwer vorstellbar. Der Städtetourismus würde ohne die kulturellen Denkmäler und Angebote massiv reduziert werden (vgl. auch zum Aspekt der alpinen Kulturlandschaften Messerli 1989). Auf der anderen Seite werden diese Co-Produzenten durch die touristische Entwicklung massiv beeinträchtigt und geschwächt. Die Landwirtschaft wird teilweise durch die gestiegenen Bodenpreise, in Küstenregionen teilweise auch durch gestiegene Wasserpreise, verdrängt. Lokale Brauchtümer werden durch den Tourismus und den dadurch möglicherweise entstehenden Verlust lokaler Identität ihrer Wurzeln beraubt. Ein sorgfältiges, nachhaltiges Management der natürlichen, gesellschaftlichen und wirtschaftlichen Lokalressourcen ist damit notwendig. Es müssen dazu klare Politiken entwickelt werden (vgl. auch Kapitel 1). Diese Politiken müssen bereits bei der Planung einer Destination einbezogen werden. Eine Tourismusplanung muss deshalb partizipativ sein. Die UNWTO hat bereits entsprechende Grundsätze entwickelt (vgl. Abbildung 78).

Abbildung 78:   *Grundsätze des nachhaltigen Tourismus*

- Tourism planning, development and operation should be part of conservation or sustainable development strategies for a region, a province (state) or the nation. Tourism planning, development and operation should be cross-sectoral and integrated, involving different government agencies, private corporations, citizen groups and individuals thus providing the widest possible benefits.
- Agencies, corporations, groups and individuals should follow ethical and other principles which respect the culture and environment of the host area, the economy and traditional way of life, the community and traditional behavior, leadership and political patterns.
- Tourism should be planned and managed in a sustainable manner, with due regard for the protection and appropriate economic uses of the natural and human environment in host areas.
- Tourism should be undertaken with equity in mind to distribute fairly benefits and costs among tourism promoters and host people and areas.
- Good information, research and communication on the nature of tourism and its effects on the human and cultural environment should be available prior to and during development, especially for the local people, so that they can participate in and influence the direction of development and its effects as much as possible, in the individual and the collective interest.

- Local people should be encouraged and expected to undertake leadership roles in planning and development with the assistance of government, business, financial and the collective interest.
- Integrated environmental, social and economic planning analyses should be undertaken prior to the commencement of any major projects, with careful consideration given to different types of tourism development and the ways in which they might link with existing uses, ways of life and environmental considerations.
- Throughout all stages of tourism development and operation, a careful assessment, monitoring and mediation program should be conducted in order to allow local people and others to take advantage of opportunities or to respond to changes.

Quelle: Globe 90 Conference, Tourism Stream, Action Strategy for Sustainable Tourism Development, Vancouver BC, Canada. As quoted in WTO 1993, 40

5.6. Forschungsfall: St. Moritz oder Graubünden? – Von kleinen zu grossen Akteuren: Restrukturierung touristischer Destinationen (Th. Bieger & St. Reinhold)[5]

5.6.1. Einleitung

Graubünden, die grösste Tourismusregion der Schweiz hat nach Jahren rückläufiger internationaler Marktanteile beschlossen sein Destinationsmarketing zu überarbeiten. Seit den Anfängen des Tourismus vor mehr als hundert Jahren ist das Destinationsmarketing Verantwortung von lokalen DMOs. Diese kleinen bis mittelgrossen Organisationen sind meist privat organisiert. Dennoch sind sie stark von der Unterstützung lokaler Politik und von öffentlichen Geldern abhängig. Oftmals sind sie zu klein und verfügen über zu wenig Ressourcen um mit ihren Marketingaktivitäten eine kritische Masse zu erreichen. Mit einer neuen Struktur basierend auf Regionen, die sich aus mehreren Gemeinden zusammensetzen soll ein Wandel hin zu grösseren DMOs vollzogen werden. Diese Organisationen benötigen finanzielle Ressourcen, die es ihnen erlauben, im internationalen Wettbewerb zu bestehen. Spezielle Herausforderungen im Rahmen der neuen Struktur bestehen hinsichtlich dreier Punkte: (a)

---

[5] Dieser Forschungsfall basiert auf einer Studie für das Amt für Wirtschaft des Kantons Graubünden: Bieger, T./Laesser, C./Weinert, R. (2006): Wettbewerbsfähige Strukturen und Aufgabenteilung im Bündner Tourismus, St. Gallen: IDT-HSG.

Definition von Minimalbudgets; (b) Definition von Destinationsräumen; (c) Management des Transformationsprozesses.

5.6.2. Kontext – Tourismusentwicklung in alpine Regionen der Schweiz

Graubünden ist eine typische schweizer Alpenregion. Der Kanton Graubünden besteht aus rund 190'000 Einwohnern, 150 Tälern und 206 Gemeinden. Neben dem Tourismus, wird die Wertschöpfung des Kantons primär durch zwei grössere, internationale Industrieunternehmen, die Strom- und Wasserkraftwerke sowie die Bauindustrie erbracht. Die Traditionelle Landwirtschaft als Haupteinnahmequelle vieler Bündner Familien verliert immer mehr an Bedeutung

Die Anfänge des Tourismus in Gaubünden, in Form von Gesundheits- und Heilbadtourismus datieren mehr als zweihundert Jahre zurück – insbesondere in den beiden Orten Davos und St. Moritz, die Weltruf erlangt haben. Als Konsequenz des florierenden internationalen Tourismus mit Schwerpunkt im Sommer wurde Graubünden mit einem umfänglichen Eisenbahnnetz erschlossen, dass die bedeutendsten Täler und Ortschaften seit 1912 erschliesst.

Es ist der Innovationskraft eines Hoteliers aus St. Moritz zu verdanken, der britische Touristen einlud, ihre Winterferien in den Alpen zu verbringen, dass Graubünden im ausgehenden 19. Jahrhundert zu einer der ersten alpinen Wintersportdestinationen wurde. Mit der fortschreitenden Verbreitung des Winter- und speziell des Skisports in den frühen 1920er-Jahren, entwickelten sich die Wintermonate zu einer zweiten starken Tourismussaison in Graubünden. Die zweiten olympischen Winterspiel und zugleich die ersten nach dem zweiten Weltkrieg wurden in St. Moritz ausgetragen. Seit den 1960er-Jahren hat sich im Kanton ein Netzwerk von annähernd 60 Skidestinationen entwickelt. Damit entwickelte sich der Winter zur wirtschaftlich bedeutendsten Jahreszeit für Graubünden.

Neben zunehmendem Reichtum der Bevölkerung in Nahmärkten wie den Industrie- und Dienstleistungszentren der Schweiz und Süddeutschland, begann der Zweitwohnungsmarkt zu boomen. Aktuell bestehen rund 42% aller touristischen Bettenkapaziäten in Form von Zweitwohnungen. Als Folge dieser Entwicklungen beschränkte sich das Bündner Tourismusmarketing mehr und mehr auf den deutschsprachigen Markt und Wiederholungsgäste – d.h. Marktsegmente, die kaum Marketing bedürfen und einfach zu erreichen waren. Nur zwei grosse Akteure, hauptsächlich St. Moritz und Teile des Obergadin sowie Davos und Klosters konnten sich relevante Anteile an internationalen Gästen sichern.

Mit der Globalisierung des Tourismus, demographisch bedingten Problemen in den deutschsprachigen Hauptmärkten und negativen Effekten der Zweitwohnungen (wie bspw. starke Saisonalität und fehlende Anreize zur Investition in Hotelinfrastruktur), litt der Tourismus in Graubünden unter sinkenden Frequenzen. Verglichen mit anderen alpinen Regionen wie dem Wallis oder dem Tirol verlor Graubünden an Marktanteil. Strukturelle Probleme wie ungenügende Auslastungen im Hotelsektor und in den Wintersportgebieten soften dafür, dass die Fähigkeit zur Finanzierung notwendiger Investitionen geschwächt wurde. Die langfristige Wettbewerbsfähigkeit Graubündens war in Gefahr.

5.6.3. Marketingstrukturen

Der Tourismus im heutigen Sinne startete in der Schweiz im späten 19. Jahrhundert mit der Entwicklung von grossen Kurhäusern in der sogenannten Belle Époque. Die Touristen jener Zeit waren Wohlhabende und Adlige, die mehrere Wochen in den Kurorten verbrachten. Mit dem Aufkommen von modernen Massentransportmitteln wie der Eisenbahn entwickelte sich ein Massentourismus und der Gesamtmarkt wuchs. Die bisherige Mund-zu-Mund-Werbung durch zufriedene Kunden reichte nicht mehr aus. Marketinginvestitionen wurden notwendig. In der Folge wurden kooperative Marketingstrukturen entwickelt. Die erste DMO auf Gemeindeebene wurde in St. Moritz gegründet. Der Tourismusförderverein St. Moritz entstand 1864 in der Rechtsform eines Vereins. Auf kantonaler Ebene entstand Graubünden Tourismus 1909. Als Reaktion auf die Wirtschaftskrisen in den späten 1920er-Jahren wurde auf nationaler Ebene Schweiz Tourismus gegründet. In den kommenden Jahrzehnten entwickelte sich eine mehr und mehr diffizile Arbeitsteilung zwischen den Tourismusorganisationen auf unterschiedlichen Ebenen. Fernmärkte wurden von Schweiz Tourismus bearbeitet, Graubünden Tourismus war zuständig für die Markenentwicklung für den Gesamtkanton und die Präsenz in europäischen Märkten, die speziell für die kleineren Destinationen von Bedeutung sind. Zur gleichen Zeit vermarkteten sich die grossen touristischen Destinationen wie St. Moritz, Davos oder Aros selbstständig mit interkontinentalen Marketingaktionen und eigenständigem Brand Management.

Die Kooperative Tourismusstruktur wurde durch zwei Arten von Tourismussteuern finanziert:

- Steuern pro Übernachtung, die der Gast begleicht (Kurtaxe), und

- Mehrwertsteher (MwST), die von lokalen touristischen Unternehmen in Relation zu Abhängigkeit vom Tourismus und deren Wertschöpfung (oftmals gemessen in Anzahl Vollzeitmitarbeiter) entrichtet wird.

Diese Tourismusabgaben unterstanden der örtlichen Verwaltung und Gesetzgebung. Daher verwalteten die Gemeinderegierungen die erhobenen Tourismussteuern, was strategische Marketingarbeit auf regionaler oder gar kantonaler Ebene sehr schwierig, wenn nicht gar unmöglich machte.

Mit dem abnehmenden Marktanteil alpinen Tourismuses stieg der Druck für kooperative Marketingaktivitäten in Graubünden. Namentlich die grossen Hotelbetriebe und Wintersportgebiete äusserten ihre Zweifel an der Effektivität und Effizienz der Marketingkooperationen. Eine Studie im Auftrag des Vorstehers des Amts für Wirtschaft förderte mehrere Schwachstellen der bisherigen Kooperationsstrukturen im Marketing zu Tage:

- Ineffiziente Strukturen mit 86 Tourismusorganisationen, die 29'310 Vollzeitangestellte beschäftigen und von total 428 Vorstandmitglieder verwaltet werden und über ein durchschnittliches Budget von CHF 400'000 verfügen.

- Ungenügende Marketingbudgets mit CHF 200'000 flexiblem Marketingbudget pro Organisation.

- Zu viele Marken mit mehr als 30 touristischen Marken, die durch ungenügende Verkaufsaktivitäten und -strukturen gestützt werden, und in Konsequenz zu viel Gewicht auf schwache Marketinginstrumente.

- Austauschbare Produkte mit zu geringer Marktwirkung

- Unzureichende Kompetenzen und Ressourcen um neue Märkte zu erschliessen und entwickeln.

5.6.4. Neue Destinationspolitik

Der Zuständige Regierungsrat für Wirtschaft und Tourismus entschied sich ein weitreichendes Restrukturierungsprojekt für Destinationen des Kantons ins Leben zu rufen. Die Hauptziele umfassten:

- Signifikante Reduktion der Anzahl Destinationsmarketingorganisationen auf fünf bis acht Stück;

- Sicherstellung eines Minimalbudgets und flexibler Marketingressourcen um eine kritische Marktgrösse für die Entwicklung neuer Märkte zu erreichen;

- Reduktion der Anzahl touristischer Marken und Fokussierung auf die stärksten durch gestärkte Verkaufskompetenzen und -anstrengungen.

- Positionierung von Graubünden Tourismus als Plattform für kleinere und schwächere Tourismusorte und -regionen um einem minimale Marketingabdeckung und Informationsdienstleistungen im ganzen Kanton Graubünden sicherzustellen.

Die Hauptherausforderung stellte das Management des Veränderungsprozesses dar. Die technische Argumentation für die Veränderung der bestehenden Strukturen musste mit staken Anreizen und politischer Taktik gestützt werden um die vielen Vorstandsmitglieder mit politischen Kontakten und Beziehungen im ganzen Kanton von der Notwendigkeit der Veränderung zu überzeugen. In der Folge wurde als erste Massnahme nicht die verschiedenen kleinen DMOs geschlossen. Stattdessen behielten sie gewisse Funktionen im Rahmen der Region wie etwa die Entwicklung von Produkten und Lobbying auf Gemeindeebene. Um wirkungsvolles Marketing im Sinne des Veränderungsprozesses zu bewirken, bedurfte es jedoch neuer Destinationsorganisationen die Regionen bedienen, die mehr als zwei Millionen Übernachtungen pro Jahr aufweisen. Zusätzliche Fördergelder des Kantons wurden angeboten um die Bildung dieser Organisationen zu unterstützen. Als Bedingung für den Bezug der Fördergelder verlangte der Kanton von den Antragstellern einen konzisen Businessplan für den Veränderungsprozess in der Destination. Des weiteren wurde die bisherige Besteuerung im Tourismus durch eine Kurtaxe und eine Tourismusförderabgabe ersetzt um eine effizientere Verwaltung und Sicherung der Finanzierung zu ermöglichen. Kantonsweit besonders betroffen von der neuen Steuerregelung waren Zweitwohnungseigentümer.

Abbildung 79:   Neue Destinationsstrukturen im Graubünden

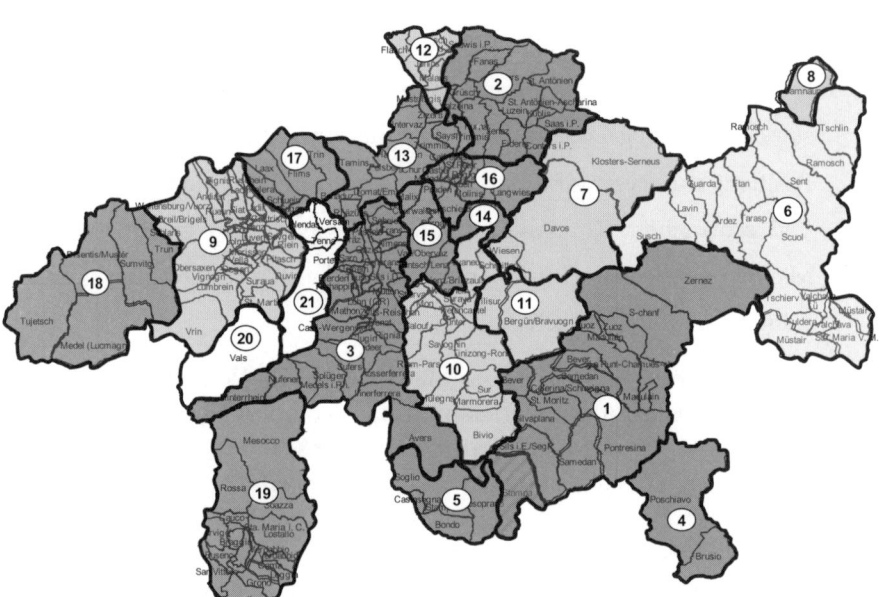

Quelle: AWT (2008)

Erklärung: (1) Engadin St. Moritz, (2) Prättigau, (3) Viamala, (4) Valposchiavo, (5) Bregaglia, (6) Nationalparkregion, (7) Davos Klosters, (8) Samnaun, (9) Mittlere Surselva, (10) Savognin, (11) Bergün/Filisur, (12) Bündner Herrschaft, (13) Chur, (14) Arosa, (15) Lenzerheide, (16) Schanfigg, (17) Flims Laax, (18) Disentis Sedrun, (19), Moesano, (20) Vals, (21) Safiental

5.6.5. Die „neue Destination" als wettbewerbsfähige Marketingeinheit

Die neuen, nun bedeutend grösseren Destinationen werden der neue Kern des Marketings in Graubünden. Sie sollen mit den Lokalen DMOs zusammenarbeiten und sich auf Markenpositionierung und aktiven Verkauf konzentrieren. Um die Arbeit dieser Organisationen zu professionalisieren und benchmarken wurde eine standardisierte Liste mit Aufgaben und Minimalbudgets entworfen. Des Weiteren wurden Fachpersonen und kompetente Destinationsmanager eingestellt.

Abbildung 80: Aufgaben und Budget einer DMO

Aufgabenkategorien	Territoriale Aufgaben	Produktaufgaben
Planung/ Konzeption	1. Territoriales Tourismus- bzw. Marketingkonzept/ **Marketingstrategie**	1. **Vorausschauende Angebotsgestaltung und –Koordination** (Ideen generieren und mit Partnern konzipieren) und damit Gestaltung neuer vermarktbarer Produkte 2. **Schaffung von Plattformen für Kooperationen** (Support für die kooperationswilligen Leistungsträger)
Angebotsgestaltung/ Marketing nach aussen	2. **Sicherstellung Markenmanagement** hinsichtlich Pflege, Positionierung, Kooperationen, usw. 3. **Aufarbeitung**/ Zusammentragung relevanter touristischer **Informationen**, elektronisch (Basis) und ausgedruckt 4. Betrieb einer **territorial abgegrenzten Info-Stelle/ Call Center/ Portal** (evtl. in betrieblicher/ technologischer Kooperation); Sicherung von Marktzugängen über sämtliche verfügbare Medien (Druck, elektronisch); Technologisierung der Kundenkommunikation 5. **Promotion** (insbesondere Werbung und Öffentlichkeitsarbeit) **des Destinationsraums** mittels Inhalten als Folge konkreter Angebote und in Anlehnung an parallele Kampagnen; damit verbunden **intensive Betreuung von Journalisten und Versorgung der Medien mit Inhalten** 6. Konzeption eines Standards zur Bildung und Management von **Produkt- und Leistungsplattformen** (als Grundlage zu potentiellen Produktaufgaben), inkl. Aufbau und Management von produktspezifischen Austauschplattformen	3. **Erweitertes Produkt-Management** für Produkte der Destination (inkl. Kooperationskennzeichnung) 4. Aufbau und Management von produktspezifischen **Austauschplattformen** 5. **Kommunikation von segmentspezifischen Angeboten** (Plattformen) -> vgl. territoriale Aufgabe 6. **Promotion** segmentspezifischer Angebote (Schwergewicht: Verkaufsförderung und Verkauf) 7. Intensive **Betreuung** produktspezifischer **Journalisten und Versorgung der Medien mit Inhalten** 8. Intensive **Betreuung** produktspezifischer **Hauptkunden, Reiseveranstalter und Reisebüros**

Aufgabenka-tegorien	Territoriale Aufgaben	Produktaufgaben
	7. **Koordination** der Beziehungen und damit Schaffung von Synergien für untergeordnete Partner, insbesondere gegenüber Medien (**Key Media**) und Absatzmittlern und -helfern (**Key-Accounts**)	
	8. **Organisations- und Vermarktungssupport** bei überregionalen Events im Territorium mit einer mindestens minimalen Reichweite	
	9. **passiver Verkauf**	
Marketing nach innen/ Interessens-vertretung	10. Vermittlung von touristischem **Know-how**, insbesondere Marktforschung	
	11. **Vertretung** der eigenen Interessen	
	12. **Förderung Tourismusbewusstsein** (bspw. mittels Druckbeilagen, attraktive GVs, Tag der offenen Türen) **Pflege von Kontakten** zur öffentlichen Hand	
	13. **Koordination touristischer Interessen** der Partner	

Quelle: Bieger/Laesser/Weinert 2006

Bis jetzt haben drei der vorgesehenen fünf bis sieben Destinationen ihren Betrieb aufgenommen. Die ersten DMOs, die gemäss Aufgabenteilung und dem Budget in der obigen Tabelle arbeiten sind aus Zusammenschlüssen der grossen Destinationen mit den umliegenden kleineren DMOs entstanden. Diese kleineren Organisationen profitieren dadurch von einer bereits existenten und starken Regionalmarke und der Destinationsmanagementkompetenz der grösseren DMOs. In Regionen mit schwächeren Destinationen war eine Transformation in eine neue DMO möglich weil keine starken und rigiden Strukturen ersetzt werden mussten. Darüber hinaus realisierten die Ortschaften dass von den professionelleren Strukturen und den grösseren Ressourcen nur profitieren können. Im Gegensatz zu den soeben beschriebenen Regionen, erweist es sich in anderen Gebieten mit verschiedenen mittelgrossen Destinationen ohne zentrale, starke Marke schwierig den Transformationsprozess voranzutreiben. Ortschaften wie Disentis oder Savognin haben ihre eigenen funktionierenden DMOs die sie nur ungerne aufgeben würden. Sie sind abgeneigt, ihre Autonomy für noch nicht greifbare, abstrakte Vorteile aufzugeben.

5.6.6. Konklusion und nächste Schritte

Die neue Destinationsstruktur Graubündens ist die richtige Antwort für Destinationen und Tourismusregionen auf die zunehmende Globalisierung der touristischen Märkte und steigende Marketingkosten. Die oben dargestellte Tabelle mit Aufgaben und Minimalbudgets dient als eine Art Rollenmodell für eine moderne Destinationsmarketingorganisation. Jedoch zeigt die Entwicklung in Graubünden die inherenten Probleme des Veränderungsprozesses bei dezentralisierten Finanzierungsstrukturen. Ein wesentlicher nächster Meilenstein wird die Einführung des neuen Tourismussteuersystems mit der Kantonalen Tourismusabgabe sein. Dieses neue Besteuerungssystem muss sich aber erst noch in einer kantonalen Abstimmung bei Volk durchsetzen.

Der Regierungsrat steht nun vor der grossen Herausforderung einen Verteilschlüssel für die Distribution der kantonalen Tourismusabgaben zu entwickeln. Der Verteilschlüssel muss gleichzeitig die Akzeptanz der kleinen Gemeinden finden, die zentralere Verwaltung des Tourismus sicherstellen und den Transformationsprozess der Destinationen vorantreiben.

6. Teilsystem Reisemittlung

6.1. Definition und Funktionen

Die **Reisemittlung** (nach Kaspar 1996, 88 „beziehungsbildende Tourismusunternehmen") stellt die Beziehung zwischen der Nachfrage und dem Tourismusangebot, das heißt den Destinationen und den notwendigen Verkehrsleistungen, her. Diese Mittlerfunktion ist im Tourismus von besonderer Bedeutung, geht es doch darum,

- ein hoch abstraktes Produkt (die Qualität des intangiblen Dienstleistungsproduktes kann erst nach der eigenen Konsumerfahrung beurteilt werden),
- über große physische Distanzen (Teilleistungen müssen über zum Teil Tausende von Kilometern koordiniert werden)
- und unterschiedliche politische/rechtliche Systeme (die Gesetze über den Verkauf und die Vermittlung von Dienstleistungen variieren trotz GATT 2 beträchtlich)

verfügbar zu machen.

Dem Bereich der Reisemittlung kommen deshalb besondere Funktionen zu (vgl. auch Roth 2000, 420; Pompl 2000, 73ff.; zu den allgemeinen Funktionen des Handels vgl. Rudolph 2000):

- Die **Kombinationsfunktion**: Speziell im Tourismus, dessen Produkte immer Kombinationen verschiedener Teilleistungen darstellen, müssen Leistungen mit hoher Fachkompetenz immer kundenspezifischer zusammengefügt werden. Der Trend geht im Sinne des Customizing von den ursprünglich auf Massenmärkte ausgerichteten Pauschalreisen (Elemente Reise und Hotel) über segmentspezifische Packages (Elemente Reise, Hotel und Erlebnisse) zu individuell zusammenstellbaren Modulen.

- Die **Sortimentsfunktion**: Der Kunde muss einzelne Teilleistungen oder ganze Packages verschiedener Hersteller oder Zielgebiete vergleichen können. Der Trend geht hier nachfrageseitig in Richtung möglichst flexibler Zusammenstellung von Teilleistungen verschiedener Mittler. Angebotsseitig versuchen die Mittler jedoch, die Kunden in ihren Systemen zu behalten. Das versuchen sie zu erreichen, indem sie einerseits möglichst breite Sortimente „in House" bieten, andererseits indem sie Distributionskanäle zu dominieren versuchen, um die Konkurrenz auszuschalten. Eigene Retailketten oder eigene Internet-Portale sind Ausdruck dieses Phänomens.

- Die **Informationsfunktion**: Informationen über die aktuelle Eignung, Verfügbarkeit etc. müssen vermittelt werden. Der Trend geht dabei in Richtung immer detaillierterer „Just in time"-Informationen. Eine Konvergenz zwischen elektronischen Reiseführern und internetgestützten Destinationsinformationssystemen ist abzusehen. So werden möglicherweise bald auf Mobiltelefonen gespeicherte Hintergrundinformationen einen Link zu den Websites von Tourismus-Informationsstellen aufweisen und so z.B. die aktuellsten Öffnungszeiten verfügbar werden lassen.

- Die **physische/logistische Distributionsfunktion**: Reservationen müssen übermittelt, Reservationsbestätigungen, wie Vouchers, verfügbar gemacht werden können. Während früher Papierdokumente wie Fax-Bestätigungen für Reservationen oder Papiervoucher dominierten, ist heute ein Trend in Richtung ticketloser Services festzustellen. Mit einer persönlichen Legitimation (z.B. Auto-Fahrausweis) und eventuell einer Reservationsnummer kann der Kunde seine elektronisch gebuchte Leistung einfordern.

- Die **Inkassofunktion**: Zahlungen müssen über rechtliche Systemgrenzen vermittelt werden. Immer mehr stehen hier Steueroptimierungsmöglichkeiten im Vordergrund des Interesses. Die Ausschöpfung derselben bedingt jedoch, dass die Teilleistungen im selben Unternehmenssystem erbracht werden. Indem beispielsweise für Hotelleistungen, die vom gleichen Unternehmen erbracht werden, hohe Verrechnungspreise belastet werden, kann jeglicher Gewinn im steuerlich hoch belasteten Land vermieden und ins Land des Hotelstandortes mit niedriger Steuerbelastung verlagert werden.

Meist werden als Sicherheit für die Reservation Anzahlungen verlangt. Damit stehen dem Reisemittlungssystem konstant beträchtliche liquide Mittel zur Verfügung, die gewinnbringend angelegt werden können – und in Anbetracht der schrumpfenden Margen auch angelegt werden müssen.

Die verschiedenen oben beschriebenen Trends führen zu Vorteilen für größere Reisemittler-Unternehmen, beispielsweise:

- größere Einkaufsmacht und damit bessere und günstigere Teilleistungen,

- bessere Möglichkeiten, Umsätze im eigenen System zu behalten – der „Wert des Kunden" kann voll ausgenutzt werden,

- bessere Möglichkeiten, große Investitionen in die Informationsinfrastruktur zu tätigen,

- bessere Möglichkeiten für eine Optimierung der logistischen Prozesse mit den entsprechend notwendigen Investitionen,
- grössere Bekanntheit durch starken Brand und word of mouth (im Sinne von kundenseitigen Netzeffekten) - was insbesondere auch für webbasierte Anbieter mit Buchungsplattformen von grosser Bedeutung ist.
- bessere Möglichkeiten im Finanzmanagement.

Aus der Sicht der Tourismusunternehmen, insbesondere der Airlines und der Hotelketten und immer mehr auch Mitewagenfirmen und Unterhaltungsangebote, wie Themenparks, erfüllt dass **Mittlersystem** eine wichtige **Markterschließungs- und Propagandafunktion**. Nur dank Internet oder Reisebüros ist es ihnen möglich, mit ihren Produkten direkt beim Verbraucher präsent zu sein. Entsprechend wurden in der Vergangenheit Leistungen der Mittler über Kommissionen, zum Beispiel bei Flugtickets 10% des Ticketpreises, durch die Leistungsersteller finanziert.

Abbildung 81: *Finanzierungsstrukturen des Mittlersystem*

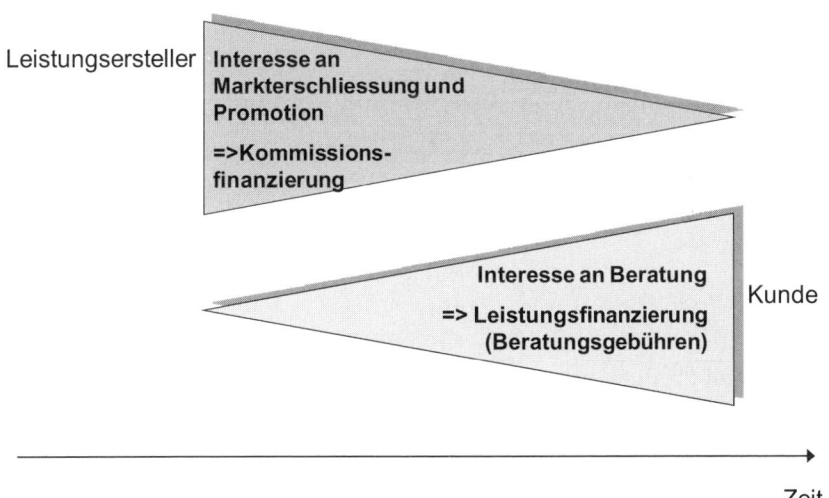

Das Internet schafft heute die Möglichkeit, die klassische Reisemittlung zu umgehen. Die **Leistungsersteller** stehen unter Kostendruck und nutzen vermehrt alternative, günstigere Distributionswege. Sie reduzieren die Kommissionen und dadurch die Kosten des Mittlersystems, da es für sie an Bedeutung verloren hat. Gleichzeitig hat das Internet die Verfügbarkeit von Informationen für den Kunden verbessert. Umgekehrt ist der Kunde jedoch mit einer immer größeren Angebotsvielfalt (neue Destinationen, flexible Tarifstrukturen der Anbieter etc.) konfrontiert, reist weiter in ihm unbekannte Regionen und hat weniger Zeit. Der Nutzen des Mittlungssystems für den Kunden besteht immer noch bei

- komplexen Leistungen wie Flüge mit vielen Umsteigeverbindungen,

- Reisen mit hohem Beratungsbedarf, beispielsweise an unbekannte Destinationen,

- bei hohen Convenience oder Kostenoptimierungsbedarf wie für vielfliegende Geschäftsreisende.

Kommissionsfinanzierung wird deshalb zunehmend durch nutzerorientierte Leistungsgebühren wie Buchungs- oder Beratungsgebühren ersetzt (vgl. Abbildung 81).

6.2. Grundkonfiguration des Systems Reisemittlung

Die traditionelle Konfiguration des Systems Reisemittlung kann wie folgt beschrieben werden (vgl. Bieger 2002, 24):
Reise-Mittler erfüllen für Produzenten und Konsumenten wichtige Funktionen:

⇒ **Reisebüro:**

    für den Konsumenten
- Beratung
- Sortimentsfunktion (verschiedene Produkte/Angebote liegen zum Vergleich auf)
- Garantie/Servicefunktionen

    für den Produzenten
- Promotionsfunktion
- Inkassofunktion

⇒ **Tour Operators:**

    für den Konsumenten
- Pauschalisierung (Kombination von Einzelleistungen zu Gesamtprodukten)
- Garantie/Servicefunktionen
- Organisationsfunktion (Abwicklung der Reise)

    für den Produzenten
- Promotionsfunktion
- Auslastungssicherheit

Für die Beratungs- und Vermittlungsleistungen erhalten Mittler Kommissionen vom Produzenten, meist für den Tour Operator 20% und für das Reisebüro 10%. Trotzdem sind Leistungen wie Tickets oder Hotelübernachtungen für den Kunden beim Kauf über ein Reisebüro oft günstiger, da der Leistungsersteller Mengenrabatte gewährt und die Kommission übernimmt. Für den Produzenten wie z.b. das Hotel kann der Verkauf über Mittler immer noch attraktiv sein. Dies wegen des dadurch erschlossenen zusätzlichen Absatzmarktes sowie einer gewissen Auslastungssicherheit.

Abbildung 82:　Touristische Marktstrukturen im Vergleich

Alt: **Klare Strukturen**

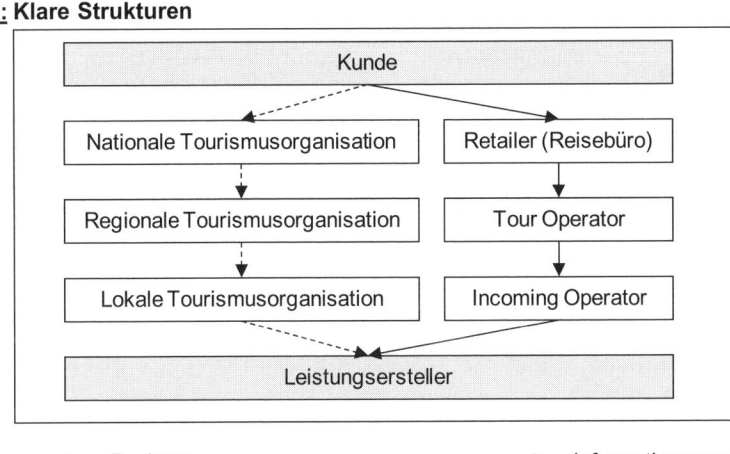

Neu: **„Alles geht" - Wettbewerb der Kanäle und Plattformen**

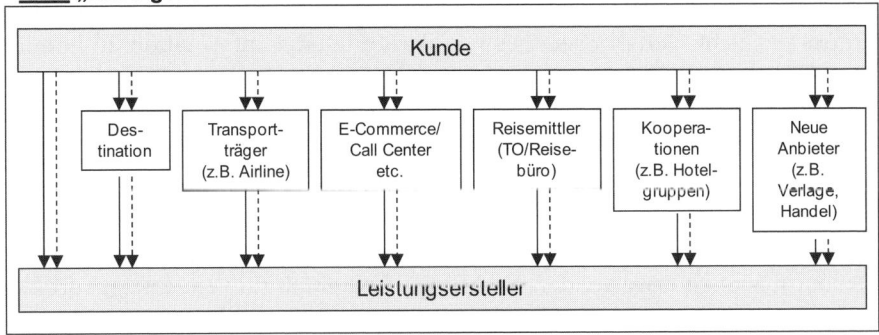

Quelle: Bieger/von Rohr 2000, 13

Mit neuen Kommunikationstechniken (zuerst Telex, dann Fax, heute Internet) und neuen Tourismusstrukturen (vgl. die neue Bedeutung und die neuen Aufgaben von Tourismusorganisationen, Abschnitt 5.6) gibt es heute eine Vielzahl möglicher Distributionswege (vgl. Abbildung 82).

Der einfachste Weg ist der **Direktverkauf** des Produzenten (z.B. eine Bergbahn) an den Gast. Diese Form des Verkaufs ist meist nur dann möglich, wenn keine Kapazitätsrestriktionen bestehen und der Kunde vor Ort ist oder wenn er das Angebot kennt und weiß, wie er es buchen kann. Als weiterer Schritt ist die Einschaltung eines neutralen Vermittlers, z.B. eines Verkehrsbüros, denkbar.

Auslandreisen an für den Kunden weniger bekannte Destinationen werden praktisch immer über mehrere Zwischenstufen gebucht. Dabei übernimmt das Reisebüro wichtige Funktionen wie Beratung und Information, Reservation, Buchung und Zahlungsabwicklung. Damit überbrückt es die große räumliche Distanz zwischen dem Anbieter (z.B. einem Hotelier im Ausland) und dem Kunden. Die technische Zusammenstellung der Reise, besonders bei Pauschalreisen, übernimmt der **Tour Operator**, der die Hotelkapazitäten vor Ort, gegebenenfalls die Sitzplätze im Flugzeug einkauft, Transfers organisiert, den Preis der Reise kalkuliert und einen Teil des Auslastungsrisikos trägt. **Incoming Operators**, die die Reiseabwicklung vor Ort organisieren, sind meist mittelgroße Reisebüros mit regionalen oder fachlichen Schwerpunkten (z.B. Spezialisierung auf japanische Reisegruppen). Für seine Beratungs- und Vermittlungsleistungen erhält das Reisebüro Kommissionen von Leistungspartnern oder Service-Gebühren vom Kunden.

Diese Distributionswege werden zum Teil flexibel gemischt. So werden z.B. Informationen im Reisebüro eingeholt, die Buchung wird dann aber möglicherweise über das Internet vorgenommen. Entsprechend sind heute aus Sicht der Anbieter **Mehrkanalsysteme** notwendig. Durch neue Geschäftsmodelle muss versucht werden, Services wie Beratung oder Information zu kommerzialisieren, da häufig immer noch nur die Vermittlung von Buchungen über Kommissionen zu Einnahmen führt.

Ein Ansatz geht in Richtung der Abgeltung des Kundenwertes des vermittelten Kunden. Für jeden Kunden kann aufgrund seiner soziodemografischen und/oder psychografischen Merkmale ein **Wert des Kunden** definiert werden. Dieser entspricht den abgezinsten (diskontierten) zukünftigen, aufgrund seiner Käufe zu erwartenden Cashflows. Vermittelt nun ein Informationscenter eine Kundenadresse oder ein Call-Center einen Kundenanruf an einen Leistungsersteller, so wird nicht mehr eine Kommission auf dem Umsatz, sondern ein Anteil des Kundenwertes vergütet (vgl. Bieger/Rüegg-Stürm 2002, 24).

6.3. Transformation des Systems Reisemittlung – Mediation und Disintermediation

Bisher wurde das **Reisemittlungssystem** zusammenhängend weitgehend ohne Differenzierung auf einzelne Elemente wie Reisebüros oder Tour Operators beschrieben. Dies ist jedoch notwendig, da sich das ganze System **in einer Transformation** befindet, die unter anderem Grenzen zwischen den Sub-Branchen verwischt. Neben den bereits oben dargestellten Trends zur Konzentration (vgl. Abschnitt 6.3) und zur Flexibilisierung der Verkaufswege (vgl. Abschnitt 6.4) sind vor allem nachfolgende Entwicklungen prägend:

6.3.1. Horizontale und vertikale Integration

Reisemittler, vor allem Tour Operators, werden nicht nur größer. Sie spezialisieren sich zunehmend auch auf spezifische Reisearten (Special Interest Tour Operator) und preis- resp. qualitätsmäßiger Niveaus (vertikale Positionierungen, z.B. in Form von Billiganbietern). Nach einer Phase der Integration werden heute vermehrt auch andere Leistungsstufen wieder ausgegliedert. So haben beispielsweise die beiden grossen Tour Operator Kuoni und Hotelplan ihre Charterfluggesellschaften verkauft, LTU wurde in Deutschland beispielsweise von einem Tour Operator in die Fluggesellschaft Air Berlin integriert.

Abbildung 83: Integrations-Beispiele (Stand ca. 2005)

Tour Operator	Beispiele für horizontale Integration	Beispiele für vertikale Integration
Kuoni	Helvetic Tours (Billiganbieter)	Edelweiß Air (Chartergesellschaft)
Hotelplan	M-Travel (Billiganbieter), Esco Reisen	Belair (Chartergesellschaft), Horizonte Hotels
Tui	1-2-Fly (Billiganbieter), air-tours international	Hapag-Lloyd, Robinson Club Hotels, Riu
Thomas Cook	Air Marin Reisen	Condor, Iberostar Hotels

Eine Integration führt zu drei Herausforderungen:

- Integrierte TO's kumulieren Marktrisiken verschiedener Teilbranchen.

- Bei einer **zunehmenden vertikalen Integration** müssen gleichzeitig Transportrestriktionen (Gruppengrößen, gegeben durch Flugzeuggrößen,

Verfügbarkeit von Flugzeugen), Hotel- und Kapazitätsrestriktionen (Qualitätsniveaus, Destinationen, Vakanzen) und die Möglichkeiten des Marktes abgestimmt werden. Die Möglichkeiten zur Auslagerung des Auslastungsrisikos, zum Beispiel der Hotels, sind teilweise nicht mehr gegeben. Die Komplexität steigt, und die internen Transaktionskosten nehmen zu: Beispielsweise müssen Vortrittsregeln bestimmt werden, wie ob die Auslastung des Flugparks oder diejenige der Hotels Vorrang hat. Hierbei stößt man an Grenzen, wenn die Koordination über den Markt (vgl. auch Abschnitt 5.3) günstiger wird.

- Die Integration erfolgt häufig über Zukäufe, es entsteht damit rasch ein breites Konglomerat an Marken (vgl. Ludwig 2001). Marken haben im Tourismus eine wichtige Funktion. Sie vermitteln für an sich intransparente Produkte Vertrauen (vgl. allg. für Dienstleistungsprodukte Tomczak/Schögel/Ludwig 1998; für Destinationen Bieger 2002, 187ff. und für Tour Operators Ludwig 2001). Ein Tourismusprodukt besteht meist aus einem Markensystem mit drei Dimensionen: **Markenhierarchie des Mittlers**, **Marken der Leistungshersteller** und **Markenhierarchie des Zielgebietes**. Die Gestaltung des Markenportfolios ist deshalb anspruchsvoller als in einem Produktionsunternehmen, wo allenfalls zwei Dimensionen (Markenhierarchie des Endproduzenten und Marken der Bestandteile) relevant sind.

Abbildung 84:   Markensystem Tourismus

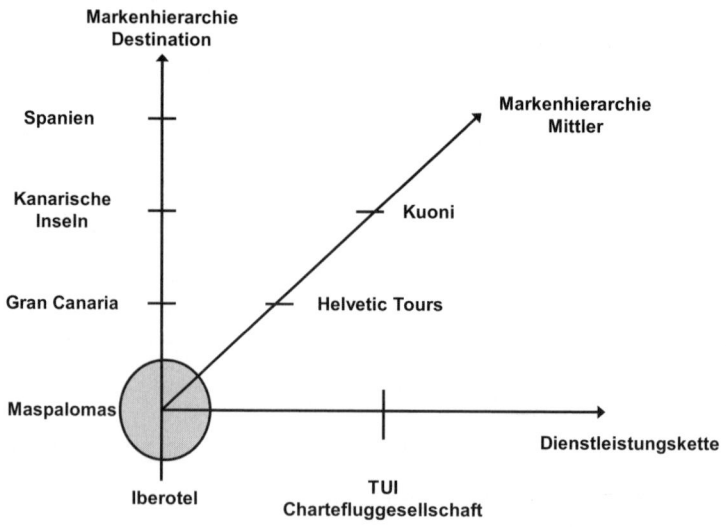

Die verschiedenen Marken beeinflussen sich in ihrer Konstellation (beispielsweise ein positiver Imagetransfer von Kuoni auf Helvetic Tours) und in der konkreten Produktekombination (gebündeltes Image, Vertrauen von Iberotel, Maspalomas und Helvetic Tours). Ein **Systemmodell** ist deshalb auch für das **Markenmanagement** angezeigt (vgl. Ludwig 2001).

Mittler nehmen in ihrer Markengestaltung auch eine Zwischenfunktion ein und haben für das Gesamtprodukt eine wesentliche Gestaltungsfunktion. Sie müssen ihr eigenes Markensystem gestalten. Dazu müssen sie geeignete **Markenportfolios** und **Markenarchitekturen** kozipieren. Andererseits müssen sie die Leistungsersteller (Fluggesellschaften etc.) und Zielgebiete auswählen, die mit ihrer Marke kompatibel sind.

6.3.2. Eintritt neuer Anbieter

Nicht nur die Grenzen zwischen Reisebüros, die oft auch selbst Reisepackages in Spezialgebieten gestalten, und **Tour Operators**, die zum Teil eigene Reisebüroketten betreiben, verwischen sich. Es treten auch immer mehr zum Teil branchenfremde Unternehmen in diesen Bereich ein. Beispiele sind:

- Medienverlage, Automobilhersteller etc., die durch die Organisation von Reisen ihre Kunden binden wollen;

- Post, Banken, Bahn, die durch den Verkauf von Reisen den Wert ihrer kundennahen Standorte „leveragen" wollen;

- End-Leistungselemente wie Hotels und Airlines, die durch den direkten Endkundenkontakt ihre Marktmacht ausbauen und Kommissionskosten sparen wollen.

Da diese neuen Marktteilnehmer im Reisemittlerbereich oft nur einen Deckungsbeitrag und keine Vollkostendeckung erreichen müssen, nimmt der Kostendruck im Mittlerbereich massiv zu.

6.3.3. Wettbewerb der technologischen Systeme

Die 80er und 90er Jahre können als große Zeit der „**Global Distribution Systems**" (GDS) bezeichnet werden. Meist von Seiten der Airlines initiiert, boten Systeme wie Amadeus, Apollo oder Galileo weltweit immer mehr Teilleistungen von Hotelübernachtungen, Airline Tickets bis zu Mietwagenreservationen an. Mit dem Aufkommen des Internets mussten diese Systeme Endkunden-Interfaces erstellen. Diese bieten breite Informationen online an (vgl. zum Beispiel „www.amadeusnet.com").

Mit dem raschen technologischen Wandel steigen jedoch die laufenden Anpassungskosten für diese Spezialsysteme. Gleichzeitig verfügen die Leistungersteller, beispielsweise die Airlines, mit dem Internet über einen direkten, kostengünstigen Endkundenzugang. Sie sind deshalb immer weniger bereit, die steigenden Kosten der GDS mit zum Teil hohen Reservationsgebühren mitzutragen (Southwest Airways verkauft Tickets praktisch ausschließlich über Internet). Gleichzeitig bieten die Hersteller von Standardsoftware (zum Beispiel Microsoft) günstige **Plattformen für touristische Reservationslösungen** an. Entscheidungen über die Investitionen in IT-Systeme werden deshalb insbesondere für Tour Operators immer wichtiger, aber auch risikoreicher.

6.4. Leistungsplattformen der Reisemittlung

Wie erwähnt, vermischen sich die Grenzen der verschiedenen Teilbranchen im Bereich der Reisemittlung. Traditionell wird jedoch zwischen „Retailern" (Detaillisten) und „Wholesalern" (Großhändler resp. Tour Operators) unterschieden.

- Detaillisten oder Reisebüros konzentrieren sich auf den **Endkundenkontakt**. Für sie ist eine möglichst große Nähe zum Kunden, sei es virtuell als elektronisches Reisebüro durch eine geeignete Platzierung seiner Portale oder physisch als klassisches Reisebüro durch geeignete Lage in den Quartieren, entscheidend. Im Zusammenhang mit den beschriebenen Transformationsprozessen werden nachfolgende Kompetenzen immer relevanter:
  - Kundenkompetenz (Aufbau und Pflege eines möglichst großen und qualitativ guten Kundenpotenzials);
  - Fachkompetenz (Beratungskompetenz in Bezug auf spezifische Destinationen oder Bedürfnisse spezifischer Kundengruppen; so sind Reisebüros denkbar, die sich bspw. auf einzelne Zielgebiete in Asien, auf spezifische Ferienarten wie Golfferien oder auf spezielle Bedürfnisse bspw. von Behindertenreisen spezialisieren).
- Tour Operators sind vor allem im Bereich der Kombination und Gestaltung von **Reiseprodukten** in Form von **Packages** tätig. Im Zusammenhang mit den oben beschriebenen Entwicklungen ist Nachfolgendes für sie besonders wichtig:
  - Informatikkompetenz;
  - Finanzkompetenz;

- operationelle Kompetenz;
- Einkaufsmacht/Größe.

Im Bereich der Reisebüros zeichnet sich im Moment eine Ausdünnung und Spezialisierung ab. Auch im Bereich des Tour Operating ist eine Konzentration und Spezialisierung vorherrschend. Dies lässt sich an der Entwicklung der Struktur des Marktes Deutschland aufzeigen, in welchem die Anzahl der Tour Operators ebenfalls abgenommen hat und eine Konzentration auf die Größten statffindet (vgl. Abbildung 85).

Detaillisten und Tour Operators sind heute mit Buchungsplattformen im Internet präsent. Zusätzlich gibt es heute Reise-„Portals", die den Zugang zu verschiedenen Reiselösungen und -Teilangeboten ermöglichen. Oft finanzieren sie sich auch über Kommissionen und/oder Banner-Werbung. Sie erfüllen damit „virtuelle" Reisemittlerfunktionen. Beispiele dafür sind ebookers.com oder expedia.com

Abbildung 85:   Tour Operators Deutschland 1999

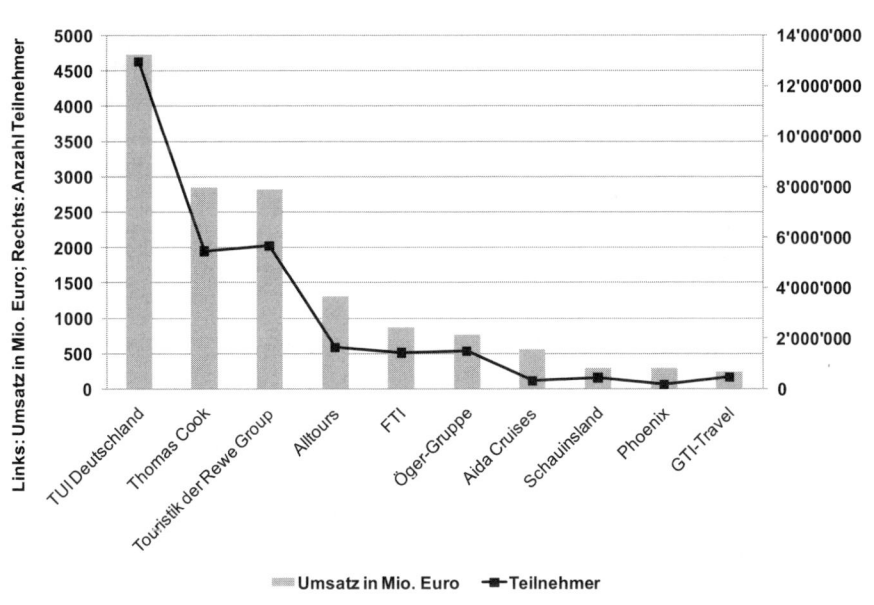

Quelle: FVW Dossier 2008

6.5. Forschungsfall: Desintermediation im Tour Operating: Rei-severanstalter quo vadis? (Ch. Laesser)[6]

Tour Operators stehen aufgrund der durch das Internet getriebenen Disinter-mediation vor einer Reihe von Herausforderungen. Eine aktuelle Studie auf Basis der Daten zum Reisemarkt Schweiz zeigt nun für Tour Operators (TO) alternative Stossrichtungen auf. Im Zentrum der Studie stand folgende Frage: Welche Faktoren verändern ceteris paribus (d.h. unter der Annahme, dass alle anderen Faktoren unverändert bleiben) die Wahrscheinlichkeit wie stark, dass jemand eine Reise eines Tour Operators kauft statt sie selbst zu organisieren?

Verschiedene, etwas ältere Studien geben erste Rückschlüsse hierauf. Neben der Soziodemographie der Reisenden spielen v.a. die Reisedauer, die Grösse der Reisegruppe, zurückliegende Reiseerfahrungen, Reisemotivation und Preise bzw. Kosten einer Reise eine zentrale Rolle. So sind Leute, die ein An-gebot eines Tour Operators buchen, in der Tendenz etwas älter, die Reisen sind im Durchschnitt eher kürzer und die Zahl der Reisenden (aus dem glei-chen oder in Beziehung stehenden Haushalt) ist vergleichsweise klein. Dar-über hinaus werden Destinationen aufgesucht, welche den Reisenden unbe-kannt sind oder an welchen sie Angebote nutzen, die hochgradig kommodifiziert sind (bspw. Strandferien). Bezüglich Reisemotivation ist fest-stellbar, dass insbesondere der Wunsch nach einem flexiblen und sich selbst entwickelndem Reiseplan klar gegen die Wahl eines Tour Operators spricht. *Für* die Wahl eines Tour Operators spricht dagegen der Wunsch, möglichst wenig Risiken (bspw. nicht planbare Ereignisse) einzugehen.

Wie die vorliegende Studie auf Basis der Daten zum Reisemarkt Schweiz 2004 zeigt (eine aktuelle Version mit Daten von 2007 ist derzeit in Ausarbeitung und wird diesen Spätsommer veröffentlicht) können internationale Studiener-gebnisse nur bedingt auf unser Land übertragen werden. Zunächst: etwa 34% aller Reisen der Schweizer Wohnbevölkerung werden von einem Tour Opera-tor organisiert. Wie nachstehend gezeigt wird, erhöhen gewisse Faktoren die Wahrscheinlichkeit (WS) einer Tour Operator Buchung (TO-Buchung), andere reduzieren sie (ceteris paribus).

---

[6] Basierend auf folgender Publikation: Laesser, Ch./Wittmer, A. (2008): Predicting Packaged Holiday Purchases — The case of a ma-ture market (Switzerland). Paper zur Jahreskonferenz der Australian New Zealand Marketing Academy, Sydney 01.-03. Dezember 2008.

Soziodemographie: Anders als in anderen Studien spielt das Alter für die WS einer TO-Buchung keine Rolle. Ein soziodemographischer Effekt ist lediglich bei der Ausbildung festzustellen: ein Abschluss in einer tertiären Bildungseinrichtung reduziert die WS einer TO-Buchung, um -39% (Fachhochschule) bzw. -49% (Universität). Dies hängt möglicherweise damit zusammen, dass Studenten generell weniger als andere bei TO buchen (-65%; oder dann erst nach Ankunft in der Destination) und dieses Verhalten sich auch nach dem Studium fortsetzt. Kein Effekt konnte festgestellt werden bzgl. der Reisedauer sowie der Gesamtausgaben pro Tag. Dagegen erhöht die Wahl eines Charterfluges oder Busses als Hauptreiseverkehrsmittel die WS um das 11-fache bzw. 23-fache! Zum Vergleich: „klassische" Beach Destinationen wie Spanien oder Griechenland erhöhen die WS lediglich um das 2-fache bzw. 3-fache, der Reisetyp Beach Holiday dagegen nur um knapp 30%. Das Motiv „Sun und Beach" reduziert die WS einer TO-Buchung sogar um knapp -30%. Dies heisst letztlich nichts anderes, dass zunächst nur die kommodifizierte Leistungskombination Transport und Unterkunft (und die damit verbundene Convenience) zur Nachfrage nach Tour Operator Leistungen beiträgt und nicht das Bedürfnis nach Sonne und Strand per se, welches auch anders befriedigt werden kann). Im Zuge der Disintermediation ist aber genau diese Leistungskombination quasi „under attack", weshalb nach Alternativen gesucht werden muss.

Einen Hinweis auf die zukünftige Geschäftsfelder liefern Reisemotive, welche derzeit für oder gegen die Wahl eines Tour Operators sprechen. Das Motiv, welches die WS einer TO-Buchung zunächst einmal um über 50% *reduziert*, ist der Wunsch nach Flexibilität während der Reise. Weiter, und hier werden internationale Forschungsergebnisse bestätigt, reduziert Vertrautheit mit einer Destination die WS einer TO-Buchung ebenfalls, allerdings nur um 1%. Schweizer scheinen mutiger gegenüber neuen Destinationen zu sein als Probanden der meistens angelsächsischen Studien oder generieren aus der Reise mit einem TO auch andere Nutzen.

Dagegen erhöhen die Motive „Komfort geniessen, sich verwöhnen lassen", „Exotik erleben", „Abwechslung und etwas Neues erleben", „Zeit für sich selbst haben" die WS einer TO-Buchung um 39%, 30%, 30% respektive 17%. Hieraus kann eine Nachfrage nach risikoloser Exotik im Verbund mit eher höher positionierten Leistungen gefolgert werden, wobei der Gast auch eine weitgehende Flexibilisierung nicht nur bei der Planung sondern so weit wie möglich aus während der Reise verlangt. Dieses Resultat wird gestützt von den destinationsspezifischen WS einer TO-Buchung. Diese betragen für Afrika

722%, für Asien 699% und für Ozeanien 492%. Besondere Akzentuierung dieser Exotik findet man auch beim einzigen Reisetyp, welcher die WS einer TO-Buchung um 237% und damit ebenfalls klar erhöht: die Studienreise.

Zusammenfassend kann aus den Resultaten gefolgert werden, dass auch im Tour Operating, ähnlich wie im Retailing (vgl. hierzu den Beitrag in Blickpunkte 15/2006), zusehends Kenntnis über ausgewählte Destinationen und Flexibilisierung gefordert sein wird. Darüber hinaus wird aber die mit dem Leistungsverbund aus Transport und Unterkunft verbundene Convenience weiter von grosser Bedeutung sein; allerdings ist auch hier die Flexibilisierung weiter voranzubringen, um dem Gast weit gehende Optionen zu schaffen. Bzgl. der Segmentierung des Marktes ist aufgrund der obigen Resultate die Soziodemographie (mit Ausnahme der Einkommenskomponenten) vermehrt mit Reisesituationen als Segmentierungsinstrument zu ergänzen oder zu ersetzen. Letztere können u.a. auf Basis der Kombination aus Motivation, Reisetyp sowie Destinationsalternativen operationalisiert werden.

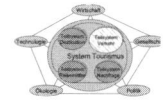

7. Teilsystem Verkehr

7.1. Definition und Arten des Verkehrs

„Verkehr" kann definiert werden als Gesamtheit der Erscheinungen der Ortsveränderung von Personen und Gütern (vgl. auch Kaspar 1977, 13, er definiert Verkehr als Beförderung von Personen, Gütern und Nachrichten im Raum). Verkehr ist damit immer definiert durch

- das transportierte Objekt (z.B. Personen-/Güterverkehr),
- die Art der Ziel- und Quellgebiete (z.B. Nahverkehr, Fernverkehr, Agglomerationsverkehr)
- und die Art des Verkehrsmittels (Verkehrsmodus, z.B. Flug- und Schiffs-, Bahn- und Straßenverkehr).

Im Tourismus besonders relevant ist die Unterscheidung zwischen (vgl. Bieger/Laesser 2002):

- **An- und Abreiseverkehr zur Destination**: Dieser kann durch geeignete Packages (Bahnreise inklusive), Preissteuerung und Gepäck- oder Mietservices beeinflusst werden. Zur Zeit wird vorwiegend das Privatauto als Verkehrsmittel in der Hauptsaison gewählt. Beispielsweise reisen zur Destination St. Moritz mehr als 70% der Wintertouristen mit ihrem eigenen Auto an (vgl. Fachstelle öffentlicher Verkehr Graubünden 1996, 19).
- **Inner-Destinationsverkehr** der Touristen zwischen den verschiedenen Leistungselementen (Sportorte-Unterkunft etc.): Dieser kann durch geeignetes Design der Destination (Lage der Aktivitätsmöglichkeiten, Veränderung des Straßenbildes durch Ruhezonen), durch Angebot von öffentlichen Verkehrsmöglichkeiten (Bussysteme, U-Bahn wie in Serfaus), Preissteuerung (Gratisbus bei hohen Parkgebühren), durch Veränderung des Anreiseverhaltens (weniger Autos vor Ort), aber vor allem auch durch attraktive „NMIV"-Möglichkeiten (nicht motorisierte Individualverkehrsmittel) wie Fuß- und Bike-Wege, Skiwege etc. beeinflusst werden (vgl. Müller auch 1999).

In der politischen Diskussion spielt die **Verkehrsbelastung durch Touristen** eine wichtige Rolle. Dabei zeigt sich am Beispiel von Bündner Bergdestinationen, dass dies oft eine Frage der Wahrnehmung ist. Auf das Jahr umgerechnet hat der Verkehr der Einheimischen einen höheren Anteil. Im Tourismus-Kanton Graubünden beträgt beispielsweise der Anteil des Tourismus- und

Freizeitverkehrs lediglich 44% (vgl. Fachstelle öffentlicher Verkehr Graubünden 1996, 11).

Eine wichtige Unterscheidung betrifft auch den Verkehrszweck: **Geschäftsverkehr** und **Freizeitverkehr**. Der Freizeitverkehr gilt heute als Verursacher von 50% des gesamten Verkehrsaufkommens in der Schweiz (vgl. Stettler 1997, 55). Dabei fällt der Verkehr für die Ausübung von Sportarten am Wohnort mit 24% (Stettler 1997, 110) am meisten ins Gewicht.

7.2. Verkehrssysteme

Verkehrsnetze bestehen aus Kanten (Verkehrsströme) und Knoten (Terminals, wo Verkehrsmittel gewechselt werden). **Verkehrsysteme** überlagern (z.B. Luftverkehrssystem, Eisenbahnsystem, Straßensystem) und beeinflussen sich gegenseitig. So können durch den Ausbau eines Flughafens Eisenbahnnetze umgelagert werden. Eine neue Park- and Ride-Anlage kann zu einer Verlagerung der Ströme des öffentlichen Verkehrs führen.

Abbildung 86:   Verkehrsnetze

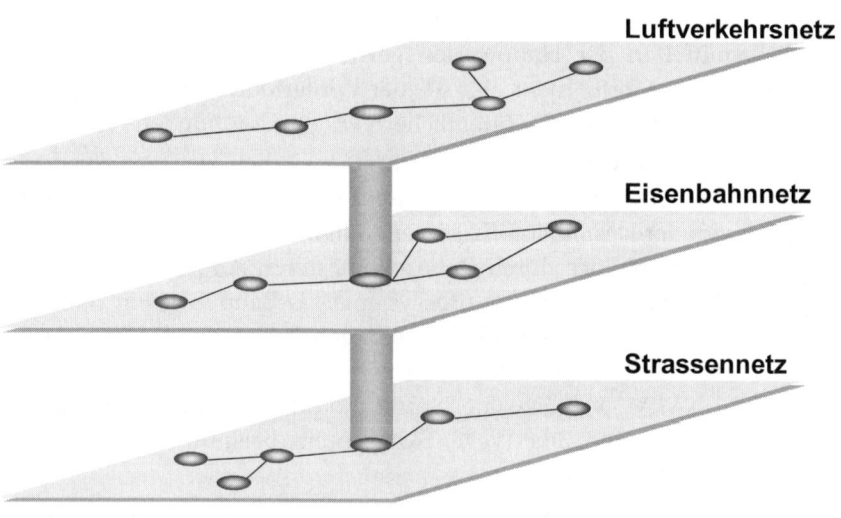

Gleichzeitig weisen Verkehrsnetze ähnliche Ebenen auf wie touristische Netze (vgl. Schräder 2000). So ergeben sich Eigentumsnetze, logistische Netze und Informationsnetze. Diese beeinflussen sich gegenseitig. Der Erwerb einer Buslinie durch eine Eisenbahngesellschaft kann bspw. dazu führen, dass über Anpassungen der Fahrpläne und Umsteigepunkte oder neue Tarife Verkehrsströme verlagert werden.

Verkehrsnetzwerke beeinflussen die Tourismusströme. Oft folgt der Verkehr nicht der touristischen Nachfrage, sondern die **touristische Nachfrage den Verkehrsangeboten**. Entsprechend investieren Tourismuspolitiker in den Ausbau des Verkehrs, bspw. in den Bau neuer Flughäfen (so erlaubte bspw. erst der Bau des neuen Flughafens auf der kanarischen Insel La Palma die Aufnahme eines regelmäßigen Charterverkehrs und damit das Aufkommen des Gruppentourismus) oder in die **Finanzierung** von Eisenbahn-Direktverbindungen (bspw. unterstützte die touristische Region Berner Oberland die durchgehende Führung eines TGV-Zuges bis in ihr Herz nach Interlaken; Vail subventionierte den Flugverkehr in den nahe gelegenen Regionalflughafen, um attraktivere Anschlüsse an das internationale Luftverkehrsnetz zu erhalten).

Fluggesellschaften eröffnen neue Linienverbindungen oft aufgrund des lukrativen Geschäftsverkehrsaufkommens. Da heute, vor allem im Langstreckenverkehr, immer noch minimale Flugzeuggrößen zur Rentabilisierung einer Flugdestination notwendig sind, ergibt sich dabei ein relativ großes Angebot an Sitzen in der Touristenklasse, das von der Fluggesellschaft aktiv zu vermarkten ist. So kann theoretisch eine tägliche Verbindung mit einem Jumbo Jet Boeing 747 zu 90'000 zusätzlichen internationalen Ankünften jährlich führen. Das Aufkommen neuer Geschäftsmodelle im Luftverkehr wie die teilweise Ablösung von Charterverkehr durch Punkt-zu-Punkt-Low-Cost-Carriers führt beispielsweise zu einer Konzentration von Tourismusströmen auf neue Zentren (vgl. Bieger/Döring/Laesser 2002 und Signorini/Pechlaner/Rienzner 2002).

In Verkehrsnetzwerken wirken ausgeprägte Netzeffekte, insbesondere wenn diese nach dem „**Hub and Spoke**"-Prinzip um eine Drehscheibe organisiert sind. Solche Drehscheiben sind bei sämtlichen Massenverkehrsmitteln, im Flugverkehr (z.B. London, Amsterdam, Frankfurt), im Eisenbahnverkehr (z.B. Zürich) oder im Buslinienverkehr (vgl. städtische Busterminals) anzutreffen. Folgende Effekte spielen eine Rolle:

1. HUB ECONOMIES

Durch **Sicherstellung eines Hubs** kann mit einem Anstieg der Zahl der angebotenen Verbindungen eine überproportional wachsende Zahl von Ausgangspunkt-(Origin)-Ziel-(Destination) Verbindungen geboten werden.

Abbildung 87:   *Hub-Effekte*

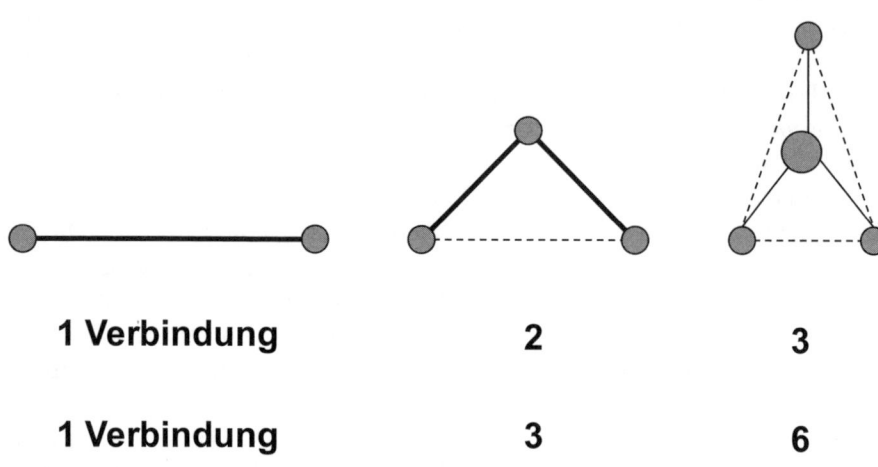

| **1 Verbindung** | **2** | **3** |
| **1 Verbindung** | **3** | **6** |

Zusätzlich ergeben sich bei einem Hub economies of scale (bspw. durch eine bessere Auslastung der teuren Infrastrukturinvestitionen in Terminals, Verkehrsanbindung etc.) und economies of density (bessere Möglichkeiten zum Kapazitätsmanagement und entsprechender Füllung von Flugzeugen etc., vgl. Jäggi 2000). Diese Hub-Economies führen zu einer Konzentration der Verkehrsnetze mit entsprechenden Infrastrukturproblemen.

2. MINIMALE NETZGRÖßEN

Das Gesamtnetz ist auf eine kritische Größe je nach Verkehrsmittel angewiesen. Werden einzelne Linien, z.B. einer Eisenbahn im Randbereich, aufgegeben, so wird das Gesamtnetz geschwächt, weil aufgrund des Wegfalls des Zubringerverkehrs die Auslastung der Hauptachsen reduziert wird. Maßnahmen zur Optimierung eines Gesamtnetzes müssen deshalb bezüglich ihrer Wirkungen sorgfältig überprüft werden.

3. NETZ-GRÖßENEFFEKTE

Die in Kapitel 3.3 erwähnten Netzeffekte wie positive Externalitäten (der Ausbau von Flugverbindungen ab einem Flughafen fördert auch den Eisenbahn-Zubringerverkehr), angebotsseitige economies of scale (z.B. optimalere Zugsdurchläufe) oder nachfrageseitige Effekte (z.B. Marktmacht) gelten auch bei

Verkehrsnetzwerken. Entsprechend wird sich in einem Verkehrsnetz ohne Markteintrittsgrenzen oder Regulierungen immer der größte Anbieter durchsetzen. Bis zu diesem Zeitpunkt eines natürlichen Monopols herrscht ruinöser Wettbewerb. Deutlich beobachtet werden kann diese Entwicklung im Bereich des Eisenbahn- und Flugverkehrs.

Praktisch alle Eisenbahnen wurden im letzten Jahrhundert und zum Teil noch um die Jahrhundertwende als private Gesellschaften gegründet. Eine Einheitlichkeit von Streckenbesitz und Betrieb war damit gegeben. In der ersten Hälfte dieses Jahrhunderts wurden in vielen europäischen Ländern, bspw. 1898 in der Schweiz, weite Teile des Eisenbahnsystems verstaatlicht. Argumente waren damals einerseits die oft ungenügende wirtschaftliche Lage der einzelnen Eisenbahngesellschaften und die bei einer Zusammenführung in eine größere Gesellschaft erzielbaren Synergien und damit Ertragsverbesserungen, die Sicherstellung der Versorgungssicherheit mit diesem wichtigen Verkehrsträger, sowie teilweise auch die Möglichkeit für einen zielgerichteten Weiterausbau des Systems.

Im letzten Jahrzehnt wurde aufgrund der **EU-Richtlinie 440/1991** in vielen europäischen Ländern (zuerst ab 1995 in England) das Eisenbahnsystem wieder privatisiert. Dabei wurde eine **Trennung zwischen Streckenbesitz** und Verantwortung sowie **Betrieb** vorgenommen. Unter dem Begriff „freier Netzzugang" ist es den einzelnen Eisenbahngesellschaften mit mehr oder weniger ausgeprägten Auflagen möglich, auf dem Streckennetz anderer Gesellschaften zu verkehren. Seit der neuen **Eisenbahn-Netzzugangsverordnung (742.122)** vom 25. November 1998 gilt auch in der Schweiz der freie Netzzugang. Die Schweiz ist insofern ein interessanter Fall, als dass trotz der starken staatlichen Eisenbahngesellschaft, den Schweizerischen Bundesbahnen, immer noch eine stattliche Zahl privater Normalspurbahnen, mit zum Teil ansehnlicher Größe, existieren.

In einer ersten Phase nutzten diese **Privatbahnen** die ihnen neu gebotenen **unternehmerischen Freiräume**. Die Mittelthurgaubahn erwarb durch einen Entscheid des Bundesrates die Konzession für den Betrieb auf der Strecke entlang dem Bodensee und baute durch eine Kooperation mit der Schweizerischen Südostbahn ein eigenes Gütertransportgeschäft auf. So wurde sie zu einem wesentlichen Teil mit dem Postpaket-Transport in der Ostschweiz betraut. Die BLS Lötschbergbahn betreibt einen wichtigen Normalspur-Alpen-Durchstich und ist im Regionalverkehr um die Bundeshauptstadt Bern tätig. Im Rahmen des freien Streckenzuganges prüfte sie verschiedene Strategien bis und mit Aufbau eines eigenen Güterkorridors.

Nach nur wenigen Jahren Erfahrung mit dem freien Streckenzugang scheint sich die Schweizerische Bundesbahn aufgrund der oben beschriebenen Netzwerkeffekte weitgehend durchzusetzen. In einer Vereinbarung mit der BLS Lötschbergbahn übernimmt die SBB den gesamten Fernverkehr auf deren Streckennetz. Die gesamten Aktivitäten des Regionalverkehrs der Mittelthurgaubahn, das eigentliche Kerngeschäft dieser Gesellschaft, werden in einer neuen Joint-Venture-Gesellschaft, an der die SBB maßgeblich beteiligt ist, geführt. Die aufgrund der Netzwerkökonomie zu erwartenden Effekte mit dem Durchsetzen des stärksten Partners und dem langfristigen Aufbau eines natürlichen Monopols scheinen sich abzuzeichnen.

Der **Flugverkehr** war lange Zeit ebenfalls stark **staatlich reguliert**. Eine Fluggesellschaft durfte nur die Strecken fliegen, für die sie eine staatliche Konzession und die entsprechenden Streckenrechte erworben hatte. Diese Streckenrechte wurden im internationalen Luftverkehr zwischen den betroffenen Staaten meistens so ausgehandelt, dass jede der beiden staatlichen Fluggesellschaften gleichberechtigt auf der Strecke fliegen durfte. Im Inlandverkehr wurden jeweils häufig, ebenfalls zur Vermeidung des ruinösen Wettbewerbes pro Strecke, auch nur einzelne Gesellschaften zugelassen. Die Preise waren staatlich reguliert, Preiswettbewerb war verboten. Im Jahre 1978 wurde als erster der Luftverkehr in den USA dereguliert. Es bestanden mit Ausnahme der Restriktionen der verfügbaren Flugplätze und Streckenkapazitäten (Verfügbarkeit von Slots) keine Einschränkungen mehr. Ebenfalls wurden die Preise dem freien Spiel des Wettbewerbs überlassen.

Nachdem anfangs eine große Zahl von neugegründeten Fluggesellschaften in den Markt eindrangen und die Preise massiv ins Rutschen kamen, zeichnet sich seit etwa 10 Jahren ebenfalls ein massiver **Konsolidierungsprozess** ab. Die Fluggesellschaften fusionierten untereinander, so dass heute mit Delta, American sowie United drei große Airline-Gruppen im Markt tätig sind. Diese scheinen sich den Markt regional weitgehend aufzuteilen: Die Hubs der einzelnen Gesellschaften sind über den ganzen Kontinent so gestreut, dass wesentliche Strecken im Endeffekt doch meistens nur von einer oder zwei Gesellschaften bedient werden. Trotz des erfolgreichen Agierens einzelner Low Cost Airlines wie der Southwest Airways, die reine Punkt-Punkt-Verbindungen bietet, haben in der Folge die Airline-Preise innerhalb des Landes wieder angezogen. Gleichzeitig sind die internationalen und interkontinentalen Preise weiter gefallen. Während für eine Inlandstrecke jeweils nur eine beschränkte Auswahl und damit ein eingeschränkter Wettbewerb besteht, können die Kunden im Interkontinentalverkehr durch das Umsteigen in unterschiedlichen Hubs zwischen einer großen Zahl in- und ausländischer Fluggesellschaften wählen. Der Wettbewerb hat sich damit auf diese Verbindungen konzentriert. Die entsprechenden **Preise** sind zum Teil deutlich in Richtung des **Grenzkostenniveaus** angesetzt.

7.3. Leistungselemente der Verkehrssysteme

Knoten innerhalb von Verkehrsnetzen sind **Terminals**, in denen Güter- und Personen zwischen **verschiedenen Verkehrsmitteln** und Verbindungen wechseln können resp. in ein anderes Verkehrsnetz einsteigen können. Unter dem Begriff Terminal können somit einfache Bahnstationen bis und mit Großflughäfen oder Fährstationen subsumiert werden. Diese Terminals haben für den Tourismus eine wesentliche Funktion. Da Terminals über eine optimale Verkehrsanbindung verfügen und Terminals wie Großflughäfen von einer Großzahl von im Wettbewerb stehenden Gesellschaften bedient werden, ist die Anbindung derselben bezüglich Verfügbarkeit und Preis optimal. Im Umfeld von Terminals lassen sich entsprechend gut touristische Produkte entwickeln.

Terminals müssen verschiedenen Anforderungen genügen.

- Im **Wettbewerb zwischen Terminals** wird sich der Terminal durchsetzen, welcher über das größte lokale Verkehrsaufkommen verfügt (vgl. auch Bieger/Jäggi 2000). Da der Heimmarkt schon eine große Zahl von Verbindungen notwendig macht, ist der Aufbau neuer Verbindungen einfacher, wodurch das Wachstum des Terminals, bspw. eines Hubs, gesichert ist. Umsteigeverbindungen sind weniger rentabel. Je mehr Direktpassagiere ab einem Flughafen reisen, desto größer kann dieser Knoten sein, auch bei gleichbleibendem Anteil der Umsteigepassagiere.

- **Terminals** insbesondere in **„Hub and Spoke"-Netzwerken sind** im Wettbewerb mit anderen **zu einem Wachstum verurteilt**. Bieten sie eine kleinere Zahl zusätzlicherer Verbindungen als ihre Konkurrenten an, so werden sie aufgrund der Netzeffekte rasch an Wettbewerbsfähigkeit verlieren, indem sie weniger Umsteigeverbindungen bieten können und teurere Produktionskosten aufweisen. Terminals müssen deshalb ein ausreichendes Ausbaupotenzial aufweisen. In Anbetracht der negativen externen Effekte bedingt dies eine Lage in einem dünn besiedelten Gebiet. In verschiedenen Städten wurden in den letzten Jahren neue Großflughäfen weit außerhalb der heutigen Stadtgebiete eröffnet. Zum Beispiel in München wurde 1992 der heute weitgehend von der Stadt umwachsene Flughafen München-Riem aufgegeben und rund eine Reisestunde außerhalb der Stadt der neue Großflughafen Franz-Josef-Strauß eröffnet, für den heute bereits das zweite Terminal in Bau ist.

- **Terminals** müssen bezüglich Dienstleistungsqualität Convenience, aber auch als Attraktionspunkt durch Shopping Erlebnismöglichkeit und Architektur zu attraktiven **Dienstleistungszentren** werden. So bieten moderne Flughäfen Kunstausstellungen, Fitnesscenter, eine Vielzahl von Einkaufsmöglichkeiten, Kinderspielplätze, Kongressmöglichkeiten etc.

Kanten im Verkehrsnetzwerk stellen verschiedene Verkehrsströme dar, die über Infrastrukturen und Verkehrsmodi abgewickelt werden müssen. Diese weisen verschiedene spezifische Vor- und Nachteile auf:

- Die Straße mit den Privatfahrzeugen weist aus Kundensicht eine hohe zeitliche und räumliche Flexibilität auf. **Straßenverkehr** ist deshalb vor allem bei dünner besiedelten Gebieten und weniger konzentrierten Verkehrsströmen optimal. Aus Produktionssicht verfügt die Straße über eine **attraktive Kostenaufteilung**. Der einzelne Nutzer trägt nur einen beschränkten Anteil der Kosten u.a. für sein Fahrzeug und Abgaben wie Motorfahrzeugsteuern und Kraftstoffzuschläge. Ein Teil der Kosten werden über die Infrastrukturinvestitionen der öffentlichen Hand als Service Public abgegolten. Deshalb ist der **Straßentransport** für die Produzenten oft auch **finanziell attraktiv**. Aus gesellschaftlicher Sicht weist der Straßentransport verschiedene Vorteile auf, wie bspw. die Möglichkeit vieler verfügbarer, rascher Verbindungen für breite Teile der Bevölkerung (auch für Behinderte). In Form der Abgase, des Flächenbedarfes oder des Lärms weist er jedoch beträchtliche **negative externe Effekte** auf, die dazu führen, dass der Straßenverkehr in vielen Bereichen durch Regulierungen und finanzielle Auflagen (Parkgebühren etc.) eingeschränkt werden muss.

- Der **Eisenbahnverkehr** ist heute vor allem in Europa **als Massenverkehrsmittel** breit ausgebaut, während er auf anderen Kontinenten allenfalls im Agglomerationsverkehr eine Rolle spielt. Auf große Distanz ist er oft nur noch im Güterverkehr oder im touristischen Erlebnisverkehr relevant. Eisenbahnen weisen enorme kundenseitige Vorteile auf, vor allem in dicht besiedelten Gebieten, wo auch eine minimal höhere Frequenzdichte sichergestellt werden kann. In diesen Räumen weist die Eisenbahn aufgrund der meist zentralen Lage ihrer Stationen und des bequemen, heute in den meisten Fällen vibrations- und beschleunigungsarmen Fahrverhaltens, einen beträchtlichen Komfort auf.

Produktionsseitig fallen im Eisenbahnverkehr die **Kosten für die Strecke**, insbesondere auch in dicht besiedelten Gebieten das Land und bei Hochgeschwindigkeitsverbindungen die technische Ausstattung der Strecke, ins Gewicht. Zudem ist das **Rollmaterial relativ teuer**, was trotz seiner hohen Lebensdauer zu **hohen Amortisationskosten** führt. Die Kosten für das Rollmaterial werden sich in Anbetracht der Konzentrationsprozesse im Rollmaterial-Produzentenbereich (vgl. die Übernahme von Adtranz durch Bombardier) tendenziell eher noch erhöhen. Eisenbahnen können deshalb nur dort eingesetzt werden, wo sie (wie oft in Europa) einerseits öffentlich gefördert werden, um den Autoverkehr zu entlasten, und anderseits eine hohe Passagierdichte erreichen können.

Auch der Eisenbahnverkehr weist problematische negative externe Effekte auf, bspw. Lärm (teilweise) oder bei alten Toilettensystemen die Verschmutzung der Umwelt. Umgekehrt ist der Eisenbahnverkehr aufgrund des bei guter Auslastung niedrigen Energie- und Flächenbedarfes, sowie dem meist sauberen Betrieb mit wenig oder keinen (Elektrozüge) Luftverschmutzungen, ökologisch attraktiv.

- Der **Busverkehr** spielt **in vielen Kontinenten als Grundversorgung im Fernverkehr**, in Europa meist als Ergänzung zum Eisenbahnverkehr, eine Rolle. Busse sind flexibel und relativ günstig einzusetzen. In vielen Ländern sind sie deshalb auch ein eigentliches Transportmittel der „armen Leute". Busse sind flexibel bezüglich Haltepunkten und ermöglichen damit den Passagieren einen einfachen Zugang. Dafür sind sie aufgrund der Bestuhlung und der erreichten Beschleunigungswerten (insbesondere Seitenbeschleunigung) wenig komfortabel. Für viele Leute ist bspw. das Lesen einer Zeitung in einem Bus nicht möglich, wodurch ein wesentlicher Vorteil des öffentlichen Verkehrs, die Möglichkeit die Zeit produktiv zu nutzen, wegfällt. Der **Bedarfsbusverkehr** hat touristisch eine große Bedeutung **im Gruppenreisen-Bereich**. Busgruppen können relativ einfach akquiriert werden. Verschiedene große Attraktionen wie Freizeitparks, Skigebiete oder auch Stadtzentren sind auf die Frequenzen aus dem Gruppenbusverkehr angewiesen.

- Der **Schiffsverkehr** spielt heute im Personenverkehr praktisch nur noch im Tourismus eine Rolle. Auf Binnenseen ist er ein wichtiger Träger des Ausflugsverkehrs, im Bereich der Flussschifffahrt auf den großen Flüssen und auf dem Meer ist er ein wichtiger Motor des Tourismus (vgl. auch WTO 2000) in Form der **Kreuzfahrtschifffahrt**. Diese nahm in den letzten Jahren jeweils um 7.9% zu. Pro Jahr werden ca. 10–12 neue Schiffe der Größenklasse 2'000-3'000 Passagiere vom Stapel gelassen. Ein solches Schiff generiert innerhalb eines Jahres über 600'000 Logiernächte und ist damit einer mittelgroßen Destination im alpinen Raum gleichzusetzen.

- Der **Flugverkehr** ist heute das **dynamischste Element** im Verkehrssystem. Trotz der zeitweisen Stagnation bzw. des Rückgangs aufgrund verschiedener Krisen (11. September 2001, Irak-Krieg, SARS, Finanzkrise 2008/2009) wird mit einem langfristigen Wachstum zwischen 3% und 7% p.a. in den nächsten Jahren gerechnet (vgl. beispielsweise Stettler/Amstutz 2003). Der Flugverkehr weist kundenseitig Vorteile wie hohe

Geschwindigkeit und damit kurze Reisezeiten auf längeren Strecken sowie hohen Erlebniswert auf. In der Vergangenheit war auch die hohe Servicequalität ein wichtiger Vorteil im Flugverkehr. In vielen Kontinenten im Binnenverkehr und auch bei vielen Fluggesellschaften ist jedoch mit dem zunehmenden Kostendruck der Service reduziert worden. Mahlzeiten wurden abgebaut und durch Snacks ersetzt, die heute wieder zu Gunsten der billigeren Salzgebäcke substituiert werden. Weiter wurden Optimierungen wie die Erhöhung der Überbuchungsrate vorgenommen. Als Folge der zunehmenden Qualitätseinbussen für Kunden gibt es heute in den USA Bestrebungen, eine Passenger-Rights-Bill zu erarbeiten.

Produktionsseitig weist der Flugverkehr Vorteile, wie eine hohe Flexibilität und verhältnismäßig wenig gebundene, nichttransferierbare Investitionen, auf. Flugzeuge können auf dem Weltmarkt jederzeit wieder verkauft und anderswo eingesetzt werden. Zudem ist der Flugverkehr relativ billig. Die Flugzeuge selbst können über Lease- und Lease-Back-Verfahren steuergünstig finanziert werden, der Treibstoff ist steuerfrei, die Flughafeninfrastrukturen in vielen Fällen, vor allem bei Flughäfen die neuen Verkehr anziehen wollen, oft subventioniert und äußerst günstig. Trasseekosten fallen, mit Ausnahme der Gebühren für die Luftverkehrskonhtrolle, praktisch keine an. Der Flugverkehr weist jedoch ebenfalls beträchtliche negative externe Effekte in Form von Lärm und Schadstoffbelastung auf. Hier gibt es Bestrebungen auf europäischer Ebene, CO_2 Emissionen durch Gebühren zu kompensieren (vgl. dazu u.a. Wittmer/ Weinert et al. 2008).

7.4. Geschäftsmodelle im Flugverkehr

In der Luftfahrt können beispielhaft auch für andere Verkehrsmittel vier Geschäftsmodelle identifiziert werden: Es gibt im Passagierflugbereich Netzwerk-Fluggesellschaften, Billigflieger (Low Cost Carrier), sowie Regional- und Charter-Fluggesellschaften. Von den 150 größten Airlines können rund 52% (Umsatzanteil sogar 81%) der ersten Gruppe, oftmals nationale Fluggesellschaften (Flag Carrier), zugerechnet werden, 6% den Billigfliegern, rund 7% den Regionalfluggesellschaften und etwa 9% den Chartergesellschaften (vgl. Serpen/O'Toole 2002, 77). In der politischen Diskussion und auf den Finanzmärkten werden diese vier Geschäftsmodelle vermehrt als eigenständig beurteilt und auch unterschiedlich bewertet. Von den Finanzmärkten werden Billigflieger wie Ryan-Air und EasyJet außerordentlich hoch bewertet. Generell stellt sich die Frage nach der Zukunft der einzelnen Geschäftsmodelle.

Netzwerk-Fluggesellschaften organisieren ihr Netzwerk in aller Regel um einen Knoten (Hub) zur optimalen Ausschöpfung von Netz-Vorteilen. Pro zusätzliche Flugstrecke (Leg) kann eine überproportionale, quadratisch wachsende Zahl von Destinationen und damit von Märkten bedient werden. Durch die Konzentration möglichst vieler Flüge auf ein Zentrum werden Größenvorteile in Bezug auf Infrastrukturen erzielt. Und durch eine möglichst große Zahl Flüge kann ein Hub dominiert werden. Je größer der Hub bzw. die Fluggesellschaft und je größer bzw. attraktiver der Heimmarkt ist, desto größere Wettbewerbsvorteile erreicht eine Fluggesellschaft. Um zusätzliche Größe zu erreichen, haben aus diesem Grund selbst große Fluggesellschaften **Allianzen** gebildet. Mit den drei Allianzen **Star Alliance** (um Lufthansa), **Skyteam** (um Air France) sowie **Oneworld** (um British Airways) ist der Markt in Europa heute weitgehend aufgeteilt. Außer den noch in keiner Allianz angeschlossenen Olympic Airways und Air Lingus sind alle westeuropäischen Fluggesellschaften Mitglied einer dieser drei Allianzen (Stand August 2009).

Netzwerk-Fluggesellschaften werden wohl weiter durch Allianzen zu wachsen suchen und ihre Marktgebiete gegenüber anderen klar abgrenzen. Innerhalb dieser Marktgebiete werden sie selektiv entweder bei weniger stark nachgefragten Strecken die Frequenzen reduzieren – sie stehen ja innerhalb ihrer Marktgebiete nicht mehr im Wettbewerb mit anderen Allianzen – oder auch mit neuen Geschäftsmodellen experimentieren. Lufthansa beispielsweise unternimmt Kooperationsversuche mit Eurowings und bietet eine ausschließlich auf Geschäftskunden ausgerichtete Langstreckenverbindung zwischen Düsseldorf und New York an.

Regionalfluggesellschaften bedienen, oft im Auftrag der Allianzen, regionale Märkte. Ihr strategischer Erfolg hängt von der optimalen Integration in eine Allianz sowie von ihrer Fähigkeit ab, einen attraktiven regionalen Markt zu dominieren.

Regionalfluggesellschaften werden durch die Konkurrenz der Business Jets – deren Bedeutung zunimmt – und durch den Kostendruck zunehmend in Allianzen gezwungen und von diesen operationell weitgehend integriert. Die Bedienung der Regionalflughäfen wird aus Kostengründen reduziert, vor allem wenn der Wettbewerbsdruck nachlässt. Der relativ junge Regionalflughafen von Bozen etwa verlor seine früheren Verbindungen nach Frankfurt und Wien. Einzig eine vom Land Süd-Tirol unterstützte Verbindung nach Rom besteht weiter.

Der Erfolg der **Billig-Flieger** beruht vor allem auf ihren attraktiven Preisen. Kostenvorteile werden aber nicht nur durch den reduzierten Service, sondern vor allem auch durch die Komplexitätsreduktion, wie auch den Verzicht auf den Bau von Netzwerken („Hubbing"), erzielt. Ihre **hohen Wachstumsraten** sind der maßgebliche Grund dafür, dass sie Zugang zu Kapital mit sehr vorteilhaften Konditionen genießen. Billigflieger sind auf Strecken zu einem regelmäßigen und starken Verkehrsaufkommen mit mittleren Distanzen angewiesen. Der natürliche Markt dieser Gesellschaften ist deshalb beschränkt und dürfte bei einem Anteil von maximal 25% liegen (heutiger Anteil im Verkehr ab Großbritannien 28%). Der Finanzmarkt wird aller Voraussicht nach, sobald Wachstumsgrenzen erreicht sind, dieses Geschäftsmodell zurückhaltender bewerten, was die Finanzierung verteuern würde.

Auch **Charter-Fluggesellschaften** operieren heute kaum mehr unabhängig. Durch Integration respektive Kooperation mit großen internationalen Reisekonzernen wie Condor bei Thomas Cook oder der Edelweiß Air bei Kuoni werden Verbundvorteile vor allem in Form koordinierter Produkteentwicklung und Einsatzplanung erzielt. Sie haben ihren ursprünglichen exklusiven Wettbewerbsvorteil in Form niedrigerer Kosten eingebüßt und müssen sich immer mehr dem Wettbewerb der Billigflieger stellen. Sie werden sich in der Folge in Richtung Billigflieger entwickeln müssen, vermehrt Einzelplätze verkaufen und sich in der Flugplangestaltung wie ein Anbieter von Billigflügen verhalten. TUI ist in diesem Bereich mit der Fluggesellschaft Hapag Lloyd Express eingestiegen, der britische Reisekonzern MyTravel mit MyTravel Lite. Gleichzeitig werden Reisegesellschaften in Zukunft sogar bei Billigfliegern Kapazitäten einkaufen. Der klassische Charter dürfte sich vor allem auf Langstrecken konzentrieren, die von den Liniengesellschaften nicht angeboten werden und auf Mittelstrecken, bei denen aufgrund der langen Flugstrecken die Low Cost Carrier ihre Vorteile (rasche Umschlagzeiten am Boden) nicht ausspielen können. Hier ist auch eine qualitative Differenzierung noch entscheidend.

Umgekehrt werden Billigflieger ihre Dienstleistungen immer mehr auch auf touristische Destinationen mit starkem regelmäßigen Verkehr ausdehnen. Ihre Kunden sind vermehrt Individualreisende, die ihre Reisen modular zusammenstellen, Reisende zu Zweitwohnungen sowie Reisende, die Freunde und Verwandte besuchen. Billigflieger beherrschen heute schon beachtliche Marktanteile im Verkehr nach Südfrankreich und auf die Balearen.

Eine Übersicht über die Geschäftsmodelle im Airline-Bereich liefert Abbildung 88.

Abbildung 88: Geschäftsmodelle im Airline Bereich

	Traditionelle Netzwerkgesellschaft	Low Cost Carrier mit Punkt-zu-Punkt-Verbindungen
Für welchen Kunden welchen Nutzen? *Leistungskonzept*	Umfassendes Netzwerk von Verbindungen in möglichst viele Länder und Kontinente für möglichst alle Kundengruppen und Flugklassen	Selektives Angebot von hochfrequentierten Strecken, nur eine Transportklasse für breite Bereiche des Leisure und Business Verkehrs
Wie wird die Leistung im relevanten Markt kommunikativ verankert? *Kommunikationskonzept*	Markenbildung in komplexen Markensystemen; aufwendige Loyalitätsprogramme	Selektive Präsenz durch klassische Bekanntheitswerbung in den relevanten geografischen Märkten vor allem auch über IT
Wie werden Einnahmen generiert? *Ertragskonzept*	Aufwendiges System des Revenuemanagements über das gesamte Netzwerk; große Abhängigkeit von Nebengeschäften im Service Bereich	Einfache Pricing Systeme; konsequente Kostenoptimierung auch im Marketing, Transport oft einzige und ausreichende Einnahmequelle
Welches Wachstumskonzept wird verfolgt? *Wachstumskonzept*	Teurerer Kampf um Marktanteile über Grenzkostenpreise; Aufkauf von neuen Gesellschaften; Einkauf in Allianzsysteme; Diversifikation etc.	Einfaches Multiplikationsmodell: sobald eine Route erfolgreich läuft, wird eine nächste Route eröffnet; oft wie im Falle von Easy-Jet durch Abspaltung einer unternehmerischen Einheit und damit Komplexitätsreduktion
Welche Kernkompetenzen sind notwendig? *Kompetenzkonfiguration*	Netzwerkmanagement und Marketingkompetenz sind für die Gesellschaften determinierend	Marktpräsenz und Kostenkompetenz sind determinierend
Welches ist die Reichweite der eigenen Unternehmung? *Organisationsform*	Strukturierung um die zentralen Kompetenzen Netzwerkmanagement und Marketing, teilweise Outsourcing von Leistungen/interne Aufgliederung der Gesellschaft unter einer Holdingstruktur	Einfache, integrierte Flugbetriebe mit überschaubaren Führungsstrukturen
Mit welchen Kooperationspartnern wird zu-	Große Zahl von Kooperationspartnern in Form an-	Keine Kooperationen, reine Leistungsbezüge

	Traditionelle Netzwerkgesellschaft	Low Cost Carrier mit Punkt-zu-Punkt-Verbindungen
sammengearbeitet? *Kooperationskonzept*	derer Fluggesellschaften, die das Netz ergänzen (Allianzpartner) oder von Serviceprovidern (z.B. Ground Handling); komplexe Technologieabhängigkeiten mit Zulieferern wie Flugzeughersteller oder IT Entwickler	
Welches Koordinationsmodell wird angewendet? *Koordinationskonzept*	Allianzmanagement über Besitz/Kapitalverflechtung (beispielsweise bei der Qualiflyergroup) oder komplexe Franchiseverträge	

Quelle: Bieger/Lottenbach 2001

7.5. Forschungsfall: Entscheidungsverhalten von Schweizern bei der Verkehrsmittelwahl im Fernverkehr – Situationsansatz/Kontingenzanalyse (Ch. Laesser)

7.5.1. Einleitung

Der nachfolgende Forschungsfall dokumentiert Motive der Verkehrsmittelwahl. Ein besonderes Gewicht liegt dabei auf der Identifikation verborgener Motive mit Methoden der Experimentforschung.

Die Einwohner der Schweiz zählen zu den weltweit bahnfreundlichsten Kunden (im Sinne der Benutzungsintensität; vgl. Statistik der UITP). Dass in der Schweiz auf der anderen Seite jedoch die **Autobenützung** nicht minder beliebt ist als in anderen Ländern, zeigt sich auch hier etwa in Form dichten Verkehrs in Spitzenzeiten.

Es steht folglich einer ausgezeichneten Infrastruktur und befriedigenden Servicequalität im Öffentlichen Verkehr ein ebenso gutes Netz an Straßen für den **Nah- und Fernverkehr** gegenüber. Der Bewohner dieses Landes hat also – im Nah- wie im Fernverkehr – eine weitum kaum kopierte Wahlmöglichkeit zwischen der Benützung des öffentlichen oder Individualverkehrs.

Der Markt Schweiz eignet sich folglich in idealer Weise zur Erforschung von **Präferenz- und Entscheidungsstrukturen der Verkehrsteilnehmer**, was das

IDT-HSG veranlasste, im Auftrag eines ausländischen Partners, aktuelle Präferenzen bestehender, sowie potenzieller Bahnkunden, sowie die Bestimmungsgrößen bei der Entscheidungsfindung bzgl. Verkehrsmittelwahl im Fernverkehr ab 100 km im Rahmen einer explorativen Befragung festzustellen.

Zu diesem Zweck wurde im November 1999 eine schriftliche Befragung bestehender und potenzieller Bahnkunden durchgeführt, wobei auf das Konsumenten-Panel der IHA.GfM Institut für Markt- und Meinungsforschung (Schweizer und assimilierte Ausländer) zurückgegriffen werden konnte.

Aus einer Vielzahl von Forschungsfragen werden im vorliegenden Beitrag deren drei herausgegriffen.

- Welche Kriterien beeinflussen in welcher Art und Weise die situative Verkehrsmittelwahl im Fernverkehr?

- Welchen Einfluss haben Prädispositionen der Verkehrsteilnehmer auf eben diesen situativen Entscheid bei der Verkehrsmittelwahl im Fernverkehr?

- Welchen Einfluss haben die prädispositiven Dispositionen der Verkehrsteilnehmer auf die Stärke der Bedeutung einzelner Kriterien bei der Verkehrsmittelwahl?

Die Methode bestand aus einer schriftlichen Befragung von gut 500 Probanden auf Basis eines strukturierten, schriftlichen Interviews mit geschlossener Fragestellung (evoked set). Neben beschreibender Statistik gelangten auch eine Kontingenzanalyse sowie Logitmodelle, namentlich bei der Behandlung der zweiten Forschungsfrage, zur Anwendung.

7.5.2. Operationalisierung

Die Zweistufigkeit der **Fragestellung** (Prädisposition sowie effektive Entscheidungskriterien) erforderten eine entsprechende Ausgestaltung des Fragebogens.

So wurden den Probanden – gestützt auf den Situationsansatz – zum einen **zwei Entscheidsituationen** vorgelegt: ein Fall „Bern" (Wahl zwischen Bahn und Auto) sowie ein Fall „Paris" (Wahl zwischen Bahn und Flugzeug).

Die „virtuelle" Verkehrsmittelwahl erfolgte auf Basis von Wahrscheinlichkeiten für oder gegen ein bestimmtes Verkehrsmittel (vgl. Abbildung 89), wobei in einem zusätzlichen Frageteil verschiedene Kriterien auf ihren Einfluss für oder gegen ein bestimmtes Verkehrsmittel bewertet werden mussten (für eine kurze Auswahl vgl. Abbildung 90).

Abbildung 89:   Ausschnitt aus Fragebogen 1

Verkehrsmittelwahl in Situation

In einer solchen Situation (vgl. oben) würde ich mit folgender Wahrscheinlichkeit die Bahn nehmen
(Nur eine Antwort möglich; zutreffendes ankreuzen)

1 ☐	2 ☐	3 ☐	4 ☐	5 ☐	6 ☐	7 ☐
100%	80-99%	60-79%	40-59%	20-39%	1-19%	0%
Sicher die Bahn	Sehr wahrscheinlich die Bahn	Wahrscheinlich die Bahn	unentschlossen	Wahrscheinlich das Auto	Sehr Wahrscheinlich das Auto	Sicher das Auto

Quelle: Laesser 2001, 108

Abbildung 90:   Ausschnitt aus Fragebogen 2

---

01)   Rolle einzelner Kriterien bei der Wahl des Verkehrsmittels in Situation 1

Wie haben Sie folgende Kriterien bei der eben getroffenen Wahl (Situation 1) gegeneinander
abgewogen?
(eine Antwort pro Kriterium; zutreffendes ankreuzen)

Kriterien	Spricht **klar** für die Wahl der **Bahn**	Spricht **eher** für die Wahl der **Bahn**	Spricht **eher** für die Wahl des **Autos**	Spricht **klar** für die Wahl des **Autos**
☐ **Reisezeit** für die gesamte Reise	2 ☐	1 ☐	-1 ☐	-2 ☐
☐ **Pünktlichkeit/** Zuverlässigkeit	2 ☐	1 ☐	-1 ☐	-2 ☐

Quelle: Laesser 2001, 109

Neben einer daraus folgernden situationsspezifischen Beurteilung von Verkehrsmitteln mussten die Probanden Transportmittel anhand einer Bedeu-

tungs- bzw. Gewichtszumessung verschiedener Qualitätskomponenten beurteilen. Das Ziel hierbei war es, die **allgemeinen Prädispositionen** der Probanden bzgl. Verkehrsmittelwahl zu eruieren. Diese Fragen wurden, um eine Beeinflussung beim Ausfüllen des Fragebogens zu verhindern, erst zum Schluss der Befragung gestellt.

7.5.2.1. Fall „Bern"

Die Entscheidungssituation wurde wie folgt beschrieben:
Es ist ein Mittwoch Mitte Mai 2000. Sie wohnen in Muolen, einem Ort in der Nähe von St. Gallen (12 km), etwas mehr als 800m vom Bahnhof entfernt und müssen rechtzeitig auf 10:30 an eine Sitzung am Rande der Berner Innenstadt. Die Sitzung dauert 2–2$^1/_2$ Stunden; ein Mittagessen ist nicht geplant. Sie müssen am späten Nachmittag noch an Ihrem Arbeitsplatz in St. Gallen vorbei. Nach einigen kurzen Abklärungen stehen Ihnen folgende **Alternativen** offen:

- Sie nehmen das **Auto** (Route: Überlandstraße bis St. Gallen, anschließend Autobahn A1 St. Gallen–Winterthur–Zürich–Bern); zu kalkulierende Fahrzeit (um sicher rechtzeitig anzukommen: zweieinhalb bis dreieinhalb Stunden; Distanz: 230 km (ca.). Hierzu steht Ihnen kostenlos ein Dienstwagen Ihres Arbeitgebers zur Verfügung.

- Sie reisen mit der **Bahn** und einem unpersönlichen Generalabonnement Ihres Arbeitgebers gemäß folgendem Fahrplan:

Abbildung 91:   Fahrplan

Hinfahrt:		Rückfahrt:	
Muolen ab:	07:12	Bern ab:	13:16
(Regionalzug)		(Intercity)	
St. Gallen an:	07:24	Zürich an:	14:26
St. Gallen ab:	07:37 (Intercity)	Zürich ab:	14:40
Bern an:	10:14	(Interregio)	
		St. Gallen an:	16:01
Auf der gesamten Strecke besteht ein Halbstundentakt.			

Quelle: Laesser 2001, 110

Beim Design der Situation wurde speziell darauf geachtet, beiden zur Wahl stehenden Verkehrsmitteln unter Es-ante-Annahmen etwa gleiche Chancen für eine Wahl zu geben. Beispiel: Die Stadtrandlage der Sitzungslokalität vereinfacht die Anreise mit dem Auto, dagegen ist eine Fahrt auf der A1 von Zürich nach Bern nicht eben erholsam (sehr dichter Verkehr), der Zeitbedarf ist bei beiden Verkehrsmitteln etwa gleich, es herrscht (aus Sicht des Reisenden) Kostenneutralität.

7.5.2.2. Fall „Paris"

Die Entscheidungssituation wurde wie folgt beschrieben:

Wir schreiben Freitag, Mitte Mai 2000. Sie verreisen mit Ihrem Partner/Ihrer Partnerin (welche Sie am Bahnhof in St. Gallen, Ihrem Arbeitsort, trifft) für 5 Tage nach Paris. Sie müssen dort am Dienstagmorgen an einer Sitzung teilnehmen, nehmen die übrigen Tage aber frei. Sie übernachten bei Bekannten, welche in der Umgebung des Gare de Lyon in Paris wohnen. Ihr Arbeitgeber bezahlt Ihre Reisekosten; diejenigen Ihres Partners/Ihrer Partnerin bezahlen Sie selbst.

Nach einigen kurzen Abklärungen stehen Ihnen folgende Alternativen offen (unter der Voraussetzung, dass alle Fahr- und Flugpläne so eingehalten werden können):

Abbildung 92:   Fahr- und Flugplan

Bahn:	Flugzeug (Swissair); Bahn als Zubringer:
St. Gallen ab: 13:13 (IC) Genève an: 17:31 Genève ab: 18:00 (TGV) Paris (Gare de Lyon) an: 21:40	St. Gallen ab: 14:43 (IC) Zürich Flughafen an:15:41 Zürich ab: 16:40 (SR 706; Flug) Paris (Flughafen) an:17:55 anschliessend Checkout und Transfer in die Stadt
Ankunft b. Bekannten: 21:50	**Ankunft b. Bekannten: 19:30**
Die Rückfahrt am Dienstagnachmittag erfolgt unter ähnlichen Bedingungen	Die Rückreise am Dienstagnachmittag erfolgt unter ähnlichen Bedingungen
Reisekosten: CHF 249 pro Person (1. Klasse Spezialtarif)	Reisekosten: CHF 399 pro Person (Flug inkl. Taxen und Steuern) + U- Bahn-Ticket in die Stadt

Quelle: Laesser 2001, 110

Auch beim Design dieser Situation wurde speziell darauf geachtet, beiden zur Wahl stehenden Verkehrsmitteln etwa gleiche Chancen für die Wahl zu erhalten. Beispiel: Die kürzere Reisezeit mit dem Flugzeug muss über einen höheren Preis erkauft werden, die Klassenwahl bei der Bahn ermöglicht selbst bei langer Dauer eine angenehme Reise.

7.5.3. Resultate

7.5.3.1. Fall „Bern"

Die Bahn „gewinnt" bei obigem Kriterienvergleich mit insgesamt 8.06 Punkten (Summe aller Mittelwerte) über Gleichstand (=0). Die Zustimmungsrate im Vergleich zur hypothetischen Gesamtpunktzahl von 24 (Anzahl aller Kriterien multipliziert mit dem maximal möglichen Resultat von 2) beträgt 33 %. Die zentralen relativen **Vorteile** der Bahn in diesem Fall sind:

- Möglichkeiten zur Entspannung/Regeneration;
- Möglichkeit zur produktiven Nutzung der Zeit: Durch die Bahnfahrt zu Berufszeiten wird quasi die produktive Nutzung der Zeit impliziert.
- Sicherheit vor Unfällen: Hier ist sicher die Reiseroute, welche über die verkehrsdichte A1 führt, ein entscheidendes Entscheidungsmerkmal.
- Stress (Minimierung): Der Verkehr auf der Straße wirkt offensichtlich relativ belastender als ein gut bis sehr gut besetzter Zug.
- Pünktlichkeit: dieser Faktor spielt gerade bei Terminen eine zentrale Rolle. Hier muss darüber hinaus angemerkt werden, dass Zugsverspätungen in der Schweiz als Entschuldigung für zu spätes Erscheinen bei Terminen problemlos akzeptiert werden.

Die wichtigsten relativen **Nachteile** dagegen sind:

- Zahl der Umsteigevorgänge;
- Sicherheit bzw. Nicht-Sicherheit vor Kriminalität (vergleichsweise eher nachrangig);

Insgesamt ist das Bekenntnis zur Bahn deutlicher als dasjenige fürs Auto. Insbesondere die bei beruflichen Fahrzwecken vorherrschende Beurteilungs-Kombination **Pünktlichkeit, Stressminimierung, Entspannung und produktive Zeitnutzung** tritt klar zum Vorschein.

Abbildung 93:   *Vergleich der Kriterienbeurteilung zwischen den Situationen „Bern"*
                  und „Paris"

Kriterium	Fall „Bern" Mean	StdDev	Fall „Paris" Mean	StdDev
a) Reisezeit	0.3044	1.3641	-1.2485	1.0210
b) Pünktlichkeit	1.0944	1.1047	0.2897	1.2266
c) Gesamtkosten	0.3143	1.4254	1.1723	0.9870
d) Häufigkeit der Verbindungen	0.5717	1.3341	0.5163	1.1281
e) Umsteigevorgänge	-0.2984	1.3632	0.1548	1.3433
g) Stress	1.1960	1.0910	-0.1143	1.3503
h) Reisekomfort	0.2292	1.4392	-0.0680	1.3895
i) Entspannung/Regeneration	1.6371	0.7229	0.1827	1.4187
j) Produktive Nutzung der Zeit	1.6202	0.8056	0.3636	1.3502
k) Sicherheit vor Unfällen	1.4777	0.6669	0.2061	1.3186
l) Sicherheit vor Kriminalität	-0.1670	1.3268	-0.3890	1.2831
m) Vertrautheit	0.0870	1.4772	0.2577	1.3379

Legende: 2 (spricht klar für die Wahl Bahn); -2 (spricht klar für die Wahl des alternativen Verkehrs-mittels, d.h. Auto im Fall „Bern" bzw. Flugzeug im Fall „Paris"). Mean: Mittelwert; StdDev: Stan-dardabweichung

7.5.3.2. Fall „Paris"

Anders als in der ersten Situation herrscht in diesem Beispiel ein ausgegliche-nes Resultat vor: etwa die Hälfte aller Befragten würde im vorliegenden Fall der Bahn den Vorzug geben.

Die Bahn „gewinnt" bei obigem Kriterienvergleich mit insgesamt nur 1.32 Punkten (Summe aller Mittelwerte) über Gleichstand. Die Zustimmungsrate im Vergleich zur hypothetischen Gesamtpunktzahl von 24 beträgt 6%.

Zwischen den Kriterien „Reisezeit" und „Gesamtkosten" besteht ein nahezu symmetrischer Tradeoff. Die Reisezeit wird für das Flugzeug nur um 0.07 Punkte besser bewertet als die Höhe der Gesamtkosten für die Bahn.

Zentrale relative **Vorteile der Bahn** sind weiter:

- Häufigkeit der Verbindungen;
- Produktive Nutzung der Zeit.

Die relativen **Nachteile der Bahn** liegen insbesondere in Faktoren wie:

- Reisezeit;

- Stress;
- Reisekomfort;
- Sicherheit vor Kriminalität.

Insbesondere die für die Bahn nachteilig ausgelegten Kriterien „Stress" und „Reisekomfort" werfen Fragen auf; gerade bei objektiver Betrachtung entsteht ein eigentlicher Interpretationsbedarf.

7.5.3.3. Vergleichende Betrachtung

Eine vergleichende Gesamtbetrachtung zeigt, dass die Mehrzahl der Einschätzungen umstritten ist. Darüber weisen die teilweise hohen Werte der Standardabweichungen hin (vgl. hierzu nochmals Abbildung 93). Im Rahmen einer entsprechend differenzierten Interpretation der Resultate zeigt sich, dass die Situation 1 eine insgesamt weniger umstrittene Ausgangslage darstellt (Mittelwert der Standardabweichungen beträgt 1.17 im Gegensatz zu 1.26 in Situation 2).

Für die Bahn ergeben sich folgende, um das Kriterium „Eindeutigkeit" differenzierte Ergebnisse:

Abbildung 94:   Ergebnisse Bahn

Unumstrittene Vorteile der Bahn im Vergleich zum Auto (StdDev<1.17)	Unumstrittene Vorteile der Bahn im Vergleich zum Flugzeug (StdDev<1.26)
Sicherheit vor Unfällen	Gesamtkosten
Entspannung/Regeneration	Häufigkeit der Verbindungen
Produktive Nutzung der Zeit	Pünktlichkeit
Stress(minimierung)	
Pünktlichkeit	

Quelle: Laesser 2001, 113

Für die jeweils konkurrierenden Verkehrsmittel ergeben sich folgende, um das Kriterium „Eindeutigkeit" differenzierte Ergebnisse:

Abbildung 95:   Ergebnisse für konkurrierende Verkehrsmittel

Unumstrittene Vorteile des Autos im Vergleich zur Bahn (StdDev<1.17Mean)	Unumstrittene Vorteile des Flugzeugs im Vergleich zur Bahn (StdDev<1.26)
keine	Reisezeit

Quelle: Laesser 2001, 113

7.5.4. Tradeoff Gesamtkosten – Reisezeit

Die Resultate weisen – last but not least – v.a. im Fall Paris auf einen **Tradeoff zwischen Gesamtkosten und Reisezeit** hin. Dieser erweist sich im Rahmen einer multinominalen Regressionsanalyse (Logitmodell; vgl. zu Dokumentationszwecken) sowie zur Kontrolle im Rahmen einer Kontingenzanalyse (vgl. zu Dokumentationszwecken) in eben diesem Fall als signifikant.

Im Fall „Bern" ist dieser Tradeoff weniger ausgeprägt, was zum einem auf den geringen Zeitunterschied zwischen den Verkehrsalternativen zurückgeführt werden kann. Zum anderen wurde im Fallbeispiel jedoch auch eine **Transparenz hinsichtlich der Zeitbedarfsstruktur** hergestellt, welche in Realität eher selten anzutreffen ist und ein ebenso selten beobachtbares **rationales Verhalten** zur Folge hat (Laesser 1996).

7.5.5. Einfluss der Prädisposition auf den situativen Entscheid

Abbildung 96 stellt die **Qualitätskriterien für Transportmittel** dar.
Über alle Verkehrsmittel hinweg ergibt sich folgende Rangliste (vgl. „Mean"):

- Sicherheit;
- Reisezeit, Pünktlichkeit, Flexibilität;
- Reisekomfort.

Vergleichsweise geringere Bedeutung haben der Faktor „Erholung" sowie Nutzung der Zeit. Interessanterweise haben auch die Kosten eine vergleichsweise nur nachrangige Bedeutung.

Bei der Bahn stehen zunächst ebenfalls Sicherheitsaspekte im Vordergrund. Darüber hinaus sind Flexibilitäts- und Bequemlichkeits-Parameter (Bedienungshäufigkeit, Umsteigevorgänge, Rollmaterial) von zentraler Bedeutung.
Das „Killing-Argument" beim Auto ist (nicht überraschend) das Vorhandensein von Parkplätzen; deren Kosten treten eher in der Hintergrund (!).
Der **Reisekomfort der Fahrzeuge** (im Allgemeinen) sowie bei der Bahn das Rollmaterial (im Speziellen) spielen als Qualitätskriterium eine zentrale Rolle. Dies zeigt sich etwa bei der Allgemeinbetrachtung darin, dass der „Reisekomfort der Fahrzeuge" das einzige Kriterium ist, welches keine Nennungen unter 3 (eher unwichtig) verzeichnet. Auch besteht bei diesem Kriterium eine sehr geringe Standardabweichung, was auf „Einigkeit" bei den Befragten hindeutet.

Abbildung 96:   *Qualitätskriterien für Transportmittel im Allgemeinen*

Kriterium	Min	Max	Mean	StdDev
Alle Verkehrsmittel:				
a) Reisezeit	1.00	6.00	4.5080	0.9215
b) Pünktlichkeit	2.00	6.00	4.6223	0.7836
c) Flexibilität	1.00	6.00	4.5020	0.8657
d) Kosten	1.00	6.00	4.2191	1.0590
e) Reisekomfort „Fahrzeuge"	3.00	6.00	4.5649	0.7391
f) Erholung	1.00	6.00	4.1554	1.0438
g) Nutzung der Zeit	1.00	6.00	3.7555	1.1175
h) Sicherheit vor Unfällen	1.00	6.00	4.8807	0.8143
i) Sicherheit vor Kriminalität	1.00	6.00	4.7829	0.9781
j) Vertrautheit	1.00	6.00	4.1505	1.0890
Nur Bahn:				
k) Umsteigevorgänge	1.00	6.00	4.8330	0.7782
l) Erreichbarkeit Haltestellen	1.00	6.00	4.6521	0.8207
m) Bedienungshäufigkeit	1.00	6.00	4.8523	0.7030
n) Betriebsdauer	1.00	6.00	4.6342	0.8382
o) Rollmaterial	1.00	6.00	4.8080	0.8346
p) Ausstattung an Bahnhöfen	1.00	6.00	4.2769	0.9441
q) Vpf am Platz	1.00	6.00	3.9182	1.0599
r) Vpf in einem Speisewagen	1.00	6.00	3.7590	1.1230
s) Persönlicher Service	1.00	6.00	3.9363	1.0647
t) Sicherheit vor Unfällen	1.00	6.00	4.9363	0.8262
u) Sicherheit vor Kriminalität	1.00	6.00	4.8842	0.9201
Nur Auto:				
v) Qualität der Straßeninfrastruktur	1.00	6.00	4.6270	0.9342
w) Vorhandensein von Parkplätzen	1.00	6.00	4.9276	0.8700
x) Kosten von Parkplätzen	1.00	6.00	4.5070	1.0609
Nur Flugzeug:				
y) Umsteigevorgänge	1.00	6.00	4.9339	0.8369
z) Bedienungshäufigkeit	1.00	6.00	3.8457	0.9951
aa) Ausstattung an Flughäfen	1.00	6.00	4.3860	0.8959
bb) Persönlicher Service	1.00	6.00	4.7360	0.8763

Legende: 1 (ohne jegliche Bedeutung); 6 (das entscheidende Merkmal) Grau markiert: Die hälftig hochsten Werte pro Kategorie Mean: Mittelwert, StdDev: Standardabweichung

Für den Spezialfall „Bahn" ist weiter zu ergänzen, dass die Qualität des Rollmaterials im Allgemeinen ein vergleichsweise höheres Gewicht hat als der Reisekomfort der Fahrzeuge.

7.5.6. Resultate der Kontingenzanalyse

Die Anzahl der signifikanten Zusammenhänge zwischen der Beurteilung von Qualitätskriterien bei Transportmitteln im Allgemeinen, sowie der Verkehrsmittelwahl in Situation 1 und 2 ist eher gering. Dennoch können Rückschlüsse auf ein Verhaltensmuster gezogen werden, wobei als Grad des Einflusses der prädispositiven Präferenzstruktur auf den situativen Entscheid durch ϕ (Maß für die symmetrische Assoziation) dargestellt wird.

Es zeigt sich, dass die **Reisezeit** sowie Alternativen der Zeitnutzung die zentralsten Einflussfaktoren sind:

- Im Fall „Bern" hat die Reisezeit einen etwas geringfügigeren Einfluss auf die Verkehrsmittelwahl als im Fall „Paris". Dies hängt u.a. mit der Zeitgleichheit zwischen den Verkehrsmitteln in Situation 1 sowie der absolut längeren Zeitbedarfsstruktur in Situation 2, welche das Individuum zeitsensibler macht, zusammen.

- Entsprechend der primären Ausgangslage in den Situationen (Beruf im Fall „Bern", Freizeit im Fall „Paris") wird auch die Zeit während der Reise unterschiedlich genutzt. In Situation 1 steht die produktive Zeitnutzung im Vordergrund, in Situation 2 die Erholung (beide etwa mit dem gleichen Einflussgewicht auf die Verkehrsmittelwahl). Wichtig ist hierbei, dass mit dem Bedeutungszuwachs beider Zeitnutzungen die Wahl eher auf die Bahn fällt.

- Möglicher **Tradeoff zwischen Reisezeit und Zeitnutzung** unterwegs: Zwischen der Bedeutungszuordnung „Reisezeit" (bzw. dem Wunsch nach einer möglich kurzen Reisezeit), sowie der Bedeutungszuordnung „Zeitnutzung unterwegs" besteht dagegen kein signifikanter Zusammenhang, d.h. folgendes gilt nicht: Je wichtiger ein kurze Reisezeit ist, umso weniger wichtig werden die Möglichkeiten zur produktiven Nutzung der Zeit oder zur Erholung eingeschätzt.

Bei den übrigen aufgeführten Bestimmungsfaktoren besteht zwar ein Zusammenhang; diese sind jedoch eher schwach.

Bei den meisten allgemeinen Qualitätskriterien konnte also kein Einfluss auf die Verkehrsmittelwahl in den Situationen festgestellt werden.

Interessanterweise bleiben die als generell bzw. isoliert am wichtigsten beurteilten Qualitätskriterien:

- Sicherheit;
- Qualität Rollmaterial;
- Reisekomfort Fahrzeuge;

in der konkreten Entscheidungssituation ohne Einfluss.

7.5.7. Gesamtbetrachtung

Zwischen der Ausprägung der **allgemeinen Prädispositionen der Reisenden** (Bedeutungszumessung) und der Rolle in der konkreten Entscheidsituation für oder gegen ein bestimmtes Verkehrsmittel in einer bestimmten Situation kann insgesamt kein Zusammenhang festgestellt werden.
Zu ausgewählten einzelnen Kriterien:

- **Sicherheit** ist ein sehr **zentrales Anliegen**. Dies zeigt sich zunächst im hohen Wert bei der allgemeinen Bedeutungszumessung. Der Einfluss dieses generellen Bedürfnisses in der konkreten Entscheidungssituation ist jedoch begrenzt: So ist nur beim Vergleich mit dem Auto ein – allerdings sehr schwacher – Einfluss zugunsten der Bahn feststellbar.

- Der **Reisezeit** wird in der allgemeinen Betrachtung ebenfalls eine große Bedeutung zugemessen. Der Einfluss beim komparativen Vorteil der Bahn (zum konkurrierenden Verkehrsmittel) ist hierbei geringer als beim komparativen Nachteil. Dies bedeutet nichts anderes, als dass der Faktor „Reisezeit" im Zusammenhang mit der Bahn so lange negativ besetzt ist, bis das Gegenteil (vgl. Situation 1) „bewiesen" ist.

- Das Kriterium „**Entspannung/Erholung**" hat bei der allgemeinen Betrachtung eine mittlere Bedeutung. Jedoch ist feststellbar, dass der entsprechende Einfluss im konkreten Fall einen Spitzenwert einnimmt. Offensichtlich besteht ein mittelstarkes Bedürfnis, sich während eines Transports zu entspannen bzw. zu erholen und dieses Bedürfnis wird am ehesten mit einer Reise in der Bahn befriedigt. Weiter ist festzustellen, dass dies in Abgrenzung zum Auto wie Flugzeug oder im beruflichen wie privaten Kontext gleichermaßen gilt.

- Die **(produktive) Nutzung der Zeit** hat nur eine nachrangige Bedeutung. Dies zeigt sich zum einen beim eher geringen Wert der allgemeinen Betrachtung, zum anderen aber auch in der Einflussstärke der damit verbundenen Prädisposition: Diese ist nur im beruflichen Kontext des Falles „Bern" nennenswert, wogegen im Fall „Paris" die Einflussstärke nahezu „0" beträgt.

- Die Höhe der **Gesamtkosten** hat bei der allgemeinen Betrachtung eine mittlere Bedeutung. Hierbei ist allerdings zu beobachten, dass die Mehrzahl der Probanden beim Verkehrsmittelvergleich nur eine Kalkulation der Grenzkosten (bei Auto etwa Benzin, Parkgebühren) statt der Vollkosten (beim Auto sämtliche Kosten inkl. Abschreibungen, Unterhalt usw.)

vornehmen. Auch wenn gemäß Situationsbeschrieb „Bern" dem Verkehrsteilnehmer keine Kosten entstehen, entstehen diese doch dem Arbeitgeber und betragen für die Bahn CHF 86 (Tageskarte) und für das Auto CHF 276 (bei einem Ansatz von CHF –.60/km). Die Höhe der
Mehrkosten beträgt für das Auto CHF 190. Im Fall Paris beträgt dieser
Unterschied im Fall der Benützung des Flugzeugs CHF 150 (in diesem
Fall trägt der Reiseteilnehmer die Kosten für eine Person selbst). Eine
nachhaltige Kostensensibilität scheint nur in dem Fall gegeben zu sein, in
welchem eine Alternative „Flugzeug" evaluiert wird und diese hinsichtlich der Gesamt-Reisekosten komparative Nachteile hat. (Diese Sensibili-
tät ist u.a. mit **der Preissensibilität der Kunden** hinsichtlich Flugreisen
insgesamt zu erklären).

Abbildung 97:   *Bedeutung prädispositiver Qualitätskriterien und ihr Einfluss auf den
Situationsentscheid*

Einflussstärke auf Situationsentscheid **Prädispositive Bedeutung einzelner Qualitätskriterien**	vergleichsweise hoch	vergleichsweise tief
vergleichsweise hoch	**Reisezeit**	Sicherheit vor Unfällen Umsteigevorgänge Verbindungen/Flexibilität
vergleichsweise tief	**Entspannung/ Regeneration Nutzung der Zeit**	**Gesamtkosten** **Vertrautheit**
Fett: klar zu Gunsten der Bahn		

Quelle: Laesser 2001, 123

- Der **Reisekomfort der Verkehrsmittel** hat im Allgemeinen nur eine mittlere Bedeutung und wird v.a. situationsspezifisch evaluiert (ein entsprechender Einfluss durch Prädispositionen ist nicht beobachtbar). Auch ist
  der komparative Vorteil der Bahn gegenüber dem Auto bzw. Nachteil gegenüber dem Flugzeug sehr gering.

Eine zusammenfassende Übersicht über die Bedeutung prädispositiver Qualitätskriterien und deren Einfluss auf den Situationsentscheid wird in Abbil-

dung 97 dargestellt. Hierbei zeigen sich, die entscheidenden **komparativen Wettbewerbsvorteile** der Bahn:

- Sicherheit vor Unfällen,
- in der Möglichkeit zur Entspannung/Regeneration sowie der
- produktiven Nutzung von Zeit .

8. Das Umfeldsystem

8.1. Definition und Abgrenzung

Aus der **Definition Tourismus** geht hervor, dass der Tourismus alle Effekte, die mit dem Aufenthalt und der Reise außerhalb des gewohnten Lebensumfeldes verbunden sind, umfasst. Damit fokussiert sich die Tourismusforschung traditionell nicht nur auf die Elemente wie Destinationen oder Verkehr, die direkt mit der Ortsveränderung und dem Aufenthalt zusammen hängen, sondern befasst sich auch mit den Wechselwirkungen zu den verschiedenen Umfeldsystemen. Es wird, entsprechend den in den Konzepten zur Nachhaltigkeit verwendeten Strukturierungsansätzen, zwischen **wirtschaftlicher, gesellschaftlicher und natürlicher Umwelt** unterschieden (vgl. Interdepartementaler Ausschuss Rio 1996, 22).

Der Tourismus weist eine Vielzahl von Wechselwirkungen mit den entsprechenden Umweltbereichen auf. Er beeinflusst diese und empfängt Einwirkungen.

Bei allen Wirkungen kann zwischen **direkten und indirekten Wirkungen** unterschieden werden. Direkte Wirkungen sind diejenigen, die unmittelbar aus dem Tourismus entstehen. Beispiele dafür sind die Einnahmen der Bergbahn aus dem Verkauf von Skitageskarten oder die Schaffung neuer Arbeitsplätze, die durch auswärtige Fachkräfte besetzt werden müssen. Indirekte Effekte resultieren aus Folgeeffekten und den daraus generierten Wechselwirkungen in den entsprechenden Umwelten. Beispiele dafür sind Vorleistungskäufe der Bergbahn bei Bauunternehmen (Multiplikatoreffekte) oder die Veränderung der lokalen Kultur durch die neuen, auswärtigen Arbeitskräfte.

Abbildung 98: *Wirkungen des Tourismus auf verschiedene Umweltbereiche im Überblick*

	Nutzen für		Schaden für	
	Reisende	Bereiste Destination	Reisende	Bereiste Destination
ökonomisch	- Wiederherstellung der persönlichen Leistungsfähigkeit	- Arbeitsplätze - Umsätze - Einkommen - Devisen - Verbesserung der Infrastruktur - Erschließung neuer Märkte für einheimische Produkte	- Kosten, Zeitbedarf	- Anstieg der Bodenpreise und der Lebenshaltungskosten
ökologisch	- Sensibilisierung für „schöne" Natur	- Nutzung von Brachland - Schutz vor Verödung - Finanzierung von Umweltschutzmaßnahmen - Sensibilisierung für natürliche Schönheiten	- evtl. gesundheitliche Beeinträchtigung durch Verkehr etc.	- Beeinträchtigung der Umwelt (Schadstoffe durch Verkehr, Abwasser, Abfälle) - Beeinträchtigung des Landschaftsbildes durch Bauten - Bodenverbrauch durch Sportnutzung
gesellschaftlich	- Erholung, Entspannung, Wiederherstellung der Leistungsfähigkeit - Kulturelle Begegnung, Erweiterung des Wissens, Wiederherstellung der eigenen Identität	- Stop der Abwanderung - durch Tourismus finanzierte Kulturpflge (Denkmalschutz, kulturelle Anlässe) - Neues Wissen und Technologietransfer - Begegnung mit neuen Kulturen und damit Neudefinition der eigenen Identität	- Ferienkultur prägt Kultur der Quellregion	- Entfremung/ Entwurzelung - Verlust der kulturellen Identität

Quelle. Bieger 2002, 32

8.2. Tourismus und gesellschaftliche Umwelt

Gesellschaftliche Normen, Werte und Verhaltensweisen kommen in der Kultur zum Ausdruck. Kultur kann dabei definiert werden als:

- „The collective programming of the mind" (Hofstede 1980, 25);
- Ein Konzept mit den Ebenen: Grundannahmen, Werte und Artefakte (Schein 1985);
- „A way of life and living" (UNESCO 1998).

Kultur in dieser breiten Definition kommt zum Ausdruck in Bauten, Brauchtümern, Festen, Kommunikationsstil, Arbeitsstil, Gesetzen etc.
Neben dem eigenen sozialen Umfeld (**familiäre Identität**), der eigenen Arbeit (**professionelle Identität**) oder dem eigenen Können (**Identität durch Tätigkeit**) ist die Kultur eine wichtige Quelle der eigenen Identität.

Abbildung 99:   Kultur als Mittel zur Neudefinition der eigenen Identität

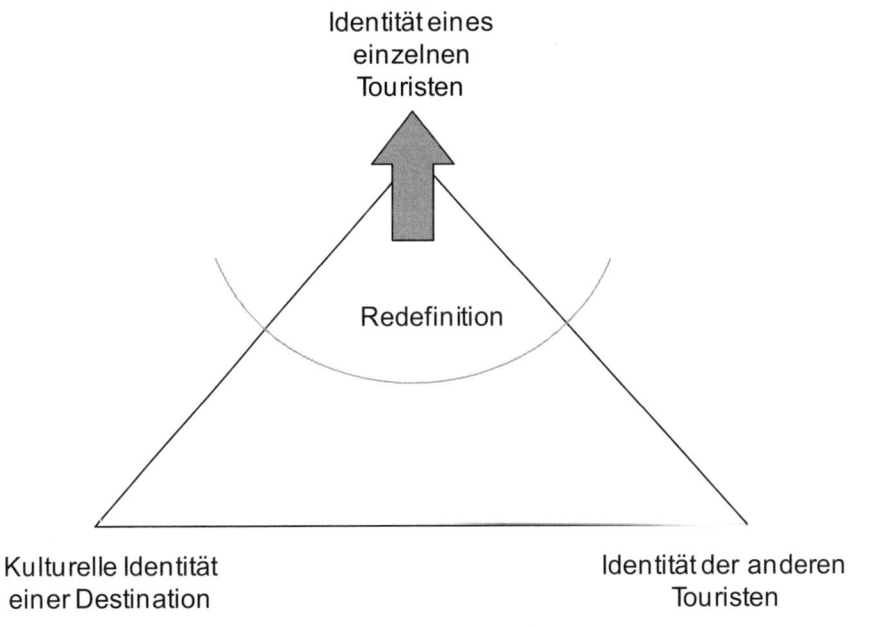

Quelle: In Anlehnung an Schroll-Machl 1995

Das Reisen in fremde Länder und das Leben in fremden Kulturen sind eine einzigartige Möglichkeit, um sowohl die Kontraste als auch die Ähnlichkeiten der verschiedenen Kulturen zu erleben und zu erfahren. Dies kann als großer Beitrag zur Neudefinition und Stärkung der eigenen Identität angesehen werden. Das Erleben von fremden Kulturen ist ein wichtiger Hebel für die psychologische Regeneration (siehe auch Abbildung 99).

Identität ist die Fähigkeit des Einzelnen, sich als eigenständig und damit verbunden als ursächlich, d.h. als handelnd und beeinflussend, wahrzunehmen. Identität ist damit die wesentliche psychologische Grundlage für Eigenständigkeit, sie ist somit quasi das psychische Überlebenselixier.

Identität lässt sich aus den verschiedensten Zusammenhängen definieren. Identität im mathematischen Sinn bedeutet vollständige Gleichheit, Kongruenz. Aus psychologischer Sicht bedeutet Identität die als „Selbst" erlebte innere Einheit (vgl. u.a Frey/Haußer 1987). Sozialwissenschaftlich wird Identität einerseits dem Individuum in einem sozialen System zugeschrieben, eine **Kombination von Merkmalen und Rollenerwartungen**, die es kenntlich, identifizierbar macht (vgl. bspw. Goffman 1963; Alexander/Lauderdale 1977), somit als ein von außen zugeschriebener Merkmalskomplex betrachtet (vgl. Frey/Haußer 1987, 3). Andererseits kann die Identität auch eine **Kennzeichnung von sozialen Systemen** darstellen, wo Objekt der Identifizierung nicht einzelne Personen, sondern Gruppen, Organisationen, Schichten, Klassen oder Kulturen sind (vgl. Frey/Haußer 1987, 4).

In der klassischen Auslegung ist aber Identität das Bewusstsein der inneren Einheit des Selbst, ein sicheres Gefühl seiner selbst, ein Empfinden sich selbst zu sein und sich zu bejahen, was sich ergibt, indem man den Werten und Normen gerecht wird, mit denen man sich identifiziert und die in der eigenen Biografie verankert sind (Krappman 1988, 9).

Da mit der Auflösung der Familien in der westlichen Welt und dem starken wirtschaftlichen Wandel der Berufsfelder traditionelle Quellen der Identität gelockert werden, müssen andere Quellen der Identität stärker betont werden. Diese Entwicklung könnte eine Ursache für die heute wieder stärkere Orientierung an ethnischen Gruppen sein (vgl. zur zunehmenden Bedeutung von ethnischen Grenzen mit dem Wegfall ideologischer Grenzen nach dem kalten Krieg, Huntington 1996).

Mit den Konzepten „Kultur" und damit verbunden „Identität" lassen sich verschiedene Zusammenhänge zwischen Tourismus und sozialer Umwelt erklären. Ein vereinfachtes Wirkungsmodell kann in Anlehnung an Jafari (1982, 59) und Thiem (1994, 42) wie folgt dargestellt werden:

Abbildung 100: *Wechselwirkungen zwischen „Kulturen" und touristischen Attraktionen*

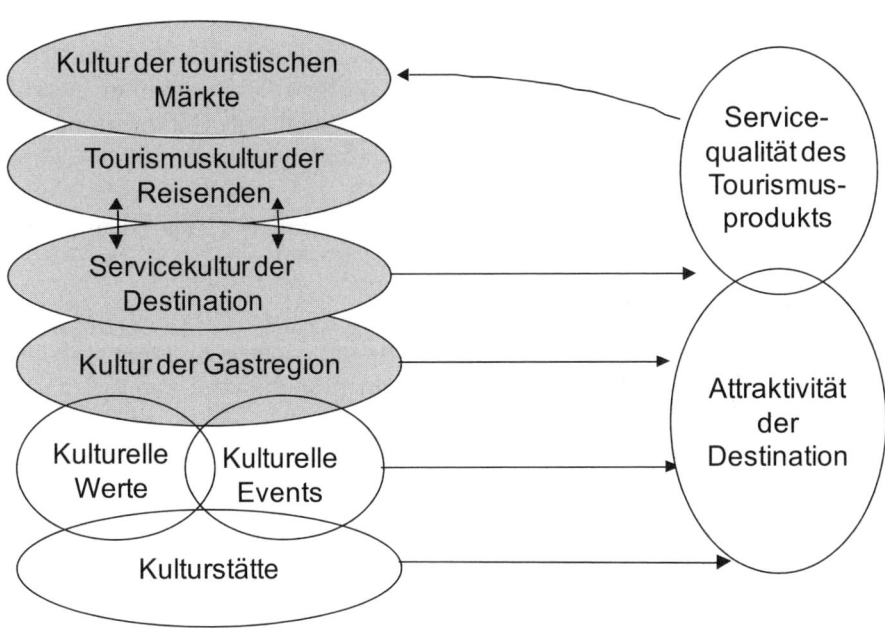

Quelle: Eigene Darstellung basierend auf Jafari 1982 und Thiem 1994

Die **Kultur der touristischen Märkte** und die **Kultur der Gast-Regionen** beeinflussen einander gegenseitig. Die **Wechselbeziehungen** dieser verschiedenen Kulturen können durch das obige 4-Kulturen-Modell erklärt und beschrieben werden (vgl. grau unterlegten Teil der Abbildung 100). Touristen sind durch die Kultur ihrer Herkunftsregion geprägt. Als Touristen legen sie auf Reisen gewisse Normen und Hemmungen ab, gleichzeitig führen Ängste oder Regeln der Reisegruppe zu neuen Normen. Es entsteht damit eine Tourismuskultur. In touristischen Destinationen entsteht eine einzigartige **lokale Servicekultur**, die den Bedürfnissen der Tourismusindustrie Rechnung trägt und auf der Kultur der Destination basiert. Die **Tourismuskultur und die Servicekultur** der Destination treffen aufeinander und beeinflussen sich gegenseitig.

Das Modell kann dadurch erweitert werden, dass man zusätzlich kulturelle Werte, Verhaltensweisen und Events, welche Quellen der lokalen Kultur darstellen, einbezieht. Stätten von kulturellem Interesse sind das Ergebnis von

Vergangenheitsentscheidungen und langer Investitionsprozesse. Eine solche Stätte beeinflusst den Stolz sowie die Identität der lokalen Bewohner. Außerdem dient sie als Plattform für Events. Es ist aber auch möglich, dass eine kulturelle Stätte erst wegen dem besonderen immer wiederkehrenden Ereignis aufgebaut wird. Kulturelle Werte sind verantwortlich für die Kontinuität bestimmter charakteristischer Events. Schein (1985) strukturiert Kultur in sichtbare Elemente (Artefakte) und in nicht sichtbare Elemente (Normen und Einstellungen), kulturelle Stätten und Sehenswürdigkeiten sind in diesem Sinne Artefakte.

Mit diesem Modell lassen sich verschiedene Zusammenhänge erklären, beispielsweise:

- die Kultur als Motivation für Reisen.

- Wie oben erwähnt, schafft die Begegnung mit anderen Kulturen auch eine Möglichkeit zur Neudefinition der eigenen Kultur und damit der Stärkung der eigenen Identität. Begegnung mit anderen Kulturen ermöglicht auch das in unserer globalisierten Wirtschaft wichtige Verständnis für andere Kulturen. Aus der Kultur erwachsene Bauwerke und Anlässe sind touristische Attraktionen. Aufgrund dieser geballten Kraft von Wirkungen ist die **Begegnung mit anderen Kulturen** ein **wichtiger touristischer Motivationsfaktor**.

- Kulturelle Wirkungen des Tourismus.

- Die Wirkung des Tourismus auf die Kultur hängt wesentlich von seiner Wahrnehmung durch die betroffene Bevölkerung ab. Diese folgt wiederum aus der Betroffenheit des Einzelnen und seiner Abhängigkeit vom Tourismus. Die wesentlichen **Effekte des Tourismus auf das Leben der Einheimischen** werden entsprechend unterschiedlich eingeschätzt.

Grundsätzlich kann davon ausgegangen werden (vgl. auch WTO 1999, 238) dass der Tourismus um so eher akzeptiert wird:

- je mehr die Betroffenen vom Tourismus und seinen Effekten wissen;

- je weniger offensichtlich der Tourismus im täglichen Leben ist. So wird Massentourismus oder Tourismus mit vielen Kunden anderer ethnischer Gruppen aufgrund seiner „Auffälligkeit" stärker empfunden.

Je nach kultureller Differenz und Homogenität der eigenen Kultur können in den einzelnen Zielregionen unterschiedliche Reaktionen entstehen. So ist in einer verschlossenen, relativ strengen Kultur eines Ziellands (d.h. große Differenz), die jedoch immer weniger von jungen, fortschrittlichen Kräften mitgetragen wird (d.h. kleine Homogenität), ein **Imitations- und Demonstrationseffekt** zu erwarten. Die Jungen betrachten die offene Kultur der Touristen als erstrebenswert und übernehmen sie (vgl. Bieger 2002, 41). Umgekehrt ist bei einer homogenen, von allen mitgetragenen Kultur des Zielgebietes und bei großer Diskrepanz zur Kultur der Reisenden eine Ablehnung und Abschottung zu erwarten (vgl. Abbildung 101 und Abbildung 102).

Abbildung 101: Grundschema der Betroffenentypologie

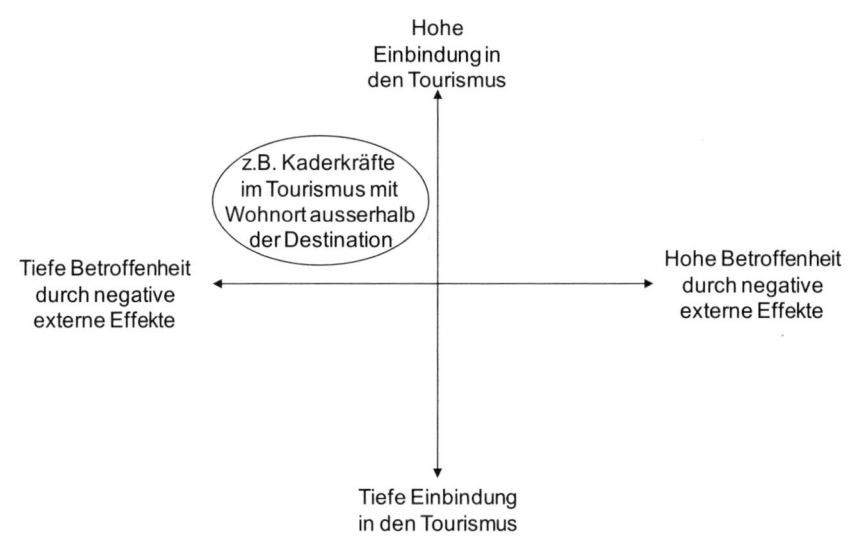

Quelle: Ferrante 1994, 11

Im Umgang mit den gesellschaftlichen Effekten können zur Sicherstellung einer nachhaltigen Entwicklung (d.h. touristische Nutzung der Kultur, ohne dass diese in ihrer natürlichen Entwicklung beeinträchtigt respektive geschwächt wird) folgende Maßnahmen ergriffen werden:

- **Information der Bereisten** über die Wirkungen und die Bedeutung des Tourismus sowie Sensibilisierung für die Kultur der Herkunftsländer zur Veränderung der Wahrnehmung (Abbau von Stereotypen/Vorurteilen, Erhöhung der Toleranz) und Erhöhung der Fähigkeit zur eigenen intellektuellen Abgrenzung. Entsprechend werden in vielen Tourismusregionen von Seiten der Tourismusorganisationen oder der Behörden Maßnahmen zur Erhöhung des „Tourismusbewusstsein" getroffen. Dazu werden bspw. Informationsunterlagen publiziert, welche die ökonomische Bedeutung des Tourismus beschreiben oder es werden Lektionen über den Tourismus in Schulen angeboten.

Abbildung 102:   Überblick über die Reaktion der Einheimischen auf den Tourismus

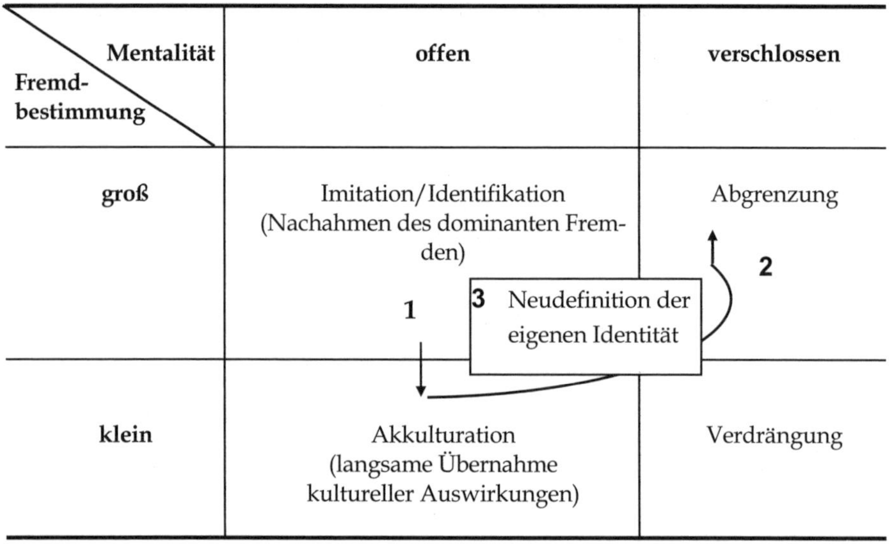

Mentalität Fremd- bestimmung	offen	verschlossen
groß	Imitation/Identifikation (Nachahmen des dominanten Frem- den) 1 3 Neudefinition der eigenen Identität	Abgrenzung 2
klein	Akkulturation (langsame Übernahme kultureller Auswirkungen)	Verdrängung

Quelle: Bieger 2002, 41

- **Information der Reisenden** über die Kultur der bereisten Gebiete und damit Erhöhung des Verständnisses der Reaktionen der Bereisten und Reduktion der eigenen Wirkungen durch sensitiveres Verhalten. Viele Tour Operators verteilen heute entsprechende Informationsbroschüren oder führen bei Reisen in besonders sensitive Regionen sogar Vorberei-tungsseminare durch (z.B. Trekkingreisen ins Himalayagebiet).

- **Maßnahmen des Visitor Managements**, d.h. Steuerung der Nachfrage durch Begrenzung, Reglementierung und Preissteuerung. So müs-sen/mussten beispielsweise bei Reisen nach Mustang bestimmte Tages-sätze als eine Art Lenkungsabgabe bezahlt werden, die Zahl der Reisen-den, d.h. der Touristenvisa, wird kontingentiert und es werden nur von Offizieren begleitete Gruppen zugelassen.

- **Maßnahmen des „Identitätsmanagements" der Gastregion.** Die Gastre-gion muss lernen, den Tourismus als eine Industrie wie jede andere zu begreifen und ihre Lebenskultur von der Dienstleistungskultur zu tren-nen. Ein professionelles Berufsverständnis, Rituale wie Arbeitsuniformen etc. helfen.

Die wichtigsten Wirkungen des Tourismus auf die Bereisten gehen von den tangiblen und intangiblen Effekten aus. Dadurch wird die Identität der Ein-heimischen und deren Selbstbestimmungsmöglichkeiten beeinflusst.

Abbildung 103:   Wirkungen auf die Bereisten

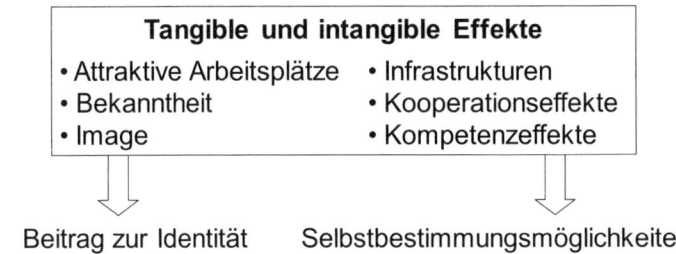

8.3. **Tourismus und wirtschaftliche Umwelt**

Traditionell werden folgende wirtschaftliche Effekte des Tourismus genannt (vgl. Kaspar 1996, 126):

- **Zahlungsbilanzfunktion** (Tourismus ermöglicht durch Einnahmen von ausländischen Gästen indirekten Export und damit einen Beitrag zur Deckung allfälliger Leistungsbilanzdefizite);

- **Beschäftigungsfunktion** (der Tourismus schafft Arbeitsplätze in touristischen Betrieben und indirekt in der ganzen Wirtschaft);

- **Einkommensfunktion** (der Tourismus schafft Umsätze und Einkommen/Wertschöpfung in touristischen Betrieben und indirekt in der ganzen Wirtschaft; Einkommen wird als Beitrag zum regionalen Volkseinkommen verstanden; regionale Wertschöpfung entspricht dem Beitrag zum Brutto-Inland-Produkt);

- **Ausgleichsfunktion** (in wirtschaftsschwachen peripheren Randregionen im Alpenraum gibt es keine wirtschaftliche Alternative zum Tourismus, der so zu einem wirtschaftlichen Ausgleich zwischen Zentren und Randregionen führt).

Auf der Basis moderner regionalwirtschaftlicher Ansätze (vgl. Thierstein et al. 2000, Bieger/Scherer 2003) können zusätzliche Kategorien von Effekten identifiziert werden, die in tangible (messbare) und intangible Effekte strukturiert werden.

Tangible Effekte sind messbare, mit der aktuellen Wertschöpfung verbundene Effekte. **Intangible Effekte** sind nicht direkt messbare Größen. Sie wirken sich auf die Wettbewerbsfähigkeit einer geografischen touristischen Einheit und damit deren Fähigkeit zur Generierung von Wertschöpfung aus (zu Wettbewerbsfähigkeit im Tourismus vgl. Keller 1995), sind aber umgekehrt selbst Resultat der touristischen Entwicklung. Die wirtschaftlichen Effekte können in Form eines einfachen Wirkungsmodelles entsprechend dem „Grad der Tangibilisierung" (vgl. auch zu wirtschaftlichen Effekten von Events, Bieger et al. 2003; Rütter et al. 2002) dargestellt werden.

Abbildung 104:   Wirkungsvolle Verstärkungsmechanismen im Tourismus

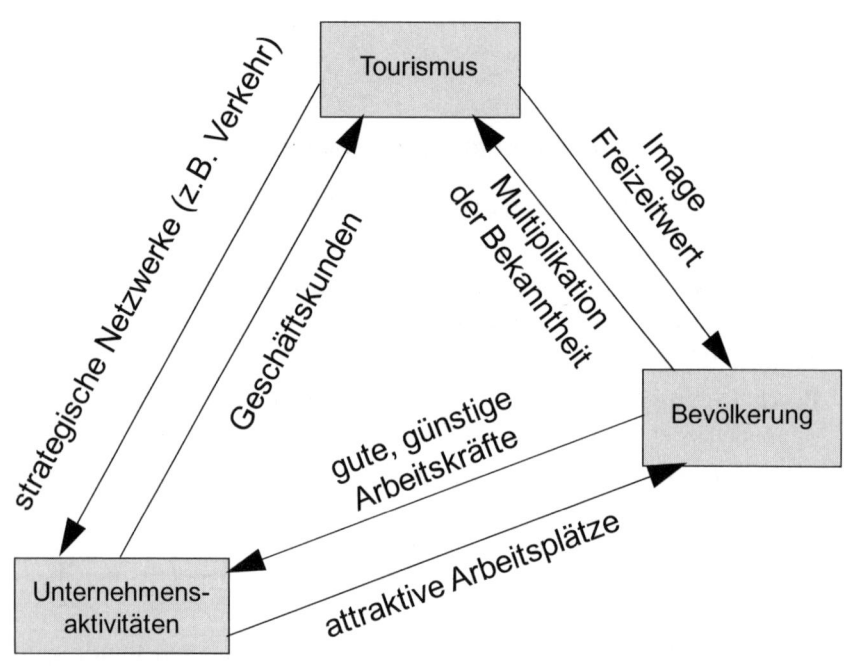

Quelle: Bieger 2001

Tourismuseinnahmen, Einwohner und Unternehmensaktivitäten werden heute als die wesentlichen drei **Zielbereiche der Wirtschaftsförderung** angesehen (vgl. Porter 1990, Bieger/Scherer 2003). Zwischen diesen drei Bereichen bestehen wirkungsvolle Verstärkungsmechanismen. So führen bspw. verstärkte wirtschaftliche Aktivitäten über mehr Geschäftstourismus und allenfalls angelagertem Freizeittourismus der Begleitpersonen, auch vor und nach dem Geschäftsanlass, zu einer Stärkung des Tourismus. Tourismus wiederum erhöht in einem bestimmten Rahmen über Infrastrukturen, Atmosphäre etc. die Attraktivität für Einwohner. Attraktive Arbeitskräfte (Einwohner) wiederum stärken die Attraktivität für Unternehmen (vgl. Abbildung 104).

8.3.1. Intangible Effekte

Bekanntheit bedeutet, dass eine gewisse Zahl Personen ein bestimmtes Bewusstsein (z.b. gestützte oder ungestützte Bekanntheit) eines Zieles oder einer Region hat (Thierstein et al. 2000). Image kann verstanden werden als Modell (vereinfachtes Abbild), das eine bestimmte Gruppe von Menschen von einem Objekt, hier also von einer Region, hat. **Bekanntheit und Image** sind immer auf eine bestimmte Zielgruppe ausgerichtet. Eine hohe Bekanntheit und ein positives Image schaffen Vertrautheit und Vertrauen, was die Bereitschaft zur Buchung einer bestimmten Destination und den Prestigewert einer Reise an eine bestimmte Destination erhöht. Ein touristisches Image und eine entsprechende Bekanntheit führen jedoch über Prestigewert und Vertrauen zu Vorteilen auf dem Markt für Einwohner und unternehmerische Aktivitäten. So zieht jemand eher an einen Ort, der ein positives Image hat und durch seine Bekanntheit quasi auf der „geistigen Landkarte" ist.

Dank touristischer Aktivitäten einer Region vernetzen sich die lokalen Unternehmen mit auswärtigen, bspw. mit Banken für die Finanzierung touristischer Infrastrukturen oder mit Tour Operators und Verkehrsunternehmen für den Zugang zu touristischen Märkten. Innerhalb der Destination entstehen neue Unternehmen, bspw. Tourismusorganisationen oder mit Sportschulen Betreuungsunternehmen. Lokale Unternehmen vernetzen sich, um die touristischen Produkte zu gestalten. Für Netzwerke von Unternehmen, die untereinander im Austausch stehen und damit über verschiedene Kanäle auch Wissen transferieren, wird heute der Begriff Cluster gewählt.

Ein **Cluster** kann definiert werden **als Netzwerk von Unternehmen**, der in einem engeren regionalen Austausch steht und über Austausch von explizitem und implizitem Wissen in der Lage ist, zur Kompetenzbildung der beteiligten Unternehmen und zur Stärkung der regionalen Wettbewerbsfähigkeit beizutragen (vgl. Bieger/Scherer 2003, 19). Grundsätzlich kann dabei die Verflechtung vertikal (d.h. innerhalb der Wertschöpfungskette nach vorn und zurück), horizontal (d.h. auf der gleichen Produktionsebene) und auch lateral (d.h. andere Branchen und andere Produktionsebenen) funktionieren (vgl. Abbildung 105).

Abbildung 105:   Kooperationsformen innerhalb von Clustern am Beispiel der Hotellerie

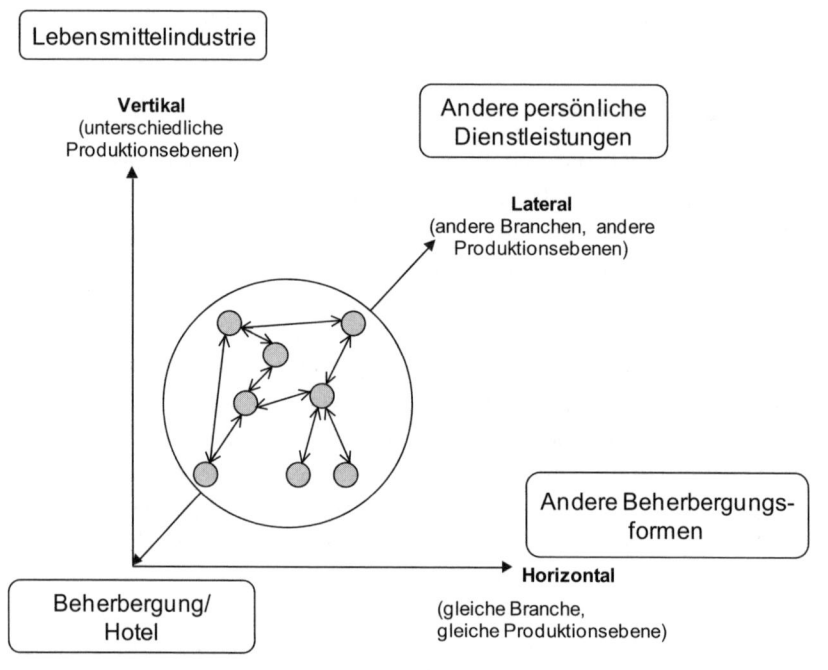

Quelle: Bieger 1999d, 7

Die in einem Cluster funktionierenden Transfermechanismen können nach dem Transferkanal unterschieden werden (vgl. Abbildung 106):

- **Vorleister** bieten beispielsweise durch innovative Vorleistungen Innovationsanstöße im Sinne von Push-Effekten, beispielsweise leisten sie anspruchsvolle **Problemlösungsunterstützung**.

- Kunden leisten durch anspruchsvolle Nachfrage eigentliche **Pull-Innovations-Anstöße**.

- **Informations- und Wissensmärkte** (z.B. Austauschplattformen über Berater oder Forschungs- und Bildungsstätten) ermöglichen den direkten Austausch von Wissen und Konzepten.

- Soziale Beziehungen ermöglichen einen informellen Informations- und Wissenstransfer, beispielsweise über Bargespräche, Foyergespräche bei kulturellen Anlässen etc.

- **Spezialisierte Institutionen und Behörden** bieten durch ausgeklügelte Vorschriften und durch spezifische Transport- oder Kommunikationsinfrastrukturen Rahmenbedingungen, die ebenfalls den Wissensaustausch erleichtern oder sogar Wissensanstöße bieten.

- Am entscheidendsten jedoch ist der **Arbeitsmarkt**. Durch den Wechsel qualifizierter Arbeitskräfte zwischen Unternehmen wird **tacit knowledge** (d.h. intangibles, „stilles" Wissen) am effizientesten transferiert. Auch hier zeigen sich wesentliche Nachteile peripherer Regionen im heutigen Standortwettbewerb. Die Möglichkeit zum Austausch von tacit knowledge bietet sich lediglich in den größeren Agglomerationen und Zentren, wo sich Personen begegnen. Ebenfalls verfügen diese über einen breiteren Arbeitsmarkt. Wollen gut ausgebildete Arbeitskräfte à jour bleiben, müssen sie somit in den großen Zentren bleiben. Ebenfalls ermöglichen große Zentren einen attraktiveren, weil optionsreicheren und damit perspektivenreicheren Arbeitsmarkt. Verschärft wird diese Tendenz noch durch **moderne Familienformen** und Partnerschaftsstrukturen. **Double-career-couples** sind darauf angewiesen, dass in der näheren Region auch für den oder die PartnerIn attraktive Arbeitsplätze gefunden werden können. Damit verlieren periphere Arbeitsmärkte zusätzlich an Attraktivität.

Abbildung 106:   Transfermechanismen in Kompetenz-Cluster

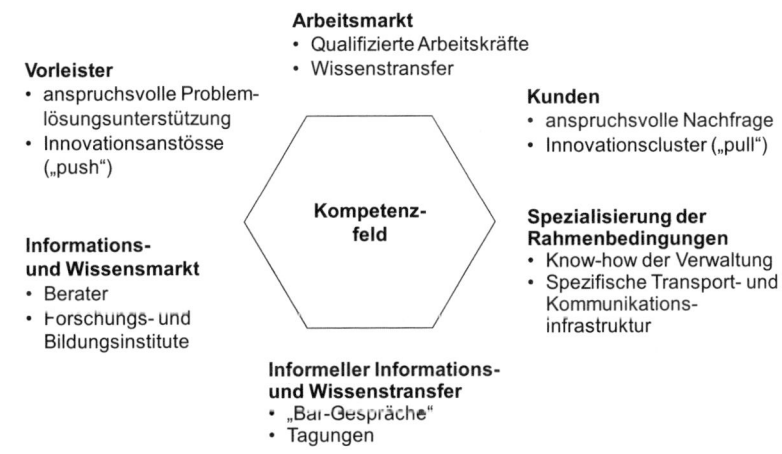

Quelle: Bieger 1999d, 6

Um den Tourismus herum können verschiedene Cluster entstehen. So entstanden aufgrund der vermögenden Kundschaft und steuerlicher Vorteile in einzelnen **Bergdestinationen** wie im Engadin (CH) oder im Kleinwalsertal (A) eigentliche **Finanzplätze**, die auch die hohen Kompetenzen im persönlichen Service nutzen. Um Gesundheitsdestinationen entstanden, aufbauend auf den medizinischen Kompetenzen, Lebensmittelhersteller (z.b. Bio-Bauern) oder Medizinalhersteller. In Städten sind Attraktionspunkte wie Museen, Unterhaltungsbetriebe oder Theater oft Nuklei für die Entstehung von Kreativ-Cluster (mit u.a. Werbeagenturen).

Touristische Infrastrukturen, von den Verkehrsinfrastrukturen (z.B. Flughäfen, Bahnlinien) über Sport- und Unterhaltungseinrichtungen bis zu Kommunikationsinfrastrukturen, stehen auch den Einwohnern und für andere wirtschaftliche Aktivitäten zur Verfügung. Sie erhöhen damit die Produktivität und Attraktivität des Standortes für Unternehmen und Einwohner.

Auch auf der Ebene der intangiblen Effekte können negative Wirkungen des Tourismus auftreten. So kann das Image eines Ortes durch den Tourismus bspw. auch negativ geprägt werden (z.B. als „billiger Massenort").

In einem Cluster kann durch eine allzu starke Dominanz touristischer Unternehmen das Schwergewicht der lokalen Kompetenz möglicherweise von produktiveren Aktivitäten verlagert werden. Touristische Infrastrukturen können in einem Ort auch zu einer großen finanziellen Last werden und so zu Steuererhöhungen und damit zu Nachteilen für andere wirtschaftliche Aktivitäten führen.

8.3.2. Tangible Effekte

Durch den Export von Leistungen oder **Verkauf von Leistungen an Touristen** kommen Geldströme in den Ort oder die Region, die auf verschiedenen Stufen Umsätze schaffen. Nicht nur der Unternehmer, der exportiert (d.h. Dienstleistungen nach außen oder an Touristen verkauft), profitiert. Dieser Unternehmer bezieht Vorleistungen, von denen mindestens ein Teil in der Region erbracht wurde. Ein Hotelier, der Gäste von außerhalb beherbergt, kauft beispielsweise Lebensmittel im Ort ein. Die Exporterlöse schaffen so über verschiedene Runden Umsätze. Diese bleiben jedoch nicht vollumfänglich in der Region. **Tourismusbezogene Importe mindern die Außenhandelsbilanz**, das gilt v.a. für den Import von Lebensmitteln (z.B. exotische Früchte, Wein etc.), Sportgeräten die nicht im Inland produziert werden (z.B. Snowboards, Golfschläger etc.), Vorleistungen, die von außerhalb bezogen werden (z.B. Kücheneinrichtungen für den Hotelier, Skiliftanlagen etc.), ebenfalls für Franchisinggebühren und Löhne für ausländische Fachleute. So fließt in jeder Runde ein Teil der erwirtschafteten Umsätze wieder ab.

Vereinfacht kann davon ausgegangen werden, dass der regionale Wohlstand davon abhängt, wieviel exportiert werden kann (d.h. auch an Touristen verkauft werden kann) und wie groß der Anteil an Vorleistungen ist, der in der Region erbracht werden kann. So schafft beispielsweise ein zusätzlicher Bäckereibetrieb in einem Bergort keinen zusätzlichen Umsatz, da er, außer wenn er Import ersetzt, andere verdrängt. Ein zusätzliches Hotel dagegen bringt zusätzlichen primären Umsatz in den Ort. Touristische Einnahmen sind immer primäre Umsätze und haben damit für die Wirtschaft einer Region eine ganz besondere Bedeutung (vgl. Abbildung 107).

Wesentliche Elemente sind folglich:

- Die **primären Umsätze** (Bieger 2002, 34ff.) **in Form direkter wirtschaftlicher Einnahmen** von außerhalb durch Touristen. Diese Einnahmen fallen in einer Vielzahl von Branchen, vom Detailhandel, bei Ärzten (Tourismusbranchen im weitesten Sinne) bis zu Hotels (Tourismusbranchen im engeren Sinne) an.

- Die indirekten Umsätze in Form von **Vorleistungskäufen in der Region** und Ausgaben der Angestellten. Jeder Umsatz, der in einer Region hineinkommt, wird mit Ausnahme von Abflüssen in Form von Importen (z.B. Bauaufträge an auswärtige Unternehmen), Lohnzahlungen an auswärtige Mitarbeiter oder Sparen in der Volkswirtschaft weitergegeben und bewirkt einen Multiplikatoreffekt.

- Der totale Umsatz, der sich aus dem primären und indirekten Umsatz ergibt. Dieser kann modellhaft mit dem **Umsatzmultiplikator** errechnet werden:

Totaler Umsatzzuwachs = primärer Umsatzzuwachs x $(1/(s+i))$

Legende: S=Sparquote; i=Importquote

Der Multiplikatoreffekt wird damit in einer einfachen geometrischen Reihe dargestellt. In jeder Runde wird der Beitrag aufgrund der Abflüsse durch Sparen und Importe kleiner.

Der Multiplikator ist umso größer, je weniger in die Region importiert werden muss, je größer und dichter somit die regionale Wirtschaft verflochten ist, sowie je kleiner die Sparquote ist.

Entscheidend für den **Wohlstand einer Region** sind damit primäre Umsätze und die Verflechtung resp. Stärke der lokalen Wirtschaft. Diese wiederum ist stark durch die Cluster geprägt.

Abbildung 107:   Modell einer regionalen Volkswirtschaft

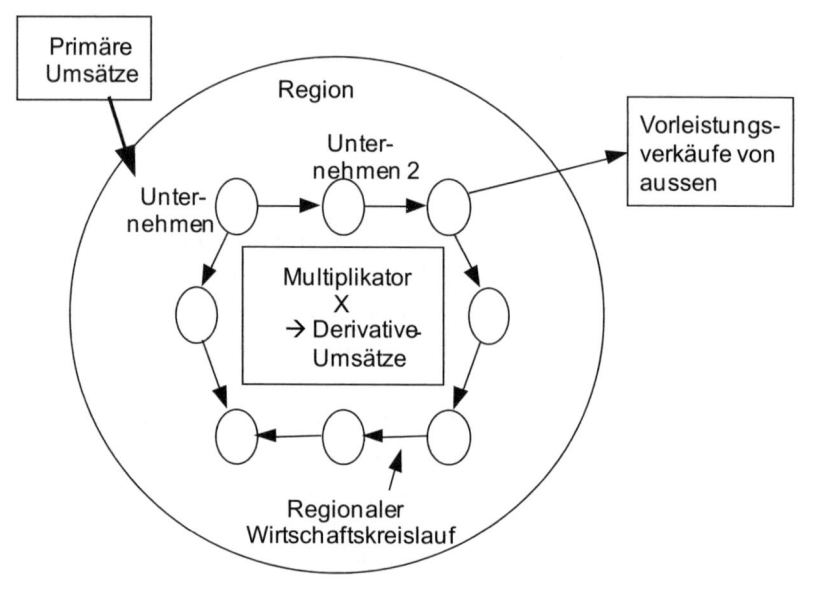

Quelle: Bieger 2002, 35

Abbildung 108:   Gesamtunternehmungsleistung, Brutto- und Nettowertschöpfung

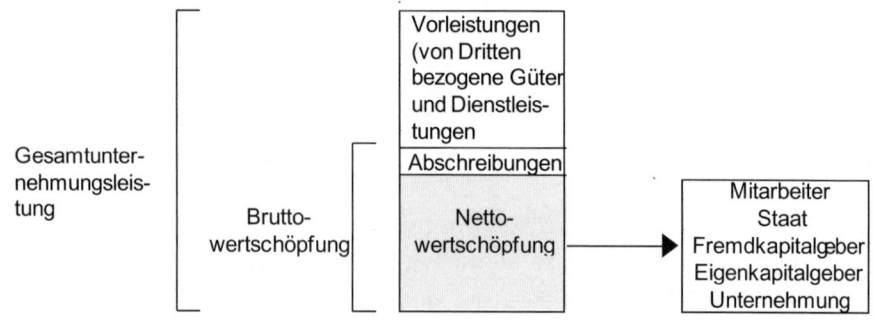

Quelle: Zegg et al. 1993

Eine wichtige Größe sind die erzielten Wertschöpfungsbeiträge. Wertschöpfung kann definiert werden als der von einer Unternehmung in einer bestimmten Zeit erarbeitete Wertzuwachs. Sie wird berechnet, indem vom Umsatz die von Dritten bezogenen Güter und Dienstleistungen (Vorleistungen) abgezogen werden (vgl. Zegg et al. 1993; Abbildung 108). Wertschöpfung entspricht damit dem Umsatz eines Betriebes abzüglich der bezogenen Vorleistungen oder, von der Verteilungsseite her gesehen, den Faktorentschädigungen für die Produktionsfaktoren Arbeit, Kapital und Boden. Aus der Summe der Wertschöpfung einer Region ergibt sich vereinfacht das Brutto-Inlandprodukt.

Abbildung 109:   *Zusammenfassung aller wirtschaftlichen Effekte des Tourismus (Rechenschema)*

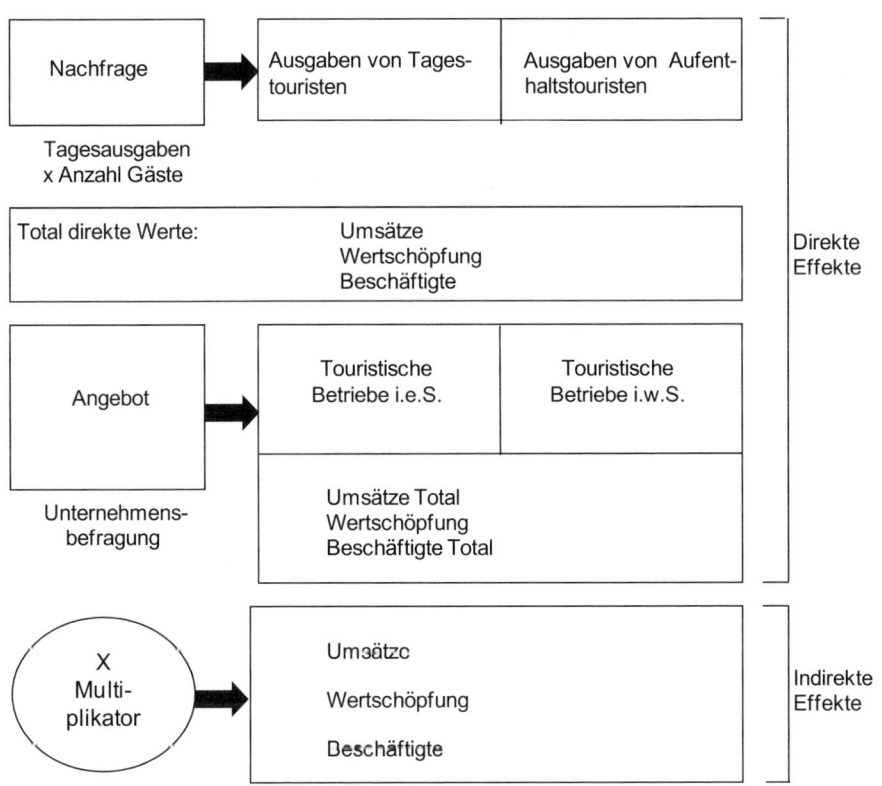

Quelle: In Anlehnung an Bieger 1988

Aus den Umsätzen können mit **Branchen-Durchschnitts-Wertschöpfungs-quoten** die Wertschöpfungsbeiträge, aus diesen über die Produktivitätszahlen pro Branche (Wertschöpfung pro Arbeitsplatz) die Zahl der generierten Arbeitsplätze errechnet werden. Über Umfragen und Hochrechnungen lassen sich so vereinfachte Daten zu den regionalen wirtschaftlichen Effekten generieren.

8.3.3. Berechnung der wirtschaftlichen Effekte

Die Erfassung der touristischen Umsätze kann auf der Angebots- (Unternehmensbefragung) und/oder der Nachfrageseite (Befragung der Touristen) erfolgen. Diese Umsätze werden über **Vorleistungsanteile, Wertschöpfungs-quoten** und **Durchschnitts-Produktivitäten** zu Totalumsätzen, touristischer Wertschöpfung und Arbeitsplatzzahlen hochgerechnet. Für die Berechnung der touristischen Gesamtnachfrage, Wertschöpfung und Beschäftigung entwickelten Rütter et al. ein heute allgemein akzeptiertes Rechnungsraster (vgl. Rütter et al. 1996; Abbildung 109).

Abbildung 110:   Hauptergebnisse des Tourismussatellitenkontos (TSA) für Österreich

Aggregate	2005	2006	2007
	Mio. EUR		
Touristische Nachfrage			
Ausgaben ausländischer Besucher	*14.360*	*14.769*	*15.272*
Übernachtende Touristen[1])	12.738	13.047	13.414
Tagesbesucher	1.621	1.722	1.858
Ausgaben inländischer Besucher	*12.723*	*13.263*	*14.111*
Urlaubsreisende	10.102	10.330	10.925
Übernachtende Touristen[2])	6.256	6.449	6.719
Tagesbesucher	3.846	3.880	4.207
Geschäftsreisende	2.621	2.933	3.1486
Übernachtende Touristen	1.178	1.476	1.594
Tagesbesucher	1.444	1.457	1.592
Ausgaben der Inländer in Wochenendhäusern und Zweitwohnungen	969	977	984
Gesamtausgaben [3])	28.052	29.009	30.367

Quelle: WIFO (Österreichisches Insitut für Wirtschaftsforschung) 2009

1) Urlaubs- und Geschäftsreisende; einschliesslich der Ausgaben für den Personentransport

2) Einschliesslich der Ausgaben für Kuraufenthalte

3) Ausgaben von Urlaubs- und Geschäftsreisenden; einschliesslich der Ausgaben im Zuge von Verwandten- und Bekanntenbesuchen

Die wirtschaftlichen Effekte des Tourismus werden heute auch aufgrund **internationaler Standards der UNWTO und der OECD** mit Hilfe sogenannter Tourismus-Satellitenkonten mindestens auf Länderbasis erhoben. Satellitenkonten sind Konstrukte der nationalen Buchhaltung, mit denen der Umfang von Sektoren, die in der nationalen Buchhaltung nicht separat abgegrenzt sind, abgeschätzt werden können. Im wesentlichen werden aus dem Produktionskonto (Produktionswerte pro Branche) über die Anteile der touristischen Umsätze pro Branche (erhoben aus Input-Output-Tabellen oder Umfragen) die Umsätze und auf den Tourismus zurückzuführende Beiträge zum Bruttoinlandprodukt errechnet. Es wird damit nur die erste Runde, d.h. die direkten wirtschaftlichen Effekte erfasst. Über Kennzahlen werden Arbeitsplatzzahlen und andere Daten errechnet.

Abbildung 111:   *Grundschema einer Input-Output-Tabelle*

		Vorleistungs-verflechtungen			Gesamtwirtschaftliche Endnachfrage					Σ der Spalten 1 - 8
Verkaufende Wirtschafts- zweige Kaufende Wirtschafts- zweige		Wirtschafts- zweig Nr. 1	Wirtschafts- zweig Nr. 2	Wirtschafts- zweig Nr. 3	Privater Konsum	Staatlicher Konsum	Bruttoanlage- investitionen	Lager- investitionen	Export	Bruttopro- duktionswerte
		(1)	(2)	(3)	(4)	(5)	(6)	(7)	(8)	(9)
Wirtschafts- zweig Nr. 1	(1)									
Wirtschafts- zweig Nr. 2	(2)	I. QUADRANT					II. QUADRANT			
Wirtschafts- zweig Nr. 3	(3)									
Importe	(4)									
Abschrei- bungen	(5)									
Indirekte Steuern und Subventionen	(6)	III. QUADRANT								
Löhne und Gehälter	(7)									
Sonstige Einkommen	(8)									
Σ der Zeilen 1 – 8 = Bruttoproduk- tionswerte	(9)									

Quelle: Rütter-Fischbacher 1991, 70; Tschurtschenthaler 1993, 227

Für die Berechnung der indirekten Effekte bieten sich zwei Möglichkeiten an:

INPUT-OUTPUT TABELLEN

Diese zeigen auf, welche Vorleistungen die einzelnen Sektoren von anderen beziehen. Der Multiplikatoreffekt kann damit präzise durchgespielt werden. Hinter den Berechnungen mit Input-Output-Tabellen steht die Annahme, dass sich die Zusammenhänge zwischen den Branchen nicht verändern. Dies ist aber beispielsweise dann nicht mehr der Fall, wenn durch zusätzliche touristische Nachfrage eine Branche die Kapazitätsgrenzen erreicht hat und damit die Importe erhöht werden müssen.

ALLGEMEINE GLEICHGEWICHTSMODELLE

Diese bilden mit Hilfe mathematischer Modelle die **gesamte regionale Wirtschaft** ab. Über Elastizitäten (z.B. Einkommens-Elastizitäten der Nachfrage) und Marktmodelle werden Entwicklungen wie die Wirkung einer Nachfrageerhöhung simuliert. Das Problem dieser Modelle liegt in den hohen Entwicklungskosten (Datengewinnung, Modulierung und Überprüfung). Die Vorteile bestehen darin, dass Wechselwirkungen (wie bspw. aufgrund einer erhöhten Tourismusnachfrage entstehende Lohnerhöhung bei Dienstleistungsangestellten) berücksichtigt werden.

Auch auf der Ebene der tangiblen wirtschaftlichen Effekte können negative Wirkungen entstehen. Dies ist vor allem auf **Verdrängungs- und Engpasseffekte** zurückzuführen. So steigen in vielen Destinationen die Grundstückpreise, was für andere Wirtschaftssektoren und Einheimische Nachteile mit sich bringt.

8.3.4. Die Rolle des Staates

Die wirtschaftlichen Effekte können durch Politik und Wirtschaft wie folgt beeinflusst werden:

- **Erhöhung der primären Effekte** durch Investitionen in Attraktionen (z.B. Museen) und Marketing. In dezentralisierten, durch KMU geprägten Destinationen stellen diese Investitionen öffentliche Güter dar. Von den Vorteilen dieser Güter kann niemand ausgeschlossen werden. Auch sind sie nicht begrenzt und es besteht somit keine Rivalität. Öffentliche Güter kennzeichnen sich durch die zwei Eigenschaften, Nicht-Auschließbarkeit

und Nicht-Rivalität. Die Investitionen müssen folglich über Zwangsabgaben finanziert werden. Dazu bestehen grundsätzlich zwei Möglichkeiten:
- Über Kurtaxen (von den Gästen zu bezahlende Abgaben für die ihnen gebotenen Infrastrukturen und Services);
- Wirtschaftsförderungsabgabe (von der lokalen Wirtschaft entsprechend ihrem Wertschöpfungsanteil an den Tourismus zu entrichtende Abgabe für das Marketing. Entsprechende Reglemente stützen sich jeweils auf die Anteile touristischer Umsätze und die Zahl der Arbeitsplätze).
- Solche Abgaben stellen in der Steuerungssystematik **so genannte „Zweckbindungsabgaben mit Gruppenäquivalenz"** (vgl. Marantelli 1991) dar. Sie stehen zwischen Abgaben und Steuern. Sie werden für ein potenzielles Nutzungsrecht entrichtet. Sie müssen den Grundsätzen der Rechtsgleichheit und Verhältnismäßigkeit genügen. Kurtaxen von 30% des Hotelzimmerpreises dürften nicht mehr verhältnismäßig sein. Wirtschaftsförderungsabgaben in einer Stadt würden oft die Rechtsgleichheit verletzen, indem beispielsweise Bäcker gleich viel zahlen müssten, obwohl sie aufgrund ihrer Lage nach unterschiedlich stark vom Tourismus abhängig sein dürften.

- **Erhöhung der indirekten wirtschaftlichen Effekte** durch Schließung der Wertschöpfungskreisläufe, z.B. durch:
  - Integration der Landwirtschaft, Forstwirtschaft etc. durch Vorleistungskäufe;
  - Ansiedlung fehlender Schlüsselbetriebe;
  - Schaffung regionaler Wirtschaftsplattformen als Austausch- und Sensibilisierungsinstrumente für die regionale wirtschaftliche Zusammenarbeit.
  - Erhöhung der Kompetenz- und Netzwerkeffekte durch Ausbildung, regionales Wissensmanagement (vgl. Bieger 1999d) etc.

8.4. Tourismus und natürliche Umwelt

Abbildung 112 gibt eine grobe Übersicht über die verschiedenen Wechselwirkungen zwischen den Bereichen der natürlichen Umwelt und dem Tourismus (Gliederung der natürlichen Umwelt nach Müller 1994, 169).

Abbildung 112:   *Wechselwirkungen von Tourismus und Ökologie*

Wirkung Betroffene Sphäre	vom Tourismus	auf den Tourismus
• **Biotischer Bereich:**		
- Fauna	- Unruhe, Störung und Beeinträchtigung + Sensibilisierung/Information der Bevölkerung	+ Attraktivität
- Vegetation/Flora	- Einseitige Bepflanzung für z.b. Sportanlagen + Sicherung der Besiedlung und Bewirtschaftung	+ Attraktivität
• **Abiotischer Bereich:**		
- Boden	- Überdüngung speziell im Bereich von Sportanlagen	
- Untergrund	- Stabilitätsverlust durch Überbauung	- Erosion, instabile Baulagen
- Oberfläche	- Versiegelung durch Straßen und Plätze z.b. für Verkehrsflächen	
- Luft	- Emissionen durch Verkehr und Heizung	+ Attraktivität
- Klima	- Emissionen z.B. durch Flugverkehr (Ozonschicht)	- zunehmende Unberechebarkeit
- Wasser	- erhöhter Wasserverbrauch durch Tourismusanlagen	
- Ruhe/Lärm	- durch Verkehr/Personenansammlungen	+ Attraktivität
• **Ästhetischer Bereich**		
- Landschaft/Topografie	- Veränderungen für Sportanlagen	+ Attraktivität
- gebaute Umwelt	- Gebäude für Sport, Wohnen und Verkehrsanlagen - Sensibilisierung der Bevölkerung in Richtung strenge Bauordnungen	+ Attraktivität
• **Integrale Schlüsselbereiche**		
- Ressourcen - Energie - Abfall/Emissionen	- Mehrverbrauch und Mehremissionen + evtl. professionellere Lösung der Probleme in Randgebieten z.B. mit Kläranlagen	

Quelle: Bieger 1998

Diese kurze Übersicht zeigt bereits, dass

- der Tourismus von Attraktivität, die in der natürlichen Umwelt besteht profitiert,
- er aus Veränderungen der natürlichen Umwelt (vgl. insbesondere die Probleme der Klimaveränderung, die sich nicht nur in einer dem Skitourismus bedrohenden Erwärmung, sondern auch in einer zunehmenden Instabilisierung des Wetters in unseren Breitengraden und damit einer sinkenden Berechenbarkeit der Aufenthaltsqualität äußert) betroffen ist,
- der Tourismus selbst Einfluss nimmt auf die verschiedensten Sphären der natürlichen Umwelt und zwar vorwiegend in einem belastenden Sinne,
- der Tourismus einige positive Effekte aufweist, die vor allem darauf zurückzuführen sind, dass die Touristen und die Einheimischen unter einem erhöhten Problemdruck stehen und deshalb zielgerichtete Lösungen suchen müssen (vgl. bspw. Bau von Kläranlagen in Randgebieten oder durch eine verbesserte Sensibilisierung der Einheimischen und der Bevölkerung für den Wert der natürlichen Umwelt). Ein besonderer Effekt, vor allem in den peripheren Regionen, entsteht durch die Sicherung einer weiteren Besiedlung und Reduktion der Abwanderung durch Erwerbsmöglichkeiten im Tourismus (vgl. zu diesem Problem auch Messerli 1989).

Die Belastung der natürlichen Umwelt ist im Ablauf der touristischen Leistungskette sehr unterschiedlich. Währenddem in der Phase der Information und Buchung vor allem der Materialverbrauch in Form von Papier (Stichwort „Prospektflut") belastend wirkt, entsteht die größte Belastung während der Anreise in Form von Energieverbrauch, Belastung der Luft, Materialverbrauch (Verkehrsmittel müssen nach Ablauf ihrer Nutzungszeit entsorgt werden) und Überbauung durch Verkehrsflächen. Wohnen und Essen an der Destination selbst sind von ihren Effekten her wieder eher begrenzt, währenddem sie bei der Betätigung vor Ort, vor allem wenn flächenintensive Sportarten wie Ski oder Golf betrieben werden, relativ groß sind. Aufgrund dieser Überlegungen lassen sich folgende Tendenzen ableiten:

- Je weiter die Reise geht, je belastender das gewählte Verkehrsmittel und gleichzeitig je kürzer die Aufenthaltszeit, desto energieintensiver sind die Ferien auf den Erholungstag gerechnet.
- Je mehr flächenintensive Sportarten betätigt werden, desto größer ist die Belastung der natürlichen Umwelt.
- Daraus kann geschlossen werden, dass in der Tendenz die ökologischsten Erholungsaufenthalte diejenigen sind, die
  a) mit der Bahn oder mit Car erfolgen,
  b) über mittlere Distanzen führen,

c) in Regionen führen, die bereits dicht besiedelt sind und so über alle notwendigen Ver- und Entsorgung ohnehin verfügen,

d) vor allem kulturelle Beschäftigung zum Inhalt haben.

Abbildung 113:   *Belastung der natürlichen Umwelt in Abhängigkeit der Leistungskette im Tourismus*

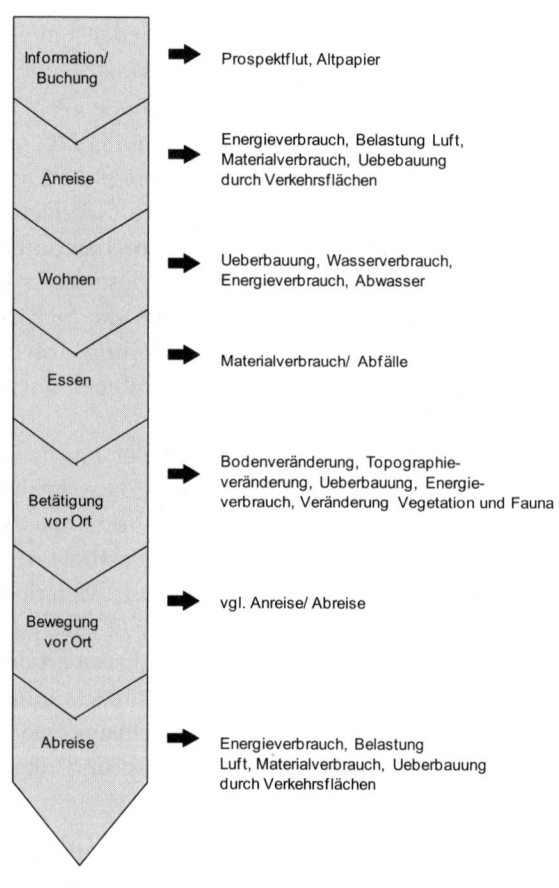

Quelle: In Anlehnung zur touristischen Leistungskette Bieger/Schallhart 1997, 47

Oft sind bei modernen Reiseformen gerade die umgekehrten Konstellationen anzutreffen. Sie führen

a)   mit Flugzeugen oder dem Auto (beide Verkehrsmittel werden relativ immer günstiger),

b)   über weite Distanzen (der Reiz des Exotischen nimmt nicht zuletzt mit der zunehmenden Reiseerfahrung zu [vgl. auch Bieger/Laesser 1997]),

c)   vor allem in periphere, noch wenig besiedelte Randregionen mit entsprechend fragilen ökologischen Gleichgewichten, wie totale Wettersicherheit bietende Wüstengebiete (mit entsprechendem Wasserverbrauch) oder auf Inseln in Warmwasserzonen ohne entsprechend dimensionierte Entsorgungs- oder Versorgungsinfrastruktur (vor allem aufgrund der eben noch vorhandenen guten Badewasserqualität) oder auch in hochalpine, schneesichere Gebiete

d)   und haben oft flächenintensive Trendsportarten wie Mountainbiking, Ski oder Golf zum Inhalt.

Abbildung 114:   Wechselwirkungen und Rückkoppelungen

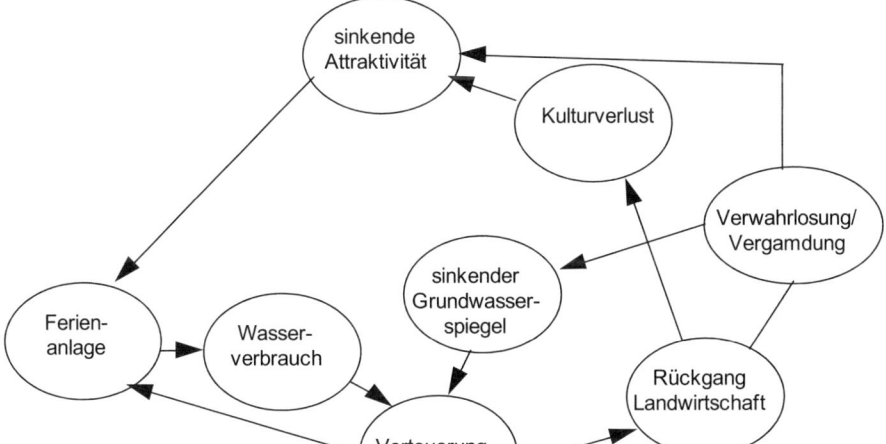

Beispiel: Ferienanlage im Mittelmeer

Gefährlich sind insbesondere die oft langfristig wirksamen, nicht leicht erkennbaren Rückkopplungseffekte, durch die rasch einmal kritische Grenzen überschritten werden und eigentliche Kippeffekte eintreten können (vgl. auch

Müller 1994, 170/71). Ein Beispiel für solche Rückkopplungseffekte mit langfristigen Folgen und Kippeffekten zeigt Abbildung 114 am Beispiel einer Ferienanlage im Mittelmeerraum. Irgendwann einmal ist die Attraktivität der
Destination aufgrund der Vergandung der Landschaft und des Kulturverlus-
tes so tief gesunken, dass über die Mund zu Mund Propaganda und das generierte Image die Attraktivität eigentlich kippt und die Ferienanlage in wirtschaftliche Probleme kommt. Es zeigt sich auch, dass der Verlust von
Wettbewerbsfähigkeit und der Verlust der Qualität der natürlichen Faktoren
sich gegenseitig beeinflusst. Das verfügbare Geld für Begrenzungsmaßnahmen oder auch die Art der Gästesegmente/die Tourismusformen beeinflussen
wesentlich die Belastung der natürlichen Umwelt, die Attraktivität derselben
wiederum wesentlich die Wettbewerbsfähigkeit. Über diese Mechanismen
können Selbstverstärkungseffekte in positiver oder negativer Richtung entstehen.

Abbildung 115:   Umweltstrategien von touristischen Unternehmen

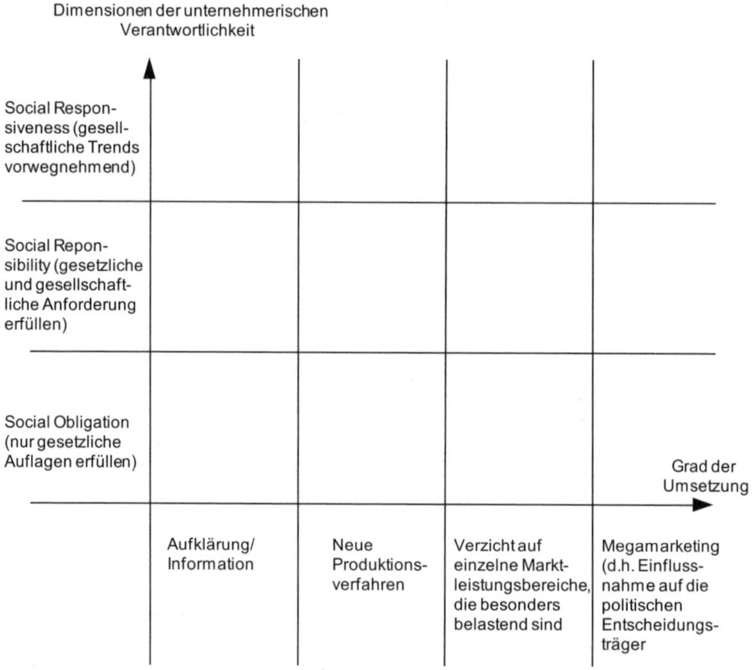

Dimensionen der unternehmerischen
Verantwortlichkeit

Social Respon-
siveness (gesell-
schaftliche Trends
vorwegnehmend)

Social Repon-
sibility (gesetzliche
und gesellschaft-
liche Anforderung
erfüllen)

Social Obligation
(nur gesetzliche
Auflagen erfüllen)

                                                                                        Grad der
                                                                                        Umsetzung

| Aufklärung/ Information | Neue Produktions-verfahren | Verzicht auf einzelne Markt-leistungsbereiche, die besonders belastend sind | Megamarketing (d.h. Einfluss-nahme auf die politischen Entscheidungs-träger） |

*Quelle: Eigene Darstellung in Anlehnung an Montana/Charnov 1993 sowie Hopfenberg/Zimmer
1993*

Touristische Unternehmen können unterschiedliche Umweltstrategien verfolgen (vgl. Abbildung 115, wobei die dargestellten Dimensionen auf u.a. Montana/Charnov 1993, 36ff. oder auch Hopfenbeck/Zimmer, 133 zurückgeführt werden können). In diesem Schema lassen sich verschiedene Grundtypen von Umweltstrategien darstellen. Auf der einen Seite steht das Unternehmen, dass nur gerade minimal die gesetzlichen Anforderungen erfüllt, auf der anderen Seite das fortschrittliche Unternehmen, das zukünftige gesellschaftliche Anforderungen vorwegnimmt. Dieses Unternehmen nimmt Wettbewerbsnachteile auf sich, da wie oben beschrieben der Kunde nicht bereit ist, für die Übererfüllung von Umweltnormen zu bezahlen, solange dies nicht zu direktem individualisiertem Nutzen führt. Die Unternehmungen müssen deshalb bestrebt sein, wieder Wettbewerbsgleichheit herzustellen. Dies kann nur erfolgen, indem das Unternehmen Megamarketing betreibt, d.h. es nimmt Einfluss auf die politische Willensbildung mit dem Ziel, dass die erkannten zukünftigen gesellschaftlichen Notwendigkeiten möglichst rasch in gesetzliche Verpflichtungen überführt werden.

Vereinfachend kann von folgender phasenweisen Entwicklung der wissenschaftlichen Wachstumskonzepte im Tourismus ausgegangen werden (vgl. Bieger 2002, 42f. oder auch Hopfenbeck/Zimmer, 80ff.). Ausgangspunkt bildet die Forderung nach einem **sanften Tourismus**. Der Begriff wurde 1980 vom Zukunftsforscher Robert Jung geprägt und von Jost Krippendorf übernommen. Ziel des sanften Tourismus ist es, für einen Tourismus einzutreten, der den lokalen und regionalen, wirtschaftlichen, gesellschaftlichen und vor allem natürlichen Strukturen Rechnung trägt und wenig belastend ist. Hauptsächlich handelt es sich um eine Abkehr vom Massentourismus mit all seinen Erscheinungsformen. Gefordert wurde der sanfte Reisende, der sich selbst einschränkt und sich seiner Folgen als Tourist bewusst ist.

Dieses Konzept hat eine wichtige Rolle bei der Sensibilisierung breiter Kreise der Bevölkerung für die Folgen eines ausufernden Tourismus gespielt. In der Praxis hat es wenig Nachhall. Erstens war der Kunde nicht zu den geforderten Selbsteinschränkungen bereit. Zweitens sind unter dem Gesichtspunkt einer Minimierung der ökologischen Belastung bei einer Maximierung des Erholungsnutzens für die Reisenden und des wirtschaftlichen Nutzens für die Bereisten gewisse Formen des Massentourismus effizienter. So ist es bspw. heute eine anerkannte Tatsache, dass es ökologischer ist, wenn sich zehntausend Personen in einem gut eingerichteten Großskigebiet mit optimierter Entsorgung tummeln, als wenn die selben Zehntausend individuell ihren Weg zur Natur auf Skitouren suchen.

Abbildung 116:　Wissenschaftliche Wachstumskonzepte im Tourismus

„sanfter Tourismus"⇓	(vgl. Krippendorf 1986)
Umweltverträglicher Tourismus⇓	(vgl. Weltkonferenz über Eco Tourism 1992 in Whistler)
Qualitativer Tourismus⇓	(vgl. Krippendorf 1986/vgl. Müller 1993)
Nachhaltiger Tourismus	

Mit dem „umweltverträglichen Tourismus" wurde ein griffigeres Konzept eingeführt. Gefordert wurde ein Tourismus mit einer Minimierung der Beeinträchtigung der natürlichen Umwelt. Die Umsetzung dieses Konzeptes in einzelnen Ländern, bspw. auch durch eine restriktive Erschließungspolitik von Skigebieten in den Schweizer Alpen, wurde jedoch von der Nachfrage und von der Konkurrenz nur beschränkt honoriert und führte gegenüber dem Ausland zu markanten Marktanteilsverlusten. So hat bspw. der einseitige Verzicht der Schweiz bei der Erschließung von Gletscherskigebieten dazu geführt, dass heute Skiclubtrainingsgruppen etc. für ihre Vorsaisonkurse einfach ins benachbarte Österreich abwandern. Dort wurden noch in den 80er Jahren neue Gletschergebiete erschlossen.

Abbildung 117:　Magisches Fünfeck der touristischen Entwicklung

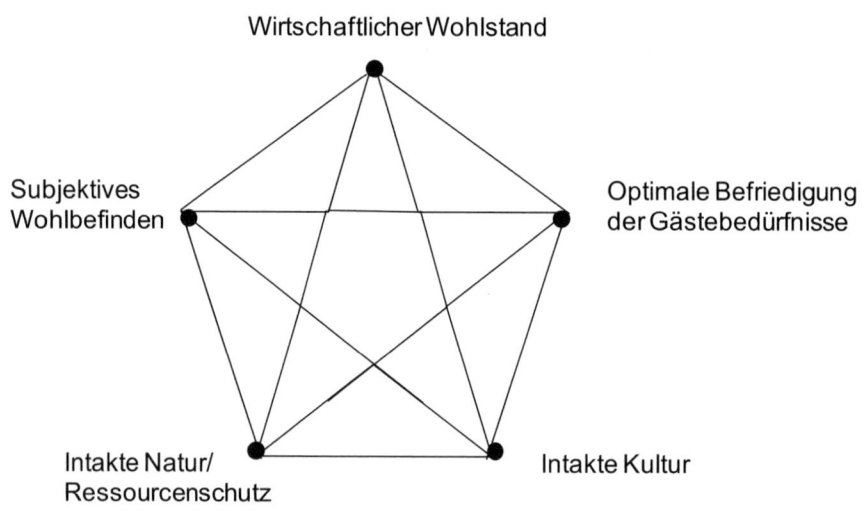

Quelle: Ferrante 1994, 116

Das Konzept des **qualitativen Tourismus** trägt diesen Umständen Rechnung. Ziel ist es, für die betroffene Bevölkerung die Wohlfahrt, die auch explizit den materiellen Wohlstand einschließt, zu maximieren, ohne zusätzliche nicht erneuerbare Ressourcen zu verbrauchen. Zu diesen nicht erneuerbaren Ressourcen gehören natürlich auch die einheimische Kultur und die lokale Identität. Müller hat deshalb das Konzept des qualitativen touristischen Wachstums in Form eines magischen Fünfecks operationalisiert. Magisch ist das Fünfeck, weil die einzelnen Teilziele untereinander in einem Zielkonflikt stehen (vgl. Abbildung 117).

Mit dem **nachhaltigen Tourismus** werden diese Erkenntnisse übernommen und durch eine Forderung, dass für die nächste Generation mindestens die gleichen Entwicklungsmöglichkeiten bestehen müssen wie für die heutige, operationalisiert. Auch in der nachhaltigen Entwicklung wird eine ökologische, soziale und wirtschaftliche Verträglichkeit gefordert (vgl. Interdepartementaler Ausschuss Rio 1995).

DIE ERKLÄRUNG VON KRETA

Ein wichtiges Instrument der Sensibilisierung sind auch Deklarationen und Leitlinien. Eine besondere Funktion zur Sicherstellung einer ökologischen Umwelt haben aufgrund ihrer internationalen Reichweite und Marktmacht die Tour Operators. In der **Erklärung von Kreta** wurden für diesen Bereich bspw. entsprechende Grundsätze erarbeitet.

Ausgehend von der **„Agenda 21 for the travel & tourism industry"** des WTO/WTTC (vgl. WTO 1996) schuf die Fachgruppe Umwelt und Soziales des SRV im Jahr 1998 die Erklärung von Kreta. Das Ziel dieser Erklärung ist die Entwicklung eines Grundsatzes mit dessen Hilfe der Umweltschutz in der Schweizer Tourismusbranche verbindlich in die Hand genommen werden kann.

Die Erklärung von Kreta ist eine **Selbstverpflichtung**. Sie stellt die Formulierung der Handlungsbereitschaft und Absicht der Unterzeichnenden dar. Die Fachgruppe Umwelt und Soziales versteht sich als impulsgebende Koordinationsstelle und Kommunikationsplattform. Die Aufgabe der Umsetzung der Maßnahmen liegt bei den einzelnen Unterzeichnern.

Konkret setzen sich die Unterzeichnenden z.B. in den von ihnen angebotenen Ferienhotels am Meer dafür ein, dass die Hoteldirektion bzw. das Hotelmanagement vor Ort sich hinsichtlich folgender Umweltbemühungen engagiert und die nötige Verantwortung für deren Umsetzung übernimmt:

- Wasser-, Energie- und Abfallmanagement;
- Umweltorientierte Einkaufspolitik;

- Sensibilisierung und Schulung der Mitarbeitenden zu Fragen der Umwelt- und Sozialverträglichkeit;
- Integration umweltrelevanter Themen in das Produkte- sowie das Destinations-Management;
- Integration lokaler Aktivitäten und Produkte;
- Publikation der Umweltaktivitäten in Ferienkatalogen, Reiseunterlagen und vor Ort (Handbuch, Info-Meetings);
- Kommunikation der Umweltschutzaktivitäten (Gäste und Öffentlichkeit).

8.5. Forschungsfall: Die Ski-WM in St. Moritz 2003 – Wechselwirkungen am Beispiel eines Megaevents (J. Johnsen)

8.5.1. Ausgangssituation

Mit der alpinen Ski-Weltmeisterschaft fand im Februar 2003 in St. Moritz-Pontresina, Engadin die größte Sportveranstaltung in der Geschichte der Schweiz statt. Mit ca. 1'000 Sportlern/Trainern, rund 1'300 Voluntaris (freiwillige Helfer) und geschätzten rund 170'000 Besuchern (ca. 50% über der erwarteten Zuschauerzahl) an insgesamt vierzehn Renntagen wurden während der Planung und Durchführung ca. 29'000 Personentage generiert.

Die Durchführung der Ski-WM stellte für die Region Oberengadin eine große Herausforderung, gleichzeitig aber auch eine große Chance, dar. Oberstes Ziel der Veranstalter war es, die Region langfristig von getätigten Investitionen profitieren zu lassen und über den Veranstaltungszeitraum hinweg einen nutzbaren Wert zu generieren. Das große Publikumsinteresse im In- und Ausland, verbunden mit einem möglichen Imagegewinn, ein hoher organisatorischer und finanzieller Aufwand und die Anforderung, den Wirtschafts-, Lebens- und Naturraum zu erhalten, sowie Eingriffe in Natur- und Landschaft weitestmöglichst zu vermeiden, machten es notwendig, ein ausgefeiltes Managementkonzept zu entwerfen. Dazu wurde eine Nachhaltigkeitsuntersuchung in Auftrag gegeben, die die Auswirkungen der Ski-WM auf die Destination St. Moritz und die Region Engadin messen und so wiederverwendbare Ergebnisse und Erkenntnisse für künftige Sport-Großveranstaltungen generieren sollte.

8.5.2. Problemstellung (Untersuchung der Nachhaltigkeit: ökologisch, ökonomisch, soziokulturell)

Nachhaltigkeit wird seit dem Bericht des Interdepartementalen Ausschusses von Rio 1996 definiert als eine „Entwicklung, die die Bedürfnisse der heutigen

Generation zufriedenstellt, ohne die Fähigkeit der nächsten Generation zur Befriedigung ihrer Bedürfnisse einzuengen." Heißt dies in einer „engen" Auslegung, dass lebenswichtige und nicht erneuerbare Ressourcen wie Landschaft oder regionale Kultur nicht zerstört werden dürfen, so lässt die „weiche" Nachhaltigkeit einen Austausch zwischen den drei Dimensionen der Nachhaltigkeit, der gesellschaftlichen, wirtschaftlichen und ökologischen zu. In diesem Sinne kann bspw. in die Landschaft eingegriffen werden, wenn dadurch nach der situativen Lage der Region erforderliches ökonomisches (Beschäftigung, Einkommen) oder kulturelles Kapital geschaffen wird. Ein Großevent wie die Ski-WM kann im Sinne dieser Definition als nachhaltig bezeichnet werden, wenn in der betroffenen Region mehr Kapital geschaffen als geopfert wird. Die Abbildung 118 zeigt die Problemfelder der Nachhaltigkeit bezogen auf die drei Dimensionen Ökologie, Wirtschaft und Gesellschaft zusammengefasst auf.

In der Dimension **Ökologie** sind es vor allem die Auswirkungen, die durch den Ausbau der Pisten nach neusten Qualitätsanforderungen entstehen, wie z.B. Planierungen und Ausbau der Zielräume. Dazu kommen Effekte, die durch notwendige neue Versorgungs- und Entsorgungseinrichtungen, sowie die Erhöhung des Verkehrsaufkommens aufgrund erhöhter Frequenzen entstehen. Das **Nachhaltigkeitskonzept der Ski-WM** musste daher vor allem darauf abzielen, Eingriffe durch Ausbaumaßnahmen gering zu halten, Ausgleichsmaßnahmen für notwendige Eingriffe in den Naturraum zu schaffen, Überkapazitäten im Beherbergungsbereich durch Hotelneubauten zu vermeiden sowie ein neues Verkehrskonzept zur Optimierung der Verkehrsströme des Oberengadins zu schaffen.

Die **wirtschaftlichen Effekte** der Ski-WM sollen dahingehend gesteuert werden, über den Zeitraum der Ski-WM hinaus einen langfristigen Nutzen zu generieren. Ein langfristiger Nutzen basiert auf einer positiven Entwicklung der regionalen Wertschöpfung. Diese entsteht bspw. dank einer Steigerung der Attraktivität der Destination durch getätigte Infrastruktur-Investitionen sowie durch die bessere Auslastung der Kapazitäten durch positive Imagewirkungen der Ski-WM. Gelingt es, neu gewonnenes Wissen laufend zu erfassen und im Sinne eines **Wissensmanagements** aufzubereiten und zu speichern, kann es zu einem späteren Zeitpunkt für ähnliche Veranstaltungen in der Region wieder genutzt werden.

Abbildung 118:   Konzept „Nachhaltigkeit"

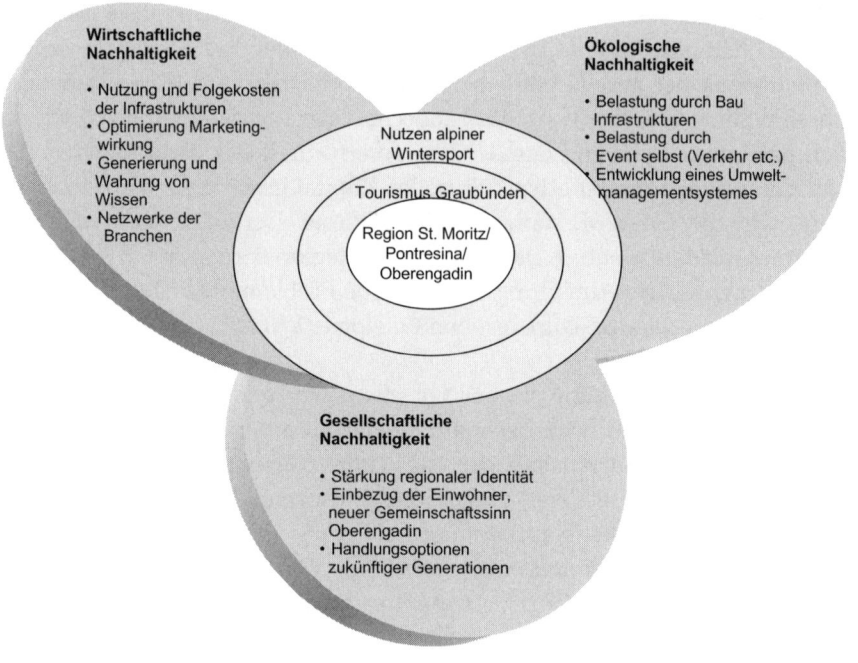

Quelle: Bieger/Müller/Elsasser 2001, 68

Die Wirkungen der Ski-WM auf die **Gesellschaft** sind dahingehend von Bedeutung, dass sie das subjektive Wohlbefinden der Bevölkerung sowohl positiv als auch negativ beeinflussen. Auf der positiven Seite können neue Bezie-
hungsnetzwerke aus der Zusammenarbeit entstehen, die sich auch nach
Beendigung der Veranstaltung nutzen lassen. Diese können den Zusammenhalt der Gesellschaft fördern und damit die kulturelle Identität der Region
stärken. Negativ wirkt sich die Veranstaltung dann aus, wenn sie zu einer Po-
larisierung und Spaltung der Bevölkerung in verschiedene Interessengruppen
führt.

8.5.3. Vorgehen

Um die Vision einer nachhaltigen Ski-WM umzusetzen, wurde vom Organisa-
tionskomitee ein Konzept für ein **integriertes Nachhaltigkeitsmanagement** in

Auftrag gegeben. Zunächst musste durch den Einsatz von Expertenwissen eine Operationalisierung des Konzeptes der Nachhaltigkeit für die alpine Ski-WM erarbeitet werden. Diese sollte die wichtigsten vorhersehbaren Wirkungen der Weltmeisterschaft auf die drei Nachhaltigkeitsbereiche darstellen und somit zu einer ersten Sensibilisierung der Beteiligten führen.

Auf Basis der Ergebnisse zu den Auswirkungen der Ski-WM wurde im Sommer 1999 eine erste Zukunftswerkstatt mit der Bevölkerung sowie den regionalen und nationalen Interessengruppen (z.B. auch WWF und ProNatura Graubünden) durchgeführt. Damit sollte einerseits die Partizipation der Beteiligten und Betroffenen an den Planungs- und Durchführungsaufgaben sichergestellt werden, gleichzeitig sollten die Anliegen und Bedenken der Betroffenen gegenüber der Ski-WM aufgearbeitet werden.

Die **Methode der Zukunftswerkstatt** mit den drei Phasen:

- Kritikphase/Bestandsaufnahme (Was stört uns?);

- Utopie/Phantasie (Wie sollte es in Zukunft sein?);

- Verwirklichung/Praxis (Wie können wir Projekte umsetzen?),

bot sich dazu an, da sie den kreativen Gedankenaustausch ermöglicht, Kritik und Probleme aufnimmt und den Beteiligten die Möglichkeit gibt, eigenständig ein **Zukunftsbild ihrer Region** zu entwerfen. Die Zukunftswerkstatt ergab, dass in der Bevölkerung vor allem hinsichtlich der wirtschaftlichen Wirkungen der Ski-WM auf die öffentlichen Haushalte (durch Defizite und Überforderung der Gemeindekassen) sowie in Hinblick auf die Umwelt Bedenken bestanden. Hier wurden vor allem die Verkehrsentwicklung und die Eingriffe in die Natur (Zielgebiet und Pistenplanierungen) als negative Auswirkungen der Veranstaltung bemängelt. Trotz dieser Befürchtungen konnte nach Abschluss der Zukunftswerkstatt festgestellt werden, dass ein überwiegender Teil der Bevölkerung hinter der Ski-WM stand.

Die Resultate der Zukunftswerkstatt gingen in einem folgenden Schritt in die Ausarbeitung konkreter Nachhaltigkeitsprojekte ein. Die konkreten Projekte wurden der Öffentlichkeit schließlich im Sommer 2000 bei einer öffentlichen Begehung der Strecke und des Zielraumes präsentiert. Die vorgeschlagenen Projekte wurden dabei in allgemeine Maßnahmen, Projekte die der soziokulturellen Nachhaltigkeit, der ökologischen oder der wirtschaftlichen Nachhaltigkeit dienen, aufgeschlüsselt.

Beispielhaft werden im Folgenden einige Projekte genannt:

- Zur Sicherstellung einer integrierten Sicht der Nachhaltigkeit bei den Trägern der Ski-WM (Gemeinden und Skiverband) und OK wurde ein Expertengremium als kritisches Gewissen ins Leben gerufen, welches eine regelmäßige Evaluation der Vorbereitung der Ski-WM inkl. einer Besprechung mit dem OK im Rahmen einer Klausur zur Aufgabe hatte.

- Um die Partizipation der Bevölkerung sicherzustellen, wurde mindestens einmal jährlich ein offenes Forum zur Aussprache mit der interessierten Bevölkerung durchgeführt. Zusätzlich fand die regelmäßige Information der Bündner und Schweizer Öffentlichkeit über die Medien statt.

- Die Erarbeitung eines übergreifenden Verkehrskonzeptes zur Optimierung des An- und Abreiseverkehrs während der Ski-WM diente ebenso wie die möglichst schonende Einbettung der Renninfrastruktur in die Landschaft sowie andere langfristige Öko-Projekte der Sicherung der ökologischen Nachhaltigkeit.

- Hinsichtlich der wirtschaftlichen Nachhaltigkeit sorgten Projekte, die die Transparenz in Bezug auf die Eckwerte der Finanzierung sicherstellten sowie die Verhinderung von Preisexzessen mit negativen Imagewirkungen und weitere ergänzende Maßnahmen für ein ausgewogenes Verhältnis der Belastung und des Nutzens der Ski-WM.

8.5.4. Ergebnis

In Anbetracht der geschilderten großen ökologischen und soziokulturellen Herausforderungen und trotz des starken Willens der Beteiligten ein integriertes Nachhaltigkeitsmanagement unter Einbezug aller Betroffenen umzusetzen, wurde doch auch Kritik an der Veranstaltung laut. Die Anlage neuer Pisten auf bislang unberührten Gipfeln für die Herrenabfahrt, sowie der Eingriff in ein Flachmoor riefen Unmut bei den Naturschutzverbänden hervor.

Auf der anderen Seite konnten große Erfolge z.B. im Bereich nachhaltiger Energiegewinnung verzeichnet werden. Entlang der gesamten Strecke der Corviglia-Standseilbahn wurden Photovoltaik-Module installiert, die in Zukunft die Lieferung von „sauberem" Strom ermöglichen. Auch der Ausbau des Verkehrskonzeptes, welches primär das Zug- und Busangebot umfasst, wurde positiv aufgenommen und soll in Zukunft weiter ausgebaut werden.

Insgesamt hat sich gezeigt, dass die Ski-WM durch das integrierte Nachhaltgkeitsmanagement ein positiveres Ansehen in der Bevölkerung erzielen konnte. Die Sensibilisierung der Bevölkerung trug überdies zu einer starken Identifikation der Einheimischen mit dem Sport-Event bei. Im ökologischen Bereich bleiben Ansatzpunkte für weitere Verbesserungen mit Sicherheit bestehen. Fest steht, dass sich die Veranstalter von Sport-Großveranstaltungen wie der Ski-WM, in Zukunft verstärkten Kontrollen unterziehen müssen, um positive Effekte zu erzielen.

9. Nachhaltigkeit und deren Gestaltung

9.1. Das Konzept der Nachhaltigkeit

Nachhaltigkeit ist ein in der Forstwirtschaft des 19. Jahrhunderts entstandener Begriff. Darunter wurde verstanden, dass pro Zeiteinheit nur so viel Holz geschlagen werden darf, wie insgesamt quantitativ und qualitativ wieder nachwächst (vgl. Müller/Flügel 1999, 42). Der sog. Brundtland-Bericht bezeichnet eine Entwicklung als nachhaltig, wenn sie die Bedürfnisse aller Länder und Bevölkerungsgruppen der heutigen Generation erfüllt, ohne dass dadurch die Möglichkeiten künftiger Generationen beeinträchtigt werden, ihre Bedürfnisse zu befriedigen. Dabei muss sie auch die Vielfalt der Natur gewährleisten (vgl. Interdepartementaler Ausschuss Rio 1996, 22; Bieger/Müller/Elsasser 2000, 13; WCED 1987).

Abbildung 119:   Bedingungen einer nachhaltigen Entwicklung

Wirtschaftliche Nachhaltigkeit

z.B. langfristige Steigerung der wirtschaftlichen Substanz (d.h. langfristig mehr betriebliche und regionale Nettowertschöpfung nach realistischen Abschreibungen

Nachhaltige Entwicklung
„mehr oder mindestens gleich viel für die nächste Generation"

Ökologische Nachhaltigkeit

z.B. langfristige Erhaltung des „Wertes" der Natur (d.h. u.a. Selbstregulierungsfähigkeit, Artenvielfalt, Landschaftsbild, Bedingungen für die Lebewesen, kein Mehrverbrauch nicht erneuerbarer Resourcen)

Gesellschaftliche Nachhaltigkeit

z.B. langfristige Erhalt der lokalen Identität (d.h. u.a. Kultur, Zusammenhalt, subjektives Wohlbefinden)

Quelle: Bieger/Frey 1999, 6

Nachhaltige Entwicklung zielt auf eine Zufriedenstellung der Bedürfnisse der heutigen Generation hin ohne Ressourcen aufs Spiel zu setzen, die für die kommenden Generationen verfügbar sein müssen. Für die ökologisch besonders sensiblen Berggebiete bedeutet dies bspw., dass eine nötige (und mögliche) wirtschaftliche Entwicklung nicht die lebenswichtige Ressource Landschaft und die langfristige ökologische Stabilität (d.h. Erhalt der **Biodiversität** und Schutz vor Naturgefahren z.B. durch Schutzwälder zur Sicherung der Hangstabilität) bedrohen darf (vgl. Brandner et al. 1995, 152).

Für die Umsetzung des Konzeptes der nachhaltigen Entwicklung wird von drei Dimensionen ausgegangen. Damit Maßnahmen und Projekte auch für die Nachwelt verträglich sind, müssen diese die ökologische, wirtschaftliche und soziale Dimension berücksichtigen (vgl. Interdepartementaler Ausschuss Rio 1996 oder auch die "Triple Bottom Line", d.h. Unternehmen und deren Aktivitäten müssen hinsichtlich der drei Dimensionen im positiven Bereich liegen).

Die Entwicklung eines Lebensraumes muss auf die Nutzbarkeit und die Lebensfähigkeit für die nächste Generation ausgerichtet werden. In diesem Sinne ist heute **Nachhaltigkeit** eine anerkannte und sinnvolle Entwicklungszielsetzung für Räume, Regionen und Destinationen. In der Schweiz ist das Prinzip der Nachhaltigkeit in der Bundesverfassung verankert (BV Art. 73).

Aus den dargestellten Definitionen lassen sich folgende Merkmale einer nachhaltigen Entwicklung definieren:

- Erhaltung/Mehrung der Optionen für die nächste Generation resp. Erhaltung/Erhöhung des Nutzwertes in den verschiedenen Umwelten;

- Einbezug der ökonomischen/ökologischen und gesellschaftlichen Umwelt und damit implizit auch

- sinnvoller, situativer Ausgleich zwischen den Werten der drei Umweltbereiche im Sinne einer Mehrung der Lebensqualität der heutigen und nächsten Generationen.

Ein **„harter"** Nachhaltigkeitsbegriff fordert die Einhaltung von Belastungsgrenzen und Beachtung der natürlichen Knappheiten. Es dürfen keine nicht erneuerbaren Ressourcen verbraucht werden. Ein **„weicher"** Nachhaltigkeitsbegriff erlaubt unter gewissen Bedingungen die Substitution zwischen den Umweltbereichen, bspw. den Ersatz von Natur durch Kapital (vgl. Müller/Flügel 1999, 43). Aufgrund der zahlreichen Rückkoppelungen zwischen Wirtschaft und Natur, wie z.B. das Ausweichen auf noch umweltbelastendere Wirtschaftsformen bei ungenügender Wertschöpfung, Veränderung der Kulturlandschaft bei einem Wegfall von Nebenerwerb in der Landwirtschaft, ist der Begriff der weichen Nachhaltigkeit für die Entwicklung von Regionen durchaus sinnvoll.

Im politischen Alltag haben sich verschiedene anerkannte und legitimierte Systeme der Operationalisierung von Nachhaltigkeit durchgesetzt. Neben der grundlegenden Definition aus dem Brundtland-Bericht sind sowohl auf Internationaler als auch auf Schweizer Ebene zusätzliche Definitionen und Zielsysteme geschaffen worden. Eine Übersicht über die verschiedenen Ansätze bietet Abbildung 120. Zusätzlich zu den drei inhaltlichen Dimensionen nachhaltiger Entwicklung, d.h. Ökonomie, Ökologie und Gesellschaft/Soziales wurde versucht, die den Systemen inhärenten Prozessmerkmale nachhaltiger Entwicklung in Form von Beteiligungen verschiedener Akteure abzubilden. Mit Hilfe der Prozessmerkmale sollen Fragen beantwortet werden wie: Wer formuliert die Ziele einer Entwicklung? Wer entscheidet und wer setzt Entscheidungen um? Sind alle Ebenen und alle Betroffenen integriert worden?

Als ebenfalls wichtig werden ethische Anforderungen im Sinne von Verteilungsgerechtigkeiten zwischen Gruppen erachtet. Dabei geht es sowohl um die Gerechtigkeit zwischen Gruppen, als auch zwischen und innerhalb der Generationen und Regionen. Die Anforderungen, die die verschiedenen Systeme im Rahmen dieser Dimensionen stellen, Abbildung 120 zu entnehmen.

Dabei fällt auf, dass sich die unterschiedlichen Systeme jeweils anderen Schwerpunktdimensionen widmen. Die Definition der **World Tourism Organization (UNWTO)** richtet ihr Hauptaugenmerk fachbezogen hauptsächlich auf die nachhaltige Entwicklung des Tourismus. Übergreifende Systeme wie etwa die Alpenkonvention umfassen verschiedene Teilbereiche (Raumplanung, Tourismus, Verkehr etc.), die in einzelnen Protokollen detailliert behandelt werden.

Bislang geben alle vorgestellten Systeme hauptsächlich Handlungsempfehlungen und Entwicklungsleitlinien vor. Bis auf die ratifizierten Protokolle der Alpenkonvention sind sie jedoch für keinen Staat, bzw. keine Region bindend.

Abbildung 120: Vergleich der Komponenten von verschiedenen Definitionen der Nachhaltigkeit

	Ökologie	Ökonomie	Gesellschaft	Beteiligung	Verteilungsgerech-tigkeit
Brundtland-Bericht	Nachhaltig ist eine Entwicklung, wenn sie die Bedürfnisse heutiger Generationen befriedigt, ohne die Möglichkeiten künftiger Generationen zur Befriedigung ihrer eigenen Bedürfnisse zu beeinträchtigen.				
UNWTO, WTTC, EarthCouncil (1995)	Als nachhaltig wird Tourismus dann angesehen, wenn er einen Umgang mit allen Ressourcen in einer Art und Weise ermöglicht, dass ökonomische, soziale und ästhetische Bedürfnisse erfüllt werden können und gleichzeitig die kulturelle Integrität, essentielle ökologische Vorgänge und die Biodiversität erhalten bleibt. (Übersetzung aus www.nachhaltigkeit.at)		Nachh. Tourismusprodukte müssen/ werden im Einklang stehen mit der lokalen Umwelt, Gemeinschaft und Kultur, so dass diese Nutznießer der touristischen Entwicklung werden, nicht Opfer	„NTE befriedigt die Bedürfnisse heutiger Touristen und Gastregionen während gleichzeitig die Chancen für die Zukunft erhalten und erweitert werden."	
Strategie für nachhaltigen Tourismus der EU	Ein Wachstum des Tourismus, das nicht mehr mit einer Beeinträchtigung der Umwelt und mit Ressourcenverbrauch einher geht und das negative Auswirkungen vermeidet oder auf ein Minimum reduziert		Einbezug *aller* Akteure	Ein Tourismus, der wirtschaftlich und sozial ausgewogene Vorteile bringt.	

	Ökologie	Ökonomie	Gesellschaft	Beteiligung	Verteilungsgerechtigkeit
Alpen-konvention	umweltverträgl. Besiedelung und Sicherung einer sparsamen und rationellen Raumnutzung, Vermeidung von Über- und Unternutzung, Erhaltung und Wiederherstellung von nat. Lebensräumen, Klärung und Abwägung der Nutzungsansprüche, integrale Planung und Abstimmung der Massnahmen Luft, Boden-, Wasser- und Naturschutz; Verkehr, energie, Abfall; Einschränkung umweltschädigender Aktivitäten aus tourist. Nutzungen	Wirtschaftl. Entwicklung, Standort- und umweltgerechte Landwirtschaft	Achtung, Erhaltung, Förderung der kulturellen und gesellschaftlichen Eigenständigkeit der ansässigen Bevölkerung, Sicherstellung ihrer Lebensgrundlagen, Förderung des gegenseitigen Verständnisses, Partnerschaftliches Verhalten	Abstimmung relevanter Raumplanungsmaßnahmen, Grenzüberschreitende Zusammenarbeit	Ausgewogene Berücksichtigung der Interessen aller Alpenstaaten, Regionen, EU

	Ökologie	Ökonomie	Gesellschaft	Beteiligung	Verteilungsgerechtigkeit
Alpenkonvention, Tourismus	Umweltverträglicher Tourismus (Förderung landschafts- und umweltschonender Projekte)	Wettbewerbsfähigkeit des naturnahen T. im Alpenaum stärken Beitrag des T. zu sozioökonom. Entwicklung beachten (Innovation und Diversifizierung) Ausgewogene Mischung intensiver und extensiver Tourismusformen		Erfahrungsaustausch Gemeinsame Aktionsprogramme zur Qualitätsverbesserung	
Strategie Nachhaltige Entwicklung 2002 (Such-, Lern- und Gestaltungsprozess)	Lebensraum für Menschen, Tiere und Pflanzen erhalten Ressourcen mit Rücksicht auf nachfolgende Generationen nutzen	Wohlstand und Entwicklungsfähigkeit der Wirtschaft erhalten (Einkommen und Beschäftigung erhalten/mehren, Wettbewerbsfähigkeit verbessern, nicht auf Kosten zukünftiger Generationen)	Umfassende Zukunftsverantwortung Entwicklungsfähige und lebenswerte Heimat für die Bürger Leben und Entwicklung der Menschen in Solidarität und Wohlbefinden	Transparente Abwägungsprozesse Einbezug verschiedener Akteure Subsidiaritätsprinzip	Gleiche Rechte und Rechtssicherheit für alle gewährleisten, Gleichstellung, Gleichberechtigung von Minderheiten Solidarität innerhalb und zwischen Generationen

Quelle: Johnsen/Umbach-Daniel/Schnell 2003

9.2. Indikatoren(systeme) der Nachhaltigkeit

Die Schweiz hat als Vorreiter im Jahre 1999 die Nachhaltigkeit in die Bundesverfassung aufgenommen und ihr damit eine übergeordnete Stellung zugewiesen. Derzeit wird in verschiedenen Projekten versucht, eine Operationalisierung des Konzeptes der Nachhaltigkeit zu erreichen. Das vom Bundesamt für Statistik (BfS) und Seco gemeinsam vorgeschlagene, *top-down* entwickelte **System MONET** (Monitoring der nachhaltigen Entwicklung) erarbeitet dazu Postulate und leitet aus diesen Indikatoren ab. Einen ähnlichen Ansatz verfolgt das im Rahmen des Schweizer Nationalfondsprogramms 48 „Landschaften und Lebensräume in den Regionen der Alpen" durchgeführte Projekt „Monitoring und Management **nachhaltiger Tourismusentwicklung**" (vgl. Schnell/Berwert/Scherer/Bieger/Rütter 2002), allerdings wird hier ein partizipativer Ansatz verfolgt, d.h. die ausgewählten Regionen werden an der Definition der Ziele, sowie der Ableitung der regionsspezifischen Indikatoren beteiligt. Auf diese Weise kann den sich ändernden Interessen und Werten der regionalen Gesellschaft Rechnung getragen werden. Zusätzlich wird die Region befähigt, über ihre weitere Entwicklung zu bestimmen, ohne die grundsätzliche Entwicklungsrichtung, zur Nachhaltigkeit hin, aus den Augen zu verlieren.

Der Begriff des **„Indikators"** wird häufig gleichgesetzt mit dem des „Kriteriums". Thierstein/Walser (2000, 37) definieren die Begriffe folgendermaßen: Kriterien werden gebildet, indem Ziele analysiert werden. Es werden einzelne Bausteine herausgearbeitet, die zum Erreichen des Ziels notwendig sind. Indikatoren sind die messbaren Ausprägungen solcher Bausteine. Mit ihrer Hilfe kann man den Grad der Zielerreichung feststellen: Indikator xy sagt aus, ob das Kriterium XY nach Menge und Qualität erfüllt wird oder nicht.

Abbildung 121:   Beispiele für die Messung von Nachhaltigkeit

Bereich	Kriterium	Indikator
Wirtschaft	Stärkung der regionalen Wirtschaftsstruktur	Netto-Zunahme der Betriebsgründungen
Soziales	Verbesserung des materiellen Lebensstandards	Verminderung der Zahl der Sozialhilfeempfänger in einer Region
Ökologie	Zuwachs der Biodiversität	Prozentualer Anteil an Flächen, die unter Schutz steht

Quelle: In Anlehnung an Thierstein/Walser 2000, 37f.

Bislang gelingt es mit Indikatorensystemen nur im Ansatz, die komplexen Zusammenhänge und Wirkungskreisläufe einer regionalen Entwicklung vollständig aufzuzeigen und abzudecken. Bereits die Ableitung von Kriterien aus definierten Zielen ist schwierig, Indikatoren können die Kriterien meist nur unvollständig quantifizieren. Hinzu kommen Probleme, die sich aus dem Querschnittscharakter des Themas nachhaltiger Entwicklung ergeben. Die Konsensfindung, welche Entwicklung als nachhaltig angesehen werden soll, wird durch unterschiedliche, der Einschätzung des Einzelnen zugrunde liegenden Werte, bestimmt. Es besteht damit ein Interpretationsspielraum, der die Operationalisierung des Konzepts der nachhaltigen Entwicklung zusätzlich erschwert.

In den bereits erwähnten Projekten wurde versucht, Kriterienkataloge für die Auswahl von Kriterien und Indikatoren aufzustellen. Grundsätzlich können nach Scherer/Walser folgende Anforderungen genannt werden (vgl. Scherer/Walser 2002):

- **Einfache Handhabbarkeit**: Die Erhebung und Aktualisierung der erforderlichen Daten muss ohne allzu hohen Aufwand in das Alltagsgeschäft der beteiligten Institutionen und Projektträger integriert werden können. Dies betrifft sowohl die Menge als auch die Qualität der Daten.

- **Anschaulichkeit**: Die engagierte Bevölkerung muss anhand der Kriterien leicht erkennen können, was die Ziele des jeweiligen Agenda-Prozesses sind und worin die Qualität des Konzepts einer nachhaltigen Entwicklung besteht.

- **Attraktivität**: Zumindest eine repräsentative Auswahl von Kriterien sollte aufgrund ihrer emotionalen Aussage dazu in der Lage sein, das Interesse von Bürgerinnen und Bürgern als auch der Medien zu wecken und die Kommunikation über die Ziele voranzubringen.

- **Fähigkeit zur Motivation**: Die Kriterien sollen nicht einen weit in der Ferne liegenden Idealzustand repräsentieren und damit die notwendigerweise unvollständigen Bemühungen engagierter Akteure abschrecken, sondern vielmehr als Hilfestellung zur laufenden Verbesserung der Aktivitäten verstanden werden.

- **Objektivität und Messbarkeit**: Die Kriterien müssen logisch fundiert sein und wissenschaftlich verteidigt werden können. Ein Teil der Indikatoren sollte auch quantitativ messbar sein, um Fortschritte über die Zeit feststellen zu können.

Für die Auswahl detaillierter Indikatoren wird gegenwärtig in der Schweiz der für das nationale Nachhaltigkeitsmonitoring MONET entwickelte Kriterienrahmen diskutiert, der im folgenden wiedergegeben ist (vgl. Abbildung 122).

Abbildung 122:   Kriterien für die Indikatorenauswahl im Rahmen des Projekts MONET

	Kriterien	Bedeutung
Bezugsrahmen	**1) Für die Schweiz von Belang** Der Indikator ist relevant im schweizerischen Kontext, er macht eine Aussage zum ‚Zustand der Nation'.	XX
	2) Relevant in Bezug auf die MONET Postulate Der Indikator lässt sich von mindestens einem der MONET Postulate direkt ableiten.	XX
	3) Eindeutig in Bezug auf die Bewertung Der Indikator ist klar, es gibt keine Unsicherheit darüber, welche Richtung gut ist, welche schlecht.	X
	4) Rasch auf Veränderungen reagierend Der Indikator reagiert rasch auf veränderte Bedingungen.	X
	5) Zeitliche/räumliche Bedeutung Der Indikator hat weitreichende räumliche und zeitliche Bedeutung.	X
	6) Dringlichkeit Berücksichtigung von Problemen, die bezüglich einer nachhaltigen Entwicklung vordringlich sind, und langfristig.	X
	7) Knappheit Bevorzugung von Objekten, die langfristig einen limitierenden Faktor darstellen.	X
Benutzerfreundlichkeit	**8) Leicht verständlich und nachvollziehbar** Der Indikator ist einfach zu interpretieren und seine Herkunft transparent (physische Dinge sind Geldwerten und Preisen vorzuziehen: z.B. gesunde Lebensjahre anstatt Ausgaben im Gesundheitswesen)	XX
	9) Angemessener Informationsgehalt Der Indikator enthält nicht zuwenig Information (keine Ja/Nein-Indikatoren).	XX
	10) Öffentlichkeitsrelevant Der Indikator ist attraktiv und hat einen Bezug zur alltäglichen Lebenswelt.	X
	11) Politikrelevant Der Indikator steht im Zusammenhang mit einem internationalen oder nationalen Engagement oder Ziel.	X

	Kriterien	Bedeutung
Gültigkeit	**12) Wissenschaftlich fundiert** Es besteht ein breiter wissenschaftlicher Konsens bezüglich der Gültigkeit und Zuverlässigkeit des Indikators.	XX
	13) Konsens bezüglich Interpretation Es besteht eine weitgehende Übereinstimmung bezüglich der Interpretation des Indikators.	X
Datenverfügbarkeit	**14) Mit wenig Aufwand verfügbar** Der Indikator basiert auf leicht verfügbaren Daten, bzw. solchen, die mit geringem finanziellem Aufwand bereitgestellt werden können.	XX
	15) Periodisch und homogen erfasste Daten Der Indikator basiert auf Daten, die heute und in Zukunft periodisch und in homogener Art und Weise erfasst werden.	XX
	16) Quantifizierbar Der Indikator beruht auf quantifizierbaren Daten (Dies schließt subjektive, qualitative Aussagen nicht aus.).	XX
	17) Repräsentativ für die ganze Schweiz Der Indikator basiert auf Daten, die repräsentativ für die ganze Schweiz sind.	X

XX: zwingende Anforderung   X: erwünscht

Quelle: MONET 2001, 19

Abbildung 123:   Übergeordnete Ziele einer nachhaltigen Tourismusentwicklung

Hauptzielbereich	Hauptziele
Ökologisch	• Bewahrung natürlicher touristischer Ressourcen für die Zwecke des Tourismus • Minimierung von touristisch induzierten Emissionen
Ökonomisch	• Gewährleistung des wirtschaftlichen Wohlstands der Gastgeber • Erhaltung und optimale Auslastung der touristischen Infrastruktur
Sozialpsychologisch	• Gewährleistung des Erholungswertes für Gäste • Förderung der sozio-kulturellen Identität der einheimischen Bevölkerung
Politisch	• Gewährleistung von Partizipationsmöglichkeiten der Einheimischen • Implementierung einer am Nachhaltigkeitspostulat ausgerichteten Tourismuspolitik

Quelle: Losang (2000)

Neben der Regionalentwicklung kann das Konzept der Nachhaltigkeit auch bei der Entwicklung von Destinationen eine tragende Rolle spielen. Dabei sind destinationsspezifische Gegebenheiten zu beachten, etwa eine starke Verzahnung von Hotellerie, Transportbetrieben, Akteuren der Gemeinden, Interessenvertretungen etc. Auch hier entstehen die bereits erwähnten Operationalisierungsprobleme.

Ein Monitoring Ansatz für alpine Gebiete wurde im Rahmen des NFP48 (Nationales Forschungsprogramm; vgl. Rütter et al. 2004) entwickelt. Dieses speziell für periphere alpine Regionen entwickelte Monitoringsystem orientiert sich an den Zielen einer nachhaltigen Tourismusentwicklung, die in diesem Fall nach Losang (2000) in vier Dimensionen unterteilt wurden (vgl. Abbildung 123). Darauf aufbauend wurden acht strategische Ziele abgeleitet (vgl. Abbildung 124). Ihre Relevanz für eine nachhaltige Tourismusentwicklung ist zudem von empirischen und theoretischen Erkenntnissen belegt.

Abbildung 124:   Strategische Ziele der Tourismusentwicklung

Nr.	Strategische Ziele
1	Der Tourismus trägt zur Lebensqualität und zur Befriedigung der sozio-kulturellen Bedürfnisse der einheimischen Bevölkerung bei.
2	Die Einbindung aller Interessen in die Regionalentwicklung ist anzustreben. Dabei ist das Prinzip des Gender Mainstreaming zu beachten.
3	Die wirtschaftliche Entwicklung und Entwicklungfähigkeit der Region soll durch den Tourismus gestärkt werden. Dieser leistet einen positiven Beitrag zu Wertschöpfung, Beschäftigung und Einkommen.
4	Die Region bietet ein qualitativ hochwertiges, innovatives und aktuelles Angebot über die gesamte touristische Dienstleistungskette.
5	Für das touristische Angebot soll ein effizientes und zielgerichtetes Marketing (Kommunikation, Preis-Leistungsverhältnis, Produktdifferenzierung, Sicherstellung des Marktzugangs, Marke etc.) bestehen.
6	Zur Stärkung nachhaltiger Tourismusentwicklung soll die Region geeignete Institutionen und Managementstrukturen aufbauen.
7	Die Region achtet auf die sorgfältige Nutzung, Erhaltung oder Wiederherstellung von Landschaften und Lebensräumen.
8	Die Region strebt eine Minimierung des Umwelt- und Ressourcenverbrauchs an.

Quelle: Umbach-Daniel et al. 2004

Nach der Festlegung der strategischen Ziele wurden den einzelnen Zielen jeweils Indikatoren zugewiesen, die eine Messung ermöglichen. Beispielsweise bewerten folgende Indikatoren das dritte strategische Ziel des wirtschaftlichen Entwicklung und Entwicklungsfähigkeit: Anzahl Beschäftigte, Cash-Flow der wichtigsten touristischen Leistungsträger, Logiernächte Hotellerie und Parahotellerie, Auslastungsgrad Hotellerie und Parahotellerie, Vorleistungsbezug aus der Region, Bundessteueraufkommen, Verschuldung der Gemeinde (vgl. Rütter et al. 2004).

9.3. Tourismuspolitische Konzepte

Nachhaltigkeit ist zur wesentlichen Maxime der Entwicklung auch im Tourismus geworden. Nachhaltigkeit einer Entwicklung stellt sich nie von alleine ein. Sie bedingt mindestens einen Altruismus (uneigennütziges Verhalten) einer Generation gegenüber der Nächsten. Sie führt in einem gewissen Sinne auch zu einem **öffentlichen Gut** in Form von Entwicklungsvoraussetzungen und Schonung von Ressourcen. Die Entwicklung kann deshalb nicht den einzelnen Wirtschaftsobjekten, Kunden oder Produzenten überlassen werden. Nachhaltigkeit muss durch Steuerungseingriffe politischer oder eben tourismuspolitischer Aktoren erzwungen werden. Sie erfordert tourismuspolitische Konzepte.

Wie jedes politische Konzept besteht auch ein **tourismuspolitisches Konzept** aus den Elementen Ziel, Aktoren und Instrumente.

9.3.1. Zielsetzungen

Die tourismuspolitischen Zielsetzungen ergeben sich aufgrund der Problemlage des Tourismus und der Gegenüberstellung mit den politischen Zielsetzungen.

Tourismuspolitische Zielsetzungen können aufgrund der Dimensionen „Problemlage" und „politischen Zielsetzungen" in die folgenden vier Grundtypen strukturiert werden. Grundsätzlich werden von staatlicher Seite mit dem Tourismus folgende Zielsetzungen verbunden:

• **Konsumziele:** Der Tourismus soll zur Produktivität der einheimischen Arbeitskräfte und zum Wohlbefinden der Bevölkerung beitragen, indem er eine möglichst gute physische und psychische Wiederherstellung ermöglicht. Diese Zielsetzung stand bspw. in den Staatshandelsländern des ehemaligen Ostblocks im Vordergrund; auch im Frankreich De Gaulles war es das Ziel, einem möglichst großen Teil der Bevölkerung einen erholsamen Urlaub zu ermöglichen.

- **Wirtschaftsziele**: Viele Staaten betrachten den Tourismus für den Staat als Ganzes (bspw. als Devisenbringer) oder für einzelne Regionen (bspw. als strategischer Wirtschaftssektor mit einem großen Potenzial zur Schaffung von Vernetzungen) als sinnvolle wirtschaftliche Entwicklungsperspektive. Vor allem in Entwicklungs- und Schwellenländern wird er auf nationaler Ebene gefördert. In Entwicklungsländern geht es dabei häufig um die Möglichkeiten, durch den Tourismus Devisen und Beiträge zur Zahlungsbilanz zu erwirtschaften. In Schwellenländern wie Dubai oder Singapur steht eher der Beitrag des Tourismus zu einer strategischen Vernetzung, bspw. mit der Funktion des Landes als Handelszentrum oder Messe- und Kongresszentrum, im Vordergrund. In entwickelten Ländern, wie bspw. auch im EU-Raum, hat der Tourismus primär eine wirtschaftliche Funktion bei der Sicherstellung eines regionalen Ausgleiches. Entsprechend wird von der EU staatliche Tourismusförderung in einem begrenzten Rahmen toleriert, solange sie mit regionalpolitischen Zielen begründet werden kann.

- **Kultureller Austausch**: Vor allem in Frankreich und in der Gründungsphase der modernen EU wurde der Tourismus als wichtiges Instrument zur Förderung eines kulturellen Austausches gesehen (vgl. auch Greuter 2000). Der Staat sollte damit vor allem den freien Reiseverkehr fördern, damit die eigene Bevölkerung andere Kulturen positiv kennen lernen kann.

Heute spielen vor allem Konsum- und Wirtschaftsziele eine bedeutende Rolle. Die **Problemsituation der Tourismusbranche** in verschiedenen Ländern kann grundsätzlich auf einer Achse *Schutz versus Förderung* systematisiert werden. In sehr vielen Ländern geht es primär darum, die überbordende Entwicklung des Tourismus zu begrenzen. Beispiele dafür finden sich in Mittelmeerländern, insbesondere auf den Balearen. Dort hat die Provinzregierung in den letzten Jahren massive Maßnahmen ergriffen, um die Tourismusentwicklung vermehrt in Richtung eines naturnahen und sogar kulturorientierten, nachhaltigen Tourismus zu lenken. Auf der anderen Seite gibt es sehr viele Länder, bei denen das Grundproblem nicht primär der Schutz vor einer überbordenden Entwicklung, sondern vielmehr die Sicherstellung einer **wirtschaftlichen Entwicklung** darstellt.

Auf der in Abbildung 125 skizzierten Matrix lassen sich so vier Grundtypen von tourismuspolitischen Zielen identifizieren. Länder wie Taiwan haben primär das Problem, dass sie ihre bestehenden, knappen, natürlichen Ressourcen schonen müssen. Gleichzeitig müssen sie sicherstellen, dass die eigene Bevölkerung genügend Erholungs- und Reisemöglichkeiten hat. Lange Zeit war deshalb die Tourismuspolitik in Taiwan geprägt durch die Förderung eines Tourismus-„Exports" (vgl. Hall 1994, 74ff.) in dem Sinne, dass Einheimische ihren Tourismuskonsum im Ausland vollziehen sollen.

Wie oben erwähnt, ging es im ehemaligen Ostblock und im frühen Frankreich um die Sicherstellung der **Erholungsmöglichkeiten** durch Tourismus für breite Teile der Bevölkerung. Zu dieser Zeit fehlten in diesen Ländern die entsprechenden notwendigen Kapazitäten. Die Tourismuspolitik war deshalb gekennzeichnet durch die Zielsetzung eines Aufbaus von Tourismuskapazitäten.

Ein drittes Feld betrifft Länder, die wirtschaftlich auf den Tourismus setzen, gleichzeitig aber unter einer überbordenden Entwicklung des Tourismus leiden. Wie bereits erwähnt, gehören in diese Kategorie bspw. die Balearen und andere Mittelmeerländer. Diese Länder und Regionen müssen eine nachhaltige Tourismusentwicklung sicherstellen.

Abbildung 125:   *Grundtypen tourismuspolitischer Ziele*

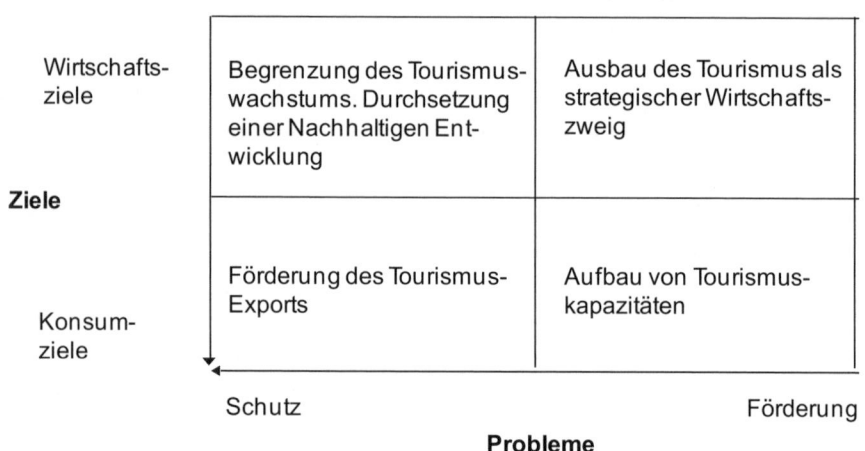

Verschiedene Länder wollen oder müssen den **Tourismus gezielt als strategischen Wirtschaftsbereich** aufbauen. Wie oben erwähnt, gehören in diese Kategorie nicht nur Entwicklungs- und Schwellenländer. Auch wirtschaftlich gut entwickelte Länder wollen mindestens für einzelne wirtschaftlich schwache Regionen den Tourismus als Entwicklungsperspektive nutzen. Dies ist in den letzten Jahren umso mehr der Fall, als dass mit der fortschreitenden Globalisierung und der damit verbundenen Konzentration der wirtschaftlichen Aktivitäten auf die Topzentren den peripheren Regionen vielfach eine Alternative zum Tourismus fehlt. Eine gezielte Förderung der touristischen Wettbewerbsfähigkeit ist in diesen Ländern und Regionen notwendig (vgl. auch Bieger/Scherer 2003).

9.3.2. Akteure

Tourismuspolitische Aktoren sind nicht nur die staatlichen Stellen auf nationaler Ebene. In den meisten Ländern befassen sich auch staatliche Stellen auf Länder- bzw. Kantonsebene sowie regionaler und lokaler Ebene mit dem Tourismus. Parallel dazu bestehen auf allen staatlichen Ebenen auch privatwirtschaftliche tourismuspolitische Aktoren, bspw. Branchenorganisationen oder Interessenverbände. Diese wirken auf die touristische Entwicklung durch Branchenregulierungen, wie bspw. im Bereich der Hotellerie die **Hotelklassifizierungssysteme** oder durch Lobbying über staatliche Stellen.

Abbildung 126: *Tourismuspolitische Aktoren*

Stufe	Staatlich	Privat
Supranational	GO, UNWTO	NGO, WTTC
Nation	z.B. Tourismusministerium	Tourismusverband Hotelierverband
Staat/Kanton	z.B. kantonales Amt für Wirtschaft und Tourismus	z.B. kantonaler Hotelierverein
Gemeinde	z.B. Gemeindedepartement für Tourismus	lokaler Verkehrsverein

Auf supranationaler Ebene gibt es ebenfalls staatliche Stellen im Sinne von „Governmental Organisations". Bei ihnen sind einzelne Regierungen Mitglieder, wie bspw. im Falle des Tourismus die **World Tourism Organization (UNWTO)** in Madrid. Diese prägt über statistische Datenaufbereitung, Analysen und durch Verbreitung von Grundsatzpapieren und Empfehlungen die Tourismuspolitik einzelner Staaten. Auf privater Seite bestehen die sogenannten „Non-Governmental Organisations" (NGO's), die auf supranationaler Ebene Interessen vereinigen und ebenfalls durch Analysen oder Empfehlungen, aber auch vermehrt durch Public Relation und politische Propaganda, auf Entscheide nationaler Behörden Einfluss nehmen. Im Tourismusbereich gehören dazu branchennahe Organisationen wie das **World Travel & Tourism Council (WTTC)**, das die wichtigsten internationalen Tourismusunternehmen vereinigt. Diese Organisation erarbeitet regelmäßig Daten zur wirtschaftlichen Bedeutung des Tourismus. Es sind jedoch auch Umweltverbände als touristisch relevante NGO's aufzufassen. So nimmt bspw. der **WWF** auf den Tourismus Einfluss, wenn er sich für den Schutz bedrohter Landschaften vor der touristischen Entwicklung einsetzt (vgl. als Übersicht Abbildung 126).

9.3.3. Instrumente

Die **tourismuspolitischen Instrumente** können bezüglich Eingriffsintensität und wirtschaftlicher Wirkungsweise strukturiert werden. Instrumente auf der Eingriffsintensität „moral suasion" wirken über Informationen, Schaffung eines Bewusstseins sowie Schaffung einer gesellschaftlichen Erwartung und damit eines informellen Druckes. Auf diese Ebene gehören bspw. die in vielen Regionen, Destinationen und auch Ländern bestehenden **Tourismusleitbilder**. In diesen Tourismusleitbildern wird die gewünschte Entwicklung eines Landes oder einer Region dargestellt und es werden die notwendigen Maßnahmen auf der Ebene Staat, aber auch für einzelne Unternehmen und Verbände abgeleitet. Tourismusleitbilder haben keine gesetzliche Wirkungskraft, sie wirken nur, indem einzelne Unternehmer und Aktoren freiwillig die darin beschriebenen Maßnahmen ergreifen (vgl. zu Tourismusleitbild auch Bieger 2002).

Auf der Ebene **materielle Anreize** sind **Förderungsmittel** oder **Steuern** und andere Belastungen einzuordnen, die eine bestimmte Verhaltensweise der Akteure und Unternehmer oder auch der Konsumenten bewirken sollen. Beispiele dafür sind Verkehrslenkungsabgaben (bspw. Straßenzölle in Abhängigkeit der Verkehrsbelastung) oder auch Abgeltungen, die Unternehmer für die Nutzung von natürlichen Ressourcen zu entrichten haben.

Die strengste Eingriffsintensität besteht in Form von **Geboten** und **Verboten**, bspw. das Verbot der Nutzung von Motorschlitten für touristische Zwecke in weiten Teilen des Alpenraumes. Auch das Gebot, WC-Anlagen auch in entfernten alpinen Regionen an Kanalisationssysteme anzuschließen, gehört in diese Kategorie.

Instrumente der **ordnungspolitischen Ebene** sind darauf ausgerichtet, Rahmenbedingungen für die wirtschaftlichen Aktoren und die Konsumenten zu gestalten. Sie wirken für alle Marktteilnehmer gleichstark. Es erfolgt damit eine beschränkte Wettbewerbsverzerrung, der Wettbewerb wird vielmehr gestaltet. Oft spricht man in der tourismuspolitischen Praxis auch davon, dass solche Instrumente ordnungspolitisch neutral sind. Beispiele dafür sind die Mehrwertsteuersätze für die Hotellerie oder auch allgemeingültige, planungsrechtliche Maßnahmen.

Struktur- und prozesspolitische Instrumente andererseits greifen direkt in Strukturen (bspw. Förderung einzelner Typen von Hotels, wie lange Zeit im Tirol in Form der Familienhotels) oder Prozesse (bspw. in die Marketing-prozesse durch die staatliche Förderung eines bestimmten Typs von Touris-musorganisationen) ein. Sie sind im Wettbewerb nicht neutral. Es besteht auch die Gefahr, dass sie bestimmte Verhaltensweisen oder Struktur-typen fördern, die längerfristig im Wettbewerb gefährdet sind. Durch das partielle Ausschal-ten der Marktkräfte können diese nicht mehr in Richtung eines natürlichen Strukturwandels wirken. Umgekehrt sind prozess- und strukturpolitische In-strumente oft die einzigen, die rasch und zielgerichtet vom Staat in eine be-stimmte Richtung eingesetzt werden können.

9.4. Legitimation und Perspektiven der Tourismuspolitik

In einem liberalen, marktwirtschaftlichen System müssen Eingriffe in den Markt spezifisch legitimiert werden. So müssen auch sektorale Eingriffe, wie bspw. im Rahmen einer Tourismuspolitik, aufgrund höherer staatlicher Inte-ressen begründet werden. Solche Legitimationen befinden sich im Bereich:

* der Begründung durch ein **Marktversagen**. Dies ist dann der Fall, wenn eine alleinige marktwirtschaftliche Lösung aufgrund klar begründbarer theoretischer Zusammenhänge nicht funktionieren kann.
* höherer politischer Interessen. Diese sind im Bereich des Tourismus in den drei oben dargestellten Grundzielen einer Tourismuspolitik darge-stellt.

Die traditionellen Tourismusländer sind heute hochentwickelte Industrie- und Dienstleistungsstaaten, die in etwas unterschiedlichem Ausmaß durch eine Entwicklung in Richtung Deregulierung und freie Märkte geprägt sind. **Sekt-oralpolitik**, früher in vielen Bereichen von der Versicherung bis zur Land-wirtschaft und oft auch im Tourismus gängig, wird zunehmend kritisch hin-terfragt. Motoren sind dabei nicht zuletzt auch die Umsetzung internationaler Vereinbarungen bspw. im Rahmen des **GATT II**. Im Zuge dieser Entwicklung wird auch im Bereich der Tourismuspolitik diskutiert, welche Rolle der Staat in Zukunft überhaupt noch spielen darf.

Auf der anderen Seite weist die Tourismuswirtschaft gerade in den traditio-nellen alpinen Tourismusländern im Vergleich zu internationalen Erfolgsmo-dellen große strukturelle Probleme auf. Diese Probleme, verbunden mit der großen wirtschaftlichen und gesellschaftlichen Bedeutung des Tourismus, vor allem für die peripheren Gebiete in diesen Ländern, würden eigentlich ein staatliches Eingreifen erfordern.

Ziel dieses Abschnittes ist es, die Legitimation einer staatlichen Tourismuspolitik zu hinterfragen und einen Ansatz für eine zukunftsorientierte, wettbewerbsorientierte **Tourismuspolitik** zur Diskussion zu stellen. Dabei wird
vor dem Hintergrund wirtschaftswissenschaftlicher Konzepte (bspw. der neu-
en politischen Ökonomie, der Struktur- und Prozesspolitik, der Betriebswirtschaftslehre) und in wesentlichen Teilen am Beispiel des reifen Tourismuslan-
des Schweiz argumentiert.

9.4.1. Legitimation der Tourismuspolitik im Wandel

Tourismuspolitik kann definiert werden als bewusste Förderung und Gestaltung des Tourismus durch Einflussnahme auf die touristisch relevanten
Gegebenheiten seitens von Gemeinschaften (vgl. Kaspar 1996, 145). Die Tourismuspolitik ist keine reine Branchenpolitik. Wie die Diskussion der Tourismusdefinition in Kapitel 2 gezeigt hat, lässt sich eine Tourismusbranche im eigentlichen Sinne gar nicht fassen, es gibt nur mehr oder weniger
tourismusabhängige Teilbranchen resp. Betriebe. So ist eine Bergbahn immer
auch ein Freizeitbetrieb für die lokale Bevölkerung. Ein Hotel ist mindestens
im Bereich der Gastronomie ein Dienstleister auch für die Einheimischen.
Entsprechend der Definition des Tourismus wird heute der Tourismus mehr
als ein integrierter Wertschöpfungs- und Lebensbereich verstanden. So wie
der Tourismus eine Querschnittsdisziplin ist (vgl. Kaspar 1996, 11; Bieger
2000a), ist die Tourismuspolitik eine eigentliche Querschnittspolitik (vgl. Keller 1999, 16). Entsprechend greifen tourismuspolitische Zielsetzungen und
Konzepte über wirtschaftliche Zielsetzungen hinaus. Tourismus soll bspw. je
nach tourismuspolitischer Zielsetzung dazu beitragen, den kulturellen Austausch zwischen Völkern zu erleichtern (bspw. ist dies eine wichtige Zielsetzung in den ursprünglichen Ansätzen einer EU-Tourismuspolitik, soweit sich
diese überhaupt konzeptionell fassen lässt (vgl. Kres 1997)), oder auch ein Instrument zur Förderung der Erholung und der Volksgesundheit der arbeitenden Bevölkerung sein (vgl. auch die Tourismuspolitik in den ehemaligen
Staatswirtschaftsländern). Für die Förderung dieser und anderer **meritori-
scher Güter** (im Sinne auch von Marktablehnung bzw. Markt-korrektur vgl.
u.a. Greuter 2000) werden mehr oder weniger weitreichende staatliche Instrumente eingesetzt.
Auch aus einer branchenpolitischen Perspektive ergeben sich verschiedene
Ansatzpunkte für eine Legitimierung staatlicher Eingriffe. In verschiedener
Hinsicht können Ansätze eines Marktversagens geortet werden (vgl. Greuter
2000, 31ff.).

- Externe Effekte sind Wirkungen, die bei Dritten, am Konsum oder an der Produktion nicht Beteiligter, anfallen. So bestehen bspw. **positive, externe Effekte** in Form von wirtschaftlichen **Leakage-Effekten** über den ausgelösten regionalwirtschaftlichen Multiplikator (vgl. Bieger 2002, 34ff.). Diese Effekte werden herangezogen, wenn es um die Legitimation von staatlichen Beiträgen an touristische Infrastrukturen oder auch touristische Kernbetriebe wie Hotels und Bergbahnen geht.

- **Negative, externe Effekte** treten oft in Form von Verkehrsbelastungen oder Identitätsverlust in der natürlichen resp. gesellschaftlichen Umwelt auf. Negative, externe Effekte entstehen auch an einem Ort, der an einer Hauptachse zu einer Attraktion liegt und durch den Verkehr zu dieser belastet wird. Begrenzungskonzepte finden hier ihre Legitimation.

- Die Branchenstruktur, die außerordentlich stark durch kleinere und mittlere Unternehmen geprägt ist, führt zu Marktversagen in Form von Innovationsschwächen. Für kleine Unternehmen lohnt sich die Investition in Konzeptentwicklungen und Innovation häufig nicht, da sie diese nur für ihr kleines Unternehmen anwenden und nutzen können (vgl. zur KMU-Problematik u.a. Grüner/Pleitner 1990, 11). Diese Form des Marktversagens war auch die Legitimation für die Schaffung eines Instrumentes für die Förderung der Innovation und Zusammenarbeit im Tourismus (vgl. Schweizerischer Bundesrat, 1996c).

- Als **öffentliche Güter** können Güter bezeichnet werden, bei deren Nutzung niemand ausgeschlossen werden kann und für die folglich kaum jemand rein rational etwas bezahlen würde. Die Problematik des öffentlichen Gutes besteht ausgeprägt im Bereich des Tourismus-marketings oder der Erhaltung intakter natürlicher Bedingungen (vgl. Tschurtschenthaler 1999), die Problematik der sogenannten **Clubgüter** (öffentliche Güter mit beschränktem Zugang) im Bereich touristische Infrastrukturen. So wird das Argument eines öffentlichen Gutes zur Legitimation bspw. von Tourismusabgabesystemen für die Finanzierung des touristischen Marketings, touristischer Infrastrukturen (wie Wanderwege) oder Schutzmaßnahmen zugunsten der natürlichen Umwelt verwendet.

- Auch das Argument **natürlicher Monopole** und der unvollkommenen Information für die Kunden (Konsumentenschutz) findet seine Anwendung bspw. in der Legitimation von Konzessionierungssystemen bei touristischen Transportanlagen, bei Hygienevorschriften im Gast-gewerbe oder bei der Konzessionspflicht für Gastronomiebetriebe oder Taxi-Unternehmen wie auch für die Berufszulassung für Reiseführer. Natürliche Monopole entstehen in Bereichen, wo sinkende Grenzkosten bestehen. Das ist vor allem dann der Fall, wenn Netzwerkeffekte bestehen. Alle Attraktionen oder auch Flugnetzwerke weisen diese Eigenschaften auf.

Es gibt wohl keine touristische Teilbranche, die nicht von Regulierungen betroffen ist. Obwohl es aus methodischen Gründen kaum möglich ist, die Regulierungsintensität einer Branche wissenschaftlich vergleichsmäßig zu bewerten, kann in vielen Ländern festgestellt werden, dass der Tourismus eher zu den regulierteren Branchen gehört. Der Grund dafür dürfte in der Intransparenz der Leistungen und der besonderen Abhängigkeit des Reisenden, der weit weg von seiner Heimat Leistungen bezieht, begründet liegen. Dies erleichtert die Legitimation von Eingriffen auf dem Hintergrund von Argumenten des Konsumentenschutzes.

Aufgrund der Gefahr eines **Staatsversagens** müssen Eingriffe im Rahmen einer staatlichen Politik immer kritisch beurteilt werden (vgl. zum Staatsversagen u.a. Greuter 2000, 45ff.). Wichtige Argumente im Zusammen-hang mit dem Staatsversagen liefert die **Neue Politische Ökonomie** (vgl. auch Bernholz/Breyer 1993, 94; Frey 1977) basierend auf der Grundthese, dass jeder Aktor im politischen System seinen Eigennutzen maximiert. Daraus werden verschiedene Thesen zur Entwicklung staatlicher Ziele und zur Handhabung von staatlichen Instrumenten entwickelt. In der Grundtendenz kann davon ausgegangen werden, dass sich Produzenteninteressen von wohlorganisierten kleineren Gruppen gegenüber reinen Konsuminteressen großer heterogener Gruppen im politischen Prozess leichter durchsetzen (vgl. u.a. Olson 1965). So kann eine mit Konsumenteninteressen begründete Intervention (bspw. eine Taxiverordnung) zum Instrument einer Branche zur Sicherung ihrer monopolistischen Renten werden (durch Begrenzungsmaßnahmen für den Marktzutritt).

Im Zusammenhang mit verschiedenen Entwicklungen auf den Märkten, in der Technologie und der Politik müssen verschiedene **traditionelle Legitimationen** in der staatlichen Tourismuspolitik hinterfragt werden (vgl. Abbildung 127):

- Die **Förderpolitik** für einzelne Betriebe als Multiplikatoren und Generatoren von externen Effekten erweist sich als problematisch. Mit der Förderung und letztendlich Erhaltung nicht marktkonformer Angebote entstehen ordnungspolitische Probleme, indem noch gesunde Angebote konkurrenziert werden (vgl. Bieger/Caspar 1999 für das Beispiel Bergbahnen).

- **Begrenzungs- und Schutzziele** zur Verhinderung negativer, externer Effekte werden zunehmend durch übergeordnete Instrumente, bspw. im Rahmen einer integrierten Umweltpolitik, sichergestellt.
- Eine reine **Strukturpolitik** des Staates wird durch das Argument einer Strukturverzerrung durch staatliche Maßnahmen in Frage gestellt. So ist offen, ob bspw. nicht durch eine Innovationsförderungspolitik zugunsten der KMU-Unternehmen eine überholte Struktur künstlich am Leben gehalten wird.

Abbildung 127:   Traditionelle Legitimation einer Tourismuspolitik

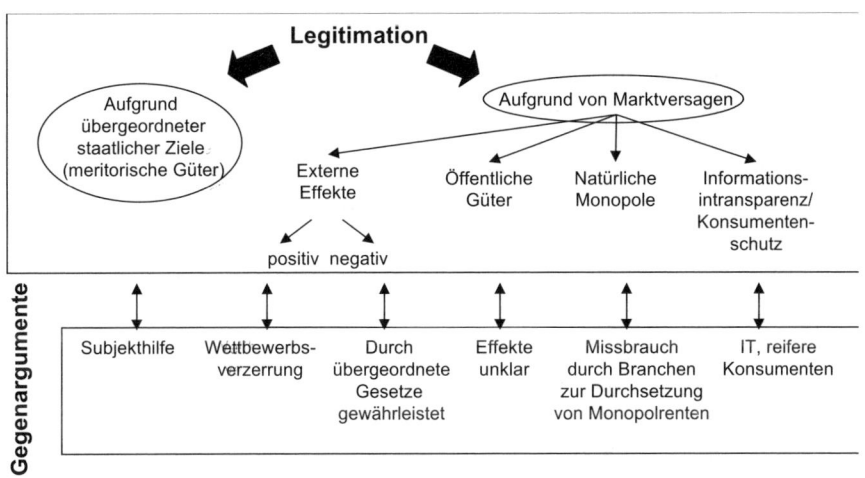

- Mit der **Dynamisierung der Märkte** stellt sich bspw. auch die Frage externer Effekte und öffentlicher Güter neu. So ist davon auszugehen, dass in verschiedenen Destinationen einzelne Betriebe resp. deren Marken mehr Imageeffekte erzeugen als das Marketing der Tourismusorganisationen. Damit stellt sich eigentlich die Frage, ob nicht die Tourismusorganisationen die positiven externen Effekte dieses Tourismusunternehmen durch Tourismusabgaben an dasselbe abgelten müsste. Es entstehen heute teilweise auch neue Märkte für kooperative Marketingleistungen bspw. in Form von Hotelketten und privatwirtschaftlichen Marketingagenturen.

- Mit den Fortschritten im Bereich der **Informationstechnologie** und den wachsenden Erfahrungen der Reisenden erübrigen sich oft auch Argumente, die auf die Kompensation von Marktintransparenz und den Konsumentenschutz setzen.

- Mit der Tendenz zur zunehmenden **Subjekt- statt Objektfinanzierung** in der Sozialpolitik bestehen heute effizientere Instrumente zur Realisierung von meritorischen Zielen als eine auf Subventionierung/Förderung von Institutionen ausgerichtete Maßnahmenpalette. Es sollten damit heute weniger touristische Kapazitäten als vielmehr wirtschaftlich schwächere Bevölkerungskreise direkt unterstützt werden.

9.4.2. Neuere Legitimationsansätze

Der **Tourismus als** Lebensbereich und eigentliche **Querschnittsdisziplin** ist von verschiedenen Teilpolitiken stark beeinflusst. Beispiele dafür sind die Außen- und Migrationspolitik (bspw. Einreisevorschriften), die Raumordnungspolitik (Standorte von Anlagen und Einrichtungen), die Verkehrspolitik (Erreichbarkeit der touristischen Destinationen und Angebote) und die Umweltpolitik (Zulässigkeit bestimmter Infrastrukturen und Aktivitäten).

Ohne eine Koordination dieser verschiedenen Politiken, aus der Perspektive der touristischen Entwicklung sind negative Resultate in Bezug auf eine strategische Entwicklung der Tourismuswirtschaft zu erwarten. Es muss aufgrund dieser Vernetzung des Tourismus mit verschiedenen Einflusssphären der Politik davon ausgegangen werden, dass eine **„apolitische" Tourismuswirtschaft** gar nicht möglich ist. Durch die Einwirk-ung von anderen Politikbereichen hat jedes Land eine Tourismus-politik, mindestens eine implizite, die für den Tourismus aber suboptimal sein kann.

Die für die Schweiz relevante internationale Konkurrenz engagiert sich sehr stark in der Tourismuspolitik. Beispiele dafür sind Finanzbeihilfen oder Kredite der öffentlichen Hand für Hotels in Österreich oder im Südtirol, das starke Engagement der öffentlichen Hand im touristischen Marketing in verschiedenen Ländern bis zur Subvention touristischer Infrastrukturen aus Mitteln der Strukturpolitik (bspw. Messezentren etc.). Marktversagen besteht im Tourismus folglich nur schon, weil aufgrund dieser unterschiedlichen Tourismusförderung ungleiche Vorraussetzungen im internationalen Wett-bewerb bestehen (vgl. Bieger/Laesser/Weibel 1999). Die EU beginnt sich erst jetzt langsam mit dessen Wettbewerbsverzerrungen zu befassen. Zudem bestehen unter dem Titel Regionalpolitik viele Ausnahmeklauseln für strukturschwache Gebiete, die eine weitere Subventionierung zulassen.

Abbildung 128: Berührungspunkte des Tourismus mit Politikbereichen

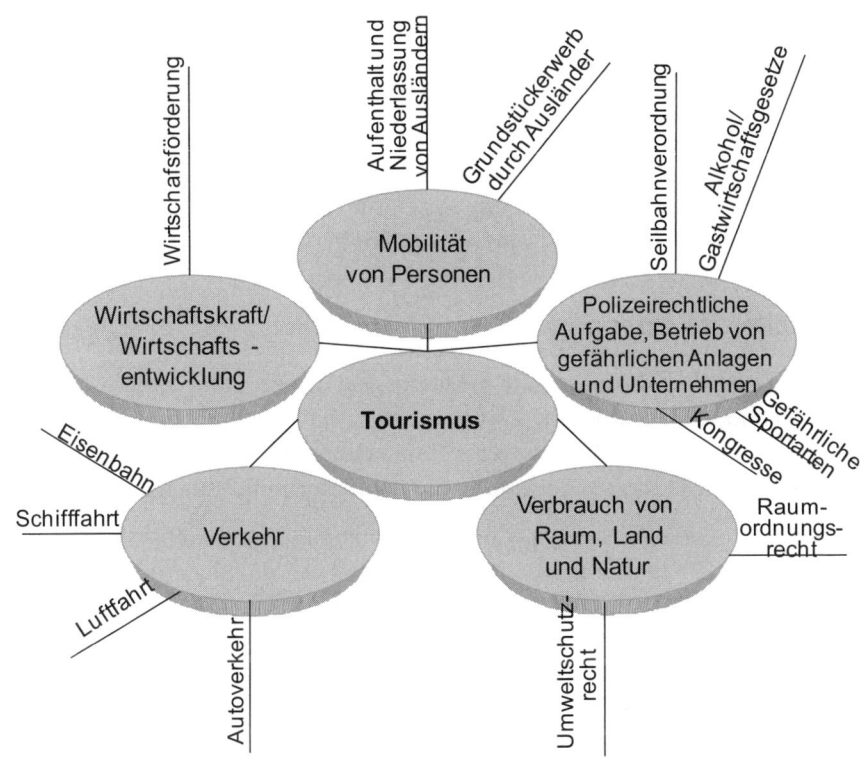

Quelle: Bieger 1999e

Damit wird klar, dass eine politische Körperschaft, d.h. eine Nation, ein Staat oder eine Region, die den Tourismus als strategischen wirtschaftlichen Bereich betrachtet, in irgendeiner Form eine Tourismuspolitik als **Sektoralpolitik** resp. strategische Handelspolitik betreiben muss (vgl. auch Keller 1999). Zudem wird immer häufiger auf die Bedeutung des Tourismus im Rahmen einer **integrierten Standortförderungspolitik** hingewiesen (vgl. Abbildung 104, Kotler/ Haider/ Rein 1993 oder auch Bieger 1999d). Der Tourismus ist für die gesamte Standortpolitik ein entscheidender Faktor aufgrund seiner imagemäßigen Bedeutung, seines Beitrages zur Positionierung eines Stand-ortes in Verkehrs- und Kommunikationsnetzwerken sowie seinem Potenzial für die Schaffung von Lebensqualität für die einheimische Bevölkerung.

Eine Tourismuspolitik, die sich nicht primär an meritorischen Zielen resp. der **Beseitigung von Marktversagen,** sondern am Aufbau strategischer Potenziale für Standorte orientiert, muss sich an bestgeeigneten Standorten und international wettbewerbsfähigen, größeren Unternehmen orientieren. Die meist knappen staatlichen Mittel respektive die begrenzt einsetzbaren Instrumente sind nicht in der Lage, auf Dauer ungenügende Standortvoraussetzungen oder Strukturdefizite in einem dynamischen Wettbewerb zu kompensieren. Flächendeckende Tourismusförderung ist kaum möglich, sie ist teuer und nicht profitabel. Umgekehrt wirken starke touristische Destinationen als Attraktionen über ihr Image und durch Käufe im Umfeld auch in die „Fläche".

9.5. Eckwerte einer neuen Tourismuspolitik

Aufgrund der oben dargestellten Ausgangslage in Bezug auf Legitimation einer staatlichen Sektoralpolitik im Tourismus und aufgrund der Mikro- und Makrobedingungen im Wettbewerb können folgende Thesen in Bezug auf zukünftige Entwicklungen der Tourismuspolitik formuliert werden:

- Der Fokus der Zielsetzung der Tourismuspolitik wandelte sich seit den 70er und 80er Jahren von einer Ausrichtung auf die Sicherung eines umweltverträglichen Tourismus, Sicherung von Reisen als Erholungsmöglichkeit für breite Bevölkerungsteile und Instrument des kulturellen Austauschs auf die Sicherung der Wettbewerbsfähigkeit der Destinationen und Standorte bei einer nachhaltigen Entwicklung (vgl. auch Schweizerischer Bundesrat 1979, 1996a, 2002).

- Wie beim Beispiel der Schweiz wird sich damit in den meisten Ländern der Fokus der Tourismuspolitik weg von meritorischen Zielen (Sicherung einer ausreichenden Versorgung mit dem erwünschten Gut Ferien und Erholung) und Kompensation zum Marktversagen in Richtung einer integrierten, strategischen Standort- und Branchenpolitik bewegen.

- Der stärkste Einfluss auf die Tourismusbranche kommt im Moment vom Kapitalmarkt, von den Kreditgebern – es ist ein großer ungedeckter Finanzierungsbedarf und rascher Strukturwandel in Richtung kapitalmarktfähiger, internationaler Großunternehmen festzustellen.

- Die Hauptprobleme der Unternehmen und Destinationen traditioneller Tourismusländer wie der Schweiz sind:
  - KMU-Problematik (d.h. ungenügende Investitionen, Know-how, Entwicklung und Marktinnovationen);
  - entsprechend fehlende Perspektiven im Markt;
  - Finanzierungsprobleme;

- fehlende Kooperationen/Vertrauen.

- Eine moderne Tourismuspolitik muss sich darauf ausrichten, optimale Vorraussetzungen für die Entwicklung wettbewerbsfähiger Standorte und Unternehmen zu schaffen. Tourismus kann damit nicht mehr ein Flächenphänomen sein. Werden „Tourismusgebiete" als Ganzes erhalten, so müssen durch staatliche Interventionen nicht wettbewerbsfähige Strukturen erhalten werden. Damit kann **Tourismusförderung** auch nicht mehr ein Instrument der Regionalförderung für Kleinst-Räume sein. Hingegen kann die Förderung von wettbewerbsfähigen Destinationen ein sinnvolles Instrument zur Stärkung von grösseren Regionen sein. Von diesen Destinationen können spillover Effekte (Arbeitsplatzpotential, Nachfrage in grössere Regionen über Ausflüge, etc.) wirken.

- Instrumente der Tourismusförderung müssen deshalb eher Innovationsförderung und Lockerung des Marktzugangs durch kooperatives Marketing etc. sein. Wichtig sind auch die Schaffung von Rahmenbedingungen, die Entwicklungen ermöglichen (z. B. Raumplanung, Schaffung von Verkehrsinfrastrukturen, etc.).

9.6. Akteure des internationalen Systems

Ähnlich wie auf nationaler Ebene gibt es auch auf internationaler Ebene tourismuspolitische Akteure. Dazu zählen u.a. die folgenden NGOs (vgl. entsprechende Webpages):

- IATA (www.iata.org):

Die **International Air Transport Association (IATA)** ist die internationale Vereinigung der Luftfahrtsunternehmen. Es gehören ca. 280 Airlines zur IATA, darunter die größten der Welt. Die Flüge dieser Airlines umfassen 95 Prozent des gesamten geplanten Flugverkehrs.
Ziel der IATA ist es, sicherzustellen, dass Personen, Fracht und Post sich im gewaltigen globalen Airline Netzwerk so einfach bewegen können, als ob sie sich auf einer einzigen Airline in einem einzigen Land befinden.

- WTTC (www.wttc.org):

Das **World Travel & Tourism Council (WTTC)** ist das Forum der Geschäfts führung von 100 führenden Unternehmen weltweit. Der Auftrag der WTTC besteht darin, das Bewusstsein des ökonomischen und sozialen Beitrags des Reise- und Tourismusmarktes zu steigern und die Zusammenarbeit mit den

Regierungen an Strategien zu fördern, die das Potenzial von neuen Arbeitsplätzen erschließen sollen, um Wohlstand zu generieren.
Oder Organisationen, die die Interessen der Umwelt vertreten:

- WWF (www.wwf.org):

Der **World Wide Fund for Nature (WWF)** ist eine globale Organisation, die lokal durch ein Netzwerk von Niederlassungen geführt ist. Als engagierter Partner im weltweiten WWF-Netzwerk setzt sich der WWF Schweiz für eine nachhaltige Entwicklung ein und ermöglicht Menschen, ihren Beitrag dazu zu leisten.

- Greenpeace (www.greenpeace.org):

Greenpeace ist eine Non-Profit Organisation mit einer Präsenz in 43 Ländern rund um den Globus. Die Ursachen der Umweltzerstörung liegen oft in einem weit entfernten Teil der Erde, zum Beispiel in Abnehmermärkten, die durch ihre Nachfrage Wilderei oder Raubbau in Entwicklungsländern provozieren. Die weltumspannende Koordination von Umweltschutzkampagnen ist deshalb Grundsatz und Markenzeichen von Greenpeace.
Greenpeace verzichtet bewusst auf Spenden der öffentlichen Hand und der Wirtschaft. Nur so ist die Unabhängigkeit der Kampagnenarbeit gewährleistet. Das gesamte Jahresbudget der Organisation weltweit beträgt rund 150 Millionen Franken.

Auf der anderen Seite gibt es Inter-Governemental Organisationen wie:

- OECD (www.oecd.org):

Die **Organisation for Economic Cooperation and Development (OECD)** gruppiert 30 Mitgliedsländer in einem einzigartigen Forum zur Dikussion, Entwicklung und Verfeinerung von ökonomischen und sozialen Strategien. Sie vergleichen Erfahrungen, suchen Antworten für alltägliche Probleme und koordinieren regionale und internationale Strategien, um den Mitgliedern und Nicht-Mitgliedern im Umgang mit der zunehmenden globalisierten Welt zu helfen. Die OECD verfügt auch über einen Fachbereich Tourismus.

- UNWTO (www.unwto.org):

Die **World Tourism Organization (UNWTO)** ist die international führende Organisation im Reise- und Tourismusmarkt. Sie dient als globales Forum für Tourismus Angelegenheiten und als eine praktische Bezugsquelle für Know-how und Statistiken im Tourismus.

Die UNWTO vereinigt 139 Länder, 7 Kontinente und 350 Affiliate Members. Diese vertreten regionale und lokale Förderungsgremien, Tourismusverbände, Bildungseinrichtungen und Unternehmen des privaten Sektors zu welchem Airlines, Hotelgruppen und Tour Operators gehören. Die UNWTO ist eine zwischenstaatliche Organisation mit Hauptsitz in Madrid und einer internationalen Belegschaft von 90 Tourismusspezialisten. Durch den Tourismus beabsichtigt die UNWTO das wirtschaftliche Wachstum und die Schaffung von Arbeitsplätzen anzuregen, die Umwelt und das kulturelle Erbe durch Incentives zu schützen und Friede, Wohlstand und den Respekt für Menschenrechte zu fördern.

Als **Branchenverbände** sind zu erwähnen:

- ETC, EUTO (Europäischer Verband für Fremdenverkehrsfachleute: Dieses Netzwerk besteht aus Tourismusfachleuten, welche über gegenseitigen Erfahrungsaustausch und entsprechende Kommunikation nach außen versuchen, die Wahrnehmung der ökonomischen und sozialen Wichtigkeit der Tourismusbranche in den europäischen Ländern zu fördern.),
- ASTA (American Society of Travel Agents: Die Mission der ASTA ist die Steigerung der Professionalität und Profitabilität der Mitglieder. Dies soll über eine effektive Kommunikation in der Industrie etc., über Ausbildung und Training und über die Identifikation und Erfüllung von Bedürfnissen von Reisenden, garantiert werden.),
- PATA (Pacific Asia Travel Association: Die Mission der PATA ist die Wertsteigerung und die Verbesserung des Wachstums und der Qualität des Pacific-Asia-Tourismus und damit ihrer Mitglieder.).

Insgesamt kann die internationale tourismuspolitische Organisation wie folgt skizziert werden (vgl. Kaspar 1996, 177ff.):

- Supranationale Organisationen:
  - Der Wirtschafts- und Sozialrat (CES bzw. ECOSOC);
  - Die Weltbank (BIRD bzw. BRD);
  - Die Organisation der Vereinigten Nationen für Erziehung, Wissenschaft und Kultur (UNESCO);
  - Die Internationale Arbeitsorganisation (OIT bzw. ILO);
  - Die Weltgesundheitsorganisation (OMS bzw. WHO);
  - Die Internationale Organisation für Zivilluftfahrt (OACI bzw. ICAO);
  - Die Zwischenstaatliche beratende Seeschiffahrtsorganisation (IMCO bzw. OMCI);
  - Die UNO-Konferenz für Handel und Entwicklung (UNCTAD).

- Intergouvernemantale Organisationen:
  - Die Weltfremdenverkehrsorganisation (OMT bzw. UNWTO);
  - Die Organisation für wirtschaftliche Zusammenarbeit und Entwicklung (OCDE bzw. OECD).
- Nicht gouvernementale Organisationen:
  - Die Alliance Internationale de Tourisme (AIT) und die Organisation Mondiale du Tourisme et de l'Automobile;
  - Die European Travel Commission (ETC).

Als **wissenschaftliche touristische Vereinigungen** gelten:

- AIEST (International Association of Scientific Experts in Tourism);
- TTRA (Travel and Tourism Research Association);
- PATA (Pacific Asia Travel Association).

9.7. Forschungsfall: Die schweizerische Tourismuspolitik – Möglichkeiten und Grenzen konzeptioneller Tourismuspolitik auf nationaler Ebene (P. Keller)

9.7.1. Tourismuspolitik als Querschnittaufgabe

Der Tourismus ist in postindustriellen Freizeitgesellschaften ein lebensnotwendiges Bedürfnis, welches wesentlich zur individuellen Selbstverwirklichung und zur sozialen Stabilität beiträgt. Er ist in zahlreichen Volkswirtschaften ein unerlässlicher Wirtschaftszweig, welcher vor allem für Problemregionen Arbeit und Einkommen bringt. Zweifellos hat das Reisen und der Aufenthalt einer Vielzahl von Menschen auch namhafte Auswirkungen auf den Raum, die Landschaft und die Umwelt.

Der Tourismus spielt sich also im Umfeld von Gesellschaft, Wirtschaft und Umwelt ab. Dabei sind die tourismusrelevanten Anspruchsgruppen auf vielfache Weise mit allen Ebenen des staatlichen Handelns verbunden. Der **Leistungsstaat** stellt eine Vielzahl öffentlicher Güter zur Verfügung, welche als touristische Attraktionen vermarktet werden oder für die touristische Leistungserstellung unerlässlich sind. Dazu gehören etwa eine geschützte schöne Landschaft oder eine Verkehrsinfrastruktur. Der Staat reguliert im Rahmen seiner Gesetzgebung in Bereichen wie des Arbeitsmarktes oder der Raumordnung die touristische Entwicklung und beeinflusst damit die touristische Planung und den Bau von Anlagen und Einrichtungen. In den meisten Staaten wird zudem die tourismusabhängige Wirtschaft gefördert (Abbildung 129).

Abbildung 129:   *Tourismuspolitik als Querschnittsaufgabe – staatlicher*
                       Beeinflussung der touristischen Entwicklung

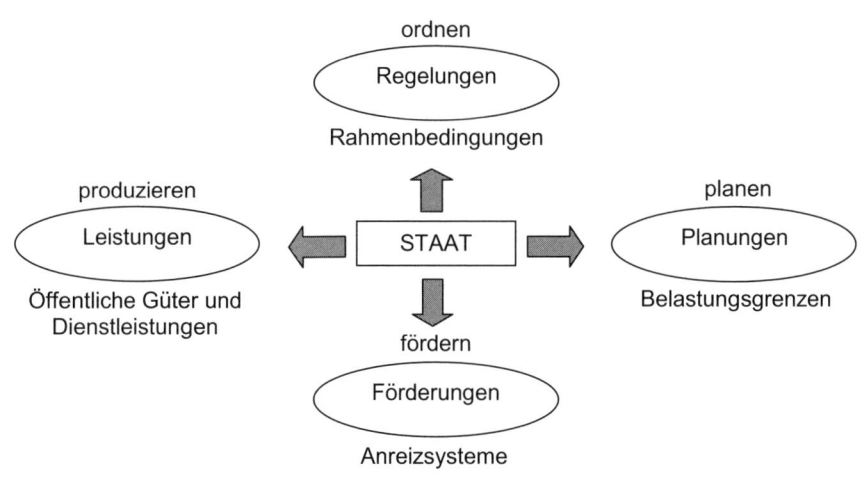

Quelle: Prof. Peter Keller, HEC Lausanne

Die Tatsache, dass das touristische Phänomen in viele Lebensbereiche hinein-wirkt und wesentlich vom Staat mitgeprägt wird, macht Politik im Bereich des Tourismus zur Querschnittspolitik. Es wird deshalb versucht, **mit rechtlich oder politisch sanktionierten Zielsetzungen, Strategien und Leitbildern die gewünschte touristische Entwicklung inhaltlich zu koordinieren und mit institutionellen Vorkehrungen durchzusetzen**. Es stellt sich aufgrund des zunehmend in eine Vielzahl von neben- und übergeordneten Politikbereichen aufgesplitterten Staatsapparates die Frage, ob eine solche Querschnittspolitik überhaupt wirksam sein kann. Sie ist vor allem auch vor dem Hintergrund der wirtschaftlichen Sachzwänge zu verstehen.

9.7.2. Wechselnde tourismuspolitische Paradigmen

Das Politikverstandnis wandelt sich mit der Problemlage. Die schweizerische Tourismuspolitik entstand als Folge der Nachfrageeinbrüche und des Hotel-sterbens, welche nach der Blütezeit des Schweizer Tourismus in der „belle époque" bereits mit dem ersten Weltkrieg einsetzten. Sie war krisenorientiert.

Die damals konzipierten Instrumente im Bereich der Nachfrageförderung und des Beherbergungskredites bestehen noch heute (EAV 1971).

Die Bewältigung der Externalitäten des markanten touristischen Wachstums in den 60er und 70er Jahren führte zu einer stark raumordnungspolitisch orientierten Tourismuspolitik des Bundes. Die schweizerische Eidgenossenschaft war weltweit der erste Staat, welcher auf nationaler Ebene eine ganzheitliche, konzeptionell abgestützte Tourismuspolitik verfolgte. Der Bundesrat erließ am 21. März 1981 ein „Schweizerisches Tourismuskonzept", welches für die Vorbereitung und den Vollzug aller tourismusrelevanten Aufgaben des Bundes maßgebend wurde (EVED 1979). Das Tourismuskonzept antizipierte das später mit dem Begriff der nachhaltigen Entwicklung aufgekommene Politikverständnis. Es zwang die Bundesverwaltung, die tourismusrelevanten raumordnungs- und wirtschaftspolitischen Instrumente konzeptgerecht einzusetzen.

Mit der Internationalisierung des Tourismus und den damit verbundenen Marktanteilsverlusten verengte sich die schweizerische Tourismuspolitik auf die volkswirtschaftlichen Aspekte des Tourismus. Seither steht die Stärkung der internationalen Wettbewerbsfähigkeit des Schweizer Tourismus im Vordergrund (Schweizerischer Bundesrat 1996a, 2002). Zu diesem Zweck wurde das tourismuspolitische Instrumentarium wesentlich ausgebaut und ergänzt.

9.7.3. Tourismusförderung unter Bedingungen des unvollkommenen Wettbewerbs

Noch in den 50er Jahren gehörte die Schweiz aufgrund der internationalen Ankünfte zu den fünf größten Tourismusländern der Welt. Heute liegt sie nur noch auf dem 22. Platz. Inzwischen fand eine riesige Markterweiterung statt. Es entstand weltweit ein **unvollkommener Wettbewerb**, da neu in den Weltmarkt eintretende Länder und Gebiete die touristischen Angebote teilweise mit massiver staatlicher Hilfe entwickeln und vermarkten. Dabei stehen häufig verteilungspolitische Überlegungen im Vordergrund. Die europäische Union fördert bspw. über die Strukturfonds den Aufbau neuer Tourismusgebiete.

Der Schweizer Tourismus ist im Bereich der Nische für kaufkräftige Kundenschichten der OECD-Länder und zunehmend der aufstrebenden Schwellen- und Entwicklungsländern ein „global player". Er verfügt aufgrund der großen touristischen Spezialisierung und des hohen Entwicklungsstandes des Landes über nachhaltige Wettbewerbsvorteile. Sie können aber aufgrund der schwierigen Rahmenbedingungen der Schweizer Wirtschaft wie hohes Kosten- und Preisniveau und der im nationalen Vergleich unterdurchschnittlichen

Produktivität der kleingewerblichen und zersplitterten Angebotsstruktur der Tourismuswirtschaft nicht genügend genutzt werden. Deshalb ist sowohl die Stärkung der internationalen Marktstellung als auch die Verbesserung der Position auf den inländischen Faktormärkten notwendig.

Die wettbewerbsorientierte Tourismuspolitik des Bundes stärkt **die Marktmacht, die Produktivität und damit auch die preisliche Wettbewerbsfähigkeit des Schweizer Tourismus.** Der Tourismusstandort Schweiz soll wie eine Art Holding auf partnerschaftliche Weise attraktive Dienstleistungsbündel entwickeln und mit einem geschlossenen Marktauftritt verkaufen. Der Bund unterstützt zu diesem Zweck Kooperationen, welche mit Größenersparnissen und Verbundvorteilen die Wettbewerbsfähigkeit des Schweizer Tourismus stärken sollen. Er hat für den Vollzug öffentlich-rechtlich institutionalisierte Partnerschaften zwischen Staat und Wirtschaft in den Bereichen der Innovationsförderung, des Destinationsmarketings und des Beherbergungskredites geschaffen (Abbildung 130). Er gewährt zur Verbesserung der preislichen Wettbewerbsfähigkeit auch einen Sondersatz der Mehrwertsteuer für Beherbergungsbetriebe, welche die touristische Leitindustrie bilden.

Abbildung 130: Tourismusförderung des Bundes – Quasi-Unternehmen „Tourismusland Schweiz"

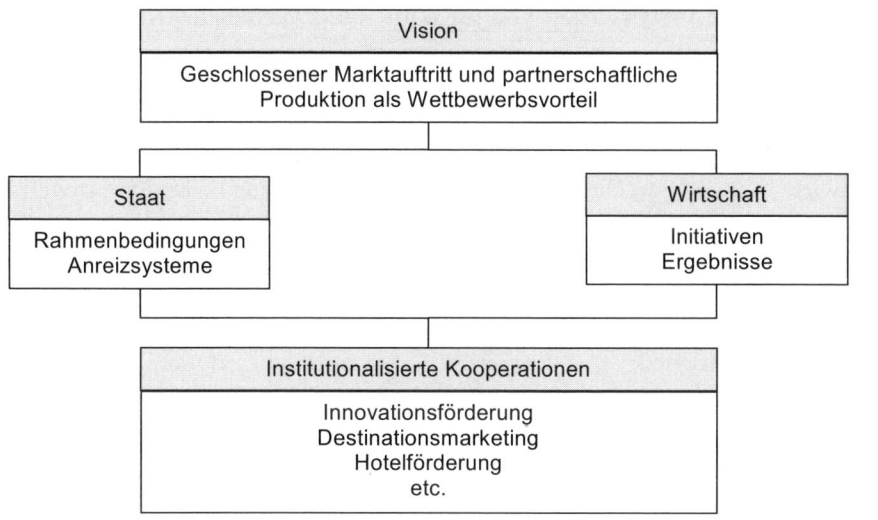

Quelle: Prof. Peter Keller, HEC Lausanne

9.7.4. Neue wachstumsorientierte Tourismuspolitik

Der Schweizer Tourismus schrumpft aufgrund einer seit Beginn der 80er Jahre anhaltenden Stagnation der Nachfrage. Das **Satellitenkonto „Tourismus"** der Volkswirtschaftlichen Gesamtrechnung zeigt auf, dass der touristische Anteil am Bruttoinlandprodukt um rund ein Prozent auf 4% gesunken ist (BfS/seco 2003). Trotz des damit verbundenen Verlustes an strategischer Bedeutung bleibt der Tourismus für zahlreiche Landesteile ein unverzichtbarer Wirtschaftszweig. Häufig bestehen keine ähnlich starken Wertschöpfungsalternativen.

Die neue Tourismuspolitik des Bundes verbessert die Rahmenbedingungen für den Schweizer Tourismus. Die Nachfragebeschaffung ist die Schlüsselgröße des Tourismus. Die nationale Kooperation im Bereich des Destinationsmarketing wurde deshalb institutionell und finanziell gestärkt. Die touristische Marke „Schweiz" wurde von „Schweiz Tourismus", einer öffentlich-rechtlichen Körperschaft des Bundes, mit Erfolg aufgebaut und auf den Märkten positioniert. Die strategische Aufsicht und die finanzielle Unterstützung dieser Institution gehört zu den gesetzlich verankerten Daueraufgaben des Bundes (Schweizerischer Bundesrat 1994).

Die Nachfrage und damit die Ertragskraft kann nur gesteigert werden, wenn die Produkte und das Angebot attraktiv und wettbewerbsfähig sind. Mit dem Programm zur Verbesserung von Struktur und Qualität des Angebotes des Schweizer Tourismus vom 20. September 2002 leistet der Bund für die Jahre 2003 bis 2007 einen gezielten Beitrag zur Beseitigung der wichtigsten strukturellen Schwächen (Schweizerischer Bundesrat 2002). Das Bundesgesetz über die Förderung des Beherbergungskredites wird den neuen Regeln des Kreditmarktes angepasst. Die Altlasten der mit dem Vollzug betrauten Schweizerischen Gesellschaft für Hotelkredit werden vom Bund übernommen, welcher zudem ein neues Darlehen zur Verfügung stellt. Das Bundesgesetz über die Förderung von Innovation und Zusammenarbeit im Tourismus wird inhaltlich in den Bereichen Forschung und Entwicklung sowie Qualifizierung von touristischen Arbeitskräften ausgebaut und finanziell neu dotiert.

Die **neue wachstumsorientierte Tourismuspolitik** soll den touristischen Strukturwandel beschleunigen. Die geförderten Innovations- und Kooperationsprojekte im Bereich der Markt-Kommunikation und der Angebotsgestaltung sollen in erster Linie die Wettbewerbfähigkeit auf den internationalen Märkten stärken. Der Schweizer Tourismus soll sich mit schlankeren und wirksameren Strukturen auf den wachsenden internationalen Märkten durchsetzen und wieder Geld verdienen können. Im einzelbetrieblichen Bereich werden nur noch langfristig überlebensfähige Betriebe gefördert.

Anhang 1: Eine Auswahl an höheren Fachschulen und Fachhochschulen für Tourismus

SCHWEIZ

Höhere Fachschulen:

- Höhere Fachschule für Tourismus Graubünden/Academia Engiadina, Samedan (www.academia-engiadina.ch)
- Höhere Fachschule für Tourismus Luzern, Luzern (HFT) (www.hslu.ch/hft)
- Internationale Schule für Touristik, Zürich (www.ist-zurich.ch)
- Scuola superiore alberghiera e del turismo, Bellinzona (www.ssat.ch)
- L'école Suisse de Tourisme (EST), Sierre (http://est-stf.hevs.ch)

Fachhochschulen

- Institut für Tourismuswirtschaft, Luzern (www.hslu.ch/itw)
- Institut für Tourismus und Freizeitforschung, Chur (www.htwchur.ch)

DEUTSCHLAND

Hochschulen/Fachhochschulen

- Hochschule München – Fachbereich Tourismus (www.tr.fh-muenchen.de)
- Internationale Fachhochschule Bad Honnef – Bonn (www.fh-bad-honnef.de)
- Fachhochschule Gelsenkirchen, Abteilung Bocholt (www.saftbocholt.de)
- Fachhochschule Bremen (www.hs-bremen.de)
- International School of Management (ISM) in Dortmund (www.ism.de)
- Fachhochschule Westküste in Heide/Holstein (www.tagammeer.de)
- Fachhochschule Kempten (www.sfa-kempten.de)
- Fachhochschule Stralsund (www.fh-stralsund.de)
- Hochschule Harz (www.hs-harz.de)
- Fachhochschule Oldenburg, Ostfriesland, Wilhelmshaven (www.fh-oow.de)
- Fachhochschule Worms - Fachbereich Touristik/Verkehrswesen (http://www.fh-worms.de)

ÖSTERREICH

Höhere Fachschulen

- Höhere Bundeslehranstalt wirtschaftlicher Berufe & für Tourismus in Wien (http://www.tourismusschule.at)
- Tourismusschulen Bad Ischl – Höhere Lehranstalt für Tourismus (http://www.hlt-ischl.co.at)
- Höhere Bundeslehranstalt für Tourismus in Krems an der Donau (http://www.hflkrems.ac.at)
- Höhere Bundeslehranstalt für Tourismus in Retz (http://www.blt-semmering.at)
- Tourismusschulen des Wirtschaftsförderungsinstituts (WIFI) Niederösterreich in St. Pölten (http://www.noe.wifi.at/infos.htm)
- Höhere Bundeslehranstalt für Tourismus in Bad Leonfelden (http://members.nextra.at/baletour/index.htm)
- Tourismusschulen des steirischen Hotelfachschulvereines in Bad Gleichenberg (http://www.tourismusschule.com)
- Höhere Lehranstalt für Tourismus und Hotelfachschlue Villa Blanka (Verein der Tiroler Gastwirte) (http://www.villablanka.com)
- Höhere Bundeslehranstalt für Tourismus in Zell am Ziller (http://www.tiscover.com/zillertaler.tourismusschulen)
- Höhere Bundeslehranstalt für Tourismus & wirtschaftliche Berufe in Wien (http://www.hltw13.at)
- Hotel- und Tourismusschulen MODUL der Wirtschaftskammer Wien (http://www.MODUL.at)

Fachhochschulen

- Salzburger Tourismusschulen Klessheim in Siezenheim bei Salzburg (http://www.klessheim.sts.ac.at)
- FHW-Fachhochschul-Studiengänge Betriebs- und Forschungseinrichtungen der Wiener Wirtschaft Ges.m.b.H, Wien (http://www.fh-modul.at)

Anhang 2: Standard international Classification of Tourism Activities (SICTA)

1. Accommodation and Services

1.1. Hotels and other lodging services
- Hotel and motel services
- Holiday centre and holiday home services
- Camping and caravanning site services

1.2. Second homes services on own account or for free
- Support services to timeshare activities

2. Food and beverage-serving services
- Meal-serving services with full restaurant services
- Meal-serving services in self-service facilities
- Beverage-serving services for consumption on the premises

3. Passenger transport services

3.1. Interurban railway transport services
- Scheduled rail services of passengers
- Non-scheduled rail services of passengers

3.2. Road transport services
- Interurban scheduled road transport services of passengers
- Taxi services
- Rental services of passenger cars, buses and coaches with operator

3.3. Water transport services
- Coastal and transoceanic water transport services of passengers by ferry
- Cruise ship services
- Rental services of inland water vessels with operator

3.4. Air transport services
- Scheduled/non-schedueld air transport services of passengers
- Sightseeing services, aircraft or helicopter
- Rental services of aircraft with operator

3.5. Supporting passenger transport services
- Navigational aid services
- Supporting services for railway transport
- Bus station services
- Port and waterway services (exluding cargo handling)
- Airport operation services (exluding cargo handling)

3.6. Passenger transport equipment rental
- Leasing or rental services concerning cars, light vans and campers/motors without operator
- Leasing or rental services concerning passenger vessels without operator
- Leasing or rental services concerning passenger aircraft without operator

3.7. Maintanance and repair services of passenger transport equipment
- Maintanance and repair services of trailers, semi-trailers and other motor vehicles not elsewhere classified
- Maintanance and repair services of leisure vessel of own use
- Maintanance and repair services of aircraft of own use

4. Travel agency, tour operator and tourist guide services

4.1. Travel agency services
- Travel agency services

4.2. Tour operator services
- Tour operator services

4.3. Tourist information and tourist guide services
- Tourist information services
- Tourist guide services

5. Cultural services

5.1. Performing arts
- Performing arts facility operation services
- Service of performing artists

5.2. Museum and other cultural services
- Museum services except for historical sites and buildings
- Botanical and zoological garden services
- Nature reserve services including wildlife preservation services

6. Recreation and other entertainment services

6.1. Sports and recreational services
- Sports and recreational sports event promotion and organization services
- Golf course services
- Ski fields

6.2. Other amusement and recreation services
- Theme park and amusement park services
- Fair and carneval services
- Casino services

7. Miscellaneous tourism services

7.1. Financial and insurance services
- Travel card services
- Travel accident insurance services
- Foreign exchange services

7.2. Other good rental services
- Winter sports equipment leasing or rental services
- Water sports and beache equipment leasing or rental services
- Camping equipment leasing or rental services

7.3. Other tourism services
- Trade fair and exhibition orgainzation services
- Spa services
- Fishing and hunting licence services
- Guide services

Quelle: WTO,
www.world-tourism.org/statistics/tsa_project/basic_references/index-
en.htm

Literaturverzeichnis

ADAC (2002): Reisemonitor 2003: Trendforschung im Tourismus-Markt. Eine ADAC Verlag-Studie. München: ADAC.

ADAC (2004): Reisemonitor 2004: Eine ADAC Verlag-Studie. München: ADAC.

ADAC (2005): Reisemonitor 2005: Eine ADAC Verlag-Studie. München: ADAC.

ADAC (2009): Reisemonitor 2009: Eine ADAC Verlag-Studie. München: ADAC

Adams, C. (1993): Environmentally Sensitive Predictors of Boat Traffic Loading on Inland Waterways. In: Leisure Studies, 12 (1): 71–79.

AIEST (1995) (Ed.): Real estate business and tourism development. 45th AIEST-Congress in Gran Canaria (Spain). St. Gallen: AIEST.

Alexander, N.C./Lauderdale, P. (1977): Situated identities and social influence. In: Sociometry, 40: 225–233.

Ashby, W.R. (1964): An introduction to Cybernetics. London.

Assael, H.I. (1984): Consumer Behavior und Marketing Action. Boston.

Backhaus, K. (2000): Multivariate Analysemethoden: eine anwendungsorientierte Einführung. 9., überarb. und erw. Aufl. Berlin: Springer.

Badger, A. (1992): Tourism Concern. In: World Leisure & Recreation (Editor: Caballero, C.), 34 (2): 42–44.

Bandi, N.C. (2001). In: Travel Inside, Sonderheft Kreuzfahrten, 6.

Beer, St. (1979): The heart of enterprise. 2. Aufl. Chichester: John Wiley & Sons.

Beer, St. (1981): Brain of the firm. 2. Aufl. Chichester: John Wiley & Sons.

Beer, St. (1985): Diagnosing the System for Organizations. Chichester: John Wiley & Sons.

Belisle, F./ Hoy, D. (1980): The Perceived Impact of Tourism by Residents. In: Annals of Tourism Research, 7 (1): 83–101.

Benatti, M. (1998): Erfolgsfaktoren für Attraktionspunkte im Markt Schweiz – Lehre aus Fallbeispielen. Diplomarbeit Universität St. Gallen.

Bener, P.Ch./Schmid, D. (1983): Die Erfindung des Paradieses. Glattbrugg: Beobachter AG.

Beratende Kommission für Fremdenverkehr des Bundesrates (1979): Das Schweizerische Tourismuskonzept – Grundlagen für die Tourismuspolitik. Bern.

Beritelli, P. (1997): Relevanz und Nutzen des Lebenszykluskonzeptes für touristische Destinationen. Bamberg: Difo Druck.

Beritelli, P./Bieger, Th./Laesser, Ch. (2007): Destination Governance: Using Corporate Governance Theories as a Foundation for Effective Destination Management. In: Journal of Travel Research, 46(1), pp: 96-107.

Beritelli, P./Schuppisser, M. (2006): Challenges in Mobile Business Solutions for Tourist Destinations - The Trial Case of St. Moritz. In: Journal of Quality Assurance in Hospitality & Tourism, Vol. 6, No. 3: 147 − 162.

Bernet, B./Bieger, Th. (1999): Finanzierung im Tourismus: Herausforderung und Lösungsansätze im Lichte der neuen Finanzbedingungen. Bern u.a.: Haupt.

Bernholz, P./Breyer, F. (1993/94): Grundlagen der Politischen Ökonomie. 3. Aufl. Tübingen: Mohr.

Bettman, J./Park C. (1980): Effects of Prior Knowledge and Experience and Phase of the Choice Process on Consumer Decision. A Protocol Analysis. In: Journal of Consumer Research, Vol. 7: 234-248.

Bieger Th./Scherer, R. (2003): Clustering und integratives Standortmanagement – von einem theoretischen Konzept zu konkreten Handlungsstrategien. In: Scherer, R./Bieger, Th. (Hrsg): Clustering – das Zauberwort der Wirtschaftsförderung. Bern: Haupt, S. 9–26.

Bieger, Th. (1988): Die wirtschaftlichen Effekte des Tourismus als Argumentationshilfe – Berechnungsmethoden und Resultate am Beispiel Luzern. In: Revue de Tourism, Nr. 2.

Bieger, Th. (1993): Tourismus – Wirtschaftsfaktor und Lebensbereich: In: Bildung und Wirtschaft, Februar 1993, Thalwil.

Bieger, Th. (1995): Zweitwohnungsbau und Wettbewerbsfähigkeit von Destinationen – Eine Entwicklung auf Messers Schneide mit problematischen Teufelskreisen. Das Fallbeispiel Oberengadin. In: AIEST (Hrsg.): Immobiliengeschäft und touristische Entwicklung, Editions AIEST, Vol. 37. St. Gallen, S. 286–318.

Bieger, Th. (1996): Destinationsstrategien – vom politischen Konsenspapier über die Geschäftsfeldstrategie zur Unternehmensstrategie mit Ausrichtung auf Kernkompetenzen. In: Jahrbuch der Schweizerischen Tourismuswirtschaft 1995/96: 1–16.

Bieger, Th. (1998): Tourismuserfolg auf Kosten der Umwelt? Vortrag vom 27. Mai 1998. Vom Wort zur Tat, St. Gallen.

Bieger, Th. (1999a): Finding Sustainability in Winter Sports: Large or Small? In: Mountains of the World – Tourism and Sustainable Mountain Development.Institute of Geografy, University of Bern (Hrsg.). Bern: Haupt.

Bieger, Th. (1999b): Bergbahnen und Skigebiete auf dem Weg vom individualisierten Kleingewerbe zu konsolidierten Großkonzernen. In: Bieger,

Th./Laesser, Ch. (Hrsg.): Jahrbuch der Schweizerischen Tourismuswirtschaft 1998/99: 155–169.

Bieger, Th. (1999c): Destinationsmanagement dank Finanzierung – Finanzierung dank Destinationsmanagement. In: Pechlaner, H./Weiermair, K. (Hrsg.): Destinations-Management: Führung und Vermarktung von touristischen Zielgebieten. Wien: Linde, S. 91–117.

Bieger, Th. (1999d): Integrierte Standortstrategien Konzept – Erfolgsfaktoren – Management of Change. In: Bieger, Th./Laesser, Ch. (Hrsg.): Jahrbuch der Schweizerischen Tourismuswirtschaft 1998/99: 1–20.

Bieger, Th. (1999e): Unterrichtsskript zur Tourismuspolitik. Sommersemester 1999. Universität St. Gallen (IDT-HSG).

Bieger, Th. (2000a): Dienstleistungs-Management – Einführung in Strategie und Prozesse bei persönlichen Dienstleistungen. 2., überarbeitete und ergänzte Auflage. Bern u.a.: Haupt.

Bieger, Th. (2000b): Nichts ist praktischer als eine gute Theorie. In: Gastro Journal, Nr. 47: 3.

Bieger, Th. (2001): Kompetenzorientierte kommunale Standortstrategien. In: Lengwiler, Ch./Käppeli, S. (Hrsg.): Gemeindemanagement in Theorie und Praxis. Luzerner Beiträge zur Betriebs- und Regionalökonomie, Band 8. Chur/Zürich: Rüegger, S. 445–466.

Bieger, Th. (2002): Management von Destinationen. 5., neu bearbeitete und ergänzte Auflage. München/Wien: Oldenbourg.

Bieger, Th. et al. (2004): Struktur der Geschäftsprozesse. In: Dubs, R./Euler, D./Rüegg-Stürm, J. (Hrsg.): Einführung in die Managementlehre. Bern: Haupt.

Bieger, Th./Boksberger, P./Laesser, Ch. (2005): Fluctuation and retention factors of tourism professionals. In: Tourism 53 (2005), No. 1: 3-15.

Bieger, Th./Caspar P. (1999): Engagement der öffentlichen Hand bei touristischen Infrastrukturen. Gutachten IDT-HSG, St. Gallen.

Bieger, Th./Döring, Th./Laesser, Ch. (2002): Transformation of business models in the airline industry – Impact on tourism. In: AIEST (Hrsg.): Air Transport and Tourism, Editions AIEST, Vol. 44. St. Gallen, S. 49–83.

Bieger, Th./Frey, M. (1999): Räumliches Entwicklungskonzept Brand – Bewertung der Ausbauvarianten aus Sicht der Nachhaltigkeit. Arbeitspapier IDT-HSG.

Bieger, Th./Jäggi, F. (2000): Hubs – ein Tor zur Welt für Fluggesellschaften. In: Neue Zürcher Zeitung, Nr. 264.

Bieger, Th./Jäggi, F. (2001): „Hubbing" oder nicht „Hubbing" – Überlegungen zur wirtschaftlichen Nachhaltigkeit eines Konzeptes im internationalen Flugverkehr. In: Jahrbuch Verkehr 2000/01, IDT-HSG, St. Gallen, S. 15–23.

Bieger, Th./Laesser, Ch. (1998): Reisemarkt Schweiz. Universität St. Gallen, St. Gallen: IDT.

Bieger, Th./Laesser, Ch. (2000): Das Informationsverhalten der Schweizer Reisenden: Ergebnisse einer Clusteranalyse. In: Bieger, Th./Laesser, Ch. (Hrsg.): Jahrbuch der Schweizerischen Tourismuswirtschaft 1999/2000. St. Gallen: IDT-HSG.

Bieger, Th./Laesser, Ch. (2001a): Travel Market Switzerland 2001: Basic Report and Variables Overview. Universität St. Gallen. St. Gallen: IDT.

Bieger, Th./Laesser, Ch. (2001b): Reisemarkt Schweiz. Universität St. Gallen, internes Papier.

Bieger, Th./Laesser, Ch. (2002): Future Living Conditions and Mobility: Travel Behavior of Alpine Tourists. Beitrag zur Leisure Future in Innsbruck.

Bieger, Th./Laesser, Ch. (2002a): Market Segmentation by Motivation: The Case of Switzerland. In: Journal of Travel Research, Vol. 41, No. 1: 68-76.

Bieger, Th./Laesser, Ch. (2003): Attraktionspunkte: Multioptionale Erlebniswelten für wettbewerbsfähige Standorte. Bern: Haupt.

Bieger, Th./Laesser, Ch. (2005): Travel Market Switzerland 2004: Basic Report and Database Specification, St. Gallen, May 2005.

Bieger, Th./Laesser, Ch. (2007): Travel Market Switzerland 2006: Basic Report and Database Specification, St. Gallen, May 2007.

Bieger, Th./Laesser, Ch. (2008): Was ist ein Hotel? Beitrag zu einer adaptierten Nominaldefinition von 'Hotel'. Internes Papier am Institut für öffentliche Dienstleistungen und Tourismus der Universität St. Gallen.

Bieger, Th./Laesser, Ch. (2009): Tourismustrends – zwischen Nachfragesog und Angebotsdruck. In: Bieger, Th./Laesser, Ch./Beritelli, P. (Hrsg.): Jahrbuch der Schweizerischen Tourismuswirtschaft 2009/2010, in Druck.

Bieger, Th./Laesser, Ch. (Hrsg.) (1998): Neue Strukturen im Tourismus – Der Weg der Schweiz. Bern/Stuttgart/Wien: Haupt.

Bieger, Th./Laesser, Ch./Weibel, C. (1999): Wettbewerbsorientierte Tourismuspolitik im Kanton Bern. In: Handels- und Industrieverein des Kantons Bern und IDT-HSG (Hrsg.): Konzept für eine wettbewerbsfähige Tourismuspolitik im Kanton Bern. Bern/St. Gallen: HIV Bern/IDT-HSG.

Bieger, Th./Liebrich, A. (2002): Transformation von Geschäftsmodellen in Freizeit und Tourismus: Beispiel einer Bergbahn. In: Bieger, Th. et al. (Hrsg.): Zukünftige Geschäftsmodelle, Konzept und Anwendung in der Netzökonomie. Berlin/Heidelberg: Springer, S. 167–191.

Bieger, Th./Lottenbach, D.C. (2001): Airline-Geschäftsmodelle: Wann schaffen sie Wert? In: Bieger, Th. et al. (Hrsg.): Erfolgskonzepte im Tourismus. Wien: Linde, S. 193–199.

Bieger, Th./Müller, H.R./Elsasser, H. (2000): Nachhaltigkeit der FIS alpine Ski-WM 2003 – Eine Sport-Großveranstaltung im Spannungsfeld zwischen wirtschaftlichen, ökologischen und gesellschaftlichen Ansprüchen, St. Gallen/Bern/Zürich/St. Moritz.

Bieger, Th./Müller, H.R./Elsasser, H. (2001): Nachhaltigkeitsbegleitung bei der Alpinen Ski-WM 2003: Fallstudie für ein inhaltliches und prozessuales Konzept. In: Tourismus Journal, Bd. 5, Heft 1: 61–75.

Bieger, Th./Rüegg-Stürm, J. (2002): Net Economy – die Bedeutung der Gestaltung von Beziehungskonfigurationen. In: Bieger, Th. et al. (Hrsg.): Zukünftige Geschäftsmodelle, Konzept und Anwendung in der Netzökonomie. Berlin/Heidelberg: Springer, S. 15–33.

Bieger, Th./Rüegg-Stürm, J./von Rohr, Th. (2002): Strukturen und Ansätze einer Gestaltung von Beziehungskonfigurationen – Das Konzept Geschäftsmodell. In: Bieger, Th. et al. (Hrsg.): Zukünftige Geschäftsmodelle. Konzept und Anwendung in der Netzökonomie. Berlin/Heidelberg: Springer, S. 35–61.

Bieger, Th./Schallhart, M. (1997): Dienstleistungsqualität: Konzept, Messung, Maßnahmen am Beispiel der Oberengadiner Bergbahnen. In: Kaspar, C. (Hrsg.): Jahrbuch der Schweizerischen Tourismuswirtschaft 1996/97. St. Gallen: Institut für Tourismus und Verkehrswirtschaft.

Bieger, Th./Scherer, R./Bischof, L./Laesser, Ch. (2003): Die wirtschaftliche Bedeutung des Annual Meeting des World Economic Forum. In: Bieger, Th./Laesser, Ch. (Hrsg.): Jahrbuch Schweizerische Tourismuswirtschaft 2002/2003: 161–185.

Bieger, Th./Tomczak T./Reinecke S. (2004): Marktorientierte Gestaltung und Führung der Geschäftsprozesse – Marketingkonzept. In: Dubs R./Euler D./Rüegg-Stürm J.: Einführung in die Managementlehre, Bern: Haupt.

Bieger, Th./von Rohr, Th. (2000): Tourismus – Wirschaftsfaktor und Lebensbereich. In: Jugend und Wirtschaft, Lehrerinformation 2000/3.

Bieger, Th./Weibel C. (1998): Möglichkeiten und Grenzen des kooperativen Tourismusmarketing – Schaffung von Tourismussystemen als Strategien gegen destinationsähnliche Konkurrenzprodukte. In: AIEST (Hrsg.): Destination Marketing, Editions AIEST, Vol. 40, St. Gallen.

Black, W. (1992): International Hotel and Resort Design, Vol 2, PBC International.

Boo, E. (1990). Ecotourism: The Potential and Pitfalls. Washington, DC: World Wildlife Fund.

Booth, W.C./Colomb, G.G./Williams, J.M. (1995): The craft of research. Chicago: University of Chicago Press.

Brandner, B. et al. (1995): Skitourismus: Von der Vergangenheit zum Potenzial der Zukunft, Chur/Zürich: Rüegger.

Brougham, J./Butler, R. (1981): A Segmentation Analysis of Resident Attitudes to Social Impacts of Tourism. In: Annals of Tourism Research, 7 (4): 569–90.

Bruhn, M. (2008): Qualitätsmanagement für Dienstleistungen: Grundlagen, Konzepte, Methoden. 7. Aufl., Berlin: Springer.

Buhalis, D. (2002): eTourism: Information Technology in Tourism: Information Technology for Strategic Tourism Management. Financial Times Prent. Int.

Buhalis, D./Law, R. (2008): Progress in information technology and tourism management: 20 years on and 10 years after the Internet—The state of eTourism research. In: Tourism Management, Vol. 29: 609-623.

Bundesamt für Statistik (1998): Resultate der Studie „Revenus et consommation des ménages 1998". Bern.

Bundesamt für Statistik (BfS) et al. (2001) (Hrsg.): Schweizer Tourismus in Zahlen 2001. Bern.

Bundesamt für Statistik (BfS) et al. (2005): Schweizer Tourismus in Zahlen 2005. Bern.

Bundesamt für Statistik (BfS)/Staatssekretariat für Wirtschaft (seco) (2003): Satellitenkonto für den Schweizer Tourismus, EDMZ.

Buschor, F. (1996): Baustellen einer Unternehmung: Das Problem unternehmerischen Wandels jenseits von Restrukturierungen – Resultate einer empirischen Untersuchung. Bern.

Butler, R./Hinch, T. (2007): Tourism and Indigenous People: Issues and Implications, Butterworth Heinemann.

Butler, R.W. (2006): The Tourism Area Life Cycle: Applications and Modifications. Channel View Publications.

Bystrzanowski, J. (1989): Tourism a Factor of Change: A Socio-Cultural Study. Vienna: European Coordination centre for Research and Documentation in Social Sciences.

Caneday, L./Zeiger, J. (1991): The Social, Economic and Environmental Costs of Tourism to a Growing Community. In: Journal of Travel Research, 30 (fall): 45–48.

Castro, C.B./Armario, E.M./Ruiz, D.M. (2007): The influence of market heterogeneity on the relationship between a destination's image and tourists' future behavior. In: Tourism Management, Vol. 28: 175-187.

Correia, A. (2002): How do Tourists Choose: A Conceptual Framework. In: Preliminary Communication, Vol. 50, No. 1: 21–29.

Davenport J./Davenport, J.L. (2006): The impact of tourism and personal leisure transport on coastal environments: A review. In: Estuarine, Coastal and Shelf Science, Vol. 67: 280-292.

Denzin, N.K. (1978): The research act. New York: McGraw Hill.

Döring, Th. (1999): Airline-Netzwerkmanagement aus kybernetischer Perspektive: ein Gestaltungsmodell. Bern/Stuttgart/Wien: Haupt.

DRV (Association of German Travel Agents Tour Operators) (2002): Facts and Figures: The German Travel Market. Edition 2002, Berlin. <http://www.drv.de/download/FZE2002.pdf>.

EAV (1971): Der Tourismus in der Bundesverwaltung. Bern: EAV.

Economides, N. (1996): The Economics of Networks. In: International Journal of Industrial Organization.

Eidg. Verkehrs- und Energiewirtschaftsdepartement (EVED) (1979): Das Schweizerische Tourismuskonzept. Bern: EDMZ.

Enzensberger, H.M. (1964): Eine Theorie des Tourismus. In: Einzelheiten I – Bewusstseins-Industrie. Frankfurt a.M.: Suhrkamp.

Espejo, R. et al. (1996): Organizational transformation and learning: A cybernetic approach to management. Chichester: John Wiley & Sons.

Espejo, R./Watt, J. (1988): Information Management, Organization and Managerial Effectiveness. In: Journal of the Operational Research Society. Vol. 39, No. 1: 7–14.

Fachstelle öffentlicher Verkehr Graubünden (1996): Tourismus- und Freizeitverkehr Graubünden. Chur.

Fasciati, R./Bieger, Th. (2007): Wahrgenommene Preisfairness - Ansatzpunkte für eine segmentspezifische Marktbearbeitung. In: Thexis: Fachzeitschrift für Marketing Vol. 24, Nr. 4: 45-50.

Ferrante, L. (1994): Konflikt und Diskurs im Ferienort: Wirtschaftsethische Betrachtungen am Fallbeispiel Engelberg. Bern: FIF.

Fielding, N.C./Fielding, J.L. (1986): Linking data. Sage university paper series on qualitative research methods, Vol. 4. Beverly Hills: Sage.

Foerster, H. v. (1960): On self-organizing systems and their environment. In: Yovits, M.C./Cameron, S. (Hrsg.): Self-Organizing Systems. London, pp. 31–50.

Franz, A./Laimer, P. (1998): Tourism Economic Accounts and Real Net Output in Tourism. Methods and Results. In: Tourism Journal, Lucius & Lucius, Stuttgart, 3/1998. 313–334.

Frey, B.S. (1977): Moderne Politische Ökonomie – Die Beziehungen zwischen Wirtschaft und Politik. München/Zürich: Piper.

Frey, H.P./Haußer, K. (1987): Entwicklungslinien sozialwissenschaftlicher Identitätsforschung. In: Frey, H.P./Haußer, K. (Hrsg.): Identität: Entwicklung psychologischer und soziologischer Forschung. Stuttgart: Enke, S. 3–26.

Freyer, W. (1993): Tourismus-Einführung in die Fremdenverkehrsökonomie. München/Wien: Oldenbourg.

Fuchs/M./Weiermair, K. (2003): New Perspectives of Satisfaction Research in Tourism Destinations. In: Tourism Review, 58(3), pp. 6-14.

Füglistaller, U. (Hrsg., 2008): Dienstleistungskompetenz - Strategische Differenzierung durch konsequente Kundenorientierung. Zürich: Versus.

Gajraj, A. (1988): A Regional Approach to Environmentally Sound Tourism Development. In: Tourism Recreation Research, 13 (2): 5–9.

Gee, C.Y./Makens, J.C./Choy, D.J.L. (1997): The Travel Industry, Third Edition. USA: ITP.

Gesellschaft.

Giddens, A. (1992): Die Konstitution der Gesellschaft: Grundzüge einer Theorie der Strukturierung. Frankfurt/New York: Campus.

Goeldner, Ch./Ritchie, J.R./McIntosh, R. (2000): Tourism – Principles, Practices, Philosophies. 8th ed. Chichester: Wiley.

Goeldner, Ch.R./Ritchie, J.R.B. (2008): Tourism: Principles, Practices, Philosophies. 11th ed., John Wiley & Sons.

Goffman, E. (1963): Stigma: notes on the management of spoiled identity. Englewoods Cliffs.

Gomez, P./Probst, G. (1997): Die Praxis des ganzheitlichen Problemlösens: vernetzt denken, unternehmerisch handeln, persönlich überzeugen. 2., überarb. Auflage. Bern/Stuttgart/Wien: Haupt.

Goncalves, C./Aguas, R. (1997): The Concept of Life Cycle: An Application to the Tourist Product. In: Journal of Travel Research, 36 (Fall): 12–22.

Gossling, S./Hall, M.D. (2005): Tourism and Global Environmental Change (Contemporary Geographies of Leisure, Tourism and Mobility), Taylor & Francis Ltd.

Greiner, A. (1990): Traveling with Mother (Nature). In: Technology Review, 93 (8): 19–20.

Greuter, F. (2000): Bausteine der schweizerischen Tourismuspolitik: Grundlagen, Beschreibungen und Empfehlungen für die Praxis. Bern/Stuttgart/Wien: Haupt.

Gross, P (2007): Die Multioptionsgesellschaft. In: A. Pongs (Hrsg.), In welcher Gesellschaft leben wir eigentlich? - Auf dem Weg zu einem neuen Gesellschaftsvertrag, 3. Aufl., München: Dilemma-Verlag, S. 153-185.

Gross, P. (1999): Ich-Jagd, 2. Aufl., Frankfurt a.M.: Suhrkamp.

Grüner, H./Pleitner, H.-J. (1991) (Hrsg.): Management in KMU – ein Leitfaden für Klein- und Mittelunternehmen. Zürich: Schweizerische Handelszeitung.

Hails, J. (1977): Applied Geomorphology. Amsterdam: Elsevier.

Hall, C.M. (1994): Tourism and politics – policy, power and place. Chichester: John Wiley & Sons.

Hall, C.M./Muller, D.K. (2004): Tourism, Mobility & Second Homes: Between Elite Landscape and Common Ground, Clevedon/Buffalo/Toronto: Channel View.

Hansmann, E./Kid, D./Gilbert, E. (1974): Man's Impact on a Newly Formed Reservoir. In: Hydrobiologia, 45: 185–97.

Hartmann, M./Bieger, Th. (1995): Blick in die Bündner Ferienwerkstatt, Chur: Rüegger.

Heath, E./Wall, G. (1992): Marketing Tourism Destinations. New York.

Heeley, J. (1980): The definition of tourism in Great Britain: Does terminology confusion have to rule? In: The Tourist Review, Vol. 35 (2): 11–14.

Heinen, E: (1978): Industriebetriebslehre: Entscheidungen im Industriebetrieb, sechste, verbesserte Auflage. Wiesbaden: Gabler.

Herzberg, F.M. (1972): Work and the nature of man. London: Transaction Books.

Higgins-Desbiolles, F. (2006): More than an „industry": The forgotten power of tourism as a social force. In: Tourism Management, Vol. 27, 1192-1208.

Hill, W./Rieser, I (1993): Marketing Management, 2. Aufl. Bern/Stuttgart/ Wien: Haupt.

Hiltunen, M.J. (2007): Environmental Impacts of Rural Second Home Tourism - Case Lake District in Finland. In: Scandinavian Journal of Hospitality and Tourism, Vol. 7, No. 3: 243-265.

Hinterhuber, H./Pechlaner, H./Matzler, K. (2001): Industrie Erlebnis Welten: Vom Standort zur Destination. Berlin: Erich Schmidt Verlag.

Hofstede, G. (1980): Culture's Consequences: International Differences in Work-Related Values. London: Sage.

Hopfenbeck, W./Zimmer, P. (1993): Umweltorientiertes Tourismusmanagement. Landsberg/Lech.

Horx, M. (1996): Megatrends für die späten neunziger Jahre. Düsseldorf: Econ.

Howard, J.A. (1977): Consumer Behaviour: Application of Theory. Mc Graw-Hill, New York.

Hunter, C./Shaw, J. (2007): The ecological footprint as a key indicator of sustainable tourism. In: Tourism Management, Vol. 28: 46-57.

Huntington, S.P. (1996): Kampf der Kulturen: die Neugestaltung der Weltpolitik im 21. Jahrhundert. München/Wien: Europaverlag.

Hunziker, W./Krapf, K. (1942): Grundriss der Allgemeinen Fremdenverkehrs-lehre. Zürich: Polygrafischer Verlag.

Husbands, W. (1989): Social Status and Perception of Tourism in Zambia. In: Annals of Tourism Research, 16 (2): 237–53.

Hyde, K./Laesser, Ch. (2009): A structural theory of the vacation. In: Tourism Management, Vol. 30: 240-248.

Inskeep, E. (1991): Tourism Planing – An integrated and sustainable development approach. New York.

Interdepartementaler Ausschuss Rio (1995): Elemente für ein Konzept der nachhaltigen Entwicklung. Bern.

Interdepartementaler Ausschuss Rio (1996): Nachhaltige Entwicklung in der Schweiz. Bern.

Jafari, J. (1977): Editor's page, In: Annals of Tourism Research, No. 11: 6.

Jafari, J. (1982): Understanding the Structure of Tourism – An Avant Propos to Studying its Costs and Benefits. In: AIEST (Hrsg.): Wechselwirkungen zwischen Nutzen und Kosten des touristischen Angebots, St. Gallen, Editions AIEST, Vol. 23, S. 51–72.

Jafari, J./Aaser, D. (1988): Tourism as the Subject of Doctoral Dissertations. In: Annals of Tourism Research, 15 (3): 407–429.

Jafari, J./Ritchie, B. (1981): Toward a framework for Tourism Education: Problems and Prospects. In: Annals of Tourism Research, 8 (1): 13–34.

Jäggi, F. (2000): Gestaltungsempfehlungen für Hub-and-Spoke-Netzwerke im europäischen Luftverkehr – Ein ressourcenbasierter Ansatz. Dissertation Universität St. Gallen. Bamberg: Difo-Druck.

Johnsen, J./Umbach-Daniel, A./Schnell, K.-D. (2003): Monitoring system for sustainable tourism in Swiss Alpine Regions. Tools for regions to act on their own initiative. Paper for the 43th Congress of the European Regional Science Association (ERSA) in Yväskylä, August 27th – 31st, 2002.

Kaplan, M. (1960): Leisure in America: A Social Inquiry. New York: John Wiley & Sons.

Kaspar, C. (1975): Die Fremdenverkehrslehre im Grundriss. St. Galler Beiträge zum Tourismus und zur Verkehrswirtschaft: Reihe Tourismus. Bd.1. Bern/Stuttgart/Wien: Haupt.

Kaspar, C. (1977): Verkehrswirtschaftslehre im Grundriss. St. Galler Beiträge zum Fremdenverkehr und zur Verkehrswirtschaft: Reihe Verkehrswirtschaft, Bd. 7. Bern/Stuttgart/Wien: Haupt.

Kaspar, C. (1996): Die Tourismuslehre im Grundriss, 5. überarbeitete und ergänzte Aufl., St. Galler Beiträge zum Tourismus und zur Verkehrswirtschaft: Reihe Tourismus, Bd.1. Bern/Stuttgart/Wien: Haupt.

Kaspar, C. (1998): Das System Tourismus im Überblick. In: Haedrich, G./Kaspar, C./Klemm, C./Kreilkamp, E. (Hrsg.): Tourismusmanagement. 3., völlig neu bearbeitete und wesentlich erweiterte Auflage. Berlin/New York: de Gruyter, S. 15–32.

Kaspar, C./Kunz, B. (1982): Unternehmensführung im Fremdenverkehr. Bern/Stuttgart/Wien: Haupt.

Keller, P. (1995): Touristische Wettbewerbsfähigkeit – Was ist das?. In: Kaspar, C. (Hrsg.): Jahrbuch der Schweizerischen Tourismuswirtschaft 1994/95, St. Gallen: ITV-HSG, S. 65–74.

Keller, P. (1999): Zukunftsorientierte Tourismuspolitik: Strategische Fragestellungen. In: AIEST (Hrsg.): Zukunftsorientierte Tourismuspolitik – ein Beitrag zur strategischen Entwicklung von Standorten, Berichte zum 49. AIEST-Kongress, Vol. 41. St. Gallen: AIEST, S. 39–53.

Keller, P. (2000): Tourismus und Kultur: Management des Wandels. In: AIEST (Hrsg.): Tourismus und Kultur – Management des Wandels, Berichte zum 50. AIEST-Kongress, Vol. 42. St. Gallen: AIEST, S. 21–31.

Keller, P./Koch, K. (1995): Die Globalisierung des Tourismus. In: Die Volkswirtschaft, Nr. 5: 16–22.

Kindleberger, Ch. P. (1978): The Aging Economy. In: Weltwirtschaftliches Archiv, Band 114, Kiel.

Kotler, P/Haider, D.H./Rein, I (1993): Marekting places – attracting investment, industry, and tourism to cities, states and nations. New York: Free Press.

Kozak, M./Gnoth, J./Andreu, L.A. (eds., 2010): Advances in Tourism Destination Marketing: Managing Networks. New York: Routledge.

Krappmann, L. (1988): Soziologische Dimensionen der Identität: strukturelle Bedingungen für die Teilnahme an Interaktionsprozessen. 7. Aufl. Stuttgart: Klett-Cotta.

Kres, M. (1997): Grundlagen und Ausgestaltung einer touristischen Marke „Europa". Dissertation Universität St. Gallen. Bamberg: Difo-Druck.

Krippendorf, J. (1984): Die Ferienmenschen – Für ein neues Verständnis von Freizeit und Reisen. Zürich: Orell Füssli.

Krippendorf, J. (1986): Alpsegen – Alptraum: Für eine Tourismus-Entwicklung im Einklang mit Mensch und Natur. Bern: Kümmerly und Frey.

Kroeber-Riel, W./Weinberg, P. (1999): Konsumentenverhalten. 7., verbesserte und erganzte Aufl. München: Vahlen.

Kromrey, H. (1998): Empirische Sozialforschung: Modelle und Methoden der Datenerhebung und Datenauswertung. 8., durchgreifend überarb. u. erw. Aufl. Opladen: Leske + Budrich.

Kuhn, Th. S. (1977): Die Entstehung des Neuen. Studien zur Struktur der Wissenschaftsgeschichte. Frankfurt a. M.: Suhrkamp.

Laesser, Ch. (1996): Verkehrs- und Umweltproblematik in städtischen Gebieten: Anlayse, Lösungsmöglichkeiten, Auswirkungen – untersucht am Beispiel der Stadt und Verkehrsregion St. Gallen. Bern: Haupt.

Laesser, Ch. (2001): Verkehrsmittelwahl der Schweizer im Fernverkehr: Resultate einer Untersuchung auf Basis des Situationsansatzes. In: Kaspar C., Laesser, Ch./ Bieger, Th. (Eds.): Jahrbuch der Schweizerischen Verkehrswirtschaft 2000/2001: 103–124.

Laimer, P./Smeral, E. (2002): A Tourism Satellite Account for Austria, The Economics, Methodology and Results 1999–2003. Studie der Statistik Austria und des WIFO im Auftrag des Bundesministerims für Wirtschaft und Arbeit (BMWA). Wien.

Lamnek, S. (1995): Qualitative Sozialforschung: Band 1 Methodologie. 3., korrigierte Auflage. Weinheim: Beltz.

Lehmann, A. (1993): Dienstleistungsmanagement: Strategien und Ansatzpunkte zur Schaffung von Servicequalität. Stuttgart: Schäffer-Poeschel.

Leiper, N. (1979): The Framework of Tourism: Towards a Definition of Tourism, Tourist, and the Tourist Industry. In: Annals of Tourism Research, Vol. 16: 390–407.

Leiper, N. (1990): Tourist Attraction Systems. In: Annals of Tourism Research, 17 (3): 367–384.

Liu, J./Sheldon, P./Var, T. (1987): A Cross-National Approach to Determining Resident Perceptions of the Impact of Tourrism on the Environment. In: Annals of Tourism Research, 14 (1): 17–37.

Liu, J./Var, T. (1986): Resident Attitudes toward Tourism impacts in Hawaii. In: Annals of Tourism research, 13 (2): ß193–214.

Losang, E. (1999): Nachhaltige Tourismusentwicklung – Quo vadis? In: Ch. Becker (Hrsg.): Forschungsergebnisse zur nachhaltigen Tourismusentwicklung, 52 (S. 7-25). Trier: Geographische

Ludwig, E. (2001): Management von Markensystemen am Beispiel von Tourismusunternehmen. Dissertation Universität St. Gallen. Bamberg: Difo-Druck.

Luhmann, N. (1984): Soziale Systeme: Grundriss einer allgemeinen Theorie. Frankfurt a. M.: Suhrkamp.

Luhmann, N. (1992): Operationale Geschlossenheit psychischer und sozialer Systeme. In: Fischer, H.R. et al. (Hrsg.): Das Ende der großen Entwürfc. Frankfurt a. M., S. 117–131.

MacCannell, D. (1976): The Tourist: A new Theory of the Leisure Class. New York.

Marantelli, A. (1991): Grundprobleme des schweizerischen Tourismusabgaberechts. Bern: Stämpfli.

Maslow, A.W. (1970): Motivation and personality. New York: Harper & Row.

Mason, P. (2008): Tourism Impacts, Planning and Management, 2nd ed., Butterworth Heinemann.

Mathieson, A./Wall, G. (1982): Tourism: Economic, Physical, and Social Impacts. London: Longman Group, 93–132.

Maturana, H.R. (1991): The origin of the theory of autopoietic systems. In: Fischer, H.R. et al. (Hrsg.): Das Ende der großen Entwürfe. Frankfurt a. M., S. 157–158.

Mayring, Ph. (2002): Einführung in die qualitative Sozialforschung: Eine Anleitung zu qualitativem Denken. 5., überarb. und neu ausgestattete Aufl. Weinheim: Beltz.

Mazanec J.A./ Crouch G.I./ Brent Ritchie J.R./ Woodside A.G. (2001): Consumer psychology of tourism, hospitality and leisure. Vol. 2. New York: CABI publishing.

McIntosh, R.W./Goeldner, Ch.R./Ritchie, B.J.R. (2000): Tourism, Principles, Practices, Philosophies. 8th ed. New York: Wiley.

Meis, S./Lapierre, J. (1994): Measuring Tourism's Economic Importance – A Canadian Case Study. In: Travel and Tourism Analyst, 2: 79–89.

Meis, S./Wilton, D. (1998): Assessing the Economic Outcomes of Branding Canada: Applications, Results and Implications of the Canadian Tourism Satellite Account. In: mimeo, June 1998.

Messerli, P. (1989): Mensch und Natur im alpinen Lebensraum – Risiken, Chancen, Perspektiven. Bern.

Middleton, V. T.C. (1989): Marketing Implications for Attractions. In: Tourism Management, London, 10 (3): 229–232.

Milgrom, P./Roberts, J. (1992): Economics, Organization and Management. Englewood Cliffs: Prentice Hall.

Mill, R.C./Morrison, A.M. (1985): The tourism system. Englewood Cliffs: Prentice-Hall.

Milman, A./Pizam, A. (1988): Social Impacts of Tourism on Central Florida. In: Annals of Tourism Research, 15 (2): 191–204.

Milman, A./Pizam, A. (1995): The Role of Awareness and Familiarity with a Destination: The Central Florida Case. In: Journal of Travel Research, 33 (Winter): 21–27.

Moisey, R.N./McCool, S.F. (2009): Tourism, Recreation and Sustainability: Linking Culture and the Environment, 2nd ed., Cab Intl.

MONET: Bundesamt für Statisktik/Bundesamt für Umwelt, Wald und Landschaft/Bundesamt für Raumentwicklung (2001): Projekt MONET, Monitoring der nachhaltigen Entwicklung – Struktur des Indikatorensystems und Auswahl der Indikatoren. Arbeitspapier, Neuenburg.

Montana P./Charnov B. (1993): Management. New York.

Müller, H.R. (1986): Tourismus in Berggemeinden: Nutzen und Schaden. Schlussberichte Nr. 19 zum schweiz. MAB-Programm, Bern.

Müller, H.R. (1994): Tourismus- und Umweltwissenschaften: Neue Forschungsparadigmen. In: Publication AIEST Nr. 36, St. Gallen, S. 165–186.

Müller, H.R. (1995): Grundlagen für den Tourismusbericht an die eidgenössischen Räte. Bern.

Müller, H.R. (1997): Freizeit und Tourismus – Eine Einführung in Theorie und Politik. Berner Studien zu Freizeit und Tourismus, Heft 28, Bern: fif.

Müller, H.R. (1999): Verkehrsmaßnahmen in Ferienorten: Wege zur Umsetzung. Bern: fif.

Müller, H.R. (2002): Freizeit und Tourismus – Eine Einführung in Theorie und Politik. Berner Studien zu Freizeit und Tourismus, Heft 41., Bern: fif.

Müller, H.R. (2007): Tourismus und Ökologie: Wechselwirkungen und Handlungsfelder. 3. völlig überarb. A., München: Oldenbourg.

Müller, H.R./Ferrante, C./Saxenhofer, P. (1990): Ferienwohnungsmarkt bis ins Jahr 2002 am Mittelmeer und in den Alpen. Zürich: Stäubli.

Müller, H.R./Flügel, M. (1999): Tourismus und Ökologie – Wechselwirkungen und Handlungsfelder, Berner Studien zu Freizeit und Tourismus, Heft 37.Bern: fif.

Müller, H.R./Stettler, J. (1993): Marketing Arbeit der Verkehrsvereine, Bern.

Mundt, J.W. (2000): Reiseveranstaltung: Lehr- und Handbuch. 5., völlig neu bearb. und erweitete Aufl. München: Oldenbourg.

Nalebuff, B./Brandenburger, A. (1996): Coopetition – kooperativ konkurrieren: Mit der Spieltheorie zum Unternehmenserfolg. Frankfurt a. M.: Campus.

o.V. (2003): Definition Einliegerwohnung, <http://www.rechtsschutzversicherung.ws/lexikon/einliegerwohnung.php>.

o.V. (2005): Neue Cruiseliner: Auslieferung bestellter Einheiten durch die Werften. In: Travel Inside, Beilage zur Nr. 5/4, Kreuzfahrten, Februar 2005.

OECD (1991): Manual on Tourism Economic Accounts. Tourism Committee, DAFFE/TOU (91)1. Paris.

OECD (1996): Tourism Statistics, Design and Application for Policy, Paris.

OECD (2000): Measuring the Role of Tourism in OECD Economies: The Manual on Tourism Satellite Accounts and Employment. Paris.

Oh, C.-O. (2005): The contribution of tourism development to economic growth in the Korean economy. In: Tourism Management, Vol. 26: 39-44.

Olson, M. (1965): The Logic of Collective Action. Cambridge MA.

Oppermann, M. (1998): Destination Threshold Potential and the law of Repeat Visitation. In: Journal of Travel Research, 37 (2): 131–137.

Parker, S. (1976): The Sociology of Leisure.London: Allen & Unwin.

Perdue, R./Long, P./Allen, L. (1990): Resident Support for Tourism Development. In: Annals of Tourism Research, 17 (4): 586–99.

Pickering, C.M./Hill, W. (2007): Impacts of recreation and tourism on plant biodiversity and vegetation in protected areas in Australia. In: Journal of Environmental Management, Vol. 85, No. 4: 791-800.

Pieper, J. (1965): Leisure: The Basis of Culture. London: Fontana.

Pizam, A. (1978): Tourism Impacts: The social Costs to the Destination Community as Perceived by Its Residents. In: Journal of Travel Research, 16 (Spring): 8–12.

Pizam, A./ Mansfeld, Y. (1999): Consumer Behavior in Travel and Tourism. New York: The Haworth Press.

Pleitner, H.J. (1991): Es muss nicht immer ein Großbetrieb sein: Charakteristika und Spezifika kleinerer und mittlerer Unternehmen. In: Management im KMU, Zürich.

Pompl, W. (2000): Das Produkt Pauschalreise – Konzept und Elemente. In: Mundt, J.W. (Hrsg.): Reiseveranstaltung: Lehr- und Handbuch.5., völlig neu bearbeitete und erweiterte Auflage. München/Wien: Oldenbourg, S. 73-113.

Popper, K.R. (1972): Die Logik der Sozialwissenschaften. In: Adorno, T.W. et al. (Hrsg.): Der Positivismusstreit in der deutschen Soziologie.Neuwied: Luchterhand.

Popper, K.R. (1994): Logik der Forschung. 10., verb. u. verm. Aufl. Tübingen: Mohr.

Porter, M. (1990): The Competitive Advantage of Nations. New York: Simon & Schuster.

Porter, M. (1996): Wettbewerbsvorteile (Competitive Advantage): Spitzenleistungen erreichen und behaupten. 4. Auflage. Frankfurt a.M./New York: Campus.

Powell, W. (1990): Neither Market nor Hierarchy: Network Forms of Organisation. In: Cunnings, L.L./Staw, B.M. (Hrsg.): Research in Organisational Behaviour, Vol. 12: 295-336.

Roch, P. (1993): Le développement durable en montagne. Sonderdruck „Montagna". Bern.

Rodríguez, J.R.O./Pary-López, E./Yanes-Estévez, V. (2008): The sustainability of island destinations: Tourism area life cycle and teleological perspectives. The case of Tenerife. In: Tourism Management, Vol. 29: 53-65.

Roehl, W./Fesenmaier, D.R. (1992): Risk perceptions and pleasure travel: an explanatory analysis. In: Journal of Travel Research, 30 (4): 17–26.

Romeiß-Stracke, F. (1995): Service-Qualität im Tourismus: Grundsätze und Gebrauchsanweisungen für die touristische Praxis. München: ADAC.

Romeiß-Stracke, F. (1998): Tourismus – gegen den Strich gebürstet. Essays. München/Wien: Profil.

Ross, G. F. (1992): Resident Perceptions of the Impact of Tourism on an Australian City. In: Journal of Travel Research, 30 (Winter): 13–17.

Roth, P. (2000): Das Marketing der Reiseveranstalter. In: Mundt, J.W. (Hrsg.): Reiseveranstaltung: Lehr- und Handbuch. 5., völlig neu bearbeitete und erweiterte Auflage.München/Wien: Oldenbourg, S. 395–449.

Rothman, R. (1978): Residents and Transients: Community Reaction to Seasonal Visitors. In: Journal of Travel Research, 16 (Winter): 8–13.

Rudolph, Th. (2000): Erfolgreiche Geschäftsmodelle im europäischen Handel: Ausmaß, Formen und Konsequenzen der Internationalisierung für das Handelsmanagement. St. Gallen: Thexis.

Rüegg-Stürm, J. (1998): Neuere Systemtheorie und unternehmerischer Wandel. Skizze einer systemisch-konstruktivistischen Theorie of the Firm. In: Die Unternehmung, 52, 1: 3–17.

Rüegg-Stürm, J. (2000): Was ist eine Unternehmung? – Ein Unternehmensmodell zur Einführung in die Grundkategorie einer modernen Managementlehre. Diskussionsbeiträge des IfB-HSG, Nr. 36. St. Gallen.

Rütter, H. et al. (1996): Wertschöpfer Tourismus: Ein Leitfaden zur Berechnung der touristischen Gesamtnachfrage, Wertschöpfung und Beschäftigung in 13 pragmatischen Schritten. Forschungsinstitut für Freizeit und Tourismus, Universität Bern. Zürich: Crivelli.

Rütter, H. et al. (2002): Volkswirtschaftliche Bedeutung von Sportgroßanlässen in der Schweiz. Schlussbericht. Luzern.

Rütter, H./Umbach-Daniel, A./Rütter-Fischbacher, U. (2004): Nachhaltige Tourismusentwicklung im Alpenraum: Monitoring und Management. Bericht II Monitoringsystem. Ein Bericht im Rahmen des Projekts: NFP48 Landschaften und Lebensräume der Alpen Nachhaltige Tourismusentwicklung im Alpenraum: Monitoring und Management; Projektleitung: H. Rütter, Th. Bieger.

Rütter-Fischbacher, H. (1991): Wertschöpfung des Tourismus in der Schweiz. Forschungsprojekt im Auftrag des Dienstes für Tourismus des BIGA, Bundesamt für Industrie, Gewerbe und Arbeit, Bern.

Schein, E.H. (1985): Organizational Culture and Leadership. London: Jossey-Bass Publishers.

Scherer, R./Strauf, S./Bieger, Th. (2002): Die wirtschaftlichen Effekte des Kultur- und Kongresszentrums Luzern (KKL). St. Gallen: IDT-HSG.

Scherer, R./Walser, M. (2002) TENVORS – Conceptional framework for monitoring sustainable regional development. Projektpapier, St. Gallen: IDT-HSG.

Schertler, W. (1994) (Hrsg.): Tourismus als Informationsgeschäft: strategische Bedeutung neuer Informations- und Kommunikationstechnologien im Tourismus. Wien: Ueberreuter.

Schmid, B. (2000): Was ist neu an der digitalen Ökonomie? In: Belz, Ch./ Bieger, Th.: Dienstleistungskompetenz und innovative Geschäftsmodelle. St. Gallen: Thexis.

Schneider, S.C./Barsoux, J.-L. (1997): Managing across cultures. Hemel Hempstead: Prentice Hall.

Schnell, K.-D./ Berwert, A./ Scherer, R./ Bieger, Th./ Rütter, H. (2002): Managing and monitoring sustainable regional development in alpine regions. Paper presented at the 42th congress of the European Regional Science Association (ERSA), Dortmund, August 27th – 31st.

Schober, R. (1995): Kreative Wege zum besseren Angebot. München: ADAC.

Schräder, A. (2000): Netzeffekte in Transport und Tourismus. Bern: Haupt.

Schroll-Machl, S. (1995): Identität der Reisenden und Bereisten, Referat Schloss Goldrain 1995.

Schuh, G./Millarg, K./Göransson, A. (1998): Virtuelle Fabrik. Neue Marktchancen durch dynamische Netzwerke. München/Wien: Hanser.

Schulmeister, St. (1974): Die Stellung des Reiseverkehrs in der Gesamtwirtschaft: Konzept zu seiner statistischen Erfassung im System der volkswirtschaftlichen Gesamtrechnung. WIFO, Wien.

Schulmeister, St. (1981): Reiseverkehr und Wirtschaftsstruktur. Studie des WIFO im Auftrag der Wirtschaftskammer Österreich. Wien.

Schulze, G. (2005): Die Erlebnisgesellschaft: Kultursoziologie der Gegenwart. Frankfurt, New York: Campus.

Schwaninger, M. (1994): Managementsysteme. Frankfurt a. M.: Campus.

Schwaninger, M. (1998): Systemtheorie – Eine Einführung für Führungskräfte, Wirtschafts und Sozialwissenschaftler. 2. Auflage. In: Diskussionsbeiträge des Instituts für Betriebswirtschaft an der Hochschule St. Gallen, Nr. 19, St. Gallen.

Schwaninger, M. (1999): Intelligente Organisationen: Strukturen für organisationale Intelligenz und Kreativität. In: Papmehl, A./Siewers, R. (Hrsg.): Wissen im Wandel: die lernende Organisation im 21. Jahrhundert. Wien: Ueberreuter.

Schweizer Hotelier-Verein (SHV) (2000): Schweizer Hotelführer 2000. Bern.

Schweizer Tourismus-Verband et al. (Hrsg.) (2003): Schweizer Tourismus in Zahlen 2003. Bern.

Schweizerischer Bundesrat (1979): Schweizerisches Tourismuskonzept. Bern: EDMZ.

Schweizerischer Bundesrat (1994): Botschaft über die Schweizerische Verkehrszentrale vom 13. Juni 1994. Bern: EDMZ.

Schweizerischer Bundesrat (1996a): Bericht über die Tourismuspolitik des Bundes vom 29. Mai 1996. Bern: EDMZ.

Schweizerischer Bundesrat (1996b): Botschaft über den Sondersatz der Mehrwertsteuer für Beherbergungsbetriebe vom 6. Oktober 1996. Bern: EDMZ.

Schweizerischer Bundesrat (1996c): Botschaft für die Förderung von Innovation und Zusammenarbeit im Tourismus vom 9. Dezember 1996, Bern: EDMZ

Schweizerischer Bundesrat (1997): Botschaft über die Förderung von Innovation und Zusammenarbeit im Tourismus vom 10. Oktober 1997. Bern: EDMZ.

Schweizerischer Bundesrat (2002): Botschaft über die Verbesserung von Struktur und Qualität des Angebotes des Schweizer Tourismus vom 20. September 2002. Bern: EDMZ.

Schweizerischer Reisebüro-Verband (SRV) (2001): Erklärung von Kreta. <http://www.srv.ch/database/new/EvK-voll_d.pdf>.

Scott, N./Baggio, R./Cooper, C. (2008): Network Analysis - From Theory to Practice, Clevedon/Buffalo/Toronto: Channel View.

Serpen, E./O'Toole, K. (2002): Flag bearers. In: Airline Business, October: 75–78.

Sessa, A. (1985): System Science for tourism development. Rome: Editrice Agnesotti.

Sethna, R.J./Richmond, B.O. (1978): U.S. Virgin Islanders' Perceptions of Tourism. In: Journal of Travel Research, 17 (Summer): 30–31.

Shapiro, C./Varian, H.R. (1999): Information Rules: A Strategic Guide to the Network Economy. Boston: Harvard Business School Press.

Sheldon, P./Var, T. (1984): Resident Attitudes to Tourism in North Wales. In: Tourism Management, 5 (1): 40–48.

Signorini, A./Pechlaner, H./Rienzner, H. (2002): The impact of a low fare carrier on a regional airport and the consequences for tourism – The case of Pisa. In: AIEST (Hrsg.): Air Transport and Tourism, Editions AIEST, Vol. 44, St. Gallen, pp. 185–226.

Smeral, E. (1990): Die Freizeitmilliarden. Wien: WIFO.

Smeral, E. (1990): Tourismus 2000. Wien.

Smeral, E. (1994): Tourismus 2005: Entwicklungsaspekte und Szenarien für die Tourismus- und Freizeitwirtschaft. Wien: Ueberreuter.

Smeral, E. (2003): Die Zukunft des internationalen Tourismus: Entwicklungsperspektiven für das 21. Jahrhundert, Wien: Lindeverlag.

Smeral, E. et al. (2002): Ein Tourismus-Satellitenkonto für Österreich. In: WIFO-Monatsberichte, 2002, 75(1): 29–37.

Smeral, E., (1995): The Economic Impact of Tourism in Austria. In: The Tourist Review, 3: 18–22.

Smith, G. (1990): A New Species of Tourists. In: Americas, 42 (6): 16–20.

Smith, S.L.J. (1988): Defining Tourism – A Supply-Side View, Annals of Tourism Research, Vol. 15: 179–190.

Smith, S.L.J. (1994): The Tourism Product. In: Annals of Tourism Research, No. 3.

Sönmez, S.F./Graefe, A.R. (1998): Determining Future Travel Behavior from Past Travel experience and Perceptions of Risk and Safety. In: Journal of Travel Research, 37 (2): 171–177.

Staffelbach, B. (1994): Management-Ethik: Ansätze und Konzepte aus betriebswirtschaftlicher Sicht. Bern: Haupt.

Statistics Canada (1994): The Tourism Satellite Account. In: National Income and Expenditure Accounts, Quarterly Estimates, Technical Series, Nr. 31, Ottawa.

Statistics New Zealand (1999): Tourism Satellite Account 1995. Wellington.

Statistics Norway (2000): Tourism Satellite Accounts 1988–1999, In: The Importance of Tourism for the Overall Norwegian Economy. Report 21/99, Oslo.

Statistik Austria (1995): Input-Output-Table 1995. Wien.

Statistik Austria (1996): Tourism Economic Accounts (TEA), GDP-Shares – Methods – Problems – Results Austria 1996. Bericht an die OECD, Wien.

Steinecke, A. (2000): Erlebnis- und Konsumwelten. München: Oldenbourg

Stettler, J. (1997): Sport und Verkehr. Sportmotiviertes Verkehrsverhalten der Schweizer Bevölkerung. Umweltbelastungen und Lösungsmöglichkeiten. Berner Studien zu Freizeit und Tourismus, Band 36. Bern: Gerber AG.

Stettler, J./Amstutz, M (2003): Freizeitverkehr wohin? <http://www.are.admin.ch/imperia/md/content/are/gesamtverkehr/ verkehrspolitik/freizeitverkehr/59.pdf.>

Stiglitz, J. E. (1988): Economics of the Public Sector. 2nd edition. New York: W. W. Norton & Company.

Stone, R. (1994): Linear Expenditure Systems and Demand Analysis: An Application to the Pattern of British Demand. In: The Economic Journal, 64: 511–527.

Suh, S.H. et al. (1997): The Impact of Consumer Involvement on the Consumers' Perception of Service Quality – Focusing on the Korean Hotel Industry. In: Journal of Travel and Tourism Marketing, 6 (2): 33–52.

Telfer, D.J./Wall, G. (1996): Linkages Between Tourism and Food Production. In: Annals of Tourism Research, 23 (3): 635–653.

Theisen, M.R. (1998): Wissenschaftliches Arbeiten: Technik – Methodik – Form. 9., aktual. und erg. Aufl. München: Vahlen.

Thiem, M. (1994): Tourismus und kulturelle Identität: die Bedeutung des Tourismus für die Kultur touristischer Ziel- und Quellgebiete. Bern: Forschungsinstitut für Freizeit und Tourismus der Universität.

Thierstein, A./Walser, M. (2000): Die nachhaltige Region: ein Handlungsmodell. Bern: Haupt.

Thierstein, S./Schedler, K./Bieger, Th. (Hrsg.) (2000): Die lernende Region: Regionale Entwicklung durch Bildung. Chur/Zürich: Rüegger.

Tomczak, T. (1992): Forschungsmethoden in der Marketingwissenschaft. In: Marketing – Zeitschrift für Forschung und Praxis, 2: 77–87.

Tomczak, T./Schögel, M./Birkhofer, B. (1999): „A Typology of Business Models in Electronic Commerce for Marketing Consumer Goods". COTIM-99 Proceedings, Electronic Commerce: Behaviors of Suppliers, Producers, Intermediaries & Consumers. Vol. 3. University of Rhode Island.

Tomczak, T./Schögel, M./Ludwig, E. (1998) (Hrsg.): Markenmanagement für Dienstleistungen. St. Gallen: Thexis.

Trommsdorff, V. (1998): Konsumentenverhalten. 3., überarb. u. erw. Aufl., Stuttgart: Kohlhammer.

Tschurtschenthaler, P. (1993): Methoden zur Berechnung der Wertschöpfung im Tourismus. In: Haedrich, H./Kaspar, C./Klemm, K./Kreilkamp, E. (Hrsg.): Tourismus-Management: Tourismus-Marketing und Fremdenverkehrsplanung. 2. Aufl. Berlin: Verlag de Gruyter, S. 213–241.

Tschurtschenthaler, P. (1999): Destination Management/Marketing als (vorläufiger) Endpunkt der Diskussion der vergangenen Jahre im alpinen Tourismus. In: Pechlaner, H./Weiermair, K. (Hrsg.): Destinations-Management: Führung und Vermarktung von touristischen Zielgebieten. Wien: Linde, S. 7–35.

Tyrell, T./Spaulding I. (1984): A Survey of Attitudes toward Tourism Growth in Rhode Island. In: Hospitality Education and Research Journal, 8 (2): 22–33.

Tyrrell, T.J./Johnston, R.J. (2006): The Economic Impacts of Tourism: A Special Issue. In: Journal of Travel Research, Vol. 45, No. 1: 3-7.

Ulrich, H. (1968): Die Unternehmung als produktives soziales System. Bern: Haupt.

Ulrich, H. (1984): Die Betriebswirtschaftslehre als anwendungsorientierte Sozialwissenschaft. In: Ulrich, H./Dyllick, T./Probst, G. (Hrsg.): Management. Bern: Haupt.

Ulrich, P. (1996): Brent Spar und der „moral point of view". Reinterpretation eines unternehmensethischen Realfalls (Replik). In: Die Unternehmung, Nr. 1: 27–46.

Umbach-Daniel, A./Rütter-Fischbacher, U/Schnell K.-D. (2004): Monitoring der Tourismusentwicklung im Alpenraum – Nachhaltigkeitscheck mittels Indikatorensystem. Jahrbuch für Tourismuswirtschaft, St. Gallen.

UN (United Nations) (1993): System of National Accounts 1993. New York.

UN (United Nations)/EUROSTAT/OECD/WTO (World Tourism Organization) (2001): Tourism Satellite Account: Recommended Methodological Framework. New York.

UN (United Nations)/WTO (1994): Recommendations on Tourism Statistics. Statistical Papers Series M, No. 83. New York.

UNESCO (1998): World Culture Report 1998. Culture, Creativity and Markets. Paris: UNESCO.

Urtasun, A./Gutiérrez, I. (2006): Tourism agglormeration and its impact on social welfare: An empirical approach to the Spanish case. In: Tourism Management, Vol. 27: 901-912.

Var, T./Kendall, K./Tarakcioglu, E. (1985): Resident Attitudes towards tourists in a Turkish Resort Town. In: Annals of Tourism Research, 12 (4): 652–58.

Vester, F. (1986): Unsere Welt – ein vernetztes System. München: Deutscher Taschenbuchverlag.

Vogt, C.A./Fesenmaier, D.R. (1998): Expanding the functional information search model. In: Annals of Tourism Research, 25 (3): 551–578.

Wall, G./Mathieson, A. (2005): Tourism: Change, Impacts and Opportunities, Prentice Hall.

Walle, A.H. (1997): Persuing Risk or Insight. In: Annals of Tourism Research, 2.

Warner, E. (1991): Ecotourism: New Hope for Rainforests? In: American Forests, 97 (3–4): 37–44.

Watzlawick, P. (1993): Wie wirklich ist die Wirklichkeit? Wahn, Täuschung, Verstehen. 21. Auflage. München: Piper.

WCED World Commission on Environment and Development (1987): Our common future. Oxford, New York.

Weiermair, K. (1994): Spoilt for choice: Decision making processes and preference changes of tourists – intertemporal intercountry perspectives. Thaur/Tirol: Kulturverlag.

Weiermair, K. et al. (1996) (Eds.): Alpine tourism – sustainability: reconsidered and redesigned. Proceedings of the international conference at the University of Innsbruck, May 1996, Innsbruck: ITD.

Weiermair, K./Wöhler, K. (1998): Personalmanagement im Tourismus: Konzepte und Strategien. Limburgerhof: FBV Medien-Verlags-GmbH.

Weinhold-Stünzi, H. (1991): Marketing in 20 Lektionen. 22. Aufl. St. Gallen, Stuttgart: Fachmed.

Wildemann, H. (1997): Koordination in Unternehmensnetzwerken. In: Zeitschrift für Betriebswirtschaft, 67, 4: 417–439.

Williams, P.W./ Peters, M./Stegemann, A. (2008): Transformations in mountain tourism community landscapes: Amenity driven change. In: C. Kronenberg, S. Muller, M. Peters, B. Pikkemaat and K. Weirmair (eds.), Change Management in Tourism (pp. 185-204). Berlin: Erich Schmidt Verlag.

Williamson, O./Masten, S. (1995) (Eds): Transaction cost economics. Aldershot: Elgar.

Williamson, O.E. (1975): Markets and Hierarchies: Analysis and Antitrust Implications. A Study in the Economics of Internal Organization, New York/London: The Free Press.

Williamson, O.E. (1979): Transaction-Cost Economics: The Governance of Contractual Relations. In: The Journal of Law and Economics, 12: 233–261.

Williamson, O.E. (1985): The Economic Institutions of Capitalism. New York, London.

Williamson, O.E. (1986): Economic organization: firms, markets and policy control. Brighton: Harvester/Wheatsheaf.

Willke, H. (1995): Systemtheorie III – Eine Einführung in die Grundprobleme der Theorie sozialer Systeme. 4. überarbeitete Auflage. Stuttgart/Jena.

Wilson, T.D. (2008): Economic and Social Impacts of Tourism in Mexico. In: Latin American Perspectives, Vol. 35, No. 3: 37-52.

Witt, S./Witt, Ch. (1992): Modeling and Forecasting Demand in Tourism. London et al.: Academic Press.

Wittmer, A./Weinert, R./Fröhlich, P./Axhausen, K.W. (2008): Luftfahrt im Spannungsfeld von Ökonomie, Ökologie und Gesellschaft Untersuchungen der Luftfahrtentwicklung unter Einbezug von Reisezeitersparnissen und Emissionen am Beispiel des Interkontinentalflughafens Zürich. Studie aus Anlass des 40-Jahr-Jubiläums des Komitees Weltoffenes Zürich, St. Gallen: IDT-HSG.

Woodside, A.G./Dubelaar, C. (2002): A general theory of tourism consumption systems: A conceptual framework and an empirical exploration. In: Journal of Travel Research, Vol. 41: 120-132.

World Tourism Organization (WTO) (1993): Sustainable Tourism Development, Guide for local Planers. Madrid.

World Tourism Organization (WTO) (1996): Agenda 21 for the Travel & Tourism Industry: Towards Environmentally Sustainable Development. Madrid.

World Tourism Organization (WTO) (1997a): International Tourism: A Global Perspective. Madrid.

World Tourism Organization (WTO) (1997b): Tourism Market Trends:1997 Edition. Madrid: WTO.

World Tourism Organization (WTO) (1999): Yearbook of tourism statistics. Vol. 1, 51 ed. Madrid.

World Tourism Organization (WTO) (2000): Tourism Highlights 2000. Madrid: WTO.

World Tourism Organization (WTO) (2002a): Tourism Highlights 2002. Madrid: WTO.

World Tourism Organization (WTO) (2002b): Tourism Market Trends: 2002 Edition. Madrid: WTO.

World Tourism Organization (WTO) (2004): Tourism Highlights 2004. Madrid: WTO.

World Tourism Organization (WTO) (2005): Tourism Highlights 2005. Madrid: WTO.

World Tourism Organization (WTO), (2000b): General Guidelines for Developing the Tourism Satellite Account (TSA), Measuring Total Tourism Demand, Band I. Madrid.

World Tourism Organization (WTO), (2000c): General Guidelines for Developing the Tourism Satellite Account (TSA), Measuring Tourism Supply, Band II. Madrid.

World Travel and Tourism Council (WTTC) (2009): Executive Summary of: Travel & Tourism Economic Impact, 2009. Madrid.

WTTC, WEFA Travel & Tourism (2000): Simulated Satellite Acounting Research, Dokumentation, April 2000.

Yin, R.K. (1999): Case Study Research: Design and Methods. 2. Aufl. Thousand Oaks/London/New Delhi: Sage Publications.

Zegg, R. et al. (1993): Deshalb leben wir vom Tourismus, Kurzfassung der Studie „Die wirtschaftliche Bedeutung des Tourismus in der Region Mittelbünden". Chur.

Stichwortverzeichnis

Verzeichnis der Autoren

Prof. Dr. rer. pol. Thomas Bieger
Ordinarius für BWL mit besonderer Berücksichtigung der Tourimuswirtschaft und geschäftsführender Direktor des Insituts für Öffentliche Dienstleistungen und Tourismus der Universität St. Gallen.
Insitut für Öffentliche Dienstleistungen und Tourismus
Dufourstrasse 40a
CH-9000 St. Gallen
thomas.bieger@unisg.ch

Dr. Julia Johnsen
Wissenschaftliche Mitarbeiterin bis 2008 am Institut für Öffentliche Dienstleistungen und Tourismus. Ihre Dissertation mit dem Titel "Determinanten eines regionalbewussten Verhaltens von Einwohnern und Unternehmen" wurde 2008 veröffentlicht. Heute tätig am Karlsruher Institut für Technologie (KIT) im Zentrum für Energie.
Karlsruher Institut für Technologie (KIT)
Herrmann-von-Helmholtz-Platz 1
DE-76344 Eggenstein-Leopoldshafen
julia.johnsen@kit.edu

Prof. Dr. Peter Keller
a.o. Professor an der Ecole des HEC und Leiter der „Unité d'enseignement et de recherché en tourisme", Universität Lausanne.
BFSH 1
CH-1015 Lausanne-Dorigny
peter.keller@hec.unil.ch

Prof. Dr. Christian Laesser
Professor für Tourismus und Dienstleistungsmanagement an der Universität St. Gallen sowie Vizedirektor am Institut für Öffentliche Dienstleistungen und Tourimus St. Gallen.
Insitut für Öffentliche Dienstleistungen und Tourismus
Dufourstrasse 40a
CH-9000 St. Gallen
christian.laesser@unisg.ch

Stefan Reinhold, M.A. HSG, dipl. Wipäd.
Seit August 2008 als wissenschaftlicher Mitarbeiter und Doktorand am Institut
für Öffentliche Dienstleistungen und Tourismus.
Institut für Öffentliche Dienstleistungen und Tourismus
Dufourstrasse 40a
CH-9000 St. Gallen
stephan.reinhold@unisg.ch

Dr. Egon Smeral
Wirtschaftsforscher am Österreichischen Institut für Wirtschaftsforschung
(WIFO) mit Schwerpunkten in den Bereichen Tourismus-, Freizeit-, Dienstleistungswirtschaft, Tourismusprognose und Modellbau, Tourismus-Satelliten-
konten und „Impact"-Analysen.
Österreichisches Institut für Wirtschaftsforschung (WIFO)
Postfach 91
1103 Wien
egon.smeral@wifo.ac.at

Bitte beachten Sie auch die folgenden Seiten.

Thomas Bieger

Dienstleistungs- Management

Einführung in Strategien und Prozesse
bei Dienstleistungen

4., überarbeitete Auflage
Uni-Taschenbücher (UTB) – mittlere Reihe. Band 2974
2007. XVI + 345 Seiten, 168 Abbildungen, kartoniert
CHF 43.90 (UVP) / EUR 25.90
ISBN 978-3-8252-2974-0

Dienstleistungen kommt heute als Motor der wirtschaftlichen Entwicklung eine besondere Bedeutung zu. Wichtige Dienstleistungsbranchen wie Tourismus, Verkehr oder
Telekommunikation wachsen überdurchschnittlich und die Bedeutung von Dienstleistungen als Wertschöpfungslieferant sowie als Differenzierungselement in einem globalisierten Wettbewerb nimmt zu.
Welche Trends sind aufgrund der Umfeldentwicklung bei den Dienstleistungsprodukten
zu erwarten und welche Erfolg versprechenden Dienstleistungsvisionen ergeben sich
daraus? Welche Mess- und Gestaltungsinstrumente bestehen im Rahmen eines integrierten Qualitätsmanagements für Dienstleistungen? Wie kann in der Preissteuerung,
der Flexibilisierung des Angebotes oder im Warteschlangenmanagement ein Ausgleich
zwischen Angebot und Nachfrage erzeugt werden?
Dies sind Fragen, welchen dieses auf Dienstleistungen ausgerichtete Betriebswirt-
schaftslehrbuch in neun Kapiteln nachgeht. Es eignet sich als Studienbegleiter für Stu-
dentinnen und Studenten in Einführungskursen an Universitäten und Fachhochschulen
und gibt praktische Handlungsanleitungen für die Wirtschaft.

: Haupt **Haupt Verlag** Bern · Stuttgart · Wien
verlag@haupt.ch · www.haupt.ch

Martin Kornmeier

Wissenschaftlich schreiben leicht gemacht

für Bachelor, Master und Dissertation

Uni-Taschenbücher (UTB) – mittlere Reihe. Band 3154
2., überarbeitete und ergänzte Auflage 2009
295 Seiten, 53 Abb., kartoniert
CHF 21.50 (UVP) / EUR 11.90
ISBN 978-3-8252-3154-5

Wie gelingt es, ein wissenschaftliches Werk auf die erforderlichen Qualitätskriterien auszurichten und gleichzeitig leserfreundlich zu schreiben? Prägnant, anschaulich und mit vielen Beispielen zu Inhalt und Stil erklärt dieses Lehrbuch, wie man erfolgreich und verständlich schreibt:

– Warum benötigt eine wissenschaftliche Arbeit ein präzise formuliertes Thema? Eine Forschungsfrage? Definitionen und Hypothesen? Einen Theorieteil?
– Was bedeutet ‹State of the Art›?
– Welche Literatur ist zu bevorzugen? Wie bewertet man deren Qualität?
– Wie soll die Arbeit gegliedert werden?
– Wie argumentiert man wissenschaftlich?
– Wie wird man rechtzeitig fertig?
– Wie entwickelt man einen Schreibstil, der beim Lesen Spaß macht?

Die ultimative Arbeitshilfe für erfolgreiches und besseres Schreiben in Studium und Wissenschaft. Jetzt neu: Mit Backblockadenblocker! (Kap. 2.3)

⁞ Haupt　　**Haupt Verlag** Bern · Stuttgart · Wien
verlag@haupt.ch · www.haupt.ch

Kuno Schedler / Isabella Proeller

New Public Management

Kuno Schedler
Isabella Proeller
New Public
Management
4. Auflage

Haupt UTB

Uni-Taschenbücher (UTB) – kleine Reihe. Band 2132
4. Auflage 2009
XXIII + 334 Seiten, 39 Abbildungen, kartoniert
CHF 33.90 (UVP) / EUR 19.90
ISBN 978-3-8252-2132-4

New Public Management hat in den vergangenen Jahren die Ansätze und das Verständnis moderner Verwaltungsführung massgebend beeinflusst. Stossrichtungen und Grundanliegen dieses Modells wurden zum Teil in die Führungspraxis übernommen und stellen in vielerlei Hinsicht nach wie vor Entwicklungsziele und Leitlinien für die Steuerung und Führung der öffentlichen Verwaltung dar. NPM soll die öffentliche Verwaltung an geforderte Neuausrichtungen anpassen und effizienter gestalten.
Ziele und Gestaltung der öffentlichen Verwaltung unter NPM und die dazu notwendigen Instrumente werden in diesem Lehrbuch umfassend und strukturiert erläutert. Besonderes Augenmerk wird dabei auf die Veränderungslinien und -ansätze für die Verwaltungsführung gelegt.

⋮ Haupt   **Haupt Verlag** Bern·Stuttgart·Wien
verlag@haupt.ch·www.haupt.ch